짐을 끄는
짐승들

짐을 끄는
짐승들

수나우라 테일러 지음
이마즈 유리 · 장한길 옮김

BEASTS OF
BURDEN

동물해방과
장애해방

오월의봄

이 책에 쏟아진 찬사

"짐과 짐승이 서로를 끌고 해방을 위해 함께 나아가자고 제안하는 이 책의 모든 장이 좋았다. 이 치열한 책을 네 번 읽었다. 글쓰기를 두려워하는 내가 기쁘게 이 글쓰기에 응한 이유는 필사적으로 읽기 위해서였다. 동물의 권리를 위해 싸우는 동료들과 인권을 위해 싸우는 동료들 모두에게 간절하게 전하고 싶었기 때문이다."

—홍은전·인권/동물권 기록 활동가,《그냥, 사람》저자

✦✦✦

"폭풍을 불러오는 고요한 말이라는 게 이런 걸까. 낮은 목소리로 차분하게 건네는 이이야기에 두려움과 매혹을 함께 느꼈다. 옳은 이야기 앞에서 이토록 주저했던 적은 없다. 내 안에 자리 잡은 온갖 기득권 이념들이 스크럼을 짜고 저항했기 때문이다. 그러나 내 안의 자연, 정상, 표준, 가치를 무너뜨리는 이 책의 무서운 진리에 고개를 끄덕이는 만큼 배움을 얻었다. 무엇보다 이 책에서 나는 목소리 없는 자란 없으며 다만 귀를 기울이지 않는 자들, 듣지 않으려는 자들이 있다는 걸 배웠고, 자립이란 환상이며 우리는 서로를 돌보고 서로에게 잘 의존하며 살아야 한다는 걸 배웠다. 이책은 장애해방과 동물해방이 함께하는 길을 모색하는 시도이지만, 책을 읽은 사람이라면 누구든 이 길이 우리 사회가 소위 표준적인 인간형을 상정함으로써 차별해온 모든 존재들, 불구이고 의존적이고 무능력하다고 비난해온 존재들의 연대이기도 하다는 걸 알 수 있을 것이다. 이 절실하고 소중한 길에 요청되는 윤리는 하나다. 우리가 기대고 우리에게 기대는 타자들의 목소리와 몸짓에 주의를 기울이라는 것."

—고병권·노들장애학궁리소 연구원, 북클럽《자본》시리즈 저자

✦✦✦

"수나우라 테일러가 매우 훌륭한 책을 써냈다. 이 책은 장애와 동물을 둘러싼 통념에 개입하면서도 우리 자신을 새롭게 상상해보도록 촉발하고 있다. 테일러의 대단히 독창적이고 눈부신 서사는 나의 상상력을 뒤바꿔놓았다."

—캐럴 J. 애덤스·페미니스트 연구자,《육식의 성정치》저자

"수나우라 테일러는 당신이 가진 범주들을 뒤흔들고 당신이 사는 세계를 뒤집어놓을 것이다. 또한 잔혹한 체제 아래 있는 당신의 신체에 대해, 인간과 비인간 타자의 신체에 대해 당신이 아직 모르는 많은 매혹적이고 중요한 것들을 말해준다. 이 책은 인간의 조건에 관한 놀랍고 흥미롭고 유쾌하며 전적으로 새로운 탐구로서 대단히 중요하며, 일레인 스캐리의 《고통받는 몸》, 한나 아렌트의 《인간의 조건》과 나란히 놓일 만하다.

—리베카 솔닛·작가,《남자들은 자꾸 나를 가르치려 든다》저자

+++

"이 책을 읽고 난 뒤, 나는 이전의 나와 완전히 다른 동물이 되었다."

—앨리슨 케이퍼·장애학자,《페미니스트, 퀴어, 크립Feminist, Queer, Crip》저자

+++

"드디어, 마침내, 피터 싱어가 입힌 손상을 되돌리려는 이가 나타났다. 《짐을 끄는 짐승들》은 용감하고 뛰어난 책이다."

—마이클 베루베·문화비평가,《익히 아는 삶Life as We Know It》저자

+++

"《짐을 끄는 짐승들》은 판도를 뒤집을 획기적 전환점이다."

—마크 베코프·동물행동학자,《우리의 심장을 다시 야생으로Rewilding Our Hearts》저자

+++

"심오하고 경이로운 책이다. 정상적인 것이란 무엇인가? 자연스러운 것이란 무엇인가? 생명의 가치를 어떻게 매길 것인가? 또한 차이와 다양성 속에서 빛나는 인간과 비인간 동물 모두가 함께 번영하는 세계를 어떻게 상상할 것인가? 수나우라 테일러는 이런 물음들을 재고해보자고 호소한다."

—클레어 진 킴·정치이론가,《위험한 횡단Dangerous Crossings》저자

+++

"때로는 가슴 아프고 때로는 유머스러운 개인사와 날카롭고 열정적인 글쓰기가 강력하게 조화를 이루고 있다."

—로리 그루엔·철학자,《뒤엉킨 공감Entangled Empathy》저자

내가 가장 좋아하는 세 동물,
데이비드, 리어노라, 베일리에게,

그리고 모든 피조물들의 친구였던
제러미 에이어스에게
사랑스러운 기억을 떠올리며 이 책을 바친다.

어떤 의미에서 그들은 모두 짐을 끄는 짐승이다,
우리 생각의 일부를 실어나르는……

―헨리 데이비드 소로

일러두기

- 괄호 ( )는 원저자의 것이며, 대괄호 〔 〕는 이해를 돕기 위하여
  옮긴이가 추가한 것이다.
- 숫자 1, 2, 3…으로 표기한 주는 원저자의 것이며, +, ++ …으로 표기한
  주는 이해를 돕기 위하여 옮긴이가 추가한 것이다.
- 이 책에서 언급되는 문헌이나 저서가 한국어로 번역 출간된 경우,
  독자들이 참고할 수 있도록 그 서지사항을 표기했다. 기존 한국어판의
  번역을 참고하거나 인용할 때는 해당 부분의 쪽수를 함께 밝혔다.

표지 설명[+]

표지에는 노란색 배경에 짙은 청록색 실루엣 두 개를 그렸다. 오른쪽 중단에 위치한 실루엣은 휠체어에 앉은 인간의 모습으로, 머리, 가슴, 다리 그리고 휠체어의 앞바퀴와 뒷바퀴가 있다. 인간의 머리 위에는 형태를 특정할 수 없는 어떤 것이 있다. 인간의 시선은 표지페이지의 왼쪽 방향으로 약간 아래를 향하는데, 거기에 소가 목을 떨군 채 앞쪽을 바라보며 서 있다. 아치 모양으로 구부러진 소의 등, 가슴, 앞다리, 머리가 보이고, 뒷다리 곁에는 커다란 바퀴의 일부도 보인다. 이미지가 잘려 있기 때문에 이것을 보는 사람은 바퀴가 소가 끌고 있을 수도 있는 수레에 붙어 있는 것인지 아니면 소를 위한 휠체어 바퀴인지 알 수 없다. 그런데 이 이미지를 더 오래 들여다보면 인간의 머리 위에 있는, 형태를 특정할 수 없는 어떤 것이 사실 소의 꼬리와 엉덩이이고, 소 뒷다리 쪽의 바퀴가 인간이 탄 휠체어에 달린 것일 수도 있음을 알게 된다. 그림의 양쪽 끝이 이어지는 듯한 효과를 내는 셈이다. 즉 우리는 이것을 분리된 두 개의 실루엣으로 볼 수도 있고, 서 있는 소의 엉덩이 쪽에 인간이 탄 휠체어가 이어지는 하나의 전체 이미지로 볼 수도 있다.

[+] 이 표지 설명글은 수나우라 테일러가 작성한 것으로, 한국어판 표지의 변형된 디자인을 고려해 일부 조정했다.

차례

아름답고 비효율적인 세계로의 초대

홍은전

1.

어떤 앎은 나에게 들어와 차곡차곡 쌓이고 어떤 앎은 내가 쌓아온 세계를 한방에 무너뜨린다. 전자는 나를 성장시키고 후자는 나를 다른 세계로 데려간다. 새로운 세계에 들어섰을 때 나는 연신 감탄하며 동시에 이렇게 읊조린다.

"온통 잘못 알고 살아왔군."

"나는 아무것도 몰랐던 거야."

나에겐 이런 이동의 순간이 두 번 있었다. 첫 번째는 19년 전 노들장애인야학을 만났을 때이고, 두 번째는 1년 전 고양이 카라를 만났을 때이다. 두 사건은 18년을 사이에 두고 일어났지만 나에겐 거의 똑같은 충격으로 다가왔다. 내 몸의 반응이 그것을 말해준다. 멀미가 날 것 같은 상태가 1년 넘게 지속되고 있는 것이다. 노들장애인야학을 만난 후 나는 줄곧 장애 인권의 현장에 있었다. 그리고 요즘 두 세계 사이를 오간다. 하나는 '장애인도 인간이다'라고 외치는 인간들의 세계이고, 다른 하나는 '인간도 동물이다'라고 외치는 동물들의 세계이다. 이것은 내가 경험한 가장 가깝고도 먼 이동이다.

2016년의 어느 날 나는 장애등급제를 폐지하기 위해 마련된 농성장에 앉아 있었다. 맞은편에는 열두 개의 영정이 놓여 있었다. 그들은 불에 타 죽고 맹장이 터져 죽고 맞아서 죽은 장애인들이었다. 그중 절반은 내가 앉은 그 자리에서 시민들을 향해 "서명 부탁드립니다" 하고 외쳤던 동료들이었다. 마치 공포영화의 한 장면처럼 농성이 계속되던 4년 동안 한 명씩 한 명씩 저쪽 죽은 자들의 자리로 건너갔다. 그들의 얼굴을 바라보며 생각했다.

'재난이 일어난 것도 아닌데 어떻게 이렇게 많이 죽을 수 있지?'

그때 막연히 이곳이 이 세계의 가장 밑바닥이라고 생각했던 것 같다. 장애등급제는 장애의 경중에 등급을 매겨 그에 맞는 복지서비스를 제공한다는 취지의 제도였지만, 실상은 예산을 아끼려는 정부가 서비스를 제한하기 위해 악용하는 도구였다. 칼자루를 쥔 정부가 함부로 휘두르는 칼날에 수많은 장애인들의 팔다리가 잘려나가고 있었다. 시민들에게 나누어주는 전단지에는 몸통이 다 잘린 채로 전시된 '한우 1등급' 그림과 함께 '장애인은 소, 돼지가 아닙니다'라는 설명이 붙어 있었다.

4년이 흐른 2020년 어느 날 나는 경기도의 도살장 앞에 서 있었다. 그곳에서 소와 돼지들이 도살장 안으로 들어가는 것을 바라보았다. 장애인의 비참한 현실을 비유하기 위해 동원했던 그 존재들이었다. 그들은 모두 살아 있었고 끔찍한 악취 속에서 비명을 지르고 있었다. 수십 마리를 싣고 도살장 안으로 들어갔던 트럭은 10분 뒤 빈 트럭이 되어 그곳을 빠져나왔다. 숫자를 헤아릴 수조차 없는 죽음의 속도 앞에서 나는 할 말을 잃었다. 도살장 앞에서 만난 동물 권리 운동가들은 이 당연한 현실이 전혀 당연한 게 아니라고, 인간이 동물을 대하는 태도는 대단히 잘못되었다고 말했다. 그 말은 몹시 충격적이면서 동시에 익숙했다. 아니, 익숙했기 때문에 충격적이었다. '동물'의 자리에 '장애인'을 놓는다면 그것은 우리가 무수히 반복해온 말이었기 때문이다.

무언가 어마어마한 세계의 문을 열었다는 것을 나는 동물적으로 알았고 이 놀라운 경험을 동료들에게 전하고 싶었다. 우리처럼 이 세계의 거대한 질서를 온몸으로 들이받으며 싸우는 사람들이 있다는 것을 알려주고 함께하자고 말하고 싶었다. 하지만 나는 한 마리 짐승처럼 말도 함께 잃은 기분이었다. 아무래도 그 구호가 계속 걸리는 것이었다.

몇년 전 장애인들은 '나는 개가 아니다, 나는 ○○○(이름)이다'라는 구호를 장애등급심사센터 건물 외벽에 커다랗게 쓰는 시위를 한 적이 있었다. 그것은 영화 〈나, 다니엘 블레이크〉에서 질병수당을 받지 못했던 주인공이 지원기관에 항의하며 했던 행동을 오마주한 것이었다. 칸 영화제 황금종려상을 받은 영화와 함께 이 퍼포먼스는 제법 언론의 주목을 받았다. 그런데 이 시위 기사 아래에 동물의 권리를 옹호하는 어떤 사람이 불쾌함을 표현하며 '개와 소, 돼지는 그렇게 살아도 된다는 겁니까?'라고 공격적인 문제제기를 하면서 댓글 창에서 격렬한 논쟁이 벌어졌다. 그때 나는 상대편에 있는 사람을 흥미롭게 바라보았다. 인간이 아니라 개와 소, 돼지에게 감정이입을 하는 인간이 존재한다는 사실과, 그런 자신의 입장을 '우리를 개, 돼지처럼 취급하지 말라'고 외치는 장애인들, 그러니까 우리 사회에서 가장 차별받는 존재들 앞에서 드러내는 저 용기가 그저 놀라웠다.

몇 년이 지나 이제 나는 그의 마음을 안다. 개와 소, 돼지들이 어떻게 살고 또 살해되는지 알게 되었기 때문이다. 그러나 시간을 되돌려 그때로 돌아간다 해도 나는 아무 말도 하지 못할 것이다. 장애인이 어떻게 살고 죽는지에 대해 잘 알고 있어서만은 아니다. 나를 정말로 어렵게 하는 건 내가 '그냥 인간'이 아니라 '비장애인'이라는 사실이었다. 한 번도 짐승 취급을 받아본 적 없는 사람인 것이다. 그의 문제제기는 정당하지만 그를 옹호할 수는 없을 것 같다. 동시에 나는 우리를 옹호하면서도 우리가 틀렸다고 말하고 싶었다. 하지만 수십 년간 싸워서 만들어낸 자그마한 성과를 짓밟게 될까 두려웠다. 한마디 한마디가 조심스러웠다. 두 세계 사이를 연결할 언어가 나에겐 아주 절실하게 필요했다.

노들장애인야학 교사이자 철학자인 고병권 선생님이 아직 출판 전인 이 책을 야학의 철학 수업 교재로 쓰고 있다는 소식을 들었을 때, 그에게 곧바로 연락해 그 수업을 듣고 싶다고 얘기했다. 그리고 이 책을 받아 읽기 시작했다. 아래의 글을 읽었을 때 너무 신이 나서 책을 꼭 끌어안고 발을 굴렀다.

"더 자세히 들여다볼수록 동물산업 곳곳에 장애를 가진

몸이 있다는 걸 깨닫게 된다. 또한 동물의 몸이 오늘날 미국에서 장애를 가진 몸과 마음이 억압당하는 방식과 뗄 수 없는 관계에 있다는 것도 알게 되었다. 이런 생각이 떠올랐다. 만약 동물을 둘러싼 억압과 장애를 둘러싼 억압이 서로 얽혀 있다면, 해방의 길 역시 그렇지 않을까?"(32~33쪽)

"비인간화된 사람들(장애인들을 포함해)에게는 동물화에 맞서면서 자신들이 인간임을 주장해야 하는 절박한 욕구가 있다. 이런 도전은 절박하고 충분히 이해할 수 있는 것이지만, 그만큼 중요한 것이 있다. 바로, 어떻게 하면 인간의 동물화라는 잔인한 현실과 동물 멸시에 맞설 필요성이 양립할 수 있는지 묻는 것, 더 나아가 어떻게 하면 우리 자신의 동물성을 자각할 수 있는지 묻는 것이다."(64~65쪽)

2.

수나우라 테일러는 장애학의 렌즈를 통해 동물 문제를 바라본다. 테일러의 이 작업을 통해 정확하게 이름 붙이는 일이 얼마나 중요한지 알게 되었다. 나는 사육되는 닭과 오리가 부리를 절단당하고 돼지가 꼬리와 성기를 잘린다는 것을 여러 책과 영상을 통해 익히 알고 있었다. 그러나 사실을 있는 그대로 말한다 해서 그 의미가 제대로 전해지는 것은 아니다. 테일러가 이것을 '장애화', 그러니까 인간이 동물에게 고의로 장애를 입히는 행위라고 표현했을 때 나는 처음 그런 사실을 알았을 때보다 더 큰 충격을 받았다. 인간의 손과 발, 코가 마취도 없이 절단되는 일을 연상하고서야 동물들에게 가해지는 폭력이 얼마나 잔인하고 불의한 것인지 알게 된 것이다. 하지만 가장 충격적인 것은 다음에서였다.

"그러나 이 지독한 환경에서 비롯한 장애는 그들이 선천적으로 가지고 태어나는 장애에 비하면 부차적이다. 축산 동물은 신체적 극한에 이를 때까지 품종 개변을 당한다. 젖소의 유방은 몸이 버티지 못할 정도로 많은 젖을 생산하도록 되어 있고, 칠면조나 닭은 자신의 거대한 가슴 무게를 지탱하지 못한다. 또한 돼지의 다리는 체중을 지탱하기에는 너무 약하다."(80~81쪽)

인간들이 '품종 개량'이라고 부르는 이것이 20세기 전반의 야만을 대표하는 우생학의 한 형태라는 것은 내가 살면서 알게 된 가장 무시무시한 진실이다. 장애인을 공동체의 짐으로 간주하여 가스실로 몰아넣고 단종을 시행하던 그 과학이 여전히 건재한 정도가 아니라 거대한 산업이 되었고 그 위에서 '풍요로운' 문명과 인권이 꽃피었다. 어떤 인간도 '짐승처럼' 살게 하거나 죽게 해서는 안 된다며 떠나온 그 자리에 '짐승'들을 남겨두었고, 그들에겐 역사상 유례없는 야만과 학살이 자행되었다. 현대의 동물들은 컨베이어벨트 위에서 죽는다. 더욱 끔찍한 것은 거대한 학살이 아니라 거대한 출생이다. 컨베이어벨트 위에서 그들이 끊임없이 태어난다. 이 불의와 폭력이 그들의 숫자만큼 태어난다.

테일러는 이토록 완벽한 착취가 가능한 이유 역시 이 사회가 장애를 바라보는 시선과 연결되어 있다고 말한다. 동물들을 말하지 못하고 생각하지 못하며 고통조차 느끼지 않는 존재로 바라보는 것이다. 그들의 고유한 능력은 무시되고 오직 이성과 언어 같은 인간중심적 능력이 절대 기준이 된다. 테일러는 어떤 능력을 갖거나 갖지 못했다는 이유로 차별하는 것이 바로 비장애중심주의이며 이것이 다른 종에게로 확대된 것이 종차별주의라고 말하면서 동물과 장애인 모두의 가치를 폄하하는 비장애중심주의에 대해 검토해야 한다고 제안한다.

그리하여 테일러는 비장애중심주의가 어떻게 동물들을 억압하는지 섬세하고 치열하게 보여준다. 동시에 동물 권리 운동 내부에 스며들어 있는 비장애중심주의도 드러낸다. 뛰어난 인지 능력을 가진 동물과 신체적·정신적 능력의 결핍을 가진 인간들을 비교함으로써 동물의 권리를 옹호하는 태도이다. 테일러는 이런 주장이 지난 몇십 년간 겨우 기본적인 권리를 쟁취한 장애인들을 매우 불쾌하게 만들고 장애인과 동물을 대립시키는 불행한 효과를 낳았다고 말한다. 장애인과 동물이 엄연히 다른 존재임에도 장애인이 끊임없이 동물화되는 이유는 동물이 오랜 세월 무능하고 결핍된 존재로 장애화되었기 때문이다. 테일러는 이에도 맞선다. 인간들이 동물의 언어와 행동을 무시했을 뿐 그들은 끊임없이 말하고 저항했음을 도살장과 동물원을 탈출한 동물들을 통해 보여주는 것이다.

동물들이 자신의 해방을 위해 투쟁하는 이야기를 정말로 인상적으로 읽었고 더 많은 이야기가 궁금하다. 나는 동물들의 두려움과 어려움, 용기를 상상할 수 있을 것 같다. 장애인들의 저항을 기록하는 나는 비장애인들이 그저 생존 본능 정도로 치부하는 장애인들의 저항이 얼마나 어렵고 치열하게 준비되는 것인지, 얼마나 큰 용기가 필요한 일인지 잘 알고 있다. 우리 사회를 진보적으로 변화시키는 운동사회 역시 비장애중심주의의 뿌리가 깊어서, 권력에 맞서 투쟁하는 인간을 상상할 때 우리는 언제나 뛰어난 신체와 높은 정신력, 드높은 이상과 신념을 가진 비장애인을 떠올린다. 거기에 부합하지 않으면 그저 절규나 비명인 것이다. 동물과 장애인에 대한 가치 폄하는 이렇듯 닮아 있고, 나는 내가 한 일이 테일러의 작업처럼 비장애중심의 저항운동을 '불구화'하려는 노력임을 알게 되었다.

　　동물을 착취하는 비장애중심주의를 넘어서기 위해 테일러 역시 동물 정의animal justice를 요구하는 사람들이 제시하는 '감각력'에 도달한다. 랍스터에서 소, 침팬지에 이르기까지 동물들에겐 감각이 있고 즐거움과 고통을 느끼며 그런 존재를 대하는 것은 핸드폰이나 의자, 바위, 나무를 대하는 것과는 달라야 한다는 것이다. 하지만 감각력 역시 현시점에서 우리가 가진 유일한 기준일 뿐 그것의 인간중심적 한계는 여전히 남아 있음을 테일러는 잊지 않는다. 굴oyster은 감각력이 없다는 연구나 식물도 감각할 수 있다는 최근의 연구들이 있고, 혹자는 이 복잡함을 이유로 동물 정의를 순진하고 어리석다고 비웃지만 테일러는 정의가 존재자들의 종류만큼이나 다르다며 이렇게 쓴다.

　　"나는 이 모든 질문들에 끌린다. 이 질문들에 쉬운 답이 없다는 바로 그 이유 때문이다. 이 질문들은 우리가 자연이라고 부르는 것이 인간의 분석과 필요에 맞게 손쉽게 범주화될 수 있다는 생각을 산산조각 낸다. 이 책에서 '동물'에 대해 논할 때, 여기서 말하는 동물이란 무엇이고 누구를 말하는 것이냐는, 언뜻 보기에는 매우 단순한 질문에조차 나는 제대로 대답할 수 없다고 생각한다. 그런 분류학적 기제를 이미 확정되어 변경 불가능한 것으로 제시하기보다는 '동물'에 대한 나의 정의definition를 넓게 열어두고자 한다. 우리의 환경 그리고 우리와 함께 살아가는 존재들은 우리가 수립한 제한적인 정의를 완고하게 거부하기 때문이다."(157~158쪽)

　　　이 복잡한 세계를 종횡무진하던 테일러는 결국 이 알 수 없는 세계 앞에 나를 데려다놓았다. 그의 치밀한 논증을 따라가기 위해 몸과 정신이 팽팽히 긴장해 있던 나는 맥이 탁 풀리고 말았다. 하지만 테일러가 '여기서부턴 함부로 선고해도 돼'라고 하지 않고 '알 수 없으므로 우리는 그들에게 유리한 판단을 해야 한다'고 말할 때 가슴이 뜨거워지고 코가 시큰거렸다. 거부할 도리가 없는 아름다운 말이었다. 인간이 이 세계의 모든 것을 이해할 수 있다고 믿는 인간중심주의와 비장애중심주의를 그가 보기 좋게 조각 내었다. 세계의 확장은 내가 아는 만큼이 아니라 내가 알 수 없는 세계가 있음을 인정하고 존중할 때 가장 혁명적으로 이루어진다. 동물의 권리라는 세계에 눈떴을 때, 그 아득하고 거대한 세계에 들어선 기분이 무엇이었는지 설명할 언어를 찾았다.

3.

테일러는 나에게 정말로 소중한 언어를 주었다. 하지만 이런 문장을 만나면 나는 다시 할 말을 잃게 된다.

"어떤 동물의 언어나 소통 능력이 어째서 그 동물을 대하는 방식을 바꾸게 되는가?"(116쪽)

이것은 부이의 이야기에서 나왔다. 영장류 연구소의 일원이었던 로저 파우츠 박사는 어린 침팬지였던 부이에게 수어를 가르쳐주었고 연구가 끝나자 그곳을 떠났다. 그 후 동물실험을 하는 곳으로 팔려간 부이는 인간에 의해 고의로 바이러스에 감염되었고 13년간 케이지에 갇혀 혼자 지냈다. 세월이 흘러 파우츠는 방송국으로부터 침팬지의 현실을 다루고 싶다는 연락을 받았다. 부이를 남겨두고 왔다는 죄책감을 갖고 있었던 파우츠는 방송이 부이를 자유롭게 만들어줄 기회가 될 수도 있다는 생각에 출연을 결심했다.

부이와 파우츠가 만나는 장면을 읽을 때면 언제나 눈물이 난다. 부이는 파우츠조차 잊고 있던 파우츠의 별명을 기억했다. 아름다운 옛 시절을 잊지 않았고 철창 안에서 파우츠에게 손을 내밀어 침팬지의 애정표현인 털 고르기를 해주었다. 파우츠는 이렇게 썼다. "13년을 지옥에서 지냈는데도 나를 용서해주었고 여전히 순수하다. 부이는 아직도 나를 사랑해준다. 인간이 자신에게 저지른 그 모든 짓에도 불구하고 말이다. 이처럼 너그러운 마음을 가진 사람들이 얼마나 될까?"(181쪽) 방송이 나가자 대중들이 격렬히 항의했고 그 덕분에 부이는 비영리 동물보호소로 옮겨졌다.

테일러는 이 가슴 시린 장면에서도 그들이 연민을 가장 크게 불러일으키는 방식으로 필요한 일을 정확히 수행했을 가능성을 상상한다. 둘 모두 출구가 필요했기 때문이다. 파우츠의 시선이 장애인을 바라보는 우리 사회의 시선과 닿아 있기 때문에 나 역시 테일러의 생각에 전적으로 공감하면서도 그의 질문이 어쩐지 바로 나를 겨냥한 것처럼 느껴졌다. "수어를 모르는 침팬지는 외롭게 감금되고 실험당하는 삶을 선고받는 반면, 수어를 쓰는 침팬지는 어째서 해방을 촉구하는 대중적 항의를 불러일으킬 수 있는 걸까?"(116쪽) 우리가 케이지에서 꺼내고 싶었던 것은 "언어나 이성 같은 인간적 능력"이 아니었던가? 언어는 어떻게 그런 권력을 갖게 되었나? 나는 이 질문에 사로잡혀 몇 개월을 이 질문을 품고 지냈다. 나는 인권이 짓밟힌 사람들의 이야기를 기록한다. 장애인이나 부랑인 수용소의 피해생존자 같은 이들을 만나 '말로는 설명할 수 없다'는 어떤 것을 기어이 말하게 하고 그것을 다시 글로 바꾸는 일이다. 삶이 부서진 사람들의 말은 갈가리 찢겨지고 조각나 있기 일쑤였다. 장애 때문이기도 하고 낮은 교육 수준이나 트라우마 때문이기도 했다. 그 파편들을 모아 거기에 논리와 서사를 부여하고 하나의 이야기를 완성하는 게 내 역할이다. 하지만 나는 내가 기록한 글을 보며 자주 공허함을 느꼈다. 현실의 그들은 '짐승처럼' 울었는데 글 속엔 '인간'만 보일 때 그랬다.

출구가 필요했으므로 어쩔 수 없다고 여겼다. 인간의 공감을 얻으려면 인간의 언어를 써야 했다. 인간이란 결국 비장애인이고 그 언어는 교양 있는 사람들이 쓰는 서울말 같은 것이다. 한 편의 글로 재구성된 사람들은 폭력적으로 짓밟혔으나 위협적이지 않았고 고통받았으나 다정함을 잃지 않으려 애쓰는 존

22

재들이었다. 그렇게 완성된 글은 멀리까지 날아갔고 대중들의 공감을 얻었다. 그러니까 테일러의 저 질문을 받았을 때 나는 내가 파우츠 같다고 생각했다. 원했던 건 진실이 아니라 대중들의 공감 그 자체였을지도 모른다고, 언어를 통해 누군가의 해방을 도우려는 인간의 모순과 번뇌에 대해 알 것 같다고 생각했다.

그러나 시간이 점점 갈수록 나는 내가 부이였다는 걸 깨달았다. 갇힌 건 바로 나 자신 같았다. 누군가의 고통을 기록하면서 나는 언어가 얼마나 대단한 힘을 가졌는지 알아갔다. 그리고 꼭 그만큼 두려움도 커져갔다. 내가 만난 인간들과 내가 느낀 감정은 내가 가진 언어보다 언제나 훨씬 더 복잡하고 거대했다. 언제나 출구를 찾아 헤매는 기분이었고 제대로 된 언어만이 그 열쇠라고 믿었다. 정확히 쓰지 못할까봐 나는 점점 더 불안해졌고 잠을 잘 이루지 못했다.

해방은 벼락같이 찾아왔다. 단어와 문장, 이성과 공감 같은 것들로 꽉 차 있던 나의 감옥에 작은 고양이가 사뿐사뿐 걸어 들어온 날이었다. 그가 지나는 자리마다 내가 추구했던 모든 인간적인 것들의 권위가 추풍낙엽처럼 떨어졌다. 그리고 그 자리에 새로운 언어가 자라났다. 몸으로 말하고 현재를 살며 서로의 작은 몸짓에 주의를 기울여야 하는 동물적 언어. 그것이 미치도록 좋았다. 그리고 그때부터 동물들의 소리가 쏟아지듯 내 귀에 들려오기 시작했다. 나는 그것이 잘 들리지 않는 소리를 듣기 위해 노력했던 인권 기록 활동으로 길러진 어떤 감각 때문이라고 생각했다. 그러나 사실은 그 반대였다. 나는 인간의 언어라는 좁은 케이지에 갇혀 있었다. 언어에게 너무 큰 권력을 줘버려서 그

것에 잠식당했다.

불안으로 쉽게 잠들지 못하는 밤엔 고양이를 쓰다듬는다. 그는 몸통 어딘가를 울려 그르렁그르렁 낮은 진동 소리를 낸다. 인간이 이해할 수 없고 언어가 흉내 낼 수 없는 세계가 있다는 걸 받아들이며 잠이 든다. 동물의 해방을 위해 무엇이든 하고 싶다는 마음은 공감이나 죄책감 같은 인간적인 것과 상관이 없다. 오히려 그 반대다. 비장애중심 사회가 우리의 인간성을 억압하듯 인간중심 사회는 우리의 동물성을 억압한다. 나는 내가 너무 인간인 것에 지쳤고 동물적인 관계 속에서 말할 수 없는 기쁨과 해방감을 느꼈다. 기쁨만큼 슬픔을 바라볼 힘이 생기고 해방감만큼 책임감이 생긴다.

동물들의 고통에 귀 기울여야 하는 이유에 대해 어떤 사람들은 이렇게 말할 것이다.

"우리는 인간이지 않습니까."

하지만 이렇게도 말할 수 있을 것이다.

"우리는 동물입니다."

이 책을 읽으며 얻은 가장 중요한 배움은 바로 이것이다. 옳은 것, 협력하는 것, 평등한 것, 정의로운 것, 저항하는 것, 해방적인 것 등 인간이 독점해버린 이 아름다운 가치들을 동물이란 이름에게 돌려주어야 한다는 것이다.

4.

관절굽음증이라는 신체적 장애와 뛰어난 지적·언어적 능력을 통합해 장애해방과 동물해방, 페미니즘을 종횡무진 오가는 테일러의 글쓰기는 너무나 매력적이다. 그는 나에게 언어를 주었다 빼앗길 반복하고 나는 언어를 쌓았다 무너뜨리길 반복했다. 테일러는 어떤 몸들을 열등하다고 낙인찍고 감금하고 때리고 죽일 수 있는 존재로 바라보는 한 동물해방도 장애해방도 일어날 수 없음을 보인다. 장애인 차별에 저항한다면 종차별에도 저항해야 하며, 종차별에 반대하는 비거니즘에 대해선 동시에 비장애중심주의에도 반대하는 급진적 입장이라고 말한다. 그리고 비거니즘을 '불구화'한다. 비거니즘 또한 사회적·정치적·경제적 맥락 속에 있어서 누군가는 음식을 선택함으로써 저항할 수 있는 더 나은 위치에 있음을 인정하고, 더 다양한 실천의 영역을 만들어가는 것이 중요하다고 말한다.

　　장애인은 다양한 방식으로 짐이나 짐승으로 제시되었다. 장애해방과 동물해방이라는 목표를 향해 나아간다는 것은 그 모욕과 굴레를 벗기 위해 싸우는 과정에서 그 자리에 동물들을 남겨두지 않도록 노력하는 것이다. 장애인을 배제하는 사회를 향해 '아무도 남겨두지 말라'고 외치면서 또 다른 편에선 동물들을 배제한다면 그것이 어떤 논리이든 다시 장애인을 배제하는 칼날이 되어 돌아올 것이기 때문이다. 그런 의미에서 DIIAAR(동물실험의 대안을 지지하는 장애인과 불치병 환자들)의 투쟁은 눈물겹게 멋있고 아름답다. 동물실험의 혜택을 입은 장애인으로서 동물실험에 맞섰던 그들은 자신들 대신 동물들이 희생되는 것에 반대했다. 테일러는 그들의 가장 위대한 힘에 대해 이렇게 말한다. 동물 연구를 통해 치료법을 찾고 싶어 하는 다른 장애인들과 맞서면서 동물 권리 운동과 장애에 대한 권리 운동이 충돌하는 가장 어렵고 뜨거운 장으로 들어섰다고. 자연은 분명 약육강식, 적자생존의 질서를 따라 움직이기도 하지만 또한 협력적이며 정의롭다는 것을, 사랑도 공감도 모두 자연스럽다는 것을 그들이 뜨겁게 보여주었다.

짐과 짐승이 서로를 끌고 해방을 위해 함께 나아가자고 제안하는 이 책의 모든 장이 좋았다. 이 치열한 책을 네 번 읽었다. 글쓰기를 두려워하는 내가 기쁘게 이 글쓰기에 응한 이유는 필사적으로 읽기 위해서였다. 동물의 권리를 위해 싸우는 동료들과 인권을 위해 싸우는 동료들 모두에게 간절하게 전하고 싶었기 때문이다. 모든 인간은 평등하다고 외치는 인간들 그리고 모든 동물은 평등하다고 외치는 동물들과 함께 둘러앉아 이 책을 읽고 싶다. 경쟁과 효율성, 자립, 언어와 이성을 중심에 두지 않는 새로운 삶의 방식을 함께 상상하며 서로가 꿈꾸는 세계가 놀랍도록 닮았다는 것을 기쁘게 확인하고 싶다.

짐을 끄는
짐승들

프롤로그

닭을 실은 트럭

내가 장애와 동물에 대한 지금의 생각에 이르게 된 계기가 있다면, 그것은 1990년대 초반 내가 나고 자란 조지아에서의 어떤 기억 때문이다. 조지아의 여름은 무덥고, 습하며, 끈적거리고, 불편하다. 그 여름에 가족들끼리 차를 타고 고속도로를 달리던 때가 생생하게 기억난다. 돌아다니기에는 너무 무더웠던 날씨에 우리는 에어컨도 잘 작동되지 않는 것 같은 차 안에서, 큰 컵에 담긴 엄청난 양의 물과 소다수를 벌컥벌컥 마시고 있었다. 창밖으로는 닭들을 층층이 쌓아 싣고 빠르게 지나가는 거대한 트럭들을 흔하게 볼 수 있었다. 그 닭들은 모두 살아 있었는데, 종종 닭들이 너무 빽빽이 들어차 있어서 마치 트럭에 깃털이 달린 것처럼 보일 정도였다. 도로를 빠르게 달리는 트럭 안에서 닭들이 점점 녹초가 되어 죽어가고 있는 게 틀림없었다. 깃털이 듬성듬성했고, 흉측해 보였던 그 새들은 가끔 자신들이 갇힌 철장 사이로 실제로 떨어지기도 했다.

우리 남매들은 그 트럭들이 끔찍하다고 생각했다. 엄청나게 잔인한 트럭들이 끊임없이 달리고 있는데 아무도 그걸 알아차리지 못하는 것 같았다. 우리 넷은 우리가 본 트럭 하나가 지나갈 때마다 숨을 꾹 참곤 했다. 처음에는 지독한 냄새 때문이었다. 창문을 내리면 트럭이 모습을 드러내기 전부터 죽어가는 닭과 배설물 냄새가 났다. 하지만 숨을 참는 것은 결국 더욱 상징적인 행동이 되어갔다. 숨을 참는 행동은 우리 바로 옆에서 무언가 대단히 잘못된 일이 일어나고 있음을 인식하는 우리만의 방식이었다.

이 트럭들을 인식하기 시작한 지 오랜 시간이 흐른 뒤인 2006년, 나는 캘리포니아주립대학 버클리 캠퍼스에 지원했다. 나는 오랫동안 회화 위주의 예술 작업을 해왔고, 미술학 석사학위를 받기 위해 대학원에 진학하려고 했다. 조지아를 떠나 캘리포니아로 가기 전, 어린 시절 그렇게나 자주 봤던 트럭을 그리고 싶다는 강한 욕망이 들었다.

그 몇 달 전, 나는 내가 살던 곳이 트럭들의 최종 목적지인 닭 "가공" 공장에서 불과 몇 블록밖에 떨어져 있지 않았다는 사실을 알게 되었다. 대개 그렇듯 이런 거대 산업은 이 도시에서 적당히 잘사는 사람들 눈에는 잘 보이지 않는다. 이렇게 낯설고 눈에 잘 띄지도 않는 외진 곳에는 오염과 악취 그리고 말도 안 되는 저임금을 받는 이주노동자들이 처박혀 있다. 공장 바깥에 주차된 트럭 사진을 찍어둬야겠다고 생각한 나는 동생 알렉스 그리고 파트너 데이비드와 함께 그곳에 갔다. 하지만 부지에서 바로 쫓겨났고, 결국 찍지 못했다. 공장에서 일하는 지인에게 부탁해 사진 몇 장을 얻었지만, 그것 때문에 그 사람은 바로 다음 날 해고되었다.

　　나는 그 사진들을 가지고 공장식 축산 농장의 동물들을 그려 일련의 작품을 완성했고, 이 책까지 쓰게 되었다. 사진들이 나를 여기까지 인도한 셈이다. 나는 1년간 커다란 캔버스(대략 304.8cm×243.84cm 크기)에 닭을 실은 트럭을 그렸다. 언젠가 사진을 참조해서 그린 닭들을 세어보았는데, 모두 100마리가 넘었다. 트럭을 실제 크기로 그리고 싶었지만, 그러려면 3배나 더 큰 캔버스가 필요했다. 그림을 그리면서 나는 이 나라에서 동물들이 얼마나 거대한 규모로 착취당하고 살해되는지 깨닫기 시작했다. 내가 그린 100여 마리의 닭들은 트럭에 갇혀 있던 닭들의 일부에 불과했다. 그리고 그 트럭은 당시 닭들을 도살장으로 운반하던 수많은 트럭 중 하나였을 뿐이다. 가금류보호연합United Poultry Concerns✛에 따르면, "매년 전 세계에서 500억 마리 이상의 닭들이 도살"되고 있다.[1]

　　조사를 해보니 내가 그린 닭들은 산란계 암탉으로, 고기용으로 기르는 "육계broiler"와는 다른 품종이었다. 나는 이 닭들이 잔뜩 쑤셔넣어진 채 갇혀 사는 공간에 대해 알게 되었고, 또한 미국에서만 매년 수억 마리에 이르는 수평아리들이 계란산업에 이용될 가치가 없다는 이유로 내버려진다는 것도 알게 되

✛ 닭, 오리, 칠면조를 비롯한 가금류에 대한 존엄 있는 취급을 요구하는 비영리 동물 운동 단체.

었다.✦ 암탉들에 대해서도 더 많은 것을 알게 되었다. 암탉들은 1년 정도 알을 낳은 뒤 살해되어 값싼 다진 고기로 만들어진다. 그 멍들고 쇠약해진(달리 말하면 장애를 갖게 된) 몸을 비싸게 팔 수는 없기 때문이다.[2]

내가 지난 1년간 쳐다보고 생각해온 그 100여 마리의 닭들이, 이 책을 구성하는 물음들을 던질 수 있게 해주었다. 그 물음들이란 이런 것이다. 동물은 어떻게 하나의 대상이 되는가? 우리는 어떻게 이런 대상화를 정상적인 일로 배우게 되는가? 장애에 대한 생각이 어떻게 우리가 동물들을 다르게 볼 수 있도록 도울 수 있는가?

결국, 트럭에 처박힌 암탉들을 보고 숨을 참게 했던 처음의 그 감정을 통해 동물 문제가 장애 문제를 포함한 여타의 사회 문제들과 깊이 관련되어 있고, 심지어 매우 핵심적이라는 것을 이해하게 된 것이다. 처음 그 가공 공장에서 암탉들의 사진을 찍으려 했을 시기, 누군가 나에게 당신은 앞으로 6년간 계속해서 장애학과 장애운동의 관점으로 동물 억압의 문제를 고민하게 될 거라고 말했다면, 당시의 나는 그건 말도 안 된다고 생각했을 것이다. 그러나 더 자세히 들여다볼수록 동물산업 곳곳에 장애

✦ 양계산업에서 행해지는 관행들 중 하나로, 계란을 위해 번식·사육되는 산란계는 병아리 때 암수 감별이 이루어진다. 이때 계란을 낳지 못하는 수평아리는 즉각 살처분된다. 살처분 방법에는 이산화탄소 가스로 질식사시키는 방법, 병아리를 산 채로 분쇄기로 가는 방법, 알껍데기와 함께 버려 몸 위에 쌓이는 껍데기와 다른 수평아리의 무게로 압사하는 방법 등이 있다. 이런 잔혹한 살처분을 단지 경제적인 이익 때문에 행한다.

를 가진 몸이 있다는 걸 깨닫게 된다. 또한 동물의 몸이 오늘날 미국에서 장애를 가진 몸과 마음이 억압당하는 방식과 뗄 수 없는 관계에 있다는 것도 알게 되었다. 이런 생각이 떠올랐다. 만약 동물을 둘러싼 억압과 장애를 둘러싼 억압이 서로 얽혀 있다면, 해방의 길 역시 그렇지 않을까?

1부

몇 가지의
깨달음

1

이상하지만 진실인

내 나이 다섯 살. 때는 1980년대 중반으로, 언니의 일곱 번째 생일날이다. 마돈나의 〈트루 블루〉가 크게 흘러나오고 있다. 아이들은 깡충깡충 뛰고, 빙글빙글 돌고, 방 안을 가로지르며 뛰어다닌다. 나는 잔뜩 흥분해 있다. 춤추고 싶어. 내 작은 몸은 춤추려는 에너지로 가득 차올라, 부기우기 댄스를 하겠다는 생각만으로 벌써 정신이 없다. 그러나 바닥에서 몸을 일으켜 세우며 꿈틀꿈틀 앞으로 나서려고 할 때마다 주저앉고 만다. 옆에 있는 의자를 붙잡고 일어나 한두 걸음 나아간 뒤 다시 곡조에 맞춰 몸을 움직이려는 찰나…… 쿵! 바닥으로 넘어진다. 처음 한두 번은 그저 우연이라고 생각했다. 난 아마 너무 흥분했던 거야. 균형을 잃은 것뿐일 수도 있고. 하지만 세 번째로 바닥에 넘어졌을 때, 무언가 잘못되었다는 걸 깨닫는다. 음악 듣기를 멈추자 모든 것이 조용해진다. 바닥에 주저앉은 채 나는 미친 듯 춤추고 있는 주변 아이들을 쳐다본다. 그리고 떠오른 생각, '아, 이게 바로 장애구나'.

그로부터 한두 해가 지나 가족과 함께 워싱턴 DC에서 휴가를 보냈다. 남매들끼리 도시를 돌아다니다 우연히 동물의 권리animal rights에 대한 정보를 접하게 되었다. 우리는 부모님에게 뛰어가 방금 알게 된 이 끔찍한 소식, 즉 "고기는 동물"이라는 것을 알리려고 했다. 이 믿기 힘든 말이 사실이라면 앞으로 다시는 고기를 먹지 않겠다고 우리는 이미 다짐했던 차였다. 일생 동안 산발적으로 채식을 해온 엄마는 이를 기쁘게 받아들였고, 아빠는 딱히 기뻐하지는 않아도 얼마 지나지 않아 마음을 돌렸다.

고기에 대한 깨달음은 나 자신의 몸에 대한 깨달음보다 더 오래 남았다. 태어날 때부터 장애를 가진 나로서는, 몸이 드러나는 다른 방식을 알지 못한다. 나로 사는 것에 너무나 익숙해진 나머지, 세 번째로 바닥에 넘어졌을 때 깨달았던 것은 금방 잊어버렸다. 남들과 신체적으로 다르다는 것은 내게는 추상적인 것이었고, 너무 추상적이어서 의식적인 차원에서는 별 차이가 없는 것이었다. 처음 휠체어에 탔던 때, 잠시 동안 물리치료를 받던 때, 손을 교정하는 보조장구가 고통스럽기만 하고 내게 필요하지 않다고 엄마 아빠를 설득하던 때를 나는 잘 기억하고 있다. 하지만 이런 것들은 고기가 동물로부터 만들어진다는 것을 깨달았을 때 받았던 강렬한 감각과는 달랐고, 나는 이 잊기 힘든 감각으로 인해 항상 잔인성에 대해 자각하게 되었다.

그 후 수십 년간 내가 동물 정의animal justice 운동에 헌신한 것을 단순히 워싱턴 DC 여행 당시 접한 동물의 권리에 관한 글에서 트라우마를 입었기 때문이라고 생각할 사람이 있을지도

몇 가지의 깨달음

모르겠다. 아마도 이것은 트라우마를 어떻게 정의하느냐에 달려 있을 것 같다. 내게 도살된 동물들의 폭력적인 이미지에 관한 기억은 없다. 그 대신 세계에 대한 이해가 급작스레 바뀌었을 때 느껴졌던 위력과 트라우마가 떠오른다. 나는 동물과 음식에 대해 안다고 생각했었다. 동물들이란, 우리 강아지 클라이드나 미스치프 그리고 우리 고양이 시빌을 가리키는 것이었고, 대체로 집 바깥에 살지만 간혹 안으로 들어오기도 하는 도마뱀이나 두꺼비를 가리키기도 했다. 호기심 많은 원숭이 조지Curious George 나 곰돌이 푸Winnie the Pooh 또한 여기에 속했다. 그런데 어떻게 그들이 사과나 샌드위치 혹은 생일 케이크와 같은 범주로 묶인단 말인가?

우리 남매들은 동물을 먹지 않겠다는 결심을 지킬 수 있도록 서로를 도왔다. 우리 중 그 누구도 그런 결심을 홀로 이어가지 않았다. 처음에 친구들이 우리를 이상하게 여기거나 아빠가 우리를 버거킹으로 유혹했을 때도 우리의 신념은 서로의 헌신을 통해 강해졌다. 즉 비록 작기는 해도 우리에게는 커뮤니티가 있었던 것이다.

장애인* 커뮤니티는 내가 어린아이였을 때는 전혀 접해

---

* 여기서 '장애인'으로 옮긴 단어는 'disabled people'이다. 테일러는 이 책에서 '장애인'을 서술할 때 주로 'disabled people'이나 'people with disabilities'라는 표현을 쓰는데, 의미에 큰 차이가 없다고 판단이 든 경우 모두 '장애인'으로 옮겼다. 그럼에도 특히 'disabled'라는 수동태에 주목할 필요가 있는데, 이것 자체가 장애가 어떤 개인이 가진 속성이 아니라 주어진 환경, 특히 사회적·정치적·문화적 환경에 의해 만들어진 것임을 시사한다.

보지 못했던 것이다. 장애를 가진 많은 아이들과 어른들이 장애 커뮤니티를 갖지 못하고 있다.

《비장애중심주의의 윤곽: 장애와 비장애의 생산》에서 장애학 연구자 피오나 캠벨Fiona Campbell은 이렇게 썼다. "사람은, 태어나는 순간부터 장애를 가진다는 것은 '모자란 것'이라는 메시지를 발하는 세계, 장애에 대해 '관대'할 수는 있지만 결국은 그것을 '본질적으로 부정적'이라고 보는 세계로 나오게 된다."[1]

어렸을 때 나는 장애학 연구자나 운동가들이 비판적으로 언급하는 "극복" 서사를 주입받았다. '내 장애가 단점이고 부정적인 것임은 분명하지만, 그래도 난 그걸 극복할 수 있을 거야. 그런 게 나를 규정하도록 두지 않겠어.' 우리 집은 사실상 TV가 없고 사회적으로 의식 있는 부모가 급진적인 홈스쿨링을 하는 가정이었지만, 그럼에도 비장애중심주의*는 우리 집 그리고 나의 자의식에 스며들었다. 비장애중심주의는 계단, 연석, 좁은 통로처럼 나를 둘러싼 환경에 이미 깔려 있었고, 내 몸이 똑바르지 않으며 환영받지 못한다는 사실을 끊임없이 상기시켜주었다. 나를 과도하게 가시화하면서 동시에 비가시화하는 사람들의 곁

---

* '능력/할 수 있음'을 뜻하는 단어 'able'에서 파생된 비장애중심주의ableism는 장애가 없는 상태가 가장 이상적이고 정상이며, 반대로 장애는 그렇지 않다는 것을 너무나 당연하게 상정하는 가치관이자 이데올로기다. 이를 처음 문제제기한 장애운동 진영과 연구들은 이 용어를 통해 장애를 '이상'으로 분류하면서 비장애를 '정상'으로 규범화하는 사회를 비판하고자 했다. 어떤 경우 'ableism'은 '비장애인중심주의'라고도 번역되는데, 이 책에서는 '비장애중심주의'라고 옮겼다. 이 책이 'ableism'을 인간이 비인간 동물을 바라보는 시각에까지 포괄적으로 적용시키고 있다는 점을 고려할 때, '(비)장애'가 단순히 인간에게만 해당하는 문제는 아니라고 판단했기 때문이다.

눈질이나 애써 쳐다보지 않는 척하려는 행동들에도, 권력자나 부유한 생활을 하는 사람들 중에 나를 닮은 사람들이 없다는 것에도, 그리고 나나 다른 장애인들에 대한 사람들의 기대가 낮다는 것에도 비장애중심주의는 스며들어 있었다.

비장애중심주의는 장애인들에 대한 선입견과 무수한 형태의 차별로 이어질 수 있다. 일자리, 교육, 주거에 대한 접근의 제약뿐 아니라 장애를 가진 개인들을 소외시키는 억압적인 고정관념stereotype과 체계적 불평등까지, 그 차별은 무수히 많다. 비장애중심주의는 차별과 억압을 야기하는 동시에, 우리가 어떤 몸을 정상적이며 가치 있다고 규정하는지 혹은 "본질적으로 부정적"이라고 규정하는지를 시사한다. 몸에 가해지는 제약을 인식했던 순간들(앞서 이야기한 마돈나 노래가 나오던 순간처럼)은 아프고 힘들었지만, 비장애중심주의 때문에 겪게 된 말 못할 고통에 비하면 별반 대수롭지 않았다. 내게는 이런 느낌들을 표현할 말도, 해석할 수 있는 맥락도 없었다. 대신 나는 이따금 느낀 선입견을 내면화했고, 장애와 관련된 모든 것 혹은 모든 사람과 거리를 두려고 했다.

내가 여덟 살이던 1990년 미국 장애인차별금지법The Americans with Disabilities**이 통과되었다. 이 법률은 장애인 커뮤니티 덕분에, 즉 항의하고, 직접행동에 나서고, 정책 담당자들과 스스로에게 장애가 무엇을 의미하는지 정의하고자 모인 장애인들 덕분에 통과될 수 있었다. 당시에는 그런 맥락을 알지 못했지만, 거기에는 장애를 이해하는 완전히 다른 방식이 있었다. 그건 내가 13년 동안이나 모르고 있던 방식이었다.

사람들이 동물들을 학대하고 있다는 것 그리고 이것이 잘못되었다는 믿음으로 항의에 나서는 사람들이 있다는 것을 알게 된 건 여섯 살 때였다. 나는 동물들이 억압당하는 방식들에 대해 말할 수 있었고, 동물을 바라보고 대하는 방식들을 바꾸는 데 도움이 되고 싶었다. 장애인들에 관해서도 동일한 것을 깨달은 건 스물한 살이 되고 나서였다.

✦✦ 인종, 성별, 출신국, 종교에 따른 차별을 금한 공민권법(1964)과 함께 차별 철폐 운동의 성과 중 하나로 꼽힌다. 직역하자면 '미국 장애인법'이지만, 실질적으로 장애에 따른 차별을 금하고, 장애인의 사회 참여 권리를 보장하는 법률임을 고려할 때 '미국 장애인차별금지법'이라는 표현이 적합해 보인다. 이 표현은 일라이 클레어의 저서 《망명과 자긍심: 교차하는 퀴어 장애 정치학》 한국어판(전혜은·제이 옮김, 현실문화, 2020)의 번역어를 따른 것이다.

몇 가지의 깨달음

2

장애란 무엇인가?

여러 통계에 따르면 장애인은 세계 인구의 15~20퍼센트를 차지한다.[2] 세계 최대의 소수자 집단인 것이다.[3] 이는 과연 사실일까? 그렇다면 9억 명에 이르는 이 사람들은 대체 어디에 있단 말인가? 세계 장애인들의 수도라는 캘리포니아 버클리에서조차 장애인들을 그렇게 많이 마주칠 수 없었다. 말하자면, 적어도 우리 장애인이 세계 최대의 소수자들이라고 말할 수 있을 정도는 아니었다. 그렇다면 이 사람들은 대체 어디에 있을까?

피오나 캠벨에 따르면, "다른 소수자 집단들과 달리 장애인은 집단의식, 정체성 혹은 문화를 발전시킬 기회가 많지 않았다".[4] 장애인은 어디에나 있지만 우리는 고립되어 있다. 캠벨이 말하듯, 이러한 "분산dispersal"은 장애란 드문 경험이며 각자가 극복해야 할 고유한 고난이라는 고립적 인상으로 이어진다. 공해로 인해 어떤 동네의 천식과 선천성 장애 비율이 높아지는 경우처럼, 장애가 커뮤니티 전체에 영향을 미칠 때조차 그것은 주로 한 개인의 의료 문제로 간주된다. 이처럼 장애인들이 마주하는 사회정치적 난제들은 흔히 불행과 분투라는 개인화된 서사가 되고 만다.

실제로 우리는 우리가 짐작하는 것보다 훨씬 많은 장애인들과 매일 마주친다. 단지 그들이 장애를 갖고 있다고 생각하지 못할 뿐이다(그리고 그들 또한 자신에게 장애가 있다고 생각하지 않을 수 있다). 장애가 있다는 것은 많은 경우 심각한 낙인이 찍히는 것임을 생각할 때, 많은 사람들이 비장애인으로 "패싱되기"를 선택하는 것은 놀라운 일이 아니다. 불행하고, 어딘가 고장나고, 짐이 되는 집단으로 간주되는 것보다는 낫기 때문이다. 일반 대중은 장애라고 하면 휠체어나 지팡이, 시각장애인 안내견처럼 차이를 나타내는 분명한 징표를 지닌 사람들만을 떠올린다. 하지만 만성적인 질병을 가진 사람들이나 장거리 보행이 어려운 사람들, 체중 때문에 차별받고 부적합하다고 여겨지는 사람들에 대해서는 어떨까?

미국에서 차이의 범주로서 장애가 견고해진 것은 19세기 중반부터였다. 병리화되고 고용 불가능하다고 간주되는 인구가 증가하면서, 부적합하고 의존적이라고 여겨지는 사람들을 범주화하고 분리하기 위한 다양한 자선 단체, 시설, 우생학적 관행, 복지 규정이 등장했다.[5] 점점 더 많은 사람들이 차이를 지닌 다양한 몸으로 분류되고 규정되면서, "정상적normal"이라는 용어의 근대적 함의도 나타나기 시작했다.[6] 물론 이는 장애와 비슷한 어떤 것이 19세기 이전에는 존재하지 않았다는 의미가 아니다. 우리는 비장애 신체able-bodiedness와 비장애 정신able-mindedness 이라는 이데올로기, 적합fitness과 부적합unfitness이라는 개념 그리고 불구라거나crippled, 눈이 멀었다거나blind, 귀가 먹었다거나deaf, 말하지 못한다거나dumb, 미쳤다거나mad, 절뚝거린다거나lamb, 병약하다infirm고 정의된 신체의 취약성과 의존에 대한 가정들을 다양한 역사적·문화적 맥락들에서 발견할 수 있다.[7] 인종, 젠더 그리고 섹슈얼리티에 관한 정의들과 유사하게 장애에 대한 정의, 즉 무엇을 장애로 간주하며, 장애가 무엇을 뜻하는지는 종교나 정치·경제 정책, 친족 구조 등 수많은 요인들에 따라 계속해서 변한다. 또한 인종, 젠더, 섹슈얼리티, 계급의 의미가 변하면서, 장애에 대한 정의가 이것들과 서로를 강화하는 방식으로 맞물리기도 했다.

장애라는 범주가 사회적 구성물이라는 점은 오늘날 미국에서 장애를 정의하려고 할 때 명확해진다. 장애가 무엇이고 무엇이 아닌지는 전혀 명징하지 않다. 장애에 관한 정의는 각종 기구나 정부 기관들의 내부 규정에 따라 달라진다. 이 규정들은 장애가 문화적·사회적으로 갖는 의미들에 대해, 그리고 장애운동 진영이 생각하는 장애의 의미들에 대해 아무것도 말해주지 않는다.[8] 문화비평가 마이클 베루베Michael Bérubé는 이렇게 썼다. "자신을 '비장애인'이라고 생각하는 모든 사람들은 그러한 자기 규정이 일시적인 것일 수밖에 없다는 점을 알아야 한다. 교통사고나 바이러스 감염, 퇴행성 유전병 혹은 전례를 세울 법적 결정으로 우리의 위치는 언제든 우리가 어찌할 수 없는 방식으로 변경될 수 있다."[9] 사람들이 눈으로 볼 수 없거나 눈에 잘 띄지 않는 장애를 가진 이들을 일상에서 알아차리지 못하는 것은 대부분의 사람들이 타인의 비장애성ableness을 상정하기 때문이다. 장애학자 앨리슨 케이퍼Alison Kafer의 말처럼, "만약 누가 '장애를 가졌는지' 확인하는 게 어렵다면, 마찬가지로 누가 '비장애인인지non-disabled' 혹은 누가 '비장애 신체를 가졌는지able-bodied'를 정하는 것 또한 어려울 것이다".[10] 장애를 정의하는 게 이토록 어렵다는 사실은 서구에서 차이와 능력에 대한 이데올로기가 구축되는 데 장애가 일부분 중대한 역할을 수행하도록 했다. 달리 말하면 장애는 사람들이 실제로 사는 현실임과 동시에 멀쩡함이라는 부서지기 쉬운 의미에 윤곽을 부여하는 이데올로기적 틀이기도 한 것이다.

장애인들은 별로 밖으로 나돌지 않는 것처럼 보이며, 실제로도 그러하다. 우리는 대개 다른 교실에서 수업을 받고, 다른 버스를 타며, 다른 대기줄에 서고, 다른 입구로 들어가는 등 분리된 채 살아간다. 우리는 스스로의 선택에 따라 집에 머물러 있을 수도 있고(집 바깥에서 차별을 당하는 것보다는 낫기 때문에), 혹은 우리 의지에 반해 그렇게 될 수도 있다(부모, 배우자, 활동보조인, 의사, 수급 상담사 등이 원하거나 집 밖으로 나서는 일 자체가 접근성이 떨어지기 때문에). 집을 나선다고 해도 경사로가 없는 보도블록 앞에서 가로막히게 될지도 모른다. 아니면 접근 불가능한 환경을 피하려 하거나, 계단 같은 물리적 장벽 그리고 우리를 물끄러미 바라보는 낯선 사람들과 같은 심리적 장벽이 쳐진 가게들에 가능하면 가지 않으려는 것일 수도 있다. 혹은 우리가 비장애중심주의를 너무나 깊이 내면화하고 있어서 부끄러움 때

　　　몇 가지의 깨달음

문에 집을 나서지 않는 것일 수도 있다. 그게 아니면 우리는 시설에 감금되어 있는지도 모른다.

2003년 9월, 그때까지 다른 장애인과 함께 시간을 보내본 적이 없던 나는 장애에 대한 권리disability rights를 요구하는 시위에 처음 참여했다. 시위 참여는 정치적 책임감이 아니라—처음에는 이 단체가 항의하고 있는 바에 대해 막연하게만 알고 있었다—절망감에서 내린 결정이었다. 당시 나는 20년간 나의 내면에 자리 잡아온 억압을 어떻게든 풀어내야 했던 우울한 스물한 살이었다. 다행히 나는 내게 필요한 것이 다른 장애인들, 즉 내가 배울 수 있고 커뮤니티에 함께 속해 있을 수 있는 장애인들이라는 것을 직감했다. 2주에 걸친 장애인들의 시위 행진은 그것을 가능하게 만들기 위한 적절한 기회인 것 같았다.

참석한 시위자들은 적어도 200명이 넘었다. 내가 상상했던 것보다 많은 숫자였다. 세상에나, 게다가 그들은 모두 장애인이었다! 침을 흘리고, 절뚝거리고, 휠체어를 타고, 그르렁거리는 사람들. 처음에는 도와달라고 소리치며 도망치고 싶은 심정이었다.

하지만 다행히 그렇게 하지는 않았다. 나는 2주 내내 시위에 참가했다. 때로 좌절하는 일도 있었지만 이때의 경험은 내 삶을 놀라운 방식으로 바꿔놓았다. 필라델피아에서 워싱턴 DC까지 144마일〔대략 230킬로미터〕을 행진하는 이 시위를 조직한 것은 가장 유명한 장애운동 단체 중 하나인 즉각적 활동보조제도를 요구하는 미국 장애인들American Disabled for Attendant Programs Today〔이하 ADAPT〕[11]이었다. 이 행진 당시 ADAPT는 이미 강력하고 때로는 위험했던 직접행동들을 조직하며 미국 장애권 운동의 최전선을 20년 넘게 지켜온 단체로 자리하고 있었다. 그러니까 그들은 거의 내가 살아온 시간 내내 이 일을 했던 것이다.

　　행진의 목표는 ADAPT가 "도둑맞은 삶stolen lives"이라 부르는 것에 대한 항의였다. 현재 200만 명이 넘는 사람들이 대부분 영리를 목적으로 한 시설이나 요양원, 지적장애인을 위한 중간 돌봄 시설✦에 들어가 있다. 자신의 집에 살면서 삶을 주도적으로 꾸릴 기회를 빼앗긴 것이다.[12] 행진은 이런 상황에 항의하기 위한 것이었다. 미국에는 1만 6000개 이상의 요양 시설이 있는데, 그중 3분의 2는 영리 시설이다. 요양 시설은 116억 달러 규모의 산업이 되었다.[13] 이는 완전히 악덕한 돈벌이 사업이다. 요양 시설은 연평균 1인당 8만 7000달러의 비용을 요한다. 각 주마다 정부 정책과 공공 의료 비용이 크게 다르고 장애인들이 다양한 차원의 돌봄을 필요로 하기 때문에 가정에서 드는 돌봄 비용을 계산하기는 어렵지만, 장애인들이 집에 살 때 훨씬 적은 비용이 드는 것은 분명하다. 활동보조인에게 지급하는 생활 임금을 고려하더라도 장애인을 시설에 수용할 때의 비용보다는 훨씬

✦ 표면적으로는 지적장애인들이 지역사회로 나와 일상생활을 영위할 수 있도록 중간 단계에서 돕는다는 구실을 띠지만, 실제 현실에서는 여전히 '보호'와 '감시'의 형태로 이들을 수용하면서 이들의 자립과 자기결정권 행사를 막고 있어 ADAPT 같은 급진적인 장애운동 단체들의 비판 대상이 된다. 미국 대부분 주의 공적 의료보험 제도가 이런 중간 돌봄 시설 지원에 초점을 맞출 뿐, 장애인의 자립을 위한 더 근본적인 방안이라 할 수 있는 활동보조 서비스나 독립된 거주 공간 마련 등에 대해서는 여전히 소극적인 것으로 보인다.

적다.[14] 게다가 요양 시설의 서비스 수준은 대개 경악할 만큼 형편없다.[15] 위생이나 심리적 욕구들이 무시될 뿐만 아니라 물리적 폭력과 성폭력도 빈번히 일어난다. 가장 좋다는 시설들에서조차 바깥 사람들이 당연히 갖는 무수히 많은 자유가 박탈된다. 원하는 시간에 원하는 장소와 먹을 자유, 원하는 시간에 잠들 자유 그리고 서로 동의한 성관계를 가질 자유 등등이 말이다.[16]

장애인이 격리된 시설이 아닌 자신들의 커뮤니티 안에서 살아갈 권리는 지속적으로 위협받고 있다. 흔히 장애에 대한 권리 운동의 본거지로 불리는 캘리포니아에는 미국에서 가장 큰 요양 시설 몇몇이 있으며, 매년 주 정부는 장애를 가진 사람들이 자신의 집에 거주하는 데 필요한 핵심 서비스에 관한 정책을 위협하려고 한다.[17]

무려 200만 명의 사람들이 어디서 어떻게 살고 누구에게 활동보조를 받을지 결정할 권리를 부정당하고 있지만, 장애 문제를 다루는 언론의 부재는 별로 놀라운 일이 아니다. 이는 장애에 대한 표상이 미디어에 부재한다는 말이 아니다. 오히려 장애는 은유로서 미디어에 깊이 배어 있고, "감동 실화"로서 거의 신화적으로 이어져오고 있다. 이런 이야기들 속에서 장애는 항상 개인적인 비극으로 간주된다. 장애인들은 차별과 억압을 극복하기보다는 강인한 의지를 통해 자신의 한계를 극복할 용기를 찾아낸다고 상정된다. 많은 장애운동가와 연구자들은 이를 "슈퍼 불구super crip"** 서사라고 부른다. 장애인이 하는 것이라면 평범한 것이든 뛰어난 것이든 상관없이 감동적이고 영감을 불러일으킨다고 간주하는 일 말이다. 결혼하는 것, 학교 가는 것, 단지 집 바깥에 나가는 것 혹은 자살을 원하지 않는 것까지(심지어는 자살을 진심으로 원한다는 사실까지도) 모두 그렇다. 이러한 서사는 장애인들이 커뮤니티에 참여하고 동등한 권리를 요구하도록 고무하는 대신, 비장애인 청중들로 하여금 더욱 열심히 일하고 자신의 처지에 감사하는 마음을 갖게 한다. 이런 렌즈를 통해 장애는 빈민의 자수성가라는 익숙한 자본주의 서사의 초감성적 버전으로 거듭난다.

장애운동가로서의 여정을 시작하면서, 나는 장애를 나만의 고립된 경험으로 느끼는 데서 벗어나 도처에서 장애를 발견하게 되었다. 미국 문화에서 장애라는 것은 수사적인 차원에서조차 불가피한 것임을 깨달았다. 우리는 "절름발이 경제가 되었다the economy is crippled"는 표현을 하기도 하고, 무언가를 하지 못하거나 그럴 능력이 없다고 생각하는 사람을 "마비paralysis" 상태에 있다고 표현하기도 한다. 우리는 "눈이 멀었다"는 말로 무지나 어리석음을 표현한다. 또한 우리는 무지하거나 부당하다고 생각하는 것을 "지체되었다retarded"라는 말로 표현하기도 한다. 이런 식으로 "장애"는 고장나거나 정상적으로 작동하지 않는 것을 묘사할 때 언제든 사용된다.

이런 예들은 흔히 악의 없는 비유적 표현으로 치부된다. 하지만 말이란 정치적인 것이다.

✦✦ '슈퍼 불구'는 장애를 순전히 스스로의 노력으로 극복하는 장애인을 찬양하는 비장애중심적 표상이다. 따라서 '슈퍼 불구' 서사는 대개 신체적 한계를 극복한 개인의 초월적인 역량을 강조하는 이른바 '장애인 영웅담'의 형식을 취한다.

몇 가지의 깨달음

언어든 이미지든, 가장 통상적인 장애 은유들은 장애인의 경험에 대한 고정관념과 인식 결핍에 근거해 있다. "절름발이 혹은 불구가 되다" 같은 말의 비유적 사용은 "불구가 된다"는 것이 고장나고 결함 있는 것으로서 수리되어야 함을 의미한다는 관념 자체를 더욱 강화한다. 그 말이 비유적으로 빈번히 쓰이는 동안 불구인 사람들의 실제 삶은 지워지고 정형화된다. "불구가 된다"는 말은 특히 흥미로운 사례. 불구crip라는 말(이 말은 "불구로 만들다cripple"라는 단어에서 나왔다)이 장애운동가나 연구자들에게 채용된 방식이 LGBT 운동가나 연구자들이 "퀴어queer"라는 말을 재점유한 방식과 매우 유사하기 때문이다. 많은 장애인들이 "불구"로서 자신을 정체화하고 있는데, 어떤 것을 불구로 만든다는 것은 꼭 그것을 부순다는 뜻이 아니라, 장애의 역사, 정치, 자부심을 가지고 장애에 창조적 의미를 부여한다는 뜻이며,*** 동시에 자립independency, 정상normalcy, 의료화medicalization의 패러다임을 문제 삼는 행위이기도 하다.

ADAPT와 함께한 첫 시위에 참가할 때만 해도 나는 스스로의 정체성을 "장애인"으로 삼기를 주저했다. 그러나 시간이 흐르면서 불구라는 것은 점차 내 정체성의 일부가 되어갔다. 장애를 가진 연구자, 운동가 그리고 예술가에게 불구라는 것은 하

*** 한국에서도 '불구'라는 단어를 긍정적 의미로 전유하려는 시도가 활발히 나타나고 있다. 장애여성 인권운동 단체 '장애여성공감'이 창립 20주년을 맞아 발표한 선언문 〈시대와 불화하는 불구의 정치〉(《장애여성공감 20주년 활동보고서》, 2018년 2월)가 대표적이다.

나의 행동이 되었고, 급진적인 의미 변화를 이루는 하나의 방법이었다. 우리는 불구의 시간, 불구의 공간, 불구의 문화, 불구의 이론에 대해 이야기했다.

반인종주의·페미니즘 연구자들처럼, 장애학 연구자들은 일상에서 쓰이는 말이 장애를 가진 이들이 사회적·정치적으로 다루어지는 방식을 강화한다는 것을 잘 알고 있다. 말뿐만 아니라 다른 종류의 재현물과 이미지, 문화적 서사도 마찬가지다. 장애인들이 직접 겪는 일들이 은유나 고정관념으로 대체되는 방식은 수도 없이 많다. 연민을 불러일으키는 자선 운동과 지나치게 감성적인 "슈퍼 불구" 영화 속 인물들부터 거저먹는 자, 사기꾼, 나이롱 환자, 꾀짝 등 정치 담론 속 장애인에 대한 갖가지 표상들까지. 장애를 불쌍한 것, 항상 치료가 필요한 것, 온전한 삶을 가로막는 장벽 등으로 나타내면서도 장애인에 대해서는 마치 굽어보는 듯한 태도로 "영감을 준다"거나 "특별하다"고 말하며 "장애 극복"을 칭송하곤 한다. 장애인들을 위험하고, 폭력적이며, 고통에 대해 복수하려는 이들로 나타내는(몸이 기형이거나 보철 기구를 쓰는 영화 속 악당을 떠올려보라) 재현물들도 있다. 이런 재현물들은 특히 지적/정신적 장애를 가진 사람들을 겨냥한다(총기 난사 사건이나 기타 극단적인 폭력 사건에 대한 전국적 논쟁에서 정신병이 어떤 역할을 하는지 생각해보라). 이런 재현물들은 국적, 인종, 성별, 계급의 차이에 따라 바뀌거나 뒤섞이기 때문에 보편적이라고 할 수 없지만, 이 중 몇몇 특정 고정관념들은 미국의 주류 문화에서 가장 두드러지게 나타난다.

장애에 대한 재현은 의료화에서 비롯하는 경우가 많다.

의료화medicalization란 장애를 의료나 재활 분야에서 다뤄야 할 주제로 보는 관점이다. 대체로 도덕적·정신적·형이상학적인 문제로 다뤄지던 장애는 19~20세기 초 의료적인 문제로 탈바꿈했다. 장애를 신의 개입이나 업보로 이해하던 한때가 있었다면, 지금은 장애를 의료적 이상 상태medical deviance로 본다. 이는 장애학 연구자나 운동가들이 "장애의 의료적 모델medical model of disability"이라고 부르는 것으로, 이 모델은 장애가 있는 몸을 제대로 기능하지 않는 몸, 건강하지 않으며 비정상적인 몸, 따라서 치료가 필요한 몸으로 바라본다.[18]

이 의료적 모델은 장애인의 싸움을 순전히 그들의 몸에 국한시킨다. 즉 장애인들에게는 무언가 잘못된 것이 있고, 그 때문에 그들이 이 세계에서 온전히 기능하지 못하게 된다는 것이다. 오늘날 이런 관점은 상식으로 혹은 우리 문명의 진보를 증명하는 것으로 당연하게 받아들여지고 있다. 물론 휠체어의 필요성은 의료적 문제이다. 누가 아니라고 말할 수 있겠는가?

지난 수십 년간 장애운동가들은 장애에 관해 다른 이야기를 하기 위해 노력했다. 많은 장애인들이 장애는 단순히 의료 문제가 아니라 사회정의social justice의 문제라고 주장한다. 이는 결코 장애인들에게 때로 의사나 의료적 처방이 필요하다는 점을 부인하는 것이 아니다. 이들이 말하고자 하는 바는 장애를 이해하는 데 의약이라는 것이 유일한 틀이 아니며 최선의 틀은 더더욱 아니라는 것이다. 장애운동가와 연구자들[+]은 다른 장애 모델을 차용하여 의료화에 대항했다. 그중 가장 많이 인정받는 것은 "장애의 사회적 모델social model of disability"이다.[++] 이 모델에 따르

면 장애는 손상impairment이 아니라, 사회가 구성되는 방식에서 비롯된다.[19]

도시나 마을에서의 일상적 이동을 떠올려보면 금방 알 수 있다. 건물에 출입하거나 [차도와 보도 사이의] 연석을 넘거나 버스에 타거나 하는 사소한 일들 말이다. 만약 누군가가 연석을 넘지 못한다면, 이런 식의 소외가 과연 그 사람의 몸이 가진 결함 때문일까? 계단은 있지만 경사로나 리프트가 없는 버스는 어떨까? 건너도 안전하다는 시각적 표지는 있지만, 소리로는 알려주지 않는 신호등에 대해서는? 비장애중심주의는 어떤 기술은 일반적인 것으로, 다른 기술은 특수한 것으로 이해하도록 조장한다. 우리는 층계나 계단 같은 지금의 기술과 구조물에 익숙해진 나머지 그것들을 매우 자연스러운 것으로 받아들인다. 하지만 연석은 경사로만큼이나 자연스럽지 않고, 점멸신호등도 음성신호기만큼이나 자연스럽지 않다.

✦ 'disability scholar'는 '장애학 연구자' 혹은 '장애학자'로 옮겼고, 'disability activist'는 '장애운동가'로 옮겼다. 결코 '장애인 연구자'나 '장애인 운동가'가 아니라는 점을 유념할 필요가 있는데, 이는 장애학을 공부하고 장애운동을 하는 사람이 '장애인'에 국한되지 않고, 장애 역시 장애인의 인권 문제에 국한되지 않는다는 뜻이다. 특히 테일러가 장애해방과 동물해방이 분리될 수 없으며 장애가 인간은 물론 동물의 문제이기도 하다는 문제의식을 벼리고 있음에 주목할 필요가 있다.

✦✦ 장애의 '사회적 모델'은 이 책에서 설명하고 있듯, 장애를 의학적으로 진단된 '이상異常', 즉 개인의 신체적·정신적 기능 부전으로 이해하는 '의료적 모델'에 저항해 만들어진 대안적 이해 모델이다. 사회적 모델에 따르면, 장애는 의료적 이상 및 손상과 동일시될 수 없으며, 따라서 '손상impairment'과 '장애disability'는 구분되어야 한다. 손상이 장애가 되는 것은 특정한 사회 안에서이다. 동일한 손상도 전혀 다른 장애로 분류되는 건 이 때문이다.

접근성 또한 어떤 인지적 특징들이 특권을 부여받고 지지 받는가와 관련된 문제다. 아주 단순한 것들을 통해서도 지적/정신적 장애를 가진 사람들(그리고 만성적 질병 등 기타 장애를 가진 사람들)이 기존에 접근이 불가능했을 공간에 접근할 수 있도록 만들 수 있다. 직장이나 학교에서 활동을 보조하고 돕는 여러 기술, 충분한 휴식 시간, 좀 더 유연한 소통 수단들(메일, 전화, 채팅 혹은 직접 만나서 하는 회의 등), 조명의 변화, 향이나 화학물질을 금지하는 방침 등을 갖추는 것, 이런 것들이 완전히 접근 불가능한 환경과 더 많은 사람들에게 열려 있는 환경의 차이를 만들어 낼 것이다.[20]

그렇다고 접근성accessibility이라는 문제가 단순하다거나 쉽다고 이야기하고 싶은 것은 아니다. 접근성에 대한 수요는 광범위하고 다양하다. 그러나 우리를 둘러싼 환경이 특정한 몸을 상정하고 조성되었다는 것은 기억할 필요가 있다. 억압의 유산들은 우리의 사회적 지형이 구축되는 방식에 영향을 끼친다. 장애 정의 운동가 미아 밍거스Mia Mingus***가 설명하듯, 접근성 문제는 장애의 고유한 문제가 아니다. "접근성은 새로운 무엇이 아니다. 우리는 접근성을 성중립 화장실부터 계급, 언어, 육아 등을 광범위하게 아우르는 방식으로 이해하기 위해 노력할 수 있다."[21] 접근성은 교차적인intersectional**** 것이다. 우리 사회가 역사적으로 누구에게 특권을 부여했으며 어떤 종류의 몸에 초점을 두고 구축되었는지 생각하는 것이 중요하다. 우리 도시나 문화에서 특정한 몸이 다른 몸보다 더 큰 가치를 부여받는 상황은 자연스럽게 이뤄진 것이 아니다. 그것들은 모두 인위적으로, 편견과 선입견을 내재한 채 만들어진 것이다. 그러므로 우리는 왜 특정한 몸이 표준으로 제시되고 다른 몸들은 그 표준에 견주어 제시되는지를 물어야 한다.

✦✦✦ 여기서 테일러는 미아 밍거스를 단순히 장애운동가disability activist가 아니라 장애 정의 운동가disability justice activist로 칭하고 있다. 이때의 장애 정의disability justice란 주로 인종적으로나 성적으로 소수자인 장애인들 중 인권 모델에 바탕을 둔 기존의 백인 남성 중심의 운동권에서 배제됐던 이들이 제시한 장애인 운동의 대안적 모델을 가리킨다. 이들은 장애나 비장애중심주의의 문제를 다른 억압 형태나 정체성과 관련지어 제시한 바 있다. 그 특징은 다음과 같다. ① 억압적 시스템 전체의 변혁: 권리를 갖는 특권적인 층을 확장해나가는 것이 아니라, 시스템 전체의 변혁을 지향한다. ② 다양한 억압체계와의 연결: 장애뿐 아니라 인종, 젠더, 섹슈얼리티, 시민권 등 다른 억압체계에서 비롯되는 중층적 영향을 고려한다. ③ 커뮤니티 기반의 정의 및 해방 모색: 법정을 통한 개인적 정의의 실현에 머무르지 않고, 집단적 차원의 정의나 해방을 모색한다. 이 책에서 다루는 환경 정의environmental justice 개념 또한 장애 정의와 같은 맥락을 공유한다. 미아 밍거스의 인터뷰 동영상 "Mia Mingus on Disability Justice"을 유튜브에서 볼 수 있다(https://www.youtube.com/watch?v=3cJkUazW-jw).

✦✦✦✦ 흑인 여성이 맞닥뜨리는 특유의 딜레마를 이야기하기 위해 법학자 킴벌리 크렌쇼Kimberle Crenshaw가 사용하기 시작한 말이다. 크렌쇼는 '흑인'이라는 범주는 흑인 '남성'을, '여성'이라는 범주는 '백인' 여성을 대표하기에 '흑인'이자 '여성'인 사람들의 경험은 어떤 범주로도 포착되지 않는 상황에 대해 이야기한다. 그의 교차성 개념은 흑인 여성이 겪는 이 이중의 배제를 조명한다. 현재 교차성 개념은 인종주의와 젠더뿐 아니라, 섹슈얼리티나 계급, 민족성, 환경 그리고 이 책의 주제인 장애와 동물 등 다양한 사회적 억압과 관련해 사용된다. 교차성은 '공통된 억압'에 주목한다. 억압들이 사회구조 속에서 서로 얽혀 있다는 것이다. 이는 가해와 피해의 복잡한 얽힘을 훨씬 더 섬세하게 인식하도록 한다. 이렇듯 교차성 개념을 참조할 때, 당사자 중심의 정체성 정치가 빠지기 쉬운 일종의 함정, 즉 배타성이나 다른 사회운동과의 연대 및 문제의식 부재('누가 더 억압받는지'에 치중하는 논의)를 넘어 다양한 소수자/소수성 간의 연결 그리고 비인간 동물이나 환경까지 포함한 수많은 존재자들의 연결을 사유할 수 있다. 따라서 교차성 개념은 연대를 구상하기 위한 매우 중요한 이론적 도구다.

몇 가지의 깨달음

접근성은 비단 물리적 공간에만 한정된 사안이 아니다. 그것은 이 사회를 구축하는 경제적·사회적 시스템과도 관계된다. 장애인들은 지구상에서 가장 소외된 사람들 중 하나다. 장애와 빈곤의 관계는 충격적인 수준이다. 세계에서 가장 가난한 사람들 중 20퍼센트가 장애인이고, 세계 장애인 인구 중 80퍼센트는 개발도상국에 거주한다.[22] 세계적으로 장애인들은 빈곤에 처해 있을 확률이 높으며, 그들은 대체로 자신이 속한 공동체에서 가장 가난하다.[23] 미국의 사정도 마찬가지다. 미국은 장애인이 비장애 신체를 가진 사람보다 빈곤선 아래에서 살아갈 확률이 매우 높은 곳이다.[24] 세계은행World Bank의 보고에 따르면, "가난한 생활 환경, 건강에 악영향을 미치는 고용 환경, 영양 부족, 의료나 교육 기회의 결여 등으로 인해 빈곤은 다양한 종류의 장애를 초래하며, 이미 장애를 가진 사람들에게는 이차적 장애를 유발한다".[25] 장애를 가진 사람들은 많은 경우 빈곤에서 벗어나기 위한 시도들, 즉 교육과 구직 기회를 얻으려 할 때 더욱 큰 벽에 직면하게 되는 악순환에 빠진다. 장애운동가는 흔히 장애의 의료화를 비판하지만, 또한 의료 보장이 누구에게나 그렇듯 장애인들에게도 필수적이라는 것을 충분히 자각하고 있다.

전 세계 장애인들의 실업률은 믿기 어려울 정도로 높다. 유엔 보고에 따르면, "개발도상국에서 노동 연령인 장애인들의 80~90퍼센트가, 선진국에서는 50~70퍼센트가 실업 상태에 있다".[26] 최근 미국에서는 직장에 다니는 장애인들이 증가하긴 했지만, 장애를 가진 노동 인구의 37퍼센트만이 취업을 했을 뿐이다.[27] 장애인 여성이나 유색인종의 경우에는 더욱 열악하다. 상원의원 톰 하킨Tom Harkin은 상황이 나아지지 않고 있다고 본다. "노동통계청에 따르면 장애인 노동자 규모는 경기침체기에 10퍼센트 감소했다. 이는 약 2퍼센트 감소한 비장애인의 경우에 비해 5배나 큰 수치다."[28]

　　　우리는 우리 자신의 신체적·정신적 장애 자체보다 훨씬 더 큰 걱정거리를 안고 살아간다. 신체적·정신적 차이를 지닌 사람들은 주택, 고용, 교육의 제한이나 빈곤화 같은 구조적인 불평등뿐 아니라, 불임 수술, 유아 살해, 우생학 그리고 시설 수용 따위의 극단적이고 폭력적인 조치를 통해 억압받아왔다. 장애인들이 직면하고 있는 문제는 요양 시설이나 정신병원 수용뿐만이 아니다. 미국에서는 과도하게 많은 숫자의 장애인들이 감옥이나 구치소에 수감되어 있다.[29] 장애인들은 비장애 신체를 가진 사람들보다 폭력의 희생자가 되는 경우가 많고, 장애인들에 대한 증오 범죄는 잘 보도되지도 기소되지도 않는 것으로 악명 높다.[30] 수감되고, 시설에 보내지고, 자신의 활동보조인을 선택해 고용할 수 없는 장애인들에게 폭력과 증오는 매일 일어날 수 있는 일이다. ·

　　　장애인들은 매일같이 고정관념, 낙인, 시민권 침해와 맞닥뜨린다. 우리는 세계에서 가장 가난하고, 가장 교육받을 기회가 적고, 가장 폭력에 노출되기 쉬운 존재인 것이다. 물리적 장벽과 태도의 장벽을 통해 우리를 수많은 사회적 공간에 참여하지 못하게 하는 것, 시설이나 "특수" 프로그램으로 격리시키는 것 모두 법에 저촉되지 않는다. 우리에게to us 직접 말을 거는 대신 우리를 위해for us 말할 수 있다고 생각하고, 특히 비언어 사용자nonverbal인 장애인이나 "중증" 지적장애인의 경우, 당사자 대신 그들을 잘 알고 그들의 이해관계를 가장 잘 아는 사람들에게 말을 거는 것을 합당하게 여긴다.

　　장애인들이 직면하는 뿌리 깊은 구조적 편견과 차별은 사회의 거의 모든 측면에 스며들어 있다. 그러나 이런 편견은 지역, 인종, 성별, 계급 그리고 그 사람이 가진 장애의 종류에 따라 달라진다. 백인이고, 중산층이고, 소통에 문제가 없는 지체장애인인 미국 여성이라는, 그리고 직접 고용한 활동보조인과 나의 집에서 같이 살 수 있다는 나의 특권은 많은 억압들로 이루어진 현실로부터 나를 방어해준다. 장애인들로서는 피할 수 없는 바로 그 현실로부터 말이다.

　　장애 억압과 장애운동은 장소와 경험에 따라 다르게 펼쳐지며, 각 집단은 자신들의 고유한 문제와 마주한다. 문제를 더 복잡하게 만드는 것은 비장애 신체able-bodiedness와 장애 사이의 구분이 전혀 명확하지도 영구적이지도 않다는 사실이다. 이 사실은 점점 더 분명해지고 있다. 장애는 어떤 사람이 떠안는 정체성이기도 하고, 투쟁의 조건이기도 하고, 해방을 발견하는 장소이기도 하고, 누군가를 소외시키고 억압하는 데 활용되는 개념이기도 하다. 동시에, 장애는 이 모든 것이기도 하다.

　　장애가 한 개인의 삶을 구축하는 체험일 뿐 아니라, 우리의 역사, 정치 그리고 문화가 구축되는 데 중심적인 역할을 수행한 이데올로기이기도 하다는 것이 점차 분명해지고 있다. 장애란 단순히 주변부에만 속하는 것도, 의약계만의 사안인 것도, 소수의 특정한 역사적 사건들에 국한되는 것도 아니다. 그보다 장애는 성별, 계급, 인종과 같이 도처에 확산되는 방식으로 세계에 영향을 미치는 사회적 힘이다.[31] 더글러스 베인턴Douglas Baynton이 지적하듯, "장애는 일단 찾아내려고만 하면 역사의 모든 곳에 있지만, 우리가 기술하는 역사에는 눈에 띄게 부재한다".[32]

장애 이데올로기가 근대 세계의 발전에 핵심적이었음을 생각해보면, 베인턴의 이런 지적은 완전히 분명해진다. 예컨대 지금껏 연구자들은 자본주의와 노동관계가 탄생하는 데 장애가 수행한 역할에 대해 밝혀왔다. 특히 장애 개념은 자립, 효율, 생산성 같은 개념의 정의 수립은 물론, "수요 기반"과 "노동 기반"으로 대립되는 분배 체계를 정의하는 데에도 기여했다.[33] 다른 연구자들은 장애 이데올로기가 미국의 이민 정책이 세워지는 데 얼마나 핵심적인 역할을 했는지 보여주었다. 다양한 인종적·계급적 특징을 갖는 인구 집단들에 대한 배제를 정당화하기 위해, 이들이 "공적인 부담이 될 것"이라거나 공중보건에 대한 위협이라는 식의 고정관념을 뒤집어씌움으로써 장애 이데올로기를 활용한 것이다.[34] 사회를 만들어가는 데 장애가 차지하는 중요성을 보여주는 사례들은 넘쳐난다. 그러나 아마도 장애 개념이 역사적으로 수행한 가장 강력한 역할은 차이의 범주들을 정의하고 강화해온 데 있을 것이다.[35] 장애 개념은 다양한 인구 집단들을 유아화infantilize함으로써, 그리고 약하고, 취약하며, 지능이 떨어지고, 병에 걸리기 쉬우며, 뒤떨어지고, 돌봄이 요구된다는 식으로 규정함으로써 이들을 병리화하는 데 기여했다. 이런 병리화는 비장애중심주의와 긴밀히 연관된다. 비장애중심주의는 약함, 신체적·정신적 비정상성, 의존 등 장애를 나타내는

몇 가지의 깨달음

징표들이 바람직하지 않다고 주장한다. 그리고 결과적으로 이러한 상태를 연상시키는(잘못된 방식으로든 그렇지 않은 방식으로든 간에) 신체적·정신적 특징들은 규제하고 통제할 필요가 있는 생물학적·자연적 결함들로 간주된다. 이러한 장애 이데올로기는, 흑인은 백인보다 신체적으로는 강건하지만 지적으로는 열등하다거나, 원주민 공동체는 관리가 필요하며 병에 취약하다거나, 상류 계급의 백인 여성은 지적으로 엄밀한 작업이나 신체적인 작업을 하기에는 너무 연약하다는 편견에서 드러나듯, 지적·신체적 열등성을 근거로 특정 집단 전체를 장애화하는 데 일조했다. 니르말라 에르벨스Nirmala Erevelles 같은 학자들의 작업에서 드러나듯, 역사의 이러한 유산들은 전혀 매장되지 않았다. 에르벨스에 따르면, 미국에서는 유색인종 아이들이 장애를 더 많이 갖고 있다고 범주화하는데, 이는 유색인종 아이들을 특수(달리 말해 분리된) 학급에 수용하는 학교 체계에 암묵적으로 생물학적 정당성을 제공하고 있다.[36]

연구자들이 장애가 차이의 범주를 구조화하는 데 중심적인 역할을 수행한다고 주장할 때, 그것은 장애가 인종, 성별, 계급과 같은 다른 차이의 징표들을 능가한다는 뜻이 아니라, 장애 또한 차이의 다양한 형태들과 상호적으로 구성되어 있다는 의미라는 점을 알아야 한다. 달리 말하면, 장애가 인종, 계급, 섹슈얼리티, 성별 같은 이데올로기의 의미를 구축하듯, 이들 또한 장애의 의미를 구축한다. 이 범주들은 서로를 구축하고, 서로에게 영향을 끼치며, 때로는 서로 합쳐지면서 나아갔다. 장애학 연구자 엘런 새뮤얼스Ellen Samuels는 이 점을 자신의 책《동일화의 환

상들: 장애, 성별, 인종》에서 잘 지적한 바 있다. 그는 이렇게 썼다. "과거의 의사나 인류학자들은 사실 오늘날의 우리와는 달리 인종적 특징들과 신체적·정신적 특징들을 구분하지 않았다." 그에 따르면, 과거의 인류학자들은 차이들을 비교/분류하기보다 실제로 "〔그것들을〕 모두 합쳐 정신적 미숙과 무능을 나타내는 하나의 유연한 범주로 만들어냈다".[37]

　　　새뮤얼스의 말은 오늘날 우리에게는 구분되는 범주들이 때에 따라서는 서로 분리될 수 없는 것들이었음을 강하게 환기시킨다. 우리가 자주 간과하지만, 동물이라는 범주 또한 우리를 정의해온 역사와 틀을 이해하는 데 핵심적이다. 누가 인간이고 인간이 아닌지는 오늘날 아주 분명하고 복잡할 것도 없어 보이지만, 우리가 잘 알고 있듯 어떤 시대에는 아주 다양한 사람들이 짐승으로, 인간이라기보다는 동물이라는 식으로, 혹은 진화의 잃어버린 고리*로 간주되었다. 이러한 분류법은 열성, 야만성, 섹슈얼리티, 의존, 능력/장애, 신체적·정신적 차이에 대한 정의와 긴밀하게 얽혀 있다. 실제로 위에서 인용한 새뮤얼스의 글은 미국 원주민을 낮은 진화 단계, 즉 덜 발전된 단계에 있는 인간의 한 예로 제시하는 인종주의적 인류학에 대해 이야기하고 있다. 이런 주장은 지적장애인들이 인간의 진화 과정에서 이전 단계prior stage에 위치해 있다는 주장과 함께 기능한다. 이런 비인간화dehumanization와 동물화animalization는 19세기 지리학자 J. P. 레

---

*진화적 이행이 추측되는 생물 사이에 상정되는 중간적 형태로, 여기에서는 유인원과 인간의 중간 단계를 말하는 것으로 보인다.

슬리J. P. Lesley의 작업에서 나타난다. 그는 인간의 진화는 소위 원시적이거나 유인원 같은apelike 인구 집단, 즉 비유럽인의 발견을 통해서뿐 아니라 모든 사회에 존재하는 "백치idiots"나 "저능cretins"에 대한 조사를 통해서도 증명될 수 있다고 주장했다.

> 낮은 이마, 작은 뇌, 긴 팔, 가는 다리, 상아처럼 앞으로 튀어나온 이빨, 납작한 코 그리고 발달이 지체되었음을 보여주는 기타 징표들을 지닌 사람들은 인종을 불문하고 세계 곳곳에 존재한다. 인류의 모든 세대마다 동종의 지체에 의해 생겨나는 수백만의 바보나 백치들이 이 주장을 뒷받침해주는 것은 두말할 필요도 없다.[38]

이보다 한 세기 전인 1700년대, 우리가 오늘날에도 사용하는 과학적 분류 체계의 기초가 된 종種 분류 체계인 린네식Linnaean 분류법이 등장했다. 이 체계는 인간을 자연 안에 위치시키는 데 도움이 되었지만, 다른 한편으로는 인종적으로나 젠더적으로 편향된 인간 범주화와 관련된 논의들과 밀접하게 엮여 있었고, 그러한 논의들의 전형적인 산물이기도 했다. 그런 맥락에서, 인간의 다름을 두고 생겨났던 근거 없는 믿음은 인간과 동물 사이의 경계선을 긋는 데 이용되었다.[39] 종 분류 체계는 인간을 동물들보다 상위에 두는 위계제에 크게 의존했고, 이런 위계제는 언제나 인간들 사이의 차이를 구축하는 일과 엮여 있었다. 여기서 내가 강조하고 싶은 것은 범주화와 비인간화의 역사에서 동물이 갖는 중요성을 드러내는 것뿐 아니라, "동물"과 "인간"은 오로지 생물학적이라기보다 사회적으로 결정되는 복잡한 범주임을 밝히는 데 있다.

　　이런 역사적 분석들을 여기서 심도 있게 다루기에는 너무 복잡하지만, 그럼에도 비인간화의 역사가 서구적 인식, 전제, 편견을 여지없이 폭로한다는 점을 강조해두는 건 중요할 듯하다. 인종주의, 비장애중심주의, 동물에 대한 선입견과 밀접하게 연결된 레슬리의 작업에서 볼 수 있는 그런 인식 말이다. 동물이라는 범주는 모기, 해파리, 개, 범고래처럼 다양한 생물들을 아우르는 거대하고 다루기 까다로운 범주이지만, 서구적 인식 아래에서 동물들은 의심의 여지없이 열등한 피조물로 간주된다. 이런 인간중심적 관점에서 세계는 "인간man"(즉 일부 남성들)을 위해 존재하고, 동물은 이 창조의 정점인 인간과는 완전히 별개인 모자란 존재로 정립된다.

　　동물화와 병리화의 이런 역사를 염두에 두면, 많은 사람들이 장애와 동물 모두로부터 거리를 두고 싶어 하는 건 그리 놀라운 일이 아니다. 이 거리 두기를 향한 충동과 욕구를 인식하게 된 만큼, 이 책에서 나는 이런 충동에 도전해보고 싶다. 장애학 연구자인 미셸 저먼Michelle Jarman이 쓰듯, "인종, 성별, 섹슈얼리티 그리고 빈곤과 결부되어 있는 허구의 생물학적 특징들, 즉 신체적 비정상, 심리적 불안정 혹은 지적 열등성 같은 것에 이의를 제기해야 할 현실적인 필요성이 제기될 때, 종종 장애를 둘러싼 낙인은 거론되지 않는다".[40] 많은 부분에서 비슷한 점들이 동물에 대해서도 적용된다고 할 수 있다. 다시 말해 비인간화된 사람들(장애인들을 포함해)에게는 동물화에 맞서면서 자신들이 인간임을 주장해야 하는 절박한 욕구가 있다. 이런 도전은 절박하고 충분히 이해할 수 있는 것이지만, 그만큼 중요한 것이 있다. 바로, 어떻게 하면 인간의 동물화라는 잔인한 현실과 동물 멸시에 맞설 필요성이 양립할 수 있는지 묻는 것, 더 나아가 어떻게 하면 우리 자신의 동물성을 자각할 수 있는지 묻는 것이다. 장애와 동물성은 차이에 기반한 다른 범주들과 수많은 사회정의 문제들(빈곤, 감금, 전쟁 문제부터 환경 문제에 이르기까지)에 깊이 연루되어 있기 때문에 단순히 후순위로 치워둘 수 없으며, 따라서 이 두 개념(그리고 그것들이 어떻게 교차하는지)을 소홀히 다루는 것은 잘못된 것이다. 장애와 동물의 문제가 다른 해방운동과 궤를 같이하지 않는다면, 비장애중심주의와 인간중심주의는 영영 도전받지 않은 채 지속될 것이고, 지배와 억압의 체계에 계속 이용될 것이다.

그러나 저먼을 비롯해 많은 이들이 지적했듯, 장애학 연구자와 운동가들은 교차적인 접근에 너무 그리고 자주 소홀했다. 그들은 인종, 계급, 섹슈얼리티, 성별의 문제를 등한시했고 장애운동과 연구에서 백인 특권과 계급 특권의 문제를 제기하지 않은 채 방치했다. 주류 동물 권리 운동에서도, 백인 특권과 가부장제가 유지되는 가운데 인종, 성별, 계급 문제가 소홀히 다뤄졌으므로, 이 또한 비슷한 맥락에서 비판할 수 있을 것이다. 동물 권리 운동가들은 교차성 문제를 무시한 채 백인 및 중산층을 중심으로 한 동물 권리 모델을 만들어왔다. 유색인, 빈민, 퀴어 및 젠더 버라이언트gender-variant✝ 장애인을 중심으로 한 장애운동은 다양한 종류의 억압들이 서로 밀접하게 연결되어 있음을 강조하는 장애운동의 필요성에 대한 응답으로서 출현했다.[41] 동물해방운동에 페미니즘과 유색인종의 관점을 기반으로 한 동물윤리관이 출현하게 된 것은 기존 동물 권리의 구성 방식에 저항하기 위해서였다. 이들은 동물과 인간에 대한 억압이 맞물려 있는 방식에 초점을 맞추고, 주로 기존의 동물 권리 담론에서 무시된 커뮤니티들이 지닌 문제들을 강조했다. 이 책은 이런 운동들에 크게 빚지고 있다.

ADAPT 시위에 참여한 지 여러 해가 지나고, 내가 나 자신을 "불구crip"로 정체화한 후, 나는 UC 버클리에 있는 내 작업실에서 동물에 대해 교차적으로 생각하는 것이 얼마나 소중한지 깨달았다. 트럭에 실렸던 수십 마리의 닭들을 그리면서, 나는 동물을 이용하는 산업과 특히 내 그림 속 암탉들에 대해 많은 것들을 배웠다. 내가 알게 된 암탉들은 사실상 모두 장애를 가지고 있었다. 나는 비장애중심주의가 장애인들을 비롯해 훨씬 많은 이들을 포괄한다는 것을 깨달았다. 모든 몸들은 비장애중심주의의 억압에 노출되어 있다. 비장애중심주의는 우리의 문화적 견해와 가치관이 구축되는 데 영향을 끼친다. "자립적independent"이라는 것이 무엇을 뜻하는지, "생산성"이나 "효율성"을 어떻게 측정하는지, 무엇이 "정상적"이고 무엇이 "자연스

✦ 성별을 남성 혹은 여성 둘로만 구분하는 기존의 이분법적인 성별 규범에 순응하지 않는 개인들을 일컫는 표현으로, 비관행적 젠더gender non-conforming, 논바이너리 non-binary 등으로도 불린다.

몇 가지의 깨달음

러운지" 등에 대한 통념들은 말할 것도 없다. 그림을 그리기 위해 조사하면서, 나는 이런 가치관들이 장애인들과 비장애 신체를 가진 사람들에게는 물론, 우리와 이 행성에서 함께 살아가는 비인간 동물들에게도 영향을 미친다는 것을 알게 되었다.

3

동물 불구들

몇년 전 관절굽음증*을 가진 여우 이야기를 들었다. 관절굽음증은 내가 가진 선천적 장애이기도 하다. 캐나다의 야생동물 보호 관리 기관 캐나다 야생동물건강센터 협동조합Canadian Cooperative Wildlife Health Centre에 따르면, 한 주민이 "절뚝거리는 걸음걸이와 병들어 보인다는 이유로" 이 여우를 사살했다고 한다. 이 동물은 꽤 큰 장애를 가지고 있긴 했지만, 근육량도 정상이었고 배 속에는 소화된 음식이 가득 들어 있었다. 연구자들이 볼 때 이 사실은 "변형된(장애가 있는) 다리로도 사냥하고 먹이를 구하는 데 문제가 없었음"을 시사했다.[42]

　　이 주민은 연민의 마음에서(일종의 안락사), 그리고 어쩌

---

* 몸 곳곳의 관절이 굽거나 오그라든 상태로 태어나 관절 가동 범위에 제한을 받는 장애.

면 공포를 느껴(여우가 어떤 전염병에 걸렸을 수도 있다고 생각해) 여우를 죽인 것 같다. 물론 사람들은 정상적인 여우도 죽이지만, 이렇게 이타적인 이유를 표방하며 죽이는 경우는 많지 않다. 하지만 이 여우는 실제로 잘 지내고 있었던 듯하다. 해당 주민은 여우의 삶의 질quality of life이 도저히 용인될 수 없을 만큼 낮다고 생각한 것일까? 그 사람은 동물의 장애를 위험한 것으로, 혹은 죽는 게 더 나을 정도로 불행한 운명으로 간주한 것일까? 안락사 개념에는 장애에 대한 두 가지 뚜렷한 반응이 담겨 있다. 바로 파괴destruction와 연민pity이다. 인간의 비장애중심주의가 여우에게 영향을 끼친 것이 분명하다. 장애를 오직 고통 및 전염에 대한 공포와 동일시한 사람에게 사살되었기 때문이다.

　　우리가 장애가 있는 몸에 대해 갖는 전제와 선입견의 뿌리는 매우 깊다. 너무나 깊은 나머지 이 인간의 비장애중심주의를 비인간 동물에게까지 투사할 정도다. 비인간 동물들은 우리에게 매우 친숙한 몇몇 비장애중심주의 서사들에 예속되어 있다. 이를테면 여우를 쏘는 일로 이어진, "죽느니만 못하다"라는 가치판단에 관한 서사는 반려동물 안락사pet euthanasia나 축산업 관련 논의에서 흔한 화두로 등장한다. 이 밖에도, 큰 역경을 딛고 우리의 감동을 자아내는 장애동물disabled animal 이야기도 있다. 이런 유의 이야기는 다소 예상 밖의 것이지만, 날로 인기를 더해가는 듯하다. 예를 들어 2011년의 영화 〈돌핀 테일〉을 생각해보자. 이 영화는 꼬리를 잃은 돌고래가 보철 장치를 달고 다시 수영을 배우는 실화를 바탕으로 한 것이다. 이 영화처럼 보철 꼬리를 가진 용이 등장하는 판타지 애니메이션 〈드래곤 길들이기〉

를 떠올려도 좋다. 앞다리 없이 두 다리만 가지고 태어나, 두 다리만으로 걷는 법을 배운 개 페이스Faith의 이야기도 있다. 페이스는 〈오프라 윈프리 쇼〉를 포함해 여러 방송에 출연했고 시청자들에게 큰 감동을 주었다. "귀엽고" "감동을 주는" 장애동물들의 이야기는 요즘 소셜 미디어에서 큰 인기를 누리며, 여러 매체나 웹사이트에 장애를 "이겨내고" "극복한" 장애동물들 이야기가 실린다. TV 방송국들 역시 급성장 중인 이 시장에 손을 대기 시작했다. 2014년 봄, PBS(미국의 비영리 공영 방송국)의 〈네이처〉라는 프로그램은 '내 생체공학 반려동물' 편에서 동물들의 보철물을 다뤘다. "때때로 기적은 정말 일어난다"라는 구절이 이 방송의 홍보 카피이다.[43]

　　우리는 분명 비장애중심주의를 비인간 동물에게도 투사한다. 그렇다면 우리는 **장애** 개념 자체도 그런 식으로 투사하는 걸까? 장애라는 범주가 사회적 구축물이라면, 동물이 장애를 갖는다는 것은 무엇을 의미할까? 우리로서는 다른 동물들이 신체적·인지적 차이를 어떻게 이해하는지 알 수 없다. 다리가 하나 없는 강아지의 차이를 다른 강아지가 감지할까? 다리를 저는 원숭이는 스스로 자신과 다른 원숭이의 차이를 알아챌까? 동물들은 장애를 가진 다른 동료를 도와줄까? 동물들은 자신과 다른 종의 장애를 감지할까? 동물 세계는 이런 상상을 넘어서는 무수한 차이들로 가득해서, 장애가 만들어내는 차이를 가늠하려는 시도가 거의 헛된 것처럼 보일 정도다. 그런데 몇몇 동물들이 장애와 비슷한 어떤 것을 인식할 수 있고 실제로 인식한다는 것을 보여주는 흥미로운 증거들이 다수 있다.[44] 영장류학자 프란스 드 발Frans De Waal은 이에룬Yeroen의 이야기를 들려준다. 이에룬은 〔네덜란드〕아른헴에 위치한 침팬지 부락에서 가장 나이가 많은 수컷 침팬지로, 젊은 경쟁자와의 싸움에서 손에 부상을 입었다. 드 발에 의하면 이에룬은 "상처가 그다지 깊지는 않았지만 일주일 동안 절뚝거렸다". 그런데 과학자들은 이에룬이 적에게 발견될 뻔했을 때에만 절뚝거렸음을 금세 발견했다. 이에룬은 절뚝거리는 척함으로써 공격자에게 동정을 유발하려고 했던 것일까? 그게 아니라면 장애와 그에 대한 일련의 반응들을 인간중심적으로 상정해 이에룬의 행동을 너무 성급히 독해한 것일까?

"장애"라는 말의 의미는 인간에게 고유한 것이다. 그것은 인간 문화를 통해 몇 세기에 걸쳐 창조되고 맥락을 구축했다. 그럼에도 나는 이 말을 비인간 동물들 사이의 차이를 논할 때도 사용하기로 했다. 나는 이 말이 장애운동에서 폭넓은 의미로 사용되는 것에 끌린다. 또한 피부로 와닿는 현실이자 이데올로기로서 장애가 어떤 식으로 비인간 동물에게도 영향을 미치는지 궁금하다. 비인간 동물들은 신체적·인지적 차이를 어떻게 자기 자신과 관계 지을까? 장애에 대한 인간의 이해는 우리가 다른 동물들이 경험하는 것을 해석하는 방식에 어떤 영향을 미칠까?

크리스 P. 베이컨Chris P. Bacon을 둘러싸고 벌어진 인터넷상의 논란은 동물의 장애가 감동을 자아냄과 동시에 공포를 불러일으킨다는 것을 분명히 보여준다. 크리스는 2013년 1월 스스로의 힘으로는 걷지 못할 정도로 작은 뒷다리를 가지고 태어난 새끼 돼지였다. 그가 집에서 만든 휠체어를 사용하는 모습을 담은 비디오가 유통되자 "인터넷상에서 폭발적인 인기를 얻었다". 어떤 여성이 안락사를 부탁하며 크리스를 수의사에게 맡겼는데, 수의사가 그를 구한 것이다. 이 작은 새끼 돼지는 여러 개의 휠체어를 이용하며 성장해 나중에는 70파운드[약 32킬로그램]가 넘는 돼지가 되었다.[45]

이 기사에 댓글을 단 대부분의 사람들은 크리스를 안락사시켜야 한다고 주장했다. "저런 식으로 살게 하는" 것은 잔인하다고 말이다. 또 다른 이들은 크리스를 영웅으로 여기며 근육위축병에 걸린 아이들을 위한 행사에 초대하기까지 했다. 크리스는 돼지들이 처한 곤경에 대한 인식이 아니라, 장애에 대한 인식을 향상시키고 있는 것이다. 그러나 미국인들이 인터넷상에서 이 돼지를 얼마나 좋아했는지와 상관없이, 그의 이름인 "베이컨"은 사람들이 결국엔 그가 베이컨에 지나지 않는다고 생각할 것이라는 사실을 상기시킨다.

장애에 대한 인간의 고정관념을 다른 동물에게 투사하려는 충동은 일본 중앙 고원에서 태어난 일본원숭이 모즈Mozu의 이야기에서도 찾아볼 수 있다. 모즈는 기형의 손발을 가지고 태어났다. 연구자들은 모즈의 기형이 살충제 오염 때문에 생겨난 것으로 추측한다. 일본원숭이들은 눈이 잔뜩 쌓인 바닥을 걷지 않으려고 겨우내 나무들 사이를 이동하며 지내지만, 모즈는 장애 때문에 나무들 사이를 왕래하지 못한다. 대신 모즈는 무리가 매일 먹을 것을 찾고 이동하는 2마일[약 3킬로미터]에 달하는 거리를 장애가 있는 다리로 걷거나 바닥에서 기고 미끄러져 나아가면서 이동했다. 모즈가 태어났을 때 이 무리를 관찰하고 있던

몇 가지의 깨달음

연구자들은 모즈가 유아기를 넘어서까지 살아남지는 못할 거라고 걱정했다. 그러나 놀랍게도 모즈는 30년 가까이 살았고, 다섯 마리의 새끼를 낳고 무리의 당당한 일원이 되었다.

TV 프로그램 〈네이처〉가 모즈의 이야기를 특집으로 방송했을 때, 모즈는 계속해서 "감동적"이라든지, "괴로워하고 있다"든지 "매우 특별한 원숭이"라는 식으로 묘사되었다.[46] 분투하는 모즈를 생생하고 치밀하게 그리는 데 사용된 드라마틱한 음악과 내레이션은, 가슴에 새끼를 매단 채 눈 덮인 숲속을 이동하는 모즈와 모즈 위를 날아다니는 다른 원숭이들을 보며 이런 생각을 도저히 떠올리지 않을 수 없게 만든다. "불쌍한 모즈!"

그와 동시에, 이 프로그램이 사람들에게 그런 반응을 이끌어내기 위해 편집되었다는 것도 알 수 있었다. 모즈는 거의 모든 장면에서 분투하는 모습을 보인다. 나는 촬영팀이 모즈와 모즈의 무리에게 어떤 영향을 끼쳤을지 의문을 제기하지 않을 수 없다. 모즈가 필사적으로 움직이는 어떤 장면은 촬영자에게 쫓기면서 만들어진 것처럼 보인다. 음악과 내레이션 또한 모즈의 분투에 분위기를 더한다.

하지만 모즈에게 삶이 힘겨운 것이었음을 의심하는 건 아니다. 나는 모즈가 자신의 상황을 어떻게 생각했는지 무척이나 알고 싶다. 나무에 올라가려고 하는 모즈의 본능적 욕구는 영영 충족될 수 없었을까? 모즈는 항상 괴로워하고 지쳐 있었을까? 눈 덮인 바닥을 느리게 이동할 때 두려웠을까? 어째서 자신은 자신의 동료들과 다르게 태어났는지 스스로에게 질문했을까? 나는 놀라지 않을 수 없다. 이런 생각들이 나 자신의 삶과 장애에 관해 끊임없이, 지칠 정도로 질문해온 물음들과 얼마나 유사한지 깨닫게 되니 말이다. 모즈의 삶이 단지 고통과 투쟁으로만 간주되지 않기를 바라는 내 마음, 즉 나의 동료 영장류의 장애에 대한 의식을 고취시키고 싶은 마음 또한 하나의 투사라고 할 수 있는 것이다. 우리의 인간적 시각human perspective은 모즈의 경험을 해석하는 데 큰 영향을 끼친다.

동물에 대한 우리의 많은 관념들은 "최적의fittest" 동물들만이 살아남는다는 전제에서 만들어진 것이다. 이는 취약성vulnerability이나 약함weakness, 상호의존interdependence 같은 경험들의 가치나 자연스러움을 부정한다. 장애가 생길 때 우리는 "자연에는 섭리가 있다"고, 따라서 죽음이 장애를 가진 동물이 맞는 자연스러운 귀결이라고 생각해버린다. 살아 있는 장애동물을 이상하고 부자연스러운 존재로 간주하면서 말이다.

이것이 사실과 얼마나 가까울까? 모즈는 28년을 살았고 자식과 손자들까지 낳고 길렀다. 베스트셀러 《코끼리가 울 때: 동물들의 정서적 삶》의 저자 제프리 무사이에프 마송Jeffrey Mousaieff Masson은 이렇게 말한다. "야생동물은 장애를 포용하지 않는다거나, 불행히도 장애를 가지고 태어나거나 병든 동물들이 오래 살 수 없다는 것은 동물행동학자들의 상투적인 생각이다. 나는 이를 의심한다."[47] 최근의 연구들은 동물들이 동료가 자신과 다르고 도움을 필요로 할 때 그것을 인지한다는 것뿐 아니라, 장애를 가진 동물들이 살아남고, 때로는 새끼들을 낳고 번성하는 무수히 많은 사례들을 제공한다. 영장류, 코끼리, 개, 돼지, 고래, 오리, 거위, 닭이 장애를 가진 동료에게 도움을 주는 이야기는 무수히 많다. 예를 들어 실버백 고릴라는 나이가 많거나 병들었거나 장애를 가진 동료가 따라올 수 있도록 무리의 전진 속도를 늦추는 것으로 알려져 있다. 코끼리나 이리 같은 종들 역시 유사했다. 북부 케냐에 위치한 삼부루 야생동물보호지구Samburu Reserve에 사는 코끼리 바빌Babyl 같은 동물은 어떻게 봐야 할까? 동물행동학자 마크 베코프Marc Bekoff에 따르면, 바빌은 "불구였고" "무리의 다른 코끼리들처럼 빠르게 이동할 수 없었"지만, 바빌 무리는 바빌을 뒤로한 채 가는 대신 기다려주었다. 코끼리 전문가 이안 더글러스–해밀턴Iain Douglas-Hamilton은 베코프에게 이 코끼리들이 수년간 이런 행동을 계속했다고 전했다. 그들은 "항상 바빌을 기다려주고 …… 한동안 걸어가다가 바빌이 어디 있는지 확인하기 위해 걸음을 멈추고 주위를 둘러보았다. 바빌의 상태에 따라 코끼리 무리는 앞으로 나아가거나 기다리거나 했다".[48] 때때로 무리의 암컷 우두머리matriarch는 바빌에게 먹을 것을 주기도 했다. 베코프는 바빌 무리의 다른 코끼리들이 왜 이런 식으로 행동하는지 물었다. 그렇게 해야 할 실용적 이유가 하나도 없기 때문이다. "바빌이 그들을 위해 거의 아무것도 할 수 없었는데도 말이다." 베코프와 동료들이 내릴 수 있었던 유일한 결론은 다른 코끼리들이 바빌을 배려한다는 것뿐이었다. 그런데 동물들이 직계 가족이 아닌 동료를 그런 식으로 배려할 수 있다고 말하는 것이 중요한(그리고 급진적인) 만큼, 비판적 장애학의 관점에서 바빌이 무리에서 어떤 유용한 역할을 수행했을 가능성을 열어놓는 것 또한 중요하다. 이것은 우리가 장애를 단순한 결함이나 제약으로 이해할 때 인식하기 어려운 점이다.

동물 세계에서 장애를 가진 동물의 생존과 적응, (그리고 그런 동물들에 대한) 배려의 예는 코끼리나 영장류, 포유류에만 한정되지 않는다. 사고로 시력을 잃은 큰 복서견 박스Baks를 떠올려보자. 네 살 먹은 거위 보텀스Bottoms는 인간이 유도하지도 않았는데 주변에서 이 개를 인도했다. 자기 목을 이용해 개에게 달라붙거나 울음소리를 내면서 보텀스는 안내 거위guide-goose로서의 역할을 해냈다.[49] 이런 예들은 확실히 인터넷에서 인기를 끌 만한 감동적인 반려자 이야기지만, 동시에 공감 능력, 취약성, 상호의존, 적응 그리고 동물들의 경험에 관해 중대한 물음들을 제기한다.

드 발은 동물들이 "학습된 적응learned adjustment"이라고 불리는 과정을 거친다고 말한다. "무엇이 문제인지 건강한 동물들이 항상 인지하는 것은 아니지만, 자신보다 처지가 좋지 않은 친구들이 가진 제약들에 서서히 익숙해져간다."[50] 달리 말해 동물들은 어느 정도의 시간이 지나면 다른 동물이 특정한 방식으로 움직이거나 행동함으로써 위험에 더욱 쉽게 노출된다는 것을 인식하게 되는데, 이때 그들은 그 동물을 돕거나, 지키거나, 덜 공격적인 방식으로 대한다. 그 동물이 더 이상 위협적인 존재로 인식되지 않기 때문이다. 드 발은 이것을 더 복잡한 반응인 인지적 공감cognitive empathy과 비교한다. 인지적 공감은 "다른 개체의 입장에서 자기 자신을 그려보는" 능력이다. 인지적 공감 능력은 우리 인간으로 하여금 다른 존재가 어떤 한계에 직면하는지, 단지 그들을 지켜봄으로써 이해할 수 있도록 한다. 우리가 스스로를 바로 그들의 위치에 놓고 상상할 수 있기 때문이다.[51] 동물의 공감 능력이 연구된 역사는 그리 길지 않지만, 이리, 영장류, 코끼리를 포함한 무수한 동물들이 이런 공감 반응 역량을 지닌다는 것이 알려지면서, 인간이 인지적 공감 능력을 가진 유일한 종이 아님이 드러나고 있다.

학습된 적응의 결과는 다양한 방향으로 나타날 수 있다. 어떤 동물이 취약한 상황에 있는 것을 다른 동물들이 알았을 때, 그들은 그 동물을 이용할 수도 있고, 방치할 수도 있고, 도움을 줄 수도 있으며, 그를 받아들이고 맞춰주는 법을 배워갈 수도 있다. 하지만 "학습된 적응"이라는 개념, 그리고 이 개념과 "인지적 공감" 개념의 차이만으로는 답할 수 없는 중요한 문제들이 남는다. 드 발은 이렇게 말한다. "장애를 가진 이를 특별하게 대하는 것은 학습된 적응과 강한 애착의 조합으로 간주되는 것이 가장 적당할 것이다. 적응을 긍정적이고 배려하는 방향으로 나아가게 만드는 것은 애착이다."52 그렇다면 애착attachment이란 무엇일까? 그것은 우정인가? 사랑인가? 공감인가? 드 발은 이 개념의 한계를 인정한다. 예를 들어 이 개념은, 무리 중의 한 성원이 급작스레 부상을 입은 경우처럼, 적응할 시간이 전혀 없었는데도 동물들이 부상을 입거나 장애를 가진 동물에게 보이는 배려나 보호를 설명하지 못한다.53

드 발이 제시하는 예들을 살펴보면 이런 용어들을 파헤치는 데 도움이 될 것이다. 그는 사고로 팔을 잃은 사람을 떠올려보라고 말한다. "그의 상태를 보거나 듣는 것만으로 우리는 그가 수행했던 신체적 능력이 감소했음을 파악할 수 있다. 우리는 팔이 없다는 것이 어떤 것인지를 상상할 수 있고 공감 능력을 통해 타자의 상황을 추정할 수 있다." 그는 계속해서 이렇게 말한다. "이와 대조적으로 그의 개는 〔팔을 잃은〕 주인에게 패치놀이[+]용 막대기를 갖다주는 게 더 이상 아무 소용이 없다거나, 이전에는 손으로 자신의 등을 쓰다듬던 주인의 행위가 이제는 자신을 발로 문질러주는 행위로 대체됐음을 아는 데 시간이 걸린다."[54] 다시 말해 인지적 공감은 자신을 타자의 삶에서 상상할 수 있음을 함의한다는 점에서 학습된 적응보다 복잡한 것으로 간주된다.

그러나 비판적 장애 분석은 학습된 적응과 인지적 공감을 구분하는 데 곤란한 문제를 제기한다. 드 발은 자신의 예시에서 인지적 공감을 팔 없는 신체가 무엇을 할 수 없는지 "파악하는 것"으로 묘사했다. 우리 인간은 팔 없는 사람에게 무엇이 결여되었는지 즉시 상상할 수 있다는 말이다. 그러나 이 상상은 정확하지 않을 수 있고, 이보다 더 중요한 것은 그 상상이 우리에게 익숙한 장애나 손상일 때에만 가능하다는 사실이다. 즉 이는 우리 문화에서 진단 가능하고 인지 가능한 장애나 손상에만 해당한다. 만약 우리가 들어본 적 없고 전혀 알지 못하는 장애나 질병을 가진 사람과 마주쳤다면, 우리와 그의 상호작용은 거의 틀림없이 학습된 적응이 될 것이다. 즉 인지적 공감에 대한 드 발의 설명에서 장애는 예측과 진단이 가능한 하나의 사실로 본질화된다. 장애를 우리의 문화 및 역사와 떼어놓을 수 없는 산물로 보지 않는 것이다. 이와 대조적으로 드 발은 학습된 적응을 어떤

[+] 막대기를 던져 반려견이 물어오도록 하는 놀이.

　　　　　　　　　　　　몇 가지의 깨달음

전제나 고정관념 없이 존재의 움직임과 행동에 대해 배우는 과정으로 간주한다. 이런 식의 정의나 구분의 한계는 드 발의 전제, 즉 팔이 없는 사람은 개와 패치놀이를 하지 못한다는 믿음에서 명백히 드러난다. 개와 놀아줄 때, 사람이 입이나 발을 써서 스틱을 던지면 개는 스틱을 도로 물어오는 것이 여전히 가능하다는 걸 배울 수 있을지도 모른다. 어떤 존재가 장애를 더 잘 이해하고 있는 걸까—개인가, 아니면 관찰자로 전제된 인간인가?

드 발의 틀은 동물의 행동이 인간보다 덜 복잡하다고 상정하는 것이 얼마나 쉬운지, 또한 장애에 대한 인간의 전제가 어떻게 동물행동학자의 해석 방식을 구축하는지 보여준다.

동물의 장애에 대한 논의 중 가장 인상적이었던 점은 동물행동학을 공부하는 사람들이 이 문제를 거의 다루지 않는다는 사실이다. 장애가 정당한 연구 영역으로 잘 간주되지 않는다는 걸 떠올려보면 별로 놀랄 일도 아닐지 모르겠다. 기존 연구들은 장애를 가진 동물들을 통해 배울 수 있는 동물 행동에 대한 통찰보다, 그 동물들이 자신들이 속한 집단의 비장애 신체를 가진 동물 개체군에 미친 영향에 주로 초점을 맞췄다. 우리는 이런 식으로 장애를 갖지 않은 개체군이 장애에 대해 보이는 반응이야말로 비판적 검토에 가장 적합하다고 상정하는, 인간의 비장애 중심주의적 경향에 주의해야 한다. 장애를 가진 동물은 지속적으로 자신의 커뮤니티에 기여하는 바가 아무것도 없다는 식으로 제시되었다. 그러나 이것이 사실일까? 아니면 장애에 대한 선입견 탓에 연구자들이 더 미묘한 행동들을 간과하고 있는 것일까? 장애가 다른 동물들에게 동정이나 무시 중 어떤 하나의 감정만을 일으킨다고 생각하기 십상이지만, 이런 식의 서사가 여러 인간 문화에서 장애에 대한 공통된 반응을 되풀이한다는 점에 유념해야 한다. 이런 서사들 속에서 장애인은 비장애 신체를 가진 사람들의 감동을 자아내는 존재로 인식되거나, 커뮤니티에 부담이 되고 불화를 일으키는 존재로 인식된다. 이런 모든 서사가 전부 거짓은 아니지만, 단순히 장애에 대한 인간의 고정관념을 동물에게서 읽어내지 않도록 주의해야 한다. 장애를 가진 동물은 적응, 창조성 그리고 자기 성찰에 대한 중요한 물음들을 제기한다. 동물행동학 연구자들이 좀 더 열린 시각에서 장애를 가진 동물들을 관찰한다면, 즉 비장애중심주의를 넘어서 본다면, 그때 우리는 아마도 장애가 동물의 삶에(지금껏 우리가 생각한 것보다) 훨씬 더 복잡한 역할을 한다는 것을 알게 될 것이다.

지금까지 우리는 주로 야생동물들에 대해 이야기했다. 그렇다면 길들여진 동물들은 어떨까? 우리가 사육하고 이익을 뽑아내는 가축화된 동물들에게 장애란 무엇일까? 오랜 시간을 작업하며 내가 닭을 실은 트럭 사진에서 배웠듯, 식량 생산에 이용되는 동물들에게 장애는 만연하다.

비좁고 더럽고 부자연스러운 환경에서 산업적으로 사육당하는 동물들의 삶에, 장애란 흔하고 심지어 불가피하다.[55] 그들은 대부분 자기 자신의 분뇨를 뒤집어쓴 채 시멘트, 철망, 철제 발판으로 만들어진 우리에 욱여넣어져, 사실상 끝없는 어둠 속에 방치된다.* 그러나 이 지독한 환경에서 비롯한 장애는 그들이 선천적으로 가지고 태어나는 장애에 비하면 부차적이다. 축

　　　　　　　　　몇 가지의 깨달음

산 동물은 신체적 극한physical extreme에 이를 때까지 품종 개변을★★ 당한다. 젖소의 유방은 몸이 버티지 못할 정도로 많은 젖을 생산하도록 되어 있고, 칠면조나 닭은 자신의 거대한 가슴 무게를 지탱하지 못한다. 또한 돼지의 다리는 체중을 지탱하기에는 너무 약하다. 닭, 칠면조, 오리는 마취 없이 진행되는 부리 절단 debeaking★★★ 같은 과정으로 인해 신체적 손상을 입는다. 부리 절단으로 인해 이들은 질병에 쉽게 노출되고, 먹이를 섭취하거나 깃털을 고르기도 매우 힘들어진다.[56] 이외에도 농장 동물들은 흔히 타박상, 농양, 짓무름, 골절, 질 혹은 생식기관 이상, 만성 질병, 정신질환 등을 겪는다.

마송에 따르면, "상업적으로 사육되는 닭 4분의 1 가까이가 다리를 절고, 만성 고통을 겪는다"고 한다.[57] 저렴한 고기와

★ 조명 조절은 식이 관리와 함께 공장식 축산을 구성하는 핵심 기술이다. 섭식량을 늘리기 위해 조명 시간을 길게 설정하는 경우도 있고, 활동량을 감소시키기 위해 (그렇게 해서 빨리 살찌우려고) 어둡게 설정하는 경우도 있다. 또한 산란계의 경우 2~3주 동안 하루의 대부분을 어두운 조명에서 보내게 만든 후 갑자기 조명을 밝게 조절하기도 하는데, 이는 닭들에게 '봄이 왔다'는 착각을 일으켜 산란을 시작하도록 하기 위해서다.

★★ 'breed'는 보통 '품종 개량'으로 번역되지만, 현실의 공장식 축산에서 명백히 드러나듯 생식 과정에 대한 인간의 개입은 동물의 의지와 완전히 무관하게 이루어진다. 즉 '개량'은 인간의 시각에서만 유효한 용어이다. 이런 이유로 '개량'이라는 용어 대신, 인간중심주의적 폭력을 좀 더 분명히 시사하는 '개변'이라는 용어를 선택했다.

★★★ 닭은 본래 하루의 대부분을 부리로 땅을 쪼면서 섭식하는 행위를 하며 보낸다. 하지만 닭을 좁은 우리에 가두는 공장식 축산에서는 닭이 이런 욕구를 전혀 충족시킬 수 없어서, 같은 우리에 있는 다른 닭을 쪼게 된다. 이렇게 닭들이 서로를 쪼는 일을 방지하기 위해 병아리 때 부리 끝을 아예 절단하곤 한다. 부리에는 복잡한 신경이 있어서 절단은 출혈과 극심한 고통을 유발한다.

계란에 대한 증대하는 수요를 채우기 위해 닭들의 성장 속도가 두 배로 빨라진다. 이 때문에 닭들의 뼈와 관절은 몸무게를 버티지 못한다. 산란이 유일한 역할인 배터리 케이지battery cage*의 암탉들은 1년에 250개에 이르는 계란을 생산하는데, 이는 암탉의 몸이 버틸 수 있다고 추정되는 양인 60개를 훨씬 뛰어넘는 수준이다.[58] 지속적인 계란 생산은 암탉을 골다공증에 취약하게 만들고 골절 가능성을 높인다. 이런 상황을 밝힌 연구자들은 (암탉 같은 동물을) 의인화했다는 비난을 받았다.[59] "의인화한다"는 비난은 시사하는 바가 많은데, 마치 인간이 신체적 차이와 병을 경험하는 유일한 생물체가 아니라는 것을 인정할 경우 자신들이 불편할 정도로 동물과 가까워진다고 느끼는 듯하다. 만약 인간이 이런 유의 취약성을 비인간 동물들과 공유한다고 할 때, 이것 외에 또 어떤 것을 공유할까?

산업화된 농장에서 장애를 겪는 건 닭뿐만이 아니다. 최소 60퍼센트의 젖소가 다리를 절고,** 35퍼센트가 생명을 위협할 수도 있는 질병인 유방염을 앓고 있다. 우유 생산에 이용되는 암소들은 지속적인 임신 혹은 착유 상태에 있어서, 송아지는 태어나자마자 몇 시간 혹은 며칠 만에 어미 소와 떨어지게 된다. 어미 소들은 송아지에게 필요한 것보다 훨씬 많은 젖을 생산하

✦ 닭을 4~6마리가량 집어넣는 가로와 세로가 약 50센티미터 정도 되는 철창으로, 무수히 많은 산란계를 한정된 공간에서 밀집 사육하기 위해 고안된 장치이다. 우리를 층층이 쌓아 닭을 사육하는 공장식 양계장에서 가장 흔히 사용된다.
✦✦ '파행'이라고도 한다. 신경 마비나 근육 위축 등의 원인에 의해 발생하며, 서거나 걷는 것은 물론 섭식, 번식 등 젖소의 모든 움직임과 활동에 악영향을 미친다.

몇 가지의 깨달음

기 위해 사육된다. 미국인도주의협회Humane Society of the United States 의 보고에 따르면, "평균적으로 미국의 젖소 한 마리는 2007년 9193킬로그램(2만 267파운드)의 우유를 생산했는데, 이는 1967년 생산량의 2배 이상이며, 1987년 생산량에 비해 47퍼센트 증가한 양이다. ······ 낙농산업에서 사육하는 소의 총 마릿수는 1987~2007년 지속적으로 감소했으나, 우유 생산량은 전체적으로 30퍼센트 증가했다".[60] 배터리 케이지에 감금된 암탉들처럼 우유 과잉 생산에 시달리는 젖소들은 절뚝거림, 사지 약화 및 골절에 취약한데, 그 이유는 거대하고 무거운 유방을 지탱하며 걸어야 하기 때문이다.[61]

돼지들 또한 장애를 갖기 쉬운 환경에 놓여 있다. 양돈업자들을 가장 짜증나게 하는 것은 돼지 스트레스 증후군porcine stress syndrome이다. 이것 때문에 이들은 연간 9000만 달러의 비용을 지불한다.[62] 이 병은 유전성이다. 즉 비계가 적은 살을 다량 얻기 위해 지난 반세기에 걸쳐 품종 개변을 진행한 결과다. 이 질환은 스트레스 받는 돼지들을 심장마비에 더 쉽게 노출되도록 하는데, 산업화된 양돈장에서 돼지가 스트레스를 받는 것은 필연적인 일이다. 모든 돼지들이 비좁고 더러운 환경에서 살아가는데, 그중에서도 특히 암퇘지들의 경우가 최악이다. 암퇘지들은 지속적인 임신 혹은 보육 상태에 놓이는데, 이들이 갇힌 우리는 너무 좁아 제대로 설 수조차 없는 경우가 많고, 다음 번식 주기가 시작될 때까지 옆으로 누워 있어야만 한다.***

또한 돼지들은 몸 운동이 부족하고, 비정상적인 체중을 갖도록 길러져 다리에 장애를 입기 십상이다. 그들은 다양한 장애와 질병에 시달리며, 그중에는 보행 능력에 큰 영향을 미치는 중증 관절염도 포함된다. 아이오와주 수 시티Sioux City에 있는 〔육가공 업체〕 존 모렐사John Morrell & Co.의 도살장(2010년에 폐사됨)은 일주일에 7만 5000마리, 즉 4초당 돼지 한 마리를 도살하는 설비를 갖췄다. 한 직원은 이렇게 말했다. "모렐에서 절뚝이는 돼지를 다룰 때 가장 선호하는 방법은 돼지가 슈트chute****에 들어가기 전에 파이프로 죽을 때까지 패는 거야. 이걸 '파이프질'이라고 하지."[63] 다른 종업원은 이렇게 말했다. "돼지가 걷지 못하면 사람들은 그 불쌍한 녀석을 작은 트랙터에 실어서 최고 속도로 들어 올리지. 획! 하고 공중으로 들어 올린다니까. 돼지가 통 안에 있으면 〔아직〕 그대로 있는 거지. 돼지가 통에서 떨어지면 그대로 트랙터로 쳐버리거나 벽으로 밀어붙여 그나마 남아 있는 다리를 분질러버리니 더 이상 뛰어다닐 수 없게 되지."[64] 이런 현실을 인터넷에서 선풍적인 인기를 끌었던 돼지 크리스 P. 베이컨을 향한 열광과 비교해보면, 동물을 대하고 느낄 때 인간이 얼마나 모순적인 태도를 취하는지가 명백히 드러난다.

***** 한국을 포함해 전 세계의 공장식 축산에서 암돼지는 매우 작은 철제 우리에서 사육된다. 그 우리는 암돼지가 앞뒤로 몸을 돌릴 수도 없을 정도로 비좁다. 새끼 돼지는 태어나자마자 마취 없이 강제로 치아를 발치당하고 꼬리 또한 잘리는데, 이것은 스트레스로 인해 다른 돼지의 꼬리를 무는 등 서로를 해치는 일을 방지하기 위해서다. 심지어 수돼지의 경우 마취 없이 거세를 당하기도 하는데, 성숙기에 이르면 '웅취'가 난다는 게 그 이유다. 즉 이 모든 폭력이 순전히 인간의 '맛'을 위해 자행된다. 이런 처치 과정에서 죽는 새끼 돼지도 헤아릴 수 없이 많다.
**** 도살장에서 사용하는 활송 장치로, 동물을 한 마리씩 도살하는 곳으로 보내기 위한 터널 내부의 활송용 경사로를 말한다.

몇 가지의 깨달음

공장식 축산이 동물의 건강에 미치는 영향은 일간지만 보더라도 알 수 있다. 소 해면상 뇌증(광우병), 구제역, 돼지독감, 조류독감 그리고 산업적으로 사육되는 동물이 걸리는 기타 질병 파동은 지난 몇년간 수많은 헤드라인을 장식했다. 2015년 봄 미국에서는 최악의 조류독감 파동이 발생했는데, 농무부에 따르면 10여 개 주에서 4800만 마리 이상의 가금류를 살처분했다. 이들 모두가 독감에 걸려 죽은 게 아니다. 무리 중 단 한 마리라도 감염되면 전체 무리를 죽이는 것이다. 이 무리란 수십 마리 수준이 아니다. 《가디언》에 따르면, 가장 심각한 타격을 입은 아이오와주의 양계장들은 7만~500만 마리에 이르는 닭을 사육하고 있었다. 이런 시나리오상 "감염이란 상상할 수 없을 정도로 많은 동물들이 도살된다는 뜻이다". 산란계 암탉들의 경우 이산화탄소 가스로 "안락사"[+++++]된다. 그러나 육계나 칠면조를 가둔 울타리에서는 이산화탄소 가스의 효력이 없기 때문에 물거품을 이용해 질식시킨다. 물거품을 이용하는 경우 죽음에 이르기까지 3~7분 정도가 걸린다고 한다.[65]

2001년에는 영국 전역을 휩쓴 구제역이 큰 뉴스가 됐다. 구제역은 인간과 동물 모두에게 치명적이지 않은 바이러스다.

[+++++] '안락사'란 원래 병이나 외상으로 인해 극도의 고통에 시달리는 사람이나 동물의 고통을 덜어준다는 취지에서 이들을 사망에 이르게 하는 의료행위를 뜻한다. 하지만 사람의 경우와 달리 동물의 '안락사'는 동물의 의사를 전혀 확인할 수 없는 상황에서 실행된다. 따라서 이것은 사실상 '안락살'에 가까운 매우 모순적인 행위가 된다('안락'의 기준 자체도 인간이 세운 것이다). 테일러가 이 부분을 강조한 것도 이런 이유 때문인 듯하다.

영국의 시골 곳곳에서 가축의 사체를 태우는 불길을 볼 수 있었다. 이는 국제 미디어를 통해서도 방송되었다. 그렇게 1000만 마리 이상의 어미 소와 새끼 소, 돼지, 양들의 소각 처리가 계획되어 있었다. 살해하고 불태우고 불도저로 밀어 집단 매장하는 것이다.[66] 공포에 질린 동물들이 처형 집행인들에게서 필사적으로 도망치려는 모습도 보도되었다. 그 수백만 마리의 동물은 구제역에 걸리지 않았고, 수의학의 도움을 받아 구제역 예방 처치를 받을 수도 있었다. 하지만 무역 정책이 그런 처분을 요구한다는 이유로 그들은 살해되었다.[67]

이러한 살처분 정책이 없었더라도, 이 동물들, 즉 1000만 마리의 소, 돼지, 양 그리고 4800만 마리의 닭과 칠면조 모두에게는 끔찍하고 때 이른 죽음이 기다리고 있었다. 이 대량살상과 관련해 충격적이었던 것은, 사람들이 동물들의 가치에 대한 무관심을 공공연하고 노골적으로 드러냈다는 것이다. 아무런 시장가치도 없으니 그 동물들을 죽이고 처분해도 좋은 존재로 간주하는 것이다.

공장식 축산이 조류독감처럼 종의 경계를 넘어(인간을 포함해) 감염될 수 있는 위험한 질병들이 배양되기 훌륭한 장소라는 사실은 널리 알려져 있다.[68] 면역력 약한 수천, 수백만 마리의 동물들을 비좁고 불결한 곳에 몰아넣을 때 바이러스와 박테리아가 들불처럼 번질 것은 뻔하다. 게다가 동물 사료에 널리 사용되는 항생제는 바이러스에 대한 내성을 키우고 독성을 강화한다. 이런 조건에서는 어떤 전염성 높은 질병도, 아니 질병의 징후조차 이윤에 거대한 영향을 미치는 재난이 될 수 있다.

몇 가지의 깨달음

이러한 논의가 보여주듯 축산 동물들을 향한 공감은 인간의 필요, 대체로 금전적인 필요에 비하면 부차적이다. 동물의 질병과 장애를 예방한다는 목적으로 농가에 내려지는 권고들은 거의 대부분 이윤 동기에 기반한 것이다. 실제로 손실이 큰 것도 사실이다. 아이오와주만 해도 조류독감으로 입은 경제적 손실이 12억 달러에 달했다.[69] 여기서 우리는 다시 한 번 인간의 상황과 비슷한 것을 본다. 이를테면 공중보건에서 장애를 산업이나 사회의 비용 관점에서 이야기하는 것이 그렇다. 선천성 시각장애, "자웅동체", 관절굽음증(이것이 내게 있는 장애다) 같은 장애를 가지고 태어난 동물들에게 어떻게 해야 하는지 알려주는 교육용 비디오를 본 적이 있는데, 별로 복잡할 것도 없었다. 비디오는 그 동물들이 농가의 유전자 풀gene pool[+]이나 이윤에 손상을 가하기 전에 그들을 그냥 "없애버리라"고 조언하고 있었다.

이윤은 농가들이 동물을 학대할 수 없는 가장 큰 이유이기도 하다. 손상되거나 학대당한 동물의 고기를 먹고 싶어 하는 사람은 없다. 산란계 암탉들의 고기가 주로 개의 먹이나 통조림 제품으로, 또한 젖소의 고기가 햄버거용 고기로 쓰인다는 사실도 이를 말해준다. 그렇게 하면 보기 흉한 고기를 보이지 않게 만들 수 있다. 스위프트사Swift & Co.가 펴낸,[70] 날짜가 적혀 있

[+] 주어진 시간 안에 번식 가능한 어떤 생물 집단 안에 포함되어 있는 유전 정보의 총량을 말한다. 생물 집단의 구성이 항상 평형 상태를 유지하고 있는 경우를 전제하기 때문에, 규모가 상당한 생물 집단이 아니면 유전자 풀을 일정하게 유지하기 어렵다. 즉 일반적인 도태가 일어날 경우 평형 상태가 깨질 수밖에 없는데, 동물 농가들이 유전자 풀을 일정하게 유지하는 일에 민감한 것도 그 때문일 것이다.

지 않은 기묘한 팸플릿이 이를 잘 보여준다. 이 팸플릿은 1940년 대 혹은 1950년대에 간행된 듯한데, 팸플릿보다는 만화책이라 고 부르는 게 나을지도 모르겠다. 여기에는 워너브라더스 스타 일로 의인화된, 웃고 있는 동물들이 도살장 종업원들에게 얻어 맞고, 내던져지고, 채찍질당하는 모습으로 그려져 있다. 이 팸플 릿의 첫 페이지에는 이렇게 쓰여 있다. "불구가 되고 손상을 입 어 손실되는 모든 고기는 직간접적으로 금전적 손해를 유발합 니다."[71] 가장 흥미로운 부분은 뒤표지 그림이다. 만화에서 돼지 는 머리에 상처를 입은 듯 붕대를 감은 채 목발을 짚고 서 있다. 그 곁에는 소가 앞다리(두 다리로 서 있기 때문에 앞다리가 마치 팔 처럼 보인다)를 팔걸이 붕대에 건 채 서 있다. 소는 상처 입지 않 은 발굽으로 구식 휠체어를 밀고 있는데, 휠체어에는 어린 양이 앉아 있다. 이들은 모두 그림을 보는 사람을 응시하고 있다. 미 소를 거둔 이 동물들은 무척이나 심란하고 지친 모습이다. 이들 의 표정이 이윤의 손실로 인한 것이라는 점은 상상하기 힘들 것 이다.

"서지 못하는 동물들downed animals"보다 이윤에 몰두하는 축산 농가를 더 잘 보여주는 예는 없을 것이다. 서지 못하는(혹 은 "걸을 수 없는") 동물이란 말 그대로 [서 있거나] 걷지 못하는 동물을 말한다. 심각한 질병 때문일 수도 있지만 대부분 피로, 탈수, 연약한 뼈, 골절, 출산 후 합병증 혹은 단순 낙상이 원인이 다. 서지 못하는 동물이 이들을 섭취하게 될 인간에게까지 영향 을 끼칠 만큼 심각한 질병을 앓고 있을 가능성이 있다는 이유로, 최근 수년간 이 동물들을 도살장에 보내는 문제를 둘러싸고 논

몇 가지의 깨달음

육가공 업체 스위프트사의 날짜 없는 팸플릿 뒤표지.
1940년대나 1950년대에 만들어진 것으로 보인다. 이 그림의 목적은 종업원들에게 동물들을 다룰 때 과도한 힘을 쓰지 않도록 경고하는 것이다. "불구로 만들거나" "멍들게 하면" 업체가 손해를 보기 때문이다. 이 팸플릿에는 도살장 종업원들에게 얻어맞는, 워너브라더스 스타일로 의인화된 동물 그림들이 잔뜩 나온다.

쟁이 일었다.

　식육 용도로 사육된 동물을 한 마리도 남김없이 도살하는 것이야말로 식육산업의 금전적 이익과 직결되기에, 서지 못하는 동물들을 일으켜 세우기 위해 매우 극단적이고 폭력적인 수단이 빈번하게 사용된다. 미국인도주의협회[72]나 동물들에게 자비를Mercy for Animals[73] 등을 포함한 여러 동물 옹호 단체들이 제작했던 끔찍한 영상에는 한쪽 다리를 잡고 동물을 질질 끌고 가거나, 도살할 장소까지 걸어가도록 걷어차고 구타하는 모습이 등장한다. 걸을 수 없거나 걷지 않으려 하는 동물에게는 처분을 위한 학대 행위가 가해진다. 이를테면 어느 비디오에는 죽을 때까지 사슬에 묶여 매달려 있는 "불구" 돼지가 나온다. 사람들이 직접 혹은 장비를 이용해 동물들을 산 채로 들어 큰 통에 던져넣거나 불도저 같은 것으로 밀어넣는 경우도 있다. 동물은 그 "사체 더미"에서 죽어갈 것이다. 대개는 조금만 더 기다려주고 물만 주었더라도 이들이 기운을 차릴 수 있을 만한 상황이었다. 비건 아웃리치Vegan Outreach[+]의 보고서에 따르면, "미국의 농장이나 사육장feedlot[++] 혹은 도살 시설로 보내진 서지 못하는 소downer cow의 숫자는 확정 짓기는 어렵지만 대체로 연간 50만 마리로 추정"된다.[74] 이들 중 대부분은 출산한 지 얼마 되지 않은 젖소다.

미디어는 이들 동물에게 가해지는 잔인한 조치들을 종종 다룬다. 그러나 관심의 주된 동기는 인간의 건강에 미칠 수 있는 잠재적 위험이다. 2009년 오바마 대통령은 서지 못하는 소에 대한 도살을 금지했지만, 이는 대체로 그런 소가 광우병에 걸렸을 가능성이 더 높다는 증거 때문이었다.[75] 병들고 장애가 있는 이 소들은 이제 도살되지 않고 "인도적으로" 안락사되어야 했다. 여기서 안락사란 "관통형 가축 총[+++] 한 발이나 총격" 혹은 "동물을 곧바로 무의식 상태로 만들고, 죽음에 이를 때까지 완전한 무의식 상태를 유지시키는 화학적 방법"을 가리킨다.[76] 그러나 동물복지 연구소Animal Welfare Institute의 보고서에 따르면 해당 요건

[+] 동물에 대한 폭력 행위에 반대하는 비영리 단체로, 채식 관련 정보를 제공하는 팸플릿을 전 세계적으로 배포하고, 12개국 1000개 이상의 도시에서 개인을 위한 비건 멘토십 프로그램을 운영하는 등 다양한 비건 장려 활동을 펼치고 있다.

[++] 식육으로 출하하기 직전 동물의 운동량을 최소화하고 사료만 공급함으로써 동물을 살찌우는 시설.

[+++] 동물을 기절시키는 데 쓰이는 공기총.

몇 가지의 깨달음

에는 함정이 있다. "'추위와 피로 때문에 누운 상태로 일어서서 걷지 못하는' 어린 송아지들은 도축 대상이 될 수도 있다. 도축이 허용된 이런 경우에, 도축장들은 걷어차거나 전기 봉을 사용하는 비인도적인 방법을 동원해서라도 서지 못하는 송아지들을 일으켜 세울 동기를 갖게 된다." 현재로서는 이송 중이거나 판매 중인 동물(걸을 수 없는 돼지나 양, 기타 동물들)에 대한 취급 규정이 부재한다. 동물복지 연구소는 연방정부가 걷지 못하는 다 자란 소의 도축을 금지한 것은 "식품 안전 때문이지 동물복지 때문은 아니"라는 점을 주지시킨다.[77]

사람들은 이런 동물들에게 연민을 보이기도 하지만 그건 그 소들과 일정한 거리를 둔 채로만, 그 소들이 "정상적"이고 "건강한" 소들(공장식 축산의 사육 방식과 유해한 환경 탓에 사실상 이 소들조차 건강하지도 정상적이지도 않은데도)과 섞이지 않는다는 게 분명할 때만 그렇다. 이런 동물들은 결국 안락사될 것이다. 관절굽음증이 있는 여우를 쏜 것처럼 사람들은 자비로운 살해****라는 구실로 어떻게든 이 동물들을 죽일 것이다. 인간이 다른 종들보다 우월하다는 믿음을 유지한 채로, 장애에 대한 가장 두드러진 비장애중심주의적 반응 두 가지를 보이면서 말이다. 즉 장애를 불쌍히 여기거나, 장애를 제거하려 하거나.

++++ '자비로운 살해mercy killing'는 안락사를 지칭하는 또 다른 표현으로, 여기서 테일러는 인간중심적인 세계관의 실체를 폭로하고 그 폭력성을 강하게 비판하기 위해 이 표현을 선택한 것으로 보인다. 즉 동물들의 고통을 덜어준다는 명목으로 행하는 '살해killing'에 '자비롭다'라는 수식어를 붙이는 것 자체가 일종의 모순임을 드러내려는 것이다.

장애가 있고 병든 동물들은 장애가 전염에 대한 공포와 결부되어온 역사를 떠올리게 한다. 서지 못하고 병든 동물, 심지어는 그럴 잠재성을 가진 동물까지도 산업화된 축산이 얼마나 건강하지 못하고, 불결하고, 위험해질 수 있는 것인지를 보여주는 상징이 된다. 이때 비장애중심주의는 전염의 공포를 자극함으로써 장애에 대한 심리적·정서적 거리를 만들어내는 식으로 작동한다. 전염병에 노출된 동물을 대량살육하는 것처럼, 서지 못하는 동물을 격리하는 것은 공장식 축산이 안전과 건강, 심지어는 연민을 우선시한다는 착각을 일으킨다. 이 산업 자체가 이런 문제들을 만들어내고 영속시키고 있음이 명백한 현실인데도 말이다. 산업적 축산이 위험하고 해로운 이유를 장애가 있거나 병들었거나 걸을 수 없는 동물들에게서 찾는 것은 어처구니없는 짓이다. 이 산업이 동물들뿐 아니라 노동자 및 일반인들의 건강과 자연환경에 유해하며, 또한 얼마나 끔찍하고 공포스러운지 이미 무수한 연구와 조사가 이루어졌다. 공장식 축산에서 생겨난 바이러스가 공중보건에 그리 심각한 문제를 초래하지 않는다고 말하려는 게 아니다. 내가 말하고자 하는 바는 수백만 마리의 동물을 도살하는 것이 해결책이 아니라는 것, 해결책은 바로 이런 밀집 사육 시설들을 폐쇄하는 데 있다는 점이다.

농장 동물이 경험하는 장애를 그들이 처한 환경과 분리해 다루는 것은 불가능하다. 어미 돼지를 완전히 움직일 수 없게 만드는 것은 신체적 차이나 질병이 아니라 암돼지 우리의 쇠창살이다. 암탉들은 고통에 시달리는데, 그 고통이 골절된 다리 때문인지, 비좁음 때문인지, 완전한 암흑 속에 있기 때문인지 혹은

몇 가지의 깨달음

같은 우리에 있는 동료가 죽어서인지 알 수 없다. 젖소들이 안락사당하는 이유는 그들이 걷지 못해서가 아니라 감염의 상징이 되었기 때문이다. 이들 동물이 처한 환경이야말로 신체적·정신적 손상보다 더욱더 이들을 장애화하며, 이러한 사실들은 장애에 대한 사회적 모델의 근거가 된다.

　　이런 환경에서 장애와 질병을 명확히 하는 건 인간에게 무엇이 장애인지 확정하는 것만큼이나 어렵다. 닭과 돼지, 소 모두가 심각하게 장애를 입는 환경에서 살아가는데, "건강하고" "정상적인" 닭과 돼지, 소에 대해 말하는 게 무슨 의미가 있을까? 아니, 아예 장애화되기 위해 키워지는 경우는 어떤가? 벨지언 블루Belgian Blue라는 소가 그렇다. 이 소는 비계를 줄이고 "근육량을 2배로 늘리기" 위해 고안된 육우 품종이다. 몸이 너무 커서 걷기 어렵고, 암컷의 경우 출산할 때 제왕절개 수술을 받아야 한다. 질을 통한 출산이 불가능하기 때문이다.[78] 소위 전통 품종들heritage breeds✚조차, 인간이었다면 틀림없이 장애나 비정상이라고 불렸을 특질들을 얻기 위해 사육된다. 테네시주의 기절하는 염소fainting goat가 그렇다. 이 염소는 "놀라면 기절하는데", 슬로푸드 USA는 이 염소가 "바비큐 파티의 메인 메뉴보다는 하나의 사이드 쇼에 더 가깝다"고 말한다.[79] 품종 개변 자체가 정상성과 자연스러움, 장애와 개량enhancement 사이의 온갖 복잡한 문제들을 제기한다. 이 동물들은 장애를 입는 동시에 과다하게 개량

✚ 공장식 축산이 지배하기 전 농가들이 전통적으로 사육하던 품종.

된다. 산업에 특별한 이윤을 공급하고 소비자들의 욕망을 끄는 그런 개량이 동물들에게 장애를 입히는 것이다.

　동물에게 장애를 입히는 것은 동물을 이용하는 산업에서 우연히 발생하는 일이 아니다. 이것은 동물산업에서 행해지는 작업과 이윤 창출에 반드시 필요하다. 인간의 이용 목적을 위해 매년 살해되는 수백억 마리의 동물들 대부분이 장애를 입도록, 그래서 마치 기계처럼 고기와 우유, 계란을 생산하도록 만들어진다. 아직 우리는 다른 동물 이용 산업들은 살펴보지도 않았다. 미국인도주의협회에 따르면, 모피 농장에서 살아가야만 하는 동물들(여우, 밍크, 친칠라 그리고 그 밖의 많은 종들)은 "특정한 색깔을 얻기 위해 근친교배를 당하는데, …… 이것이 해당 동물들에게 심각한 이상 질환(청각장애, 사지 불구, 성기 기형, 목 뒤틀림, 빈혈, 불임, 신경계 교란 등)을 야기한다".[80] 실험실, 서커스단, 동물원의 동물 또한 신체 구속, 돌봄 부족, 학대, 교배로 인한 여러 문제와 직면한다. 이를테면 서커스단의 코끼리들은 심각한 관절염을 앓는 경우가 많다. 운동할 기회를 거의 갖지 못한 상황에서, 사슬에 묶인 채 쇠로 된 우리나 박스트럭에 계속 서 있어야 하기 때문이다. 동물에 대한 윤리적 대우를 촉구하는 사람들 People for the Ethical Treatment of animals(이하 PETA)에 따르면, "다리 장애와 관절염은 갇혀 있는 코끼리들을 안락사시키는 가장 큰 원인"이 된다.[81]

　공장식 축산 농장과 동물원에서 실험실과 서커스단에 이르기까지 수많은 동물들이 정신병과 외상후스트레스장애PTSD, 우울증, 정신이상 증상을 보인다. 반복적으로 털을 쥐어뜯는다거나 자해를 하며, 우리의 쇠막대를 물어뜯기도 하고, 서성거리고, 구토하고 토사물을 다시 삼키는 행위를 반복한다. 또한 머리를 반복적으로 까딱거리기도 한다. 자폐증을 가진 작가이자 영장류학자 돈 프린스–휴스Dawn Prince-Hughes는 자신이 관찰하고 연구한 동물들에게서 그 자신이 경험한 배제와 소외의 증상들을 목격했다. "갇혀 있는 고릴라들에게서 이런 행동을 목격하곤 했어요. 나와 비슷한, 아니 똑같다고 볼 수 있는 신경경련(틱) 증상을 나타냈죠. 머리카락을 쥐어뜯거나, 딱지를 긁고 할퀴거나, 몸을 흔들고 스스로를 깨무는 등 자신을 자극하는 반복적 행위들을요. 어떤 고릴라는 원을 그리며 뱅뱅 돌았어요. 또 어떤 고릴라는 머리를 계속 흔들거렸고요."[82] 이런 행위들은 감금되어 있는 동물들에게 너무나 흔하고 일반적으로 나타나는 증세로, 진단명도 있다. "주코시스zoochosis"라 불리는, 어딘가에 감금되어 생겨난 정신병이다.[83] 실제로 동물원의 동물들은 정기적으로 항우울제 및 기타 의약품을 투여받는다. 《동물의 광기: 불안 증세를 보이는 개, 강박증이 있는 앵무새, 회복 중인 코끼리는 어떻게 우리 자신을 이해하도록 돕는가》의 저자인 과학사학자 로렐 브레이트먼Laurel Braitman은 동물원, 수족관, 실험실에서 동물을 감금 환경에 적응시키기 위해 의약품을 광범위하게 사용한다는 사실을 폭로했다. 동물원들이 이 정보를 감추고자 사육사들에게 기밀유지 각서를 요구한다는 건 놀라운 일도 아니다. 브레이트먼이 말하듯, 결국 "유리 저편의 고릴라, 오소리, 기린, 흰돌고래, 왈라비 등이 전시 동물로서의 자기 삶을 버텨내기 위해 발리움Valium이나 프로작Prozac 등의 항정신성 약물을 투약받고 있다는 사실은 전혀 기쁜 소식이 아니다".[84] 우리가 알고 있는 것은 동물을 대상으로 하는 의약산업이 미국에서는 급속히 성장하고 있다는 사실이다(2010년 기준으로 거의 60억 달러를 벌어들였다).[85]

이 모든 것은 인간이 비인간 동물을 대하는 방식, 더 정확히 말하자면 비인간 동물을 학대하는 방식에 심각한 윤리 문제를 제기한다. 이 경우, 장애가 무엇을 의미하는지 생각을 시작하기조차 어렵다. 어떻게 감금, 학대, 방치, 교배 그리고 고통과 장애를 분리할 수 있겠는가. 그 어떤 움직임이나 욕망도 인정받지 못한 채 무시당하는 환경에서 사는 암탉에게 장애란 무엇을 의미할까? 환경이 모든 것을 한계 지어 스스로의 몸으로 자유롭게 움직이고 탐색할 기회를 갖지 못한다고 할 때 신체적인 제약이나 차이는 무엇을 뜻할까? 많은 장애인들이 그렇듯, 이 동물들에게도 신체적·정신적 손상 그 자체는 자신이 안고 있는 다른 문제들에 비해 사소한 것처럼 여겨질 수 있을 것이다.

모즈나 관절굽음증 여우의 경우와 달리 이 동물들의 경우에는 장애 의식을 고취하고픈 마음을 투사할 여지가 없다. 이런 환경에서 그런 투사는 불가능하다. 이 동물들이 고통과는 다른 방식으로 장애를 체화하는 모습을 상상하거나 이들이 새로운 교류와 지각의 방식을 키워나가는 모습을 상상할 때마다, 언제나 이들을 공장식 축산 농장이나 실험실 밖에 있는 모습으로 상상할 수밖에 없기 때문이다. 이는 장애의 고통과 소외가 얼마나 사회적인 것이고, 구성된 것이며, 구조적인 것인지를 드러낸다.

하지만 만약 이 동물들이 운 좋게 이런 환경에서 도망치거나 벗어난다면 어떤 일이 벌어질까? 나는 제니 브라운Jenny Brown에게 같은 질문을 던졌다. 그녀는 우드스톡 팜 애니멀 생추어리Woodstock Farm Animal Sanctuary[이하 우드스톡 생추어리]✚의 설립자이자 《운 좋은 존재들: 농장동물을 위한 나의 열정적 투쟁》의 저자이고 장애인이기도 하다. 우드스톡 생추어리는 방치, 학대, 유기 상태에서 구출된 수십 마리의 닭, 소, 돼지, 칠면조, 오리, 염소들의 집이다. 다른 농장 동물 생추어리처럼 다양한 동물들을 돌본다. 생추어리는 보조장구를 포함해 다양한 활동 지원 기술이 필요한 동물들뿐 아니라, 다리를 절거나, 몸을 끌거나, 눈이 보이지 않거나, 사지가 없는 동물들을 위해 다양한 돌봄을 제공한다. 장애가 있고 종종 트라우마에 시달리는 동물들 중에

✚ 애니멀 생추어리animal sanctuary는 축산이나 동물실험, 동물원, 서커스 등 동물을 이용한 산업에서 구출된 동물들에게 평생 집을 제공하기 위해 만들어진 비영리 시설이나 농장, 목장을 가리킨다. 이 책에서는 농장을 탈출한 암소 이본 이야기(129~130쪽), 다리에 장애를 갖게 되면서 살처분당할 뻔한 두 마리의 황소 루와 빌 이야기(282~283쪽), 동물실험 피검자가 된 침팬지들 이야기(107~109쪽)에 애니멀 생추어리가 등장한다.

특히 축산업에서 구출된 동물을 보호하는 팜farm 애니멀 생추어리는 사람들이 방문할 수 있는 기회를 정기적으로 만들거나 비건 및 동물의 권리에 대한 교육을 겸하는 경우가 많아, 동물 피난처이자 동물 권리의 가치를 알리는 운동가의 장소로서 사회적 의의를 갖는다. 2020년 5월 한국에도 최초의 생추어리가 꾸려졌는데, "새벽이"라고 이름 붙여진 한 돼지를 위한 '새벽이 생추어리'가 그것이다. 이 생추어리는 11월 현재에도 계속 운영 중이다(https://www.instagram.com/dawn_thepig/).

최근 일본에서도 경마산업을 은퇴한 말들을 도살하지 않고 살리려는 이른바 '여생말余生馬 목장'이 생기는 추세로, 이 역시 애니멀 생추어리와 유사한 실천이라 할 수 있다. 그중 오픈세사미 목장은 말뿐 아니라 구출된 닭이나 돼지를 보호하기 시작하면서 '오픈세사미 팜 생추어리'로 이름을 바꾸기도 했다.

는 대규모 공장식 축산뿐 아니라 소규모 가족 경영 농가들에서 구출된 경우도 있다.

내 질문에 대해 브라운은 장애의 정도와 종류가 관건이라고 했다. 장애를 가진 농장 동물들은 스스로 자신의 차이에 적응하거나 유대감을 형성한 다른 동물의 도움을 받기도 한단다. 안락사당하는 동물들도 있는데, 이들의 존재는 동물 안락사의 윤리에 관해 어려운 질문들을 제기한다. 브라운은 염소 착유 시설에서 온 두 마리의 아기 염소 에밋Emmett과 재스퍼Jasper에 대해 이야기해주었다. 둘 모두 관절염–뇌염Caprine Arthritis Encephalitis 진단을 받았는데, 이 병은 극심한 관절 통증을 유발해 염소들을 무력하게 만든다. 재스퍼는 결국 안락사되었다. 브라운은 이렇게 말했다. "진통제를 투여하고 몇 차례 침술을 행한 후 결국 우리는 그를 떠나보내기로 했어요. 고통이 너무 컸고, 몸도 너무 쇠약해졌거든요." 재스퍼의 형제인 에밋은 관절염을 앓는 다리는 거의 못 쓰지만 어쨌든 잘 살고 있다. 에밋은 생추어리 주변에서 자유롭게 지낸다. "이 애들을 염소 무리에 넣었을 때, 서열 높은 다른 염소들이 들이받고 조롱했기 때문"이었다.[86]

재스퍼와 에밋의 이야기는 맞춤accommodation과 접근access에 대한 물음을 제기한다. 우리로 인해 장애를 갖게 된 이 동물들에게 편의와 지원을 제공할 책임이란 어떤 것일까? 맞춤과 접근 혹은 비장애중심주의를 해체하는 것은 다른 종들에게 어떤 의미일까?

브라운은 나에게 우드스톡 생추어리에 있는, 혀가 입이 아닌 목구멍에 붙은 채로 태어난 칠면조 분Boon에 대해 이야기

몇 가지의 깨달음

했다. 분은 스스로 잘 먹지 못해서 생추어리 관리자가 다른 새들과 떨어진 곳에서 하루에 몇 번씩 따로 모이를 준다. 이처럼 살아남기 위해 간단한 도움을 필요로 하는 동물들의 사례는 많다. 이들은 무리 혹은 다른 종과 떨어져 밥을 먹어야 할 수도 있고, 서열을 비교적 덜 따지는 동물들이 있는 생활공간에서 지내야 할 수도 있으며, 이동을 위한 보조장구 같은 것이 필요할 수도 있다.

　　〔〈네이처〉의〕 '내 생체공학 반려동물' 편 같은 방송 프로그램에 등장하듯, 동물 보철 기구는 점차 일반화되고 있다. 지금껏 코끼리, 개, 고양이, 돌고래, 염소, 거북이, 악어, 다양한 새들을 위한 보철 기구들이 제작되었다. 우드스톡 생추어리에서는 다리가 셋인 염소 알비Albie가 들판을 뛰어다니는 모습을 매일 볼 수 있는데, 의족을 차고 있을 때도 있고, 그렇지 않을 때도 있다.[87] 다리 절단 수술을 받고 의족을 사용하던 브라운은 자신의 보철사에게 염소를 위한 특별 보철 기구를 만들어줄 수 있는지 물었고 보철사는 기꺼이 응했다. 동물들을 위해 제작된 이 독특하고 혁신적인 장치들이 인간을 위해 제작된 다양한 편의 장치들(보철, 휠체어, 경사로 등등)과 얼마나 닮아 있는지 생각해보면 훨씬 더 흥미롭다. 그러나 인간중심적 세계에서 농장 동물의 필요에 맞춘다는 것은 완전히 다른 차원의 의미를 갖는다. 우드스톡 생추어리는 그 자체로 하나의 맞춤 공간이다. 장애 여부와 상관없이 대다수의 농장 동물들은 자신의 종이 일반적으로 살 수 있는 환경에서 번성하기는커녕 그런 환경에 접근조차 할 수 없기 때문이다. 오히려 이들은 자신들을 제약하는 유해한 환경에

강제로 떠밀린다. 이렇게 우리는 다시 이 환경의 문제, 즉 어떻게 이 동물들이 인간의 지배와 착취로 인해 쇠약해지는가의 문제로 되돌아온다.

동물을 이용하는 산업이 만들어낸 장애들, (인간이 다른 동물에 비해 우월하다고 믿는) 종차별주의speciesism와 잔인성이 낳은 장애들은 장애에 대한 나의 이해를 복잡하게 만들었다. 내게는 고통이라는 문제가 남았다. 장애에 대한 정치적 이해에 천착하는 많은 이들은 이 고통에 관한 문제를 멀리하기 위해 많은 노력을 기울였다. 이는 당연한 것이다. 장애운동가와 연구자들은 장애는 고통과 다름없다는 등식에 맞서 수십 년을 싸워왔다. 많은 이들이 장애를 둘러싼 고통 대부분이 비장애중심주의, 이를테면 장애인들이 마주하는 차별과 소외 같은 것에서 유래한다고 주장했다.

장애운동가들이 고통의 서사를 밀어내려 했던 것과 달리 동물윤리 연구 영역에서 고통의 서사는 도처에 널려 있다. 동물운동가들은 동물도 고통을 느낄 수 있다는 단순한 사실을 증명하기 위해 많은 일을 했고, 인간이 왜 이 사실에 관심을 가져야 하는지 역설하기 위해 훨씬 더 많은 일을 했다. 고통이라는 주제는 동물 이용 산업에 관한 논의는 물론 이러한 산업 내부에 존재하는 장애에 관한 논의에서도 피할 수 없는 부분이며, 여기에는 그럴 만한 이유가 있다. 그러나 동물들은 너무나 자주 목소리 없이 고통받는 존재로만 표상되었다. 장애에 대한 비판적 견지에서 이 동물들의 삶을 살펴본다면, 이 동물들을 고통받는 존재 그 이상으로 바라볼 수 있을 것이다. 그런 관점은 이 동물들이 지닌

몇 가지의 깨달음

취약성과 차이가 새로운 앎과 삶의 길을 구축하는 방식에 대해서도 생각해보게 한다. 더 나아가 이런 주제를 통한 사유는 장애학 연구자나 운동가들을 촉발할 수도 있다. 지금껏 그들이 소홀히 다룬 고통이라는 불편한 질문에 대해 답하고 또 그것을 진지하게 탐구하도록 말이다.

이 장의 제목은 〈동물 불구들〉이다. 동물을 불구라고 부르는 것은 틀림없이 인간의 투사이지만, 다른 한편으로 이런 투사는 비인간 동물들을 비장애중심주의에 똑같이 억압받아온 주체로 바라보는 방식이기도 하다. 동물들을 불구라고 부르는 행위는 몸이 어떻게 움직이고, 사고하고, 느끼는지 그리고 무엇이 몸을 가치 있는 것, 착취할 수 있는 것, 유용한 것 혹은 쓰고 버릴 수 있는 것으로 만드는지에 관해 질문을 던질 수 있도록 하는 일이다. 이는 소나 닭의 경험에 관한 우리의 일반화된 생각을 뒤흔드는 일이다. 또한 이는 라이플 총의 가늠쇠로 본 절뚝이는 여우가 즐거운 삶을 영위하고 있을지도 모른다고 잠시 멈춰 생각해보는 일을 뜻하기도 한다. 동물 불구라는 말은 삶과 삶의 다양성에서 무엇이 가치 있는가에 대해 다르게 생각해보도록 한다.

결국 장애동물만 불구로 불릴 수 있는 건 아니다. 모든 동물들—우리 인간이 장애를 가졌다고 하는 동물이든 그렇지 않은 동물이든—은 장애인들이 당하는 것과 근본적으로 동일한 이유로 폄하되고 학대당한다. 그들은 인간의 삶을 유일무이하게 가치 있고 의미 있게 만든다고 간주되는 여러 능력과 역량을 갖고 있지 않다는 이유로 무능한 존재로 인식되었다. 달리 말해 그들은 비장애중심주의 아래 억압받아왔다. 비장애중심주의가 영속화하고 특권을 부여한 멀쩡한 몸able body이란 항상 비장애 신체able-bodied, 또한 인간의 몸이었던 것이다.

몇 가지의 깨달음

2부

동물윤리를
불구화하기

4

말하는 침팬지

부이Booee는 영장류학자 로저 파우츠Roger Fouts가 아는 가장 재능 많은 침팬지 중 하나였다. 부이를 돌보는 사람들은 모두 부이를 극찬했다. 부이는 온화하고 느긋했고, 건포도를 좋아했다. 부이는 미국 수어American Sign Language, ASL로 평균 54분에 한 단어를 배울 수 있었다.[1]

부이는 1964년 미국 국립보건원National Institutes of Health에서 태어났다. 부이의 어미는 실험용 침팬지였는데, 과학자들은 어미가 임신한 사실을 알지 못했다. 이는 부이가 특정 생체의학 실험의 대상이 되지 않았음을 의미했다. 태어난 지 며칠 되지 않았을 때 부이는 발작을 일으켰고, 국립보건원 과학자들은 단지 그 이유로 뇌분리 수술을 감행했다. 〔당시〕 뇌분리 수술은 대발작grand mal seizures⁺에 대한 실험적인 치료법이었다.[2]

로저 파우츠는 그의 책《가장 가까운 친족: 침팬지와의 대화》에서 부이에 관한 이야기를 들려준다. 파우츠는 이렇게 썼다. "의사들은 부이의 두개골을 열고 뇌량을 절단해, (좌우) 대뇌반구 두 개의 연결을 끊었다. 부이는 사실상 2개의 분리된 뇌를 갖게 된 것이다." 회복 과정은 복잡했고, 부이는 부어오른 뇌를 가라앉히기 위해 두 번째 수술을 받아야 했다. 한 국립보건원 의사는 부이가 괴로워하는 모습에 미안함을 느끼고는 그를 돌보기 위해 집으로 데려갔다. 파우츠가 말하듯 부이는 "국립보건원의 감시망을 벗어났고", 국립보건원은 그가 사라진 것을 전혀 알아차리지 못했다.[3]

　　금세 성장한 부이는 더 이상 의사의 집에서 살 수 없게 되었다. 그래서 1970년 오클라호마주에 있는 영장류 연구소로 보내졌다. 실험동물을 거칠게 다루는 것으로 영장류 학계에서 악명 높은 심리학자 윌리엄 레먼William Lemmon 박사가 운영하는 연구소였다. 로저 파우츠가 부이를 만나 수어를 가르친 곳이 바로 여기다. 당시 파우츠는 와쇼Washoe라는 이름의 침팬지에게 수어를 가르치며 언어 능력을 연구하는, 매우 획기적인 작업에 매진하고 있었다. 그는 이렇게 썼다. "와쇼가 두세 살 아이 수준의 수어를 사용한다는 걸 인정한 많은 언어학자들은 와쇼를 일종의 '돌연변이 천재'라고 주장했다."[4] 파우츠는 연구소에 있는 다른 젊은 침팬지에게 수어를 가르침으로써 그들의 주장이 틀렸다는 걸 입증하려고 했다.

✦ 극심한 중증 경련 발작으로, 의식 상실과 격렬한 근육 수축을 수반한다.

　　　　동물윤리를 불구화하기

부이는 로저에게 별명을 붙였다. 연구소의 침팬지들은 로저의 이름을 부를 때 귓불을 당겼는데, 이를 배운 지 얼마 후 부이는 단지 귀를 손가락으로 살짝 튕기기만 했다. 마치 로저의 이름을 로즈Rodg라고 줄여 부른 듯했다.[5] 파우츠 또한 부이에게 수어로 부를 수 있는 별명을 붙였다. "분리뇌 부이Booee Split Brain." 부이에게 눈에 띌 만한 뇌 수술 후유증이 많지는 않았지만, 파우츠는 부이가 무언가를 가리킬 때 동시에 두 방향을 가리킨다는 것 그리고 무언가를 그릴 때 도화지의 양쪽 모서리에 동시에 그린다는 것을 알아차렸다. 수술의 여파가 무엇이었든, 그게 부이의 소통 능력에 걸림돌이 되지는 않았다. 부이는 파우츠의 가장 열심인 학생이 되었다. 파우츠와 함께 일한 몇년간 부이는 50개 이상의 단어를 외웠고, 이 단어들로 문장을 만들어 질문했으며, 자신의 주변 환경에 대해 이야기할 수 있게 되었다.[6]

하지만 연구소는 동물들에게 위험한 장소였다. 파우츠는 점차 자신이 감옥에서 연구를 수행하는 일종의 "친절한 간수" 같다고 생각하게 되었다. 결국 양심의 고통을 줄이고 예측할 수 없는 미래에서 와쇼를 구출하기 위해 파우츠는 와쇼와 함께 연구소를 떠날 방법을 알아냈다. 물론 자신이 수어를 가르치고 사랑했던 부이를 비롯한 많은 침팬지들을 뒤로한 채 떠나는 것은 너무나 가슴 아픈 일이었다. 하지만 부이와 다른 침팬지들을 구할 방법은 없었다. 그들은 법적으로 레먼 박사의 소유물이었기 때문이다.[7]

1982년 레먼은 부이를 포함해 20여 마리가 넘는 침팬지들을 뉴욕대학의 자금으로 운영되던 영장류를 이용한 실험적 의료 및 수술 연구소Laboratory for Experimental Medicine and Surgery in Primates〔이하 LEMSIP〕에 팔았다. 많은 침팬지들이 수어를 쓸 줄 알았고, 이들 중에서도 앨리Ally와 님Nim은 언어를 습득하는 능력으로 이미 유명했다. 파우츠에 따르면 침팬지들은 수어를 전혀 몰랐던 연구소의 과학자들에게 수어로 담배나 간식을 요구했고, 자신들이 갇혀 있는 단독 우리에서 나가게 해달라고도 했다.[8] 수어를 하는 침팬지들 중 가장 유명한 님 침스키Nim Chimpskey를 다룬 다큐멘터리 〈프로젝트 님〉에 따르면, 과학자들은 기본적인 수어로 된 이름표를 연구소 곳곳에 붙이기 시작했다. 자신들의 새로운 실험 표본들과 소통하는 법을 배우기 위해서였다.[9]

앨리와 님의 이야기가 널리 알려지면서 대중들은 분노했고, 이 때문에 이들은 다시 레먼 연구소로 보내졌다. 님은 연구 대상에서 면제됐고, 텍사스에 있는 구조동물목장animal rescue ranch으로 보내졌다. 그러나 LEMSIP을 둘러싼 논쟁이 가라앉자 앨리는 뉴멕시코주에 있는 화이트샌즈 연구소White Sands Research Center라는 더 열악한 연구소로 은밀하게 보내졌다. 이곳은 화장품, 의약품 그리고 살충제를 동물들에게 실험하는 곳이다. 수년 후 앨리는 여기서 죽었는데, 사망 원인은 살충제 중독으로 추정된다.[10]

대중의 강력한 항의는 동물을 이용하는 연구가 내포하는 윤리 문제를 둘러싼 깊은 혼란을 보여주었다. 파우츠는 이렇게 썼다. "LEMSIP의 연구자들은 그들의 새로운 연구 대상이 '내보내줘GO OUT' '담배 줘SMOKE' '안아줘HUG' 같은 의사를 수어로 표현할 수 있다는 것을 신경 쓰지 않는다. 그들이 원하는 건 오로지 침팬지의 혈액이었다. 반면 침팬지에 대한 끔찍한 취급에 항의하는 사람들은 그들이 수어를 할 수 있다는 사실에만 주목하는 듯하다. 마치 그 능력이 그들을 더욱 동정받을 만한 존재로 만드는 것처럼 말이다."[11] 말하자면 LEMSIP의 앨리와 님에 대한 대중의 항의는 침팬지 자체보다는 "인간적" 특징을 지닌 존재를 감금하는 것에 대한 항의였다. 사람들은 언어나 이성 같은 인간적 능력을 우리에서 꺼내기 위해 집회를 연 것이다. 앨리와 님은 단지 그런 능력에 수반된 존재에 불과했다.

부이는 수어를 꽤 배웠고 쓸 수도 있었지만 그의 능력은 널리 알려지지 않았고, 따라서 그가 우리에서 풀려나는 일도 일어나지 않았다. 유명한 두 침팬지가 풀려나 대중의 항의가 축하로 바뀌었을 때, 부이가 풀려날 가능성은 사라졌다. 그는 C형 간염 연구에 이용되었고, 연구소에서는 고의로 그를 바이러스에 감염시켰다. 그 후 13년간 부이는 LEMSIP의 우리에서 지냈다.[12]

2000여 년 전 아리스토텔레스는 언어가 인간과 동물을 구분 짓는다고 했다. 이런 믿음은 언어가 철학적으로나 과학적으로 인간에게 고유하며, 인간을 정의하는 데 언어가 핵심적이라고 보는 서구 전통의 기반이 구축되도록 했다. 또한 아리스토텔레스는 듣기가 말하기를 위해 필수적이고, 따라서 사유에서 중심을 차지한다고 생각했다. 이런 이유로 그는 농인들에게 사고와 지성이 결여되어 있다고 보았다. 이런 유산은 농인들을 동물과 유사한 존재 혹은 인간 이하의 존재로 낙인찍곤 했다.[13]

이런 시각이 흔들리기 시작한 것은 16세기 이후였다. 1760년이 되어서야 처음으로 농인들을 위한 자유학교에서 수어를 가르치기 시작했다.[14] 그러나 농인들에게 언어 능력과 이성이 있다고 인식된 후에도 수어 자체는 원시적 언어로 여겨졌다. 구어라는 더 선진화되고 문명화된 소통 양식으로 나아가기 위한 초기 단계의 언어로 간주된 것이다. 역사가 더글러스 베인턴Douglas Baynton이 이야기하듯, 19세기에 진화론이 부상하자 수어는 뒤떨어진 미개인들이나 기타 "열등한 사람들"이 사용하는 대표적인 원시 언어로 간주되기 시작했다. 몸짓 언어gestural language는 당시 진화론적 관점에서 퇴행적이라고 간주되었던 "발달도가 낮은 부족", 남북 아메리카 "인디언", 아프리카인 그리고 기타 인종화된 집단들과 결부되었다.[15]

원시적인 것, 심지어 야만적인 것으로 간주된 탓에 수어법manualism(예를 들어 수어를 쓰고 가르치는 것)은 점점 더 압박을 받게 되었다. 미국과 유럽의 농아학교에서는 100년이 넘게 수어를 가르쳐왔지만, 1880년대에 이르자 교육 현장에서 "구어주의oralism"*가 수어를 대체했다. 사람들은 수어 교육이 구어를 배우지 못하게 만들기 때문에 실제로 농인 학생들에게 해롭다고 주장했다. 하지만 이런 주장에는 구어가 더 우월하고 문명화된 언어라는 전제가 깔려 있다. 이렇듯 19세기 후반~20세기 전반까지 사람들은 수어를 배우기 어려웠고, 소리[구어]를 통해 소통할

---

* 구어주의 교육은 농인들에게 소통을 위해 발화와 독순(입술 모양을 읽는 것)을 훈련하도록 강제했다.

동물윤리를 불구화하기

것을 강요받았다.[16] 다수의 농아학교들이 수어를 할 수 없도록 아이들에게 엄지장갑mittens[**]을 끼게 하거나 두 손을 맞붙인 채로 책상 위에 두도록 강요했다. 그리고 구어를 할 수 없는 아이들을 "구어 실패자"로 간주했다.[17]

세기가 바뀔 무렵, 구어주의를 정당화하기 위해 사용된 관념, 즉 수어가 덜 세련된 언어라는 생각은 인종, 장애, 동물성의 범주들이 서로 얽혀 있으며 상호구성적임을 보여주는 사례다. 수어에서 몸짓이나 표현은 인종화된다. 원시적이고, 뒤떨어져 있고, 동물적이라고 간주되는 유색인종과 연결되기 때문이다. 수어는 흔히 동물, 특히 원숭이나 유인원을 가리키는 은유로 묘사되었다. 수어를 사용할 때의 몸짓이나 표정은 "원숭이 같"았고, 수어를 사용하는 사람들은 유인원 같은 몸짓이나 원숭이처럼 우스꽝스런 표정을 짓는다고 놀림받았다.[18] 수어와 구어 모두 하지 못하는 농인들 역시 동물화되었다. 이들은 언어가 없다는 이유로 원시 상태나 단순한 동물적 삶을 산다고 간주되었다. 몸짓 언어를 언어라기보다, 개의 꼬리 흔들기 같은 동물의 표현 행동이라고 부르는 게 낫다고 말하는 사람들도 있었다.[19]

초기 동물 옹호가들 중에는 동물의 소통 방식과 수어 사이에 상관관계가 있다는 주장을 받아들이는 사람들도 있었다. 물론 전혀 다른 이유에서다. 19세기 후반의 동물 옹호가들은 언

[**] 엄지를 끼우는 부분과 나머지 네 손가락을 끼우는 부분이 분리된 장갑으로, 한국에서는 한동안 '벙어리장갑'으로 불렸다. '벙어리'라는 표현이 언어장애인을 비하한다는 비판이 수용되어 최근에는 '엄지장갑'이라는 명칭으로 대체되고 있다.

어를 사용할 수 없고 스스로를 해방시키는 운동에 참여할 수 없는 존재들의 권리를 이 사회가 인정하지 않는다는 것을 깨달으면서, 동물 옹호 투쟁이 장애운동과 유사하다고 보기 시작했다. 역사가 다이앤 비어스Diane Beers는 이렇게 썼다. "미국에서는 지적·신체적 장애인들이 스스로를 대변할 수 없음에도 점차 윤리적·법적 배려를 받고 있다. 동물 옹호가들은 동물 또한 장애인들과 다를 바 없이 다른 수단으로 소통하고 있을 뿐이라고 주장했다."[20] 동물 옹호가들은 장애인의 소통 능력과 동물의 소통 능력 간의 비교에 호소하기도 했다. 비어스는 운동가였던 헨리 차일즈 머윈Henry Childs Merwin의 말을 인용한다. "동물들은 '감정의 논리를 신호의 논리로' 번역한다. 따라서 이 특정한 행동에 관한 한, 동물의 것은 농아인들의 그것과 심리학적으로 구별될 수 없다."[21]

인간의 몸짓은 폄하됐지만 유인원들의 몸짓은 그들 자신을 표현하는 "특별한 재능special faculty"으로 인식되었다.[22] 비인간 유인원들의 수어 능력에 관한 연구는 1970년대에 들어 제대로 시작됐지만, 동물들의 몸짓이 지닌 가능성은 그 훨씬 전부터 인식됐다. 청각장애와 수어를 동물화한 역사 그리고 인종주의와 비장애중심주의, 인간중심주의라는 이데올로기들이 원숭이나 유인원을 매개로 결합했던 방식을 고려한다면, 연구자들이 유인원에게 수어를 가르치기 시작한 1970년대(이때는 미국 수어가 언어학자들에게 구어 못지않게 복잡하고 자연스러운 언어로 인정받게 된 지 불과 몇년이 지나지 않았을 때다[23])에 일부 사람들이 곤혹스러워한 것은 놀랍지 않은 일이다. 한 미국 수어 사용

동물윤리를 불구화하기

자가 내게 말해준 것처럼, "어떤 사람들은 이런 연구들이 구어는 다른 동물들이 배우기에 복잡하지만 그에 비해 수어는 원숭이도 배울 수 있을 만큼 쉽다는 메시지를 전달한다고 느낀다". 이런 연구들의 목표는 유인원들이 인간 수어 사용자와 같다는 것을 증명하는 것이 아닐뿐더러, 유인원이 수어를 통해 유창하게 소통할 수 있다는 것을 증명하는 것은 더더군다나 아니었다. 하지만 어떤 이들이 보기에, 영장류에게 수어를 가르치면서 가능해진 동물의 정신에 관한 과학적 발견들은 맹인과 동물을 비교 연구하는 전통 그리고 그것이 야기한 차별과 묘한 긴장관계를 조성했다. 시각문화 연구자 니콜라스 미르조에프Nicholas Mirzoeff가 영장류 과학자 페니 패터슨Penny Paterson의 연구, 즉 1970년대 코코Koko라는 고릴라에게 미국 수어를 가르친 연구에 관해 지적하듯, 이런 실험은 흥미진진한 물음을 던지면서도 동시에 "수어는 원시적인 언어라는 관념을 강화하는 데 일조"할 수 있다.[24]

우리는 이런 긴장들을 염두에 두며 동물과 장애라는 두 주제 간의 비교를 새롭게 구성할 수 있을지 모른다. 이런 비인간화의 역사로 인해 생겨난 폭력을 인정하고, 동시에 동물들이 비인간화의 시스템이나 수사법에서 떠맡도록 강요받은 역할들에 의문을 제기할 필요를 진지하게 수용하면서 말이다. 동물과 장애인은 다양한 문화적·역사적 맥락에서 비교되고 융합되었다. 헨리 차일즈 머윈의 인용에서 분명히 드러나듯, 동물 옹호가들 중에는 동물과 장애인의 능력과 무능력을 혼동하는 사람들도 있다. 이는 서로 완전히 다른 집단들을 똑같이 취급하고 이미 억압받고 있는 사람들을 영속적으로 비인간화하는 효과를 낸다는 점에서 문제가 있다. 나는 비인간 동물과 장애인이 특유의 유사성을 갖고 있다고 말하려는 게 아니라, 이러한 관점과 반대로 동물과 장애인 모두의 가치를 폄하하는 우리의 시스템 자체를 검토해야 한다고 제안하는 것이다. 특히 언어와 인지적 능력에 관한 비장애중심주의적 패러다임에 기초한 시스템 말이다.

　　침팬지의 언어 능력에 관한 초창기 연구에서는 연구자들이 몇년간 침팬지에게 구어식 언어를 가르치려고 시도했다. 유인원에게는 발화에 필요한 해부학적 구조가 부재하기 때문에 침팬지는 "엄마mama" "아빠papa" "컵cup" "일어나up" 같은 몇 개의 기본적인 단어 정도만 말할 수 있었다. 그래서 연구는 대부분 성공하지 못했다. 이 연구들은 실패로 간주됐고, 많은 사람들이 침팬지의 언어 문제는 완전히 끝났다고(침팬지는 구어를 배울 능력이 없다고) 생각했다.[25] 침팬지가 언어를 사용할 수 있다면 그건 청각장애가 없는 사람들이 구사하는, 즉 소리를 통한 언어여야 한다는 비장애중심주의적 생각이 깔려 있었던 것이다.

　　지금이야 몸짓을 사용하는 동물 종 혹은 구어를 쓸 수 없거나 불편함을 느끼는 사람들에게 구어가 아닌 언어를 가르치는 게 당연해 보이지만, 소통 형식을 신체적·지적·문화적 필요와 종 특유의 필요에 맞춰야 한다는 점은 계속해서 간과되고 있다. 이를테면 돌고래는 명백하게 손이 없는데도, 사람들은 돌고래에게 수십 년간 수어를 가르쳐왔다. 루이 시호요스Louie Psihoyos는 참혹한 다큐멘터리 〈더 코브〉에서 이 소통이 너무나 일방적이었음을 지적했다. 돌고래들이 인간의 요구를 이해할 수는 있어도 거기에 맞춰 수어를 해줄 수는 없으니 말이다.[26]

결국 과학자들은 유인원에게 구어를 가르치는 것이 잘못이었다는 걸 깨달았다. 그러나 유인원들이 (구어를 배울 수는 없어도) 수어를 쓸 수는 있다는 사실이 알려진 후에도 유인원이 실제로 인간의 언어를 사용하는지 여부를 둘러싼 문제는 해결되지 않았다. 1970년대 수어 연구는 동물의 정신과 능력을 둘러싼 열띤 논쟁을 불러일으켰고, 그중 대부분을 오늘날에도 여전히 언어학자나 영장류 학자들이 연구하고 있다.

일부 언어학자들은 설령 유인원들이 복잡한 의사소통을 할 수 있다는 점이 밝혀졌더라도 그들의 수어를 언어라고 부를 수는 없다고 주장했다. 이런 주장을 펴는 이들 다수는 유인원들이 문법을 이해하지 못한다는 점을 그 이유로 제시했다.[27] 또 다른 이들은 부이나 와쇼 같은 침팬지들이 단지 기계적으로 그러한 반응들을 보이도록 훈련받았을 뿐이라고 주장했다. 서커스의 동물들이 재주를 부리는 것처럼 말이다.

반면 유인원에게 언어 능력이 있다고 생각하는 연구자들은 이들이 이중 잣대를 들이댄다고 비판한다. 침팬지들이 보여준 역량은 흔히 어린아이들에게서 볼 수 있는 것과 아주 비슷한데도, 어린아이들의 성장 중인 언어 능력이 분명하게 인정받는 데 비해 침팬지의 그것은 부인된다는 것이다. 많은 유인원들은 언어를 창의적으로 사용하고, 아예 새로운 단어를 만들어내는 경우도 있으며, 보통 인간이나 다른 유인원에게 먼저 대화를 건다. 동물들이 인간 교육자가 아닌 서로에게서 수어를 배운 사례도 수없이 많다.

앞서 언급한 논쟁들에서, 영장류나 그 밖의 동물들이 자신들만의 고유한 언어를 갖고 있는지 여부는 중요한 문제가 아니었다. 그러나 이런 물음들이 점점 제기되고 있고, 프레리도그부터 돌고래까지 매우 다양한 동물들이 놀라운 소통 능력을 갖고 있다는 사실이 밝혀지고 있다. 하지만 대부분의 과학자들은 이런 소통 체계를 "진정한" 언어로 인정하지 않는데, 이는 별로 놀랄 만한 사실은 아니다. UC 버클리의 젠더 및 여성학 교수이자 언어학자인 멜 Y. 첸Mel Y. Chen은 이렇게 설명한다. "무엇이 언어인가에 대한 기준은 철저하고 확고하게 인간의 관점에 입각해 있다. 인간에게 종속된 동물들의 언어학적 위치에 대해 논의를 시작하기도 전에, 인간의 탁월성을 이미 확립해두는 것이다".[28] 언어가 인간에게만 특유한 것이라는 시각은 당연히 인간에게 유리한 것이다.

복잡한 소통 체계를 지닌 님, 와쇼, 앨리, 부이 그리고 그 밖의 무수한 동물들의 소통 체계가 궁극적으로 인간의 언어와 같은 "진정한" 언어로 정의될 수 있을지는 사실 가장 중요한 문제도, 가장 흥미로운 문제도 아니다. 우리가 질문해야 하는 것은 이런 것이다. 어떤 동물의 언어나 소통 능력이 어째서 그 동물을 대하는 방식을 바꾸게 되는가? 미국 수어를 모르는 침팬지는 외롭게 감금되고 실험당하는 삶을 선고받는 반면, 수어를 쓰는 침팬지는 어째서 해방을 촉구하는 대중적 항의를 불러일으킬 수 있는 걸까?

의심의 여지없이 부이는 수어를 배우기 이전부터 감정을 지닌 존재였다. 부이가 미국 수어를 습득한 것의 특별함은 그가 언어를 사용함으로써 갑자기 감정을 가진 지적 존재로 거듭났다는 데 있지 않다. 그건 그의 언어 사용이 인간인 우리를 그의 지적 역량 그리고 정서적 삶과 비로소 대면시켰다는 데 있다.

우리는 어떻게 언어에 이렇게 높은 위상이 부여되었는지를 물어야 한다. 첸은 이렇게 말한다. "언어는 거의 틀림없이 인간과 동물을 가르는 주요 기준 혹은 결정적인 자질로 여겨지며, 심지어 차별에 반대하는 이론가들조차 그렇게 여긴다."[29] 우리는 비인간 동물들이 소통하는 방식을 폄하한다. 인간이 정보를 공유하는 방식과, 인간과는 다른 동물들의 수많은 정보 공유 방식들 사이에 뚜렷하게 그어진 위계를 전제할 뿐 아니라, 이런 위계에 윤리적으로 중대한 의미가 있다고 여기면서.

5

비장애중심주의와 동물들

우리는 동물윤리를 불구화해야 한다. 동물에 대한 우리의 사고
방식에 장애 정치학을 적용하면서 말이다. 여기서 정말 중요한
일은 장애인과 비인간 동물 모두를 억압하는 공통의 체계와 이
데올로기를 검토하는 것인데, 비장애중심주의가 언어 외의 다른
영역에서도 동물 억압을 영구적으로 지속시키기 때문이다. 실제
로 비장애중심주의는 종차별주의와 밀접하게 얽혀 있다. 또한
비인간 동물들이 판단되고 분류되고 착취되는 방식에 대해 숙
고해볼 때, 비장애중심주의는 매우 중요한 요소로 작용한다.

　　장애학과 장애운동은 삶의 가치를 논하는 데 특정한 신
체적·정신적 역량에 얽매이지 않는 새로운 방식을 요구한다. 장
애 이론에 내재되어 있는 관점 중 하나는 우리에게 존엄과 가치
를 부여하는 것이 지능, 이성, 민첩성, 신체적 자립, 이족보행 등
과 같은 특정한 것들이 아니라는 것이다. 이 분야에 몸담는 우리

들 대부분은 다운증후군을 가진 사람이든, 뇌성마비를 가진 사람이든, 아니면 중증 지적장애, 사지마비, 자폐 혹은 나처럼 관절굽음증을 갖고 있는 사람이든 누구에게나 삶은 살아갈 가치가 있다고 주장한다.

이것은 진부한 자부심 선언이나 인간 삶의 신성함을 외치는 낭만적 주장이 아니다. 오히려 우리는 장애인들이 사회에 제공할 수 있는 대부분의 것들이, 특정한 신체들과 특정한 행동 방식을 우선시하는 문화 아래에서 가치절하되거나 해로운 것으로 간주되었다는 점을 인식하고 있다.

인간의 동물 지배에 대한 정당화는 거의 항상 인간과 동물이 가진 능력과 특징에 관한 비교에 의존했다. 우리 인간은 언어, 이성, 복합적 감정, 두 개의 다리 그리고 다른 네 손가락과 마주 볼 수 있는 엄지손가락opposable thumbs⁺을 가진 종이다. 동물들은 이런 특징 및 능력을 결여하고 있으며, 따라서 우리의 도덕적 책임 바깥에 존재하는 셈이다. 이는 우리가 그들을 지배하고 이용할 수 있음을 의미한다. 그러나 동물을 어떤 능력을 갖거나 갖지 못했다는 이유로 폄하하는 것은 비장애중심주의적이지 않은가?

이런 논의는 비장애abled 인간 신체뿐 아니라 신경전형적neurotypical 인간 지능이라는 전제에 입각한 것이다. "신경전형"

⁺ 다른 네 손가락과 떨어져 있고, 그 네 손가락 안쪽을 마주할 수 있는 엄지의 특성을 말하고 있다. 이는 영장류의 특징 중 하나로, 이런 특징이 영장류에게 나뭇가지들 사이를 잡고 이동할 수 있도록 해준다.

이라는 말은 자폐와 신경다양성neurodiversity 커뮤니티에서 나온 용어로, 규범화된 인지 능력을 갖고, 종 전형적species typical이라고 간주되는 개인이나 특질을 가리킨다.✛ 자폐증 연구자이자 동물 옹호가인 대니얼 살로먼Daniel Salomon은 이렇게 썼다. "신경전형주의neurotypicalism는 전형적 신경을 가진(자폐증이 아닌) 뇌 구조를 가진 사람들에게 특징적인 인지 과정을 특권화하는 반면, 자폐 성향이 있는 인간이나 비인간 동물들에게 자연스러운 다른 형태의 인지 과정은 최소한 암묵적으로는 열등한 것으로 간주한다."[30]

신경전형주의는 일종의 비장애중심주의로, 이 개념에 대한 인식은 동물을 판단하는 우리의 방식이 얼마나 편견에 치우쳐 있는지 이해하는 데 도움을 준다. 지속적인 동물 착취를 정당화하기 위해 사람들이 가장 흔히 사용하는 주장은 동물에게는 인간이 지닌 여러 인지 능력이 부재하다는 것이다. 종차별주의가 얼마나 비장애중심주의적 논리를 경유해 작동하는지 여실히 드러나는 지점이다. 동물들은 지능이라는 인간적 지표가 결여되어 있다고 간주되어, 직설적으로 말하자면 멍청하다고 여겨

✛ '신경다양성' 논의는 자폐증을 비롯한 여러 가지 신경적 차이를 반드시 치유해야 할 질환으로 보는 대신 민족성, 성적 지향·정체성 등과 마찬가지로 하나의 다양성으로 존중해야 한다고 주장하는 운동이다. 신경다양성 관점을 견지하는 이들은 정상과 비정상에 대한 지배적 규범을 '신경적 다양성'을 존중하지 않는 차별로 인식하며, 그것이 바로 '신경전형인의 특권'이라고 비판한다. 즉 여기서 신경전형이란 신경다양성 스펙트럼에 해당하지 않는 사람들, 즉 비자폐인이나 신경질환이 없는 사람들을 가리키는 말이다.

진다. 동물들에게 여러 가지 역량이 결여되어 있다는 점은 인간의 우월성을 보여주는 증거이자 우리 인간의 이익을 위한 동물 이용을 정당화하는 기제로 언급된다. 장애학 연구자 해럴드 브래스웰Harold Braswell이 설명하듯, "장애를 가진 사람을 소외시키는 비장애 개인able individual이라는 개념은 동물에 대해서도 똑같은 방식으로 작동"한다.[31] 인간은 신의 형상에 따라 만들어졌다는 신앙부터 인간이 진화의 정점이라는 믿음까지, 비장애중심주의는 우리의 인간중심적 세계관을 떠받치고 있다.

비장애중심주의로 인해 사람들은 인간의 능력이 의심의 여지없이 동물의 그것보다 우월하다고 믿게 된다. 그것은 우리 인간의 동작, 사고, 존재 방식이 동물들보다 정교할 뿐 아니라 우리를 [동물보다] 더 가치 있게 만든다는 생각에 불을 지핀다. 열등한 야만 상태에 있는 동물은 별다른 윤리적 고려 없이 이용될 수 있다. 동물을 연상시키는 인간들(유색인종, 여성, 퀴어, 빈민 그리고 장애인 등) 또한 지적으로 모자라고, 가치가 적은 존재로, 때로는 심지어 인간 이하less human의 존재나 비인간non-human으로 간주된다. 실제로 특정한 능력이나 역량들이 인간을 정의할 때 핵심 요소가 되고, 인류와 나머지 동물 세계를 가르는 경계선이 된다. 이런 식으로 비장애중심주의는 동물과의 대비를 통해 우리가 무엇을 그리고 누구를 인간으로 여기는지 구체화한다.

비장애중심주의는 또한 동물의 고통을 영구적으로 지속시키는 가치 및 제도들을 조장한다. 이 나라에 존재하는 다양한 동물 이용 산업들(공장식 축산 농장부터 동물실험까지)은 동물에게는 그 부당함을 드러낼 역량이 없기 때문에 얼마든지 이용해도 괜찮다는 공공연한 믿음에 의존한다. 또한 이 산업들은 그것을 정당화하는 자연에 대한 이데올로기(이를테면 우리의 이익을 위해 동물을 이용하는 것이 자연스럽다는 관념을 영속시키는 것)에도 의존한다. 그러나 자연이나 자연스러움 같은 관념마저 비장애중심주의와 연관된다. 자연이라는 개념이 구축될 때, 건강, 정상, 자립 같은 것들이 진화적 적합성evolutionary fitness이나 생태적 양립성ecological compatibility과 혼동되기 때문이다. 비장애중심주의적 가치들은 동물산업에 핵심적이다. 동물들의 의존, 취약성, 정서적 인식의 부재나 부족한 지적 역량은 동물들의 삶에서 수십억 달러의 이득을 뽑아내는 동물산업 시스템의 근간이 된다. 비장애중심주의로 인해 동물의 고통과 동물에 대한 착취를 영속시키는 규범 및 제도가 유지되는 것이다.

비장애중심주의가 동물과 장애인에게 똑같은 방식으로 영향을 미친다는 뜻은 아니다. 예컨대 동물들도 〔장애인처럼〕 의료화 담론과 중첩되는 방식으로 과학적 발견과 분류의 시스템에 매여 있지만, 동물들은 (적어도 우리 시대와 맥락에서는) 그들의 동물성을 치료하기 위해 의학적 개입이 필요하다는 식으로 병리화되지는 않는다. 그리고 장애인들은 (비록 자주 대상화되기는 하지만) 명백히 고기나 물건으로 가공되지 않는다. 즉 동물과 장애인은 아주 다른 방식으로 소외와 지배를 경험한다. 내가 말하려는 요점은 다음과 같다. 비장애중심주의는 비인간 동물과 장애인의 삶과 경험 모두를 덜 가치 있고 폐기 가능한 것으로 만드는 시스템을 구축하는 데 기여하며, 이는 상이한 방식으로 나타나는 다양한 억압들로 이어진다.

동물윤리를 불구화하기

장애학 연구자와 운동가들은 비장애중심주의에 저항하며 차이에 가치를 부여하고자 하는 동시에 동일함sameness을 인식하고자 한다. 장애인들은 평등과 동일함을 위해 싸웠지만, 우리의 차이와 제약들 역시 가치가 있다고 주장했다. 장애운동가들은 장애인이 장애에도 불구하고 가치가 있다고 주장하지 않는다. 장애가 아우르는 체현embodiment, 인지cognition, 경험experience의 다양성 자체가 가치 있는 것이다. 장애에는 결핍lack과 무능inability의 요소가 있을 수 있지만, 그것은 또한 다르게 알고, 존재하고, 경험하는 방식들을 양성하는 일이기도 하다. 다름otherness에 대한, 그리고 다른 방식으로 행동하고 존재하는 것에 대한 이런 가치 부여는 장애 문화를 동물 정의justice 관련 논의에서 매우 중요한 것으로 만드는 요소 중 하나다. 동물은 우리가 믿고 싶은 것보다 훨씬 더 우리와 닮았으면서도 동시에 극도로 다르기 때문이다. 동물행동학자 마크 베코프는 이렇게 말한다. "종들 사이의 다양성은 그 자체로 포용되고 소중히 여겨져야지, 인간의 지배를 정당화하는 데 이용되어서는 안 된다."[32] 베코프의 생각은 정치적으로 활발한 장애 커뮤니티의 철학과 매우 분명하게 닮아 있다.

동물윤리를 불구화하는 기획은, 비장애중심주의가 어느 정도로 종차별주의에 기여하는지 밝히는 것에 더해, 비장애중심주의가 동물의 권리를 옹호하는 커뮤니티에 어떤 방식으로 스며들어 있는지 검토하는 일도 수반한다. 예컨대 인간의 건강에 초점을 둔 비건 캠페인에서 장애는 항상 공포를 불러일으키는 비유로 사용된다. 그 최악의 사례가 PETA[+]의 "〔혹시 당신의 아이가) 자폐증인가요? Got Autism"라는 캠페인이다. 이는 "우유 마셨나요? Got Milk"라는 낙농산업 광고를 본뜬 것으로, 우유를 마시는 것과 자폐증 사이의 확증되지도 않은 연관성을 시사한다.[33]** 이 캠페인은 비건이라는 의제를 띄우기 위해 대중들이 자폐증에 대해 품고 있는 공포와 오해를 활용했다. PETA는 이런 공격적인 캠페인으로 악명 높고, 동물의 권리를 옹호하는 진영에서도 두루 비판받고 있다. 그러나 그런 전술을 활용하는 이들은 PETA뿐만이 아니다. 로리 프리드먼Rory Freedman과 킴 바누인Kim Barnouin이 쓴 베스트셀러《스키니 비치》가 여기에 딱 들어맞는 예일 것이다. 이 책은 동물을 먹는 것이 사람을 비만으로 만들고, 병들고 게으르고 건강하지 못하게 하거나 매력적이지 않게 만든다고 시사함으로써, 자기 체형을 부끄러워하는 사람들을 비건으로 만들고자 한다.[34]《시스타 비건: 흑인 여성 비건들이 음식, 정체성, 건강과 사회에 대해 말하다》의 저자이자 음식 연구자인 A. 브리즈 하퍼A. Breeze Harper는 인기를 끄는 비건 관련 책들이 무엇이 건강하고 매력적인지, 그리고 윤리적 식사를 하는 사람이 어떻게 보이는지와 관련해 끊임없이 백인 이성애규범적white heteronormative이거나 비장애중심주의적인 표상을 제시한다고 말한다. "오늘날 미국에서 윤리적인 음식 소비자는 지방을 줄

✦ PETA에 관해서는 94쪽을 보라.

✦✦ PETA의 이 캠페인은 자폐의 원인으로 글루텐(밀가루)과 카제인(우유)을 지목하는 견해와 연관된다. 글루텐과 카제인을 소화·해독하지 못해 펩타이드 결손이 발생하고, 그것이 뇌에 영향을 미쳐 자폐 증세를 유발하게 된다는 추정이다.

이고(줄이거나), 날씬한 신체 미학을 유지하는 소비를 할 것으로 기대된다. …… 이런 기대는 윤리적 소비를 둘러싼 인기 저서들에 암암리에 내포되어 있다."[35] 이런 비판이 비건이나 베지테리언들만을 겨냥하는 것은 아니지만—거의 모든 다이어트 및 피트니스에 관한 책들이 비장애 백인 이성애규범주의자를 상정하는 것처럼, 육식을 옹호하는 사람들도 비슷한 전술을 활용한다—그럼에도 공감에 가치를 부여하는 운동에서 이런 전술을 활용한다는 사실은 상당한 불쾌감을 불러일으킨다.

동물 권리 담론에 깔린 비장애중심주의는 동물 옹호가들이 일반적으로 사용하는 시위 구호에서 분명하게 나타난다. 동물 옹호 커뮤니티의 여러 운동가들은 "목소리 없는 자들을 위한 목소리voice for the voiceless"라는 구호에 자주 이입한다. 하지만 부이의 이야기가 보여주었듯, 누가 목소리를 가졌고 가지지 못했는지를 정의하는 일은 결코 단순한 문제가 아니다.

"목소리 없는 자들을 위한 목소리"라는 성서의 구절을 이용하는 게 일반화된 건 1910년 미국 시인 엘라 휠러 윌콕스Ella Wheeler Wilcox의 시가 출간된 이후부터다. 이 구절은 현재 수많은 동물 옹호 문헌과 동물 권리 캠페인에 등장한다.

나는 목소리 없는 자들의 목소리
나를 통해 벙어리는 말할 것이다
이 세계의 먹은 귀가 듣게 될 때까지
말 없는 약자들이 겪은 불의를.

오, 부끄러워하라
가르치기 위해 몸을 낮추지 않는 인간들의 어머니여
사랑스러운 눈망울에는 슬픔이 있네
말할 수 없는 슬픔이.

거리에서, 우리에서, 개집에서
마구간에서, 동물원에서
고문당하는 내 친족들을 가둔 벽이 죄악을 선언하네
힘없는 자들에 대한 힘 있는 자들의 죄악을.

그리고 나는 내 형제를 지키는 자
그리고 나는 그들의 싸움을 싸울 것이다
그리고 짐승과 새를 위해서 말한다
이 세계가 바로잡힐 때까지.[36]

세기가 바뀔 무렵 이 시는 동물의 고통에 대해 인식했다
는 점에서 급진적이었다. 또한 이 시는 일부 동물 옹호 운동에서
나타난 동물성과 장애를 혼동하는 사례로서도 흥미롭다. 이 시
곳곳에는 동물성을 어떤 종류의 장애로 전환하는 구절들이 있
다. 동물은 말을 하지 못하고(목소리가 없고), 힘없고, 약하다. 목
소리를 가진 돕는 쪽과 목소리가 없는 도움받는 쪽의 메워지지
않는 간극 또한 암시한다.

"목소리 없는 자들을 위한 목소리"—자신을 변호하거나
말하지 못하는 자들에게 목소리를 선사하기—라는 시구는 불가

피하게 어떠한 심상을 불러일으킨다. 목소리 없는 자들은 스스로 말하거나 자기를 돌보는 것이 물리적으로 불가능한 자들이라는 심상을 말이다. 이는 무수한 맥락에서 비판되었는데, 그중에서도 인도의 저술가이자 정치운동가인 아룬다티 로이Arundhati Roy의 지적이 통렬하다. "'목소리 없는 자'란 존재하지 않는다. 오직 침묵을 강요받았거나, 듣지 않으려 하기에 들리지 않게 된 자들이 있을 뿐이다."[37]

이런 비판에도 불구하고 윌콕스의 시구와 감성은 지금도 도처에서 발견된다. 장애에 관한 적선의 모델에서 나타나듯, 의존적이고 취약한 자들에게도 행위 능력이나 의견이 있음을 인정하기보다는 자기 자신을 돌볼 수 없는 타자를 돕는다는 생각이 많은 이들에게 더 매력적이므로 일부 운동가들이 여전히 목소리 없는 자들이라는 비유를 사용하는지도 모르겠다. 예컨대 의사결정 과정에 단 한 명의 장애인 대표도 포함하지 않은 장애인 지원 조직이나 자선 단체들이 지금도 무수히 많다. 우리의 욕구와 필요에 대해 우리 스스로의 의견을 표현할 기회를 갖고자 장애인들은 계속해서 싸워왔다. 장애에 대한 권리 운동 행진 때 부르짖는 가장 일반적 구호가 "우리 없이 우리에 대해 아무것도 말하지 마라Nothing about us without us"일 정도다.

이런 배제와 적선의 역사를 고려하면, "목소리 없는 자들을 위한 목소리"가 되고자 하는 동물 옹호가들의 굽어보는 듯한 어조에 좋은 인상을 받지 못하는 장애운동가들의 입장을 이해할 수 있을 것이다. 장애운동가 스티븐 드레이크Steven Drake는 이렇게 썼다. "동물의 권리를 옹호한다는 것은 인간과 동물 사이의 상호관계를 관장하는 일련의 원리들을 정의하고 옹호함으로써 작동하는 대의다. 〔그런데〕 이것을 요구하는 존재는 동물 자신이 아니다. …… 옹호가들이나 운동가들은 동물을 위한 권리 옹호의 조건을 정할 수 있으며, 동물들이 그들에게 이것이 완전히 잘못됐다고 말하거나 자신들이 직접 말하겠다고 나설 수 있음을 걱정할 필요가 없다."[38]

드레이크의 비판은 동물 옹호에 대한 전형적인 비판에 지나지 않는다. 저술가이자 저널리스트인 마이클 폴란Michael Pollan도 비슷한 점을《잡식동물의 딜레마: 네 가지 식사의 자연사》에서 지적한다.[39] 운동가들이 어떻게 동물들이 원하는 것을 알 수 있단 말인가? 동물을 위해 말한다는 것은 그저 시혜적이고 온정주의적인 패러다임을 강화할 뿐이다. 그러나 동물을 이용하거나 착취하는 자들은 동물들에게 훨씬 더 끔찍한 선택, 즉 감금이나 죽음으로 이어지는 선택만을 제시한다는 점에서 드레이크와 폴란의 주장에는 문제가 있다. 실제로 자신들이 이용되는 그 모든 환경에서 동물들은 우리를 벗어나거나 도축당하지 않는 삶을 고를 수 있는 자유나 능력을 갖지 않는다〔못한다〕.

동물들이 우리에게 자신들이 원하는 것을 말하지 못한다고 하는 드레이크와 폴란의 주장도 사실이 아니다. "듣지 않으려 하기에 들리지 않게 된"이라는 로이의 구절이 훨씬 더 적절하다. 동물들은 자신이 무엇을 선호하는지 끊임없이 목소리를 내고 자유를 요구한다. 아파서 소리 지를 때 혹은 뾰족한 막대기, 전기봉, 나이프, 전기충격기를 피해 도망치려 할 때, 그들은 매번 우리에게 의사표현을 하는 것이다. 우리 바깥으로 나가고 싶다고, 가족과 다시 만나고 싶다고 혹은 죽음이 기다리는 슈트 쪽으로 걸어가고 싶지 않다고 말한다. 동물들은 언제나 의사표현을 하며 우리 대다수는 이것을 알고 있다. 만약 우리가 그걸 몰랐다면 공장식 축산 농장이나 도살장이 동물들이 도살당하는 것 외에 다른 선택을 할 수 없도록 설계되는 일도 없었을 것이다. 우리는 고의로 듣지 않는 선택을 하고 있는 게 틀림없다. 랍스터가 물이 끓는 냄비 안에서 냄비 벽을 마구 두드릴 때 혹은 산란기를 지난 암탉이 자신의 다리와 목을 쥔 인간의 손아귀에서 발버둥칠 때 말이다. 물고기가 마지막 몇 분 동안 바르르 떨고 헐떡이며 산소를 구할 때, 우리는 이 행위가 어떤 종류의 표현인지 알려고 들어서는 안 된다. 동물들에게 목소리가 없다는 믿음은 목소리를 갖는다는 것에 대한 비장애중심주의적 전제, 즉 많은 장애인과 비장애인들이 동물들에 대해 갖는 전제와 공모한다.

동물들이 자신의 해방을 구하는 운동에 참여할 수 있고 또 그렇게 했음을 보여주는 놀랄 만한 양의 증거가 있다. 2011년 이본Yvonne이라는 이름의 독일 젖소가 임박한 도살을 예감하고는 농장에서 탈출해 뉴스가 되었다. 《가디언》은 이본이 "동물을 사랑하는 독일 대중에게 자유의 투사"로 불렸다고 전했다. 이본은 자신을 뒤쫓는 사람들을 3개월 이상 "따돌렸다". 여러 독일인의 마음을 훔친 이본을 한 애니멀 생추어리*가 구매했다. 이제 이본은 결코 음식물로 만들어지지 않을 것이다.[40] 이본은 놀라운

✦ 애니멀 생추어리에 관해서는 97쪽의 옮긴이 주를 보라.

재주 덕에 종종 도살장이나 동물원, 실험실 그리고 서커스의 숙명에서 가까스로 벗어난 많은 가축 내지 야생동물 중 하나일 뿐이다.

역사가 제이슨 라이벌Jason Hribal은《동물 행성에 대한 공포: 동물 저항의 숨겨진 역사》에서 동물들이 감금된 곳에서 도망치거나 자신을 학대하는 조련사를 공격한 사례 수십 가지를 소개한다. 이 책에서 그는 이런 사건들을 단순히 운이나 우연 혹은 자연의 예측 불가능성을 보여주는 예로 치부할 수 없음을 보여준다. 많은 사람들이 놀랄지 모르겠지만 그의 책은 매우 설득력 있다. 언론인 제프리 세인트클레어Jeffrey St. Clair가 이 책의 서문에 썼듯, "라이벌이 그려내는 용기 있는 동물들의 영웅적인 면모는 그들의 거친 저항 행위의 원인이 바로 그들이 처한 비참한 조건과 학대에 있음을 보여준다".[41] 학대자를 공격하거나 도망친 횟수를 조사하면서 라이벌은 학대에 저항하는 동물들에 관한 역사적 기록을 생산했다. 이 동물들의 도주 방법은 대부분 매우 비상하다. 이를테면 원숭이나 유인원은 도저히 불가능해 보이는 높은 벽에 올라가고, 큰 수로를 건너기 위해 교량을 만들 뿐 아니라 심지어는 지렛대까지 만들며, 전기충격을 피하기 위해 철조망에 흐르는 전기를 접지시키고, 자물쇠를 따고, 인간 포획자를 속이기 위해 서로 협력하여 정교한 탈출 계획을 성사시켰다.

오랑우탄 푸 만추Fu Manchu의 경우를 보자(이 이름은 1920년대 일련의 소설들에서 유래한 인종주의적이고 오리엔탈리즘적인 이름으로,[42] 그 자체로 한 편의 에세이를 쓸 수 있는 주제다). 1968

년, 인간의 저항〔68혁명〕으로 유명한 그해에 푸 만추는 스스로 해방을 시도하여 대서특필됐다. 푸 만추와 그의 동료들은 그해 내내 몇 번씩이나 오마하의 헨리 도어리 동물원Henry Doorly Zoo을 탈출하여 관리소장 제리 스톤Jerry Stone을 당황케 했다. 문을 잠그지 않아 유인원들이 도망쳤다고 생각한 스톤은 직원들에게 해고해버리겠다고 협박했다. 하지만 유진 린덴Eugene Linden은 《타임》에 실린 자신의 글 〈동물은 생각할 수 있을까〉에서 유인원들의 탈출 과정을 다음과 같이 그리고 있다. "먼저 푸 만추는 환기 통로를 타고 말라버린 못까지 기어 내려갔다. 그리고 그곳의 관리실 문 아랫부분을 완력으로 잡아당긴 뒤 그 틈으로 철사를 넣어 바깥쪽의 걸쇠를 밀어내 문을 열었다."[43] 푸 만추는 어떻게 철사를 써서 잠긴 문을 여는 법을 알아냈을까? 애초에 이 철사는 도대체 어디서 난 걸까? 푸 만추의 입안에서 반짝거리는 것을 발견하는 순간, 스톤은 드디어 그 비밀을 알아냈다. 이 유인원은 철사 조각을 발견하고, 그것을 아랫잇몸과 입술 사이에 딱 들어맞게 만들었다. 푸 만추는 이 작은 철사로 동물원의 잠긴 문을 열었고, 탈출하고 나서도 매번 입속에 그것을 숨기고 있었던 것이다.[44]

일단 해방되고 나면 동물들은 대체로 자신이 갇혔던 우리에서 가능한 한 멀리 도망치려 하거나, 어딘가에 몰래 몸을 숨길 것이다. 이본이 그랬던 것처럼 말이다. 그중 일부는 몇 시간 만에 잡히지만, 다른 일부는 몇 주 혹은 몇 달 후 수 마일이나 떨어진 곳에서 고속도로를 건너거나 누군가의 마당을 가로질러 가는 모습이 목격될 때까지 자유롭게 산다.[45]

원숭이나 유인원은 손가락과 발가락, 사지를 민첩하게 쓰기 때문에 다른 동물들보다 도망치기 쉬울 수 있다. 소나 돼지가 손도 없이 도살당할 운명으로부터 탈출하는 믿기지 않는 경우도 많지만 말이다. 많은 동물들은 탈출하기 위해 자신들을 가두고 있는 사람들을 공격하는데, 라이벌이 반복해서 밝히듯 코끼리, 호랑이, 범고래 등을 불문하고 이때 동물들은 자신을 학대한 조련사나 포획자를 표적으로 삼는다. 수년 동안 서커스 업계에서 일한 코끼리 재닛Janet은 1992년 어느 오후에 일군의 아이들이 등에 올라타자 난동을 부렸다. 라이벌에 따르면 재닛은 그 아이들을 내동댕이쳐서 쉽게 죽일 수도 있었다. 그러나 그녀는 "중간에 잠시 난동을 멈춰 아이들을 대피시킬 틈을 준 뒤, 이후 바로 서커스 직원들을 공격"했다.[46] 재닛의 난동은 불훅bull hook을 몇 번씩이나 벽에 대고 쾅쾅 치면서 끝이 났다. 불훅은 낚싯바늘처럼 끝이 날카로운 거대한 갈고리로 보통 공연을 시킬 때 코끼리를 찌르거나 때리는 용도로 사용한다.

세인트클레어는 이렇게 썼다. "불훅을 가진 잔인한 조련사를 짓밟고, 조롱하는 관객들에게 상처를 입히고, 학대하는 조련사들을 물에 처박은 것은 동물을 소유물로, 이익을 뽑아내는 엔진으로, 착취와 학대의 무심한 대상mindless object으로 다뤄온 낡은 질서에 균열을 낸 것이다." 여기에 나는 재닛이 동물들을 목소리 없는 존재로 보는 낡은 질서에도 균열을 냈다고 덧붙이고 싶다.[47] 동물 옹호가들이 동물들을 목소리 없는 존재처럼 그릴 때, 설령 은유로 쓴 것일 뿐이라고 하더라도 그것은 동물을 "무심한 대상"으로 여기는 자들에게 힘을 실어준다. 결국 동물들을 그들 해방의 적극적인 참여자로, 다시 말해 자신을 표현할 수 있는 주체들(동물 옹호가들도 그렇다는 것을 알고 있다)로 다룰 때 운동가들이 동물들을 더욱더 도울 수 있을 것이다. 저항이란 다양한 형태로 이루어지며, 거기에는 비장애 신체를 가진 인간의 관점에서는 깨닫기 힘든 것들도 있다는 점을 상기하면서 말이다.

이본, 재닛, 푸 만추, 그 밖의 이름 없는 많은 동물들은 동물이 투쟁에 결코 수동적이지 않다는 점을 보여주었다. 심지어 가장 많이 두들겨 맞고 겁에 질린 동물들조차 이따금 지배에 저항하며 적어도 상처를 입고 싶지 않다는 의사를 내비친다. 2009년에 도살을 기다리는 소들의 모습을 보여주는 영상이 바이러스처럼 퍼져나갔다.[48] 아마도 도살장 내부에서 직원이 찍은 것으로 추정되는데, 촬영자나 장소에 관한 상세한 내용은 알려지지 않았다.

이 영상에서 두 마리의 소는 양쪽이 모두 높은 쇠벽으로 만들어진 좁은 통로 앞에 나란히 서 있다. 영상이 진행되면 우리는 그 통로가 두세 마리의 소만이 들어갈 수 있으며, 통로 뒷문은 닫혀 있다는 걸 알게 된다. 뒷문은 새로운 소들이 들어올 때만 다시 열릴 것이다. 영상은 통로 안에 있는 소들을 30초 정도 보여준다. 그리고 한 남자가 등장한다. 소들은 몸을 숙이고 뒷걸음친다. 남자는 첫 번째 소에게 다가가 왼쪽 뒷다리 쪽에 전기막대로 자극을 가하며 소를 앞으로 움직이게 한다. 그렇게 소가 나아가면 터널 앞 견고한 쇠문이 올라가고 소는 계속 나아간다. 이제 영상은 혼자 남은 소를 비춘다. 남은 소는 계속해서 문에

코를 대고 킁킁대며 냄새를 맡다가 무언가에 놀라 겁을 잔뜩 먹는다. 그러고는 필사적으로 뒤쪽으로, 문의 가장 뒤쪽까지 뒷걸음친다. 시간이 흐르면 그 소는 귀를 뒤로 젖히고는 몸을 뒤흔들면서 점점 더 공황 상태에 빠져들고 출구를 찾아 돌아서려는 헛된 노력을 한다. 통로가 너무 좁기에 그 소가 할 수 있는 일이라고는 목을 이리저리 돌리는 것 정도다. 그러다가 그 소는 시청자를 응시한다. 소가 카메라를 정면으로 응시하고 있는 장면에서 우리는 소의 얼굴과 눈을 본다. 고통을 겪고 있는 다른 존재의 시선과 마주하는 순간이다. 결국 그 남자가 다시 등장하고 소는 몸을 웅크린다. 뒤쪽에서 두 번의 전기충격이 가해졌다. 더 이상 어쩔 수 없어 소는 문을 통과해 나아가고 그 후 문이 닫힌다. 이때 카메라가 바닥과 문 사이의 틈을 확대해서 보여주는데, 그 틈새로 소의 발굽을 알아볼 수 있다. 커다란 소음이 들리고, 이내 우리는 소의 다리가 무너지고 몸이 바닥에 떨어지는 것을 본다.

　　나는 이 동물의 행동을 그런 상황에 놓이고 싶지 않다는 욕망과 공포의 표현으로밖에 읽지 못하겠다. 만약 그 소가 무엇을 바라는지 우리에게 말로 전할 수 있다면 그 소는 몸을 돌려 터널 밖으로 나가고 싶다고 할 것이다. 우리는 그 소의 말을 듣지 않기를 선택하고 있는 것이다.

　　비장애중심주의는 동물 옹호 운동에서 더 지독한 방식으로 나타나기도 한다. 동물의 권리를 옹호하는 가장 일반적인 주장 중 하나는 인지 능력에 대한 비장애중심주의적 전제들로 구축되어 있다. 이 전제들은 장애인들을 수사학적으로 도구화하는 것과 짝을 이룬다. 2010년 자폐 성향의 동물운동가 대니얼 살로먼은《비판적 동물 연구를 위한 저널》에 〈극한의 경우에서 연결된 억압까지〉라는 글을 발표해 이 문제에 대한 관심을 이끌어냈다. 이 글에서 살로먼은 동물의 권리를 옹호하는 담론의 신경전형적 편견을 비판했다. 그에 따르면 이 편견은 동물 권리를 주장하는 이론 내부의 비장애중심주의를 영속화할 뿐 아니라 실제로 종차별주의도 강화한다. 일반적으로 사람들은 동물 권리 이론들이 종차별주의에 반대한다고 생각하지만, 동물의 권리를 둘러싼 논의에서 가장 지배적인 주장 중 하나는 이성적 사고를 특권화함으로써 인간을 비인간보다 높은 지위에 놓는 것이다. 살로먼은 이렇게 말한다. "동물윤리의 틀은 비판되어야 한다. 동물윤리의 전형적인 논의틀에 신경전형적 편견이 내재해 있기 때문이다. 이것이 종차별주의를 유지하고 영속화한다."[49]

　　살로먼이 비판하는 주장은 철학에서 극한의 경우를 예시로 하는 논증argument from marginal cases*으로 알려진 것이다. 이 이론은 동물들의 정신적 역량을 특정한 인간들의 역량과 비교함으로써 동물의 권리를 옹호하려고 시도한다. 이런 식의 비교

---

* 극한의 경우를 예시로 하는 논증이란 동물 권리 이론에서 흔히 논의되는 철학으로, 높은 지능이 비인간 동물을 차별하는 적당한 이유가 되지 못한다는 것을 밝힌다. 이 논의는 인간 유아나 치매 환자, 혼수상태에 빠진 사람, 지적장애인 등 이른바 '극한의 경우'로 간주되는 이들이 도덕적 지위를 갖는다면 비인간 동물 또한 같은 지위를 가져야 한다고 주장한다. 지능을 도덕적 지위를 부여하는 기준으로 삼게 되면 동물과 이런 사람들을 변별하는 타당한 차이를 논하는 것이 무의미하기 때문이다. 이 논증에 관해서는 136~138쪽, 또한 이런 논증 방식에 크게 기대는 피터 싱어의 논의에 대한 테일러의 반론에 관해서는 12장 전체를 보라.

는 다양한 집단들을 일부 고정관념으로 환원함으로써 그들 간의 차이점들을 뭉개버리고 이에 대해 아무것도 말하지 않는다는 점에서 인간과 동물 모두에게 문제적이다. 그것은 또한 철학자들이 오랫동안 "도덕적 판단과 직결되어 있다"고 여긴 (이성과 같은) 역량들(서구 도덕철학과 법 이론의 전통에서 누가 "인격체person"인지, 즉 누가 권리의 주체인지 혹은 누가 윤리적 의무와 책임의 주체인지 정하는 데 핵심 역할을 한 역량들)에 대한 특권화를 내포한다.[50]

이런 계통의 주장은 깊은 역사적 뿌리를 갖지만, 1970년대 피터 싱어Peter Singer를 통해 대중화되었고, 지금도 여전히 동물의 권리를 옹호하는 사람들이 사용하는 통상적인 전술로 남아 있다.[51] 이 주장에 따르면 다른 모든 동물들에게는 **없고** 오직 인간만이 **가진** "도덕적으로 중요한 능력"이란 없다. 예컨대 모든 동물이 언어를 갖는 건 아니지만, 그렇다고 모든 인간이 언어를 갖는 것도 아니라는 것이다. 이는 아주 기본적인 수준에서는 특별히 문제가 없는 주장이고, 내가 이 책 전반에 걸쳐 다루는 주장이기도 하다. 이는 우리에게 가치를 부여하는, 모든 인간들이 나눠 가진 특정한 능력 같은 것은 없다고 강조한다는 점에서 비장애중심주의에 대한 반론이라고까지 볼 수도 있다. 그럼에도, 어떤 능력이 도덕적 판단과 직결되어 있는지를 결정하는 바로 그 과정에서 이 주장의 위험성이 명백히 드러난다. (이 주장에 따르면) 도덕적 판단과 직결되어 있는 능력이라 함은 추론 역량, 즉 자기의식self-awareness, 언어, 미래를 상상하는 능력 그리고 죽음을 이해하는 능력 등이다. 이 주장은 이런 능력들이 도덕적 판

동물윤리를 불구화하기

단과 직결되어 있다는 전제를 문제 삼지 않고 당연하게 받아들이는 탓에 이성을 가치의 척도로 옹호한다. 말하자면 누가 도덕적으로 더 가치 있는 존재인지 밝힐 수 있음을 암묵적으로 전제하는 것이다. 더 가치 있는 존재란 바로 도덕적 판단과 직결되어 있는 능력을 가진 이성적인 인간일 것이다. 이런 식의 구별은 여기서 말한 특권을 부여받은 일부 능력을 갖고 있지 않거나 갖고 있지 않을 것으로 가정되는 집단이 과연 도덕적 판단의 고려 대상이 될 수 있는지 여부를 문제 삼도록 한다.

동물의 권리를 옹호하기 위해 이러한 이론을 사용하는 사람들은 도덕적 판단과 직결되어 있는 이런 능력들을 갖지 않은 사람들(지적장애인, 유아, 혼수상태에 있는 사람, 치매 노인 등 이른바 "극한의 경우들")이 항상 존재할 것이라고 말한다. 그들은 만약 우리가 이런 인간들에게도 도덕적 지위를 인정한다면, 이 사람들과 비슷한 능력을 가진 비인간 동물들에게도 도덕적 지위를 부여하지 않을 이유가 없다고 말한다. 많은 사람들은 장애인과 동물 모두 도덕적으로 가치 있고 [따라서] 어떤 보호를 받아야 함을 증명하고자 이 주장을 동원하지만,[52] 사실상 지적장애인, 유아, 혼수상태에 있는 사람, 치매 노인 등을 극한의 경우라는 단일 범주로 묶고, 이들의 능력 결여를 비인간 동물들의 능력과 비교한다(물론 이때 다양한 비인간 동물들도 종종 매우 문제적인 방식으로 한 집단으로 묶여서 다뤄진다). 이렇게 하나로 묶이게 되면, 이 묶인 집단의 가치 자체가 논쟁의 대상이 된다. 이런 움직임은 논쟁에서 거의 항상 배제된 동물들에게는 약간의 이점을 주지만(최소한 고려 대상이 되었다는 점에서), 지적장애인의 입장에서는 그저 위험에 노출될 뿐이다.

일부 철학자들은 이것이 오해라고 반박한다. 그들에 따르면 이 이론은 두 집단이 유사하다고 말하는 게 아니라, 두 집단의 구성원 모두가 도덕적 판단과 직결되어 있는 어떤 유사한 자질을 결여하고 있을지도 모른다는 것이다. 하지만 이 집단들이 무엇을 "결여하는지" 조사하는 과정에서 차이는 언제나 지워진다. 〔이 이론에서〕 무작위로 선택된 두 명의 지적장애인은 분명 서로 다를 것이고, 이는 침팬지, 낙지 그리고 인간 유아가 서로 다른 것과도 같다. 이들 모두가 특정한 자질을 결여한다고 말하는 것은, 그것이 설령 "도덕적 판단과 직결된" 자질이라 하더라도 사실상 우리에게 시사하는 바가 거의 없다. 따라서 이 주장은 항상 "모든 조건이 같다면all things being equal"이라는 구절을 동반한다. 즉 가설에 의존할 수밖에 없는 것인데, 이는 지적장애인, 유아, 혼수상태에 빠진 사람, 치매 노인 그리고 동물들이 모두 명백히 다르기 때문이다. 그런데도 이런 식의 논증을 사용하는 것 자체로 인해 사람들은 이 가설 속 집단들과 실제 집단들을 불가피하게 혼동하게 된다.

살로먼이 시사하듯, 이 주장은 지적장애인을 동물과 대립하게 만드는, 정말로 불행한 효과를 낳는다. 동물들의 지위가 격하된다면 지적장애인의 지위 역시 그렇게 되어야 한다는 것을 함의하기 때문이다. 이들 집단의 모든 구성원들이 확실히 도덕적으로 고려되어야 한다고 결론짓든(많은 이론가들이 이렇게 결론짓는다), 아니면 그중 일부 구성원들이 이성적 인간 존재보다 도덕적으로 덜 고려되어야 한다고 결론짓든(일부 이론가들이 이

동물윤리를 불구화하기

렇게 결론짓는다) 피해는 발생한다. 장애인들의 삶의 가치가 의문에 붙여지기 때문이다. 지난 몇십 년간 겨우 기본적인 권리와 보호를 쟁취한 일군의 사람들에게 이것은 정말로 모욕적이고 끔찍한 도박이 아닐 수 없다.

　　철학자 리시아 칼슨Licia Carlson은 극한의 경우를 예시로 하는 논증과 같은 이론들을 지적장애에 대한 "철학적 착취"라고 강하게 비판하며 매우 중요한 질문을 던졌다. "종차별에 반대하고 비인간 동물의 도덕적 지위를 정의하기 위해 지적장애인의 사례를 굳이 언급해야 하는가? …… 우리는 과연 동물의 이해관계가 '중증 지적장애인'의 이해관계와 충돌한다고 생각해야 하는가?"[53] 살로먼과 칼슨처럼 나 역시 그렇게 할 필요가 없다고 믿는다. 동물과 지적장애인을 비교하는 주장들은 특정한 "도덕적 판단과 직결된" 신경전형적인 인간 능력들에 초점을 맞추는 것이 두 집단 모두에게 해롭다는 더욱 중요한 사실을 놓치고 있다. 모든 종들을 위한 정의를 추구하고자 한다면, 지적장애인을 돌보기 때문에 동물도 돌봐야 한다는 식으로 주장해선 안 된다. 이런 사고 노선은 비장애중심주의적이고 인간중심적이다. 그것은 도덕 가치의 척도로 인간을 중심에 놓는 일이며 암묵적으로 지적장애의 가치를 폄하하고 그 다양성을 무시하는 것이기 때문이다. 오히려 우리는 신경전형적인 인간 역량을 지닌 이들이 그렇지 않은 이들보다 본질적으로 더 가치 있는 존재들이라는 견해를 반박해야 한다.

　　동물 옹호가들이 이런 문제 많은 논증들을 이용한다는 것을 많은 이들이 지적하는데, 이는 소위 동물 권리의 위험성을 드러내기 위해서다. 예를 들어《잡식동물의 딜레마》에서 마이클 폴란은 피터 싱어가 극한의 경우를 예시로 하는 논증을 이용하는 것을 언급하며 종차별주의에 맞서는 것이 "우리를 윤리적 낭떠러지 끝으로 내몰지도 모른다"고 지적한다. 또한 그는 동물의 권리를 주장하는 철학자들의 도덕적 판단도 문제 삼는다.[54] 다행히도 동물윤리에 관한 많은 이론들은 동물해방을 위한 대안적인 주장들을 제시한다. 이 대안적 주장들은 지적장애인에 대한 "철학적 착취"에 가담하는 틀에 의지하지 않으며, 많은 경우 그것에 비판적이고, 이성적인 사고를 특권화하는 전통에도 맞선다. 불행히도 이런 대안적 논의틀은 크게 주목받지 못한 탓에 대중들은 동물윤리라고 하면 계속해서 피터 싱어 같은 학자들 그리고 앞서 말한 일련의 문제 많은 주장들을 먼저 떠올린다.

예를 들어 페미니스트 동물 연구자들은 이성이라는 관념이 역사적으로 남성과 여성, 인간과 동물의 위계적인 이분법을 강화하기 위해 활용된 방식에 맞서왔다. 페미니스트 학자 캐서린 베일리Cathryn Bailey가 〈동물의 등에 올라: 동물윤리에서 이성의 가치화〉에서 말하듯, 이성은 오랫동안 "인간성의 수준을 재는 척도로 간주된" 반면, 몸에서 비롯되는 것은 무엇이든 열등한 것으로 간주되었다(감정이나 정서도 그렇게 여겨졌다). 서구중심적 이성 개념은 어떤 몸들을 백인 남성(나는 여기에 비장애 신체를 가진 이성애자를 덧붙이겠다)보다 더 물리적이고, 더 육체적이며, 더 살덩어리에 가까운 존재로 만드는 인종주의적이고 성별화된 이데올로기를 확립하고 유지하는 데 이바지했다. 베일리는 이렇게 쓴다. "이는 이성의 등장이 여성 및 비백인 남성의 억

동물윤리를 불구화하기

압과 결부되는 것이 결코 우연이 아니며, 오히려 그런 억압 자체가 이성을 일부 정당화했음을 보여준다. 이성이 먼저 생겨나 자신을 드러낸 것이 아니다. 대부분의 철학에서 정의된 이성은 오히려 여성적이거나 신체적이라고 간주된 속성들을 부정하고 파기한 결과로서 생겨난 것이다."[55]

마거릿 프라이스Margaret Price를 비롯한 일부 장애학자들도 이성을 현재진행형인 장애 억압의 요소로 지목한다. 프라이스는 자신의 책《학교에서 미치다: 정신장애에 대한 수사학과 학교생활》에서 이렇게 썼다. "인간은 이성적 동물이라는 아리스토텔레스의 유명한 선언(1253a: 1098a)은 수백 년간 다음과 같은 주장, 즉 미쳤다는 건 인격을 잃었다는 뜻이라는 주장을 생산해왔다."[56]

프라이스는 소위 이성적 인간을 자신이 수사적으로 "장애가 있다"고 부르는 사람들과 대비시킨다. "장애가 있다"는 것은 수사적 차원에서 "(정신적·인지적·지적) 장애가 있는 사람들은 유능하지 않고, 이해 불가능하고, 가치 없고, 온전하지 않다는 것을 전제로 함"을 뜻한다. "우리는 시설에 수용되고, 약을 투여받고, 뇌엽절제술을 받고, 전기충격을 당하고, 집 없이 생존하도록 방치된다. 정상적인 정신을 기준으로 할 때 말이 통하지 않는다는 것은 인격의 상실을 뜻한다."[57]

프라이스의 말은 비인간 동물들에게 중대한 함의를 갖는다. 이성이 결여되어 있다는 이유로 동물들의 인격, 즉 누군가의 이익을 위해 죽임당하지 않을 권리와 공감받을 필요성까지 부인하는 행위들이 사실상 정당화된다. 이성에 큰 강조점을 두는 동물해방론을 비판하는 살로먼, 베일리 그리고 그 밖의 사람들은 이성에 특권을 부여하는 것이 어떻게 동물 억압을 강화하지 않을 수 있는지 질문한다. 베일리는 이렇게 쓴다. "동물윤리에 대한 현대철학의 접근은 때때로 동물을 돕는 것만큼이나 이성을 정의하고 정당화하려는 것처럼 보인다. 이런 식의 정당화는 동물들을 희생함으로써만 가능할 것이다."[58]

베일리가 밝히듯, 문제는 이성 자체에 있는 것이 아니라 이성이 감정, 감각 그리고 인식하고 존재하는 다른 방식들과 분리된 채 더 가치 있는 것으로 격상되는 데 있다. 이성에 대한 이런 정의는 가부장제, 제국주의, 인종주의, 계급주의, 비장애중심주의, 인간중심주의의 역사에서 비롯되며, 이러한 형태의 억압들을 내포하고 있다. 이 문제들은, 비인간 동물이나 현저한 지적 장애인처럼 "이성"이 없거나 없을지도 모르는 이들을 위한 해방을 이론화할 때 특별히 중요하게 새겨야 할 것들이다.

❖❖❖

신경전형적이며 비장애 신체를 지닌 인간의 능력이 어떤 존재의 가치를 재는 척도로 사용될 때, 비인간 동물과 장애인 모두 손해를 본다. 인간들이 인지적 능력을 측정하기 위해 사용해온 특징들은 분명 어떤 종류의 복잡한 인지적 능력을 나타내는 징표지만, 그것들이 지능을, 더더군다나 가치나 의의를 측정하는 유일한 방법일 수는 없다. 게다가 그런 기준들은 인간적 능력으로 식별되는 한에서만 높이 매겨진다는 점에서 인간중심적이

동물윤리를 불구화하기

고, 사람들로 하여금 장애를 가진 사람들의 능력을 무시하도록 한다는 점에서 비장애중심주의적이다.

피터 싱어는《삶과 죽음을 다시 생각하기: 우리 전통 윤리의 붕괴》에서 이렇게 쓴다. "다운증후군 아이를 갖는 것은 정상적인 아이를 갖는 것과는 아주 다른 경험이 된다. 그것은 따뜻하고 다정한 경험일 수 있지만, 우리는 아이의 능력에 대한 기대치를 낮춰야 한다. 우리는 다운증후군 아이가 기타를 치거나, SF 소설을 즐기는 능력을 키우거나, 외국어를 배우거나, 우디 앨런의 최근 영화에 대해 수다를 떨거나, 훌륭한 육상 선수, 야구 선수, 테니스 선수가 되기를 기대할 수 없다."59 다운증후군 아이에게 "우리가 기대할 수 없는" 것들에 대한 그의 단언은 다양한 사람들에게 무엇을 기대할 수 있고 또 기대할 수 없는지를 선언해온 과학, 의학, 철학 전문가들의 오랜 전통의 뒤를 잇는다. 이런 낮은 기대치가 장애를 가진 사람들에게 의미했던 것은 무엇보다도 주로 평생에 걸친 시설 감금과 차별이었다. 전문가들은 우리가 결코 독립적으로 살 수 없고 삶의 질도 낮을 거라고 말했다. 하지만 역사는 그것이 잘못되었음을 계속 보여주었다. 다운증후군이 실제로 무엇이며 그것을 가진 사람에게 무엇을 기대할 수 있고 무엇을 기대할 수 없는지에 대한 정보가 잘못 전달되었기 때문에, 다운증후군을 가진 사람들은 수백 년간 피해를 입었다. 그런 사람들에게는, 놀랍게도 최근까지 시설로 보내지는 것이 유일한 선택지로 여겨졌다. 아무런 자극도 없고 때때로 학대하기까지 하는 시설 환경이야말로 이들에 대한 기대치와 이들의 아이큐를 낮췄으며 기대 수명 또한 단축시켰다. 다운증후군을 가진 아들이 있는 마이클 베루베는 이렇게 썼다. "1920년 대에 흔히 우리는 다운증후군을 가진 사람들은 말하기를 배울 수 없다는 이야기를 들었다. 나는 이 점에 주목한다. 1970년대에 는 그들이 읽기를 배울 수 없다는 이야기가 나왔다. 좋다, 이제 는 이들을 인간 이하로 간주하는 논리로 이들이 우디 앨런 영화 를 이해하지 못한다는 것이 등장한 셈이다. 20년 후 우리는 이런 소리를 듣게 될지도 모른다. '그래요, 그들은 우디 앨런을 이해 하겠네요. 그런데 그의 초기 희극뿐일 것 같아요. 〈인테리어〉가 돌파해낸 지점은 평가하지 못할걸요.' 이쯤 되면 골대가 상당히 임의적인 방식으로 움직이고 있다는 내 느낌을 분명 이해할 수 있을 것이다."[60]

21세기의 많은 이들이 인간 존재의 가치를 지적 능력으로 판단하는 이 방식에 끔찍함을 느낄지도 모르겠다. 그러나 역사 적으로는 물론 오늘날의 미국 사회에도 그런 사례들은 넘쳐난 다. 장애학자이며 다운증후군 아들의 부모이기도 한 레이첼 애 덤스Rachael Adams는 지적장애를 가진 사람들은 보통 공적 공간에 서 반갑지 않은 존재이며, 내처지기 쉬운 존재로 여겨지고, 폭력 과 차별에 쉽게 노출된다며 이렇게 지적한다. "공적인 장소에서 다운증후군을 가진 사람들을 보는 것은 아직도 사람들에게 분 노와 혐오감을 일으킨다."[61]

지적 능력에 기반한 차별의 심각한 사례는 지적장애를 가 진 사람들과 그렇지 않은 사람들이 받게 되는 의료 서비스의 현 격한 차이에서도 나타난다.[62] 세 살배기 아멜리아 리베라Amelia Rivera의 경우를 살펴보자. 담당 의사는 아이의 신장이식을 위한

동물윤리를 불구화하기

가족의 신장 기증을 거부했다. 가족 당사자가 동의했음에도, 그 아이가 "지적으로 지체되었다mentally retarded"는 이유로 거부한 것이다. 아멜리아에게는 신체적·지적 지체를 유발하는 울프-허쉬호른 증후군Wolf-Hirschorn syndrome✦이 있었다.[63] 신장을 이식 받지 않으면 겨우 6개월만 살 수 있는 상태였다. 부모가 이 이야기를 공론화한 후 불붙은 논란 덕에 아멜리아는 어머니의 신장을 이식받을 수 있었고, 2013년 뉴스에 따르면 지금까지 아주 잘 살아가고 있다. 이 사건을 다룬《워싱턴 포스트》에 따르면, 이식 수술 관련 서류에는 많은 경우 "지적 지체"를 표시하는 난이 있다. 의사가 수술을 거부할 수 있는 경우에 대해 명시하기 위함이다.[64] 아멜리아가 신장이식을 받는 데 겪었던 어려움은 예외적인 사례가 아니다. 다운증후군을 비롯해 지적장애를 가진 이들은 자신의 목숨이 달린 의료적 치료를 받을 권리를 위해 수십 년을 싸워야 했다.[65] 이러한 형태의 배제는, 인지 능력을 인간 존재 가치의 지표로 삼는 데서 비롯한 것이라고밖에 볼 수 없다.

리시아 칼슨은 자신의 주저《지적장애의 얼굴》에서 지적장애인들에 대한 가치 폄하가 동물성에 대한 가치 폄하와 뗄 수 없이 얽혀 있다고 폭로한다. 지적 "열등함"은 항상 동물화되고 비인간화되었다. 19세기 지질학자 J. P. 레슬리의 열등한 사람들에 대한 인종주의적 묘사처럼, 이러한 비인간화는 흔히 인종, 장

✦ 안면 기형, 발달 지연, 저신장, 경련, 선천성 심장병 등의 증상을 수반하는 유전질환. 4번 염색체 단완이 부분적으로 결실 또는 전좌되어 일어나는 것으로 알려져 있으나, 확실한 원인은 밝혀지지 않았다.

애, 종 등이 융합된 범주들을 통해 재현된다. 칼슨은 "정신박약 the feeble-minded"이나 "백치"의 "동물적 본질"에 대한 언급이 수백 년에 걸쳐 존재했고, 오늘날의 철학 논의에서도 여전히 나타난다는 것을 밝혔다. 수어를 쓰는 사람들처럼, 지적장애인들은 원숭이 같고 진화적으로 뒤떨어진 존재로 묘사되었다. 지적장애를 가진 이들은 인간 이하로 간주되었고, 늘 그렇듯 비인간적인 시설 환경에 놓였다.

물론 지적 능력에 기반한 차별이 사회가 장애인으로 규정한 사람들만 겪는 것은 아님을 지적하는 것이 중요하다. 장애와 동물성의 이데올로기는 온갖 인구 집단을 지적으로 열등한 존재로 병리화했다. 여성과 유색인종 그리고 비주류 문화나 비주류 계급 출신의 사람들은 장애가 없더라도 무능하다고 간주되어, 언어 능력, 지능, 감정은 물론 신체적 감각 능력조차 부정당하곤 했다. 미국 사회가 특정 종류의 학문적 성공 및 우수성의 기준에 특권을 부여하는 전방위적인 방식들부터 특수교육이 필요하거나 아이큐가 낮다는 꼬리표가 붙은 사람들을 사회에서 내치고 다양한 시설들로 방출하는 불균등한 방식들(이 과정은 상당히 인종화되고 성별화되어 있다)에 이르기까지, 지적 능력과 인지적 역량은 인종, 성별, 계급, 비장애중심주의에 따른 권력 구조가 지탱되는 데 여전히 영향력 있는 역할을 수행한다.

지적장애가 이렇게 쉽게 동물화된 이유는 오랫동안 동물들 자체를 지적으로 뒤떨어진 존재로 간주해온 데 있다. 인류학자 휴 래플스Hugh Raffles에 따르면, 비인간화에는 "두 가지의 엮임이 존재한다. 우선 대상 집단을 특정 동물과 동일시하는 것,

그리고 나서 문제의 비인간을 충분히 부정적인 특질들과 연결시키는 것이다. 이 특질들은 항상 해당 시대와 장소에 특정적이다".[66] 서구 철학 전통에서 동물들은 끊임없이 말하지 못하는 존재, 결핍된 존재, 의미 있는 사고를 할 수 없는 존재로 간주되었다. 우리는 동물이라고 하면 인지적 결핍을 떠올리는 것을 문제 삼아야 한다. 많은 종들이 인간적 지능의 흔적을 보여주며, 동물들의 정신은 단연 (인간적 능력과 쉽게 비교되거나 대비될 수 없을 만큼) 복잡하기 때문이기도 하지만, 어떤 존재의 가치 그리고 그 존재가 받아야 할 보호 여부를 지적 능력을 기준으로 결정해서는 안 되기 때문이기도 하다.

　　인지 능력은 비인간 동물의 가치를 나타내는 지표로 널리 수용되었다. 돼지가 적어도 개만큼은 "지적"이라는 이유로 먹지 않는 사람들도 닭이나 생선은 죄책감 없이 먹는다. 닭이나 생선 같은 동물들에게는 생각이나 감정이 없다고 믿기 때문이다. 아마 거의 모든 사람들이 유별나게 지능적으로 행동한 덕에 인간의 저녁식사가 될 운명에서 피할 수 있었던 동물 영웅담 한두 개쯤은 들어봤을 것이다. 추적자들을 지능적으로 따돌려 죽음을 면할 수 있었던 독일의 젖소 이본⁺을 기억하는가? 같은 해에 뉴스거리가 된 또 다른 젖소는 그만큼 운이 좋지 못했다. 그 젖소는 도망쳤지만 포획자를 피하지 못했고, 어떤 신문이 가볍게 써 내려간 기사에 따르면 "심판의 날이 돌아올" 때까지 기다려야

⁺ 젖소 이본에 관해서는 129~130쪽을 보라.

했다.[67] 이 젖소는 사람들이 사면에 공감할 정도로 충분히 똑똑하지 못했던 것 같다.

비인간 동물들은 수백 년간 잘못된 정보의 희생자였고, 그런 정보 때문에 자신들의 능력을 부정당했다. 동물의 정신에 관한 연구에서, 동물과 우리가 어떤 특징들을 공유하고 있는지 알아내는 작업만이 가장 큰 당위를 갖는 것은 아니다. 동물들은 인간에게 없는 무수한 능력들을 가지고 있기 때문이다. 그럼에도 이러한 작업은 우리가 "인간적"이라고 부르는 특징들 대부분을 다른 종들도 나눠 갖고 있음을 보여준다는 점에서 중요하다. 우리는 공감empathy〔감정 이입〕이나 도구 사용같이 폭넓게 정의된 특성들이 인간에게만 있다고 주장할 수 없다. 설령 우리가 공감하고 도구를 사용하는 방식이 다른 종들과 다르다고 하더라도 말이다.

신경전형적 인간의 기준을 조사해보면, 우리가 인간을 다른 종과 구별해준다고 믿는 많은 능력을 실제로는 다른 많은 종들도 갖고 있다는 놀라운 사실을 발견하게 된다. 1960년 제인 구달Jane Goodall은 야생 침팬지들이 도구를 만들어 사용한다고 보고했다. 이에 대해 인류학자 루이스 리키Louis Leakey는 다음과 같은 유명한 말을 남겼다. "이제 우리는 도구를, 인간을 다시 정의해야 하거나 침팬지를 인간으로 인정해야 한다."[68] 오늘날 도구 사용은 더 많은 동물들에게서 뚜렷이 나타난다. 여기에는 영장류, 돌고래, 문어, 다양한 종류의 새들, 설치류, 어류(예컨대 새조개 껍질을 깨기 위해 돌멩이를 사용하는 종들이 발견되었다)가 포함된다.[69]

동물윤리를 불구화하기

서구 과학은 동물에 대한 사고방식 자체를 근본적으로 바꿔야 한다. 지난 10년간 우리는 까치도 애도라는 것을 하며,[70] 프레리도그도 자신들의 울음소리로 포획자가 어떻게 생겼는지, 그가 총을 가졌는지 묘사할 수 있고,[71] 양들도 수십 가지 얼굴을 기억하며,[72] 개들은 사진을 분류할 수 있음을 알게 되었다.[73] 쥐에서 늑대, 닭에 이르기까지 많은 동물들이 공감 능력의 증거, 즉 몇몇 사람들이 정의의 감각이라고 주장하는 것을 가지고 있다는 증거를 보여준다.[74] 어떤 종들은 특정 문화를 발전시키고 자식들에게 자신이 습득한 정보를 전달한다. 어떤 동물들의 경우 심지어 인간의 우정과 유사한 형태의 깊은 유대를 다른 종의 동물에게까지 보이며, 어떤 종들은 죽음을 애도한다.《야생의 정의: 동물들의 도덕적인 삶》에서 동물행동학자 마크 베코프와 철학자 제시카 피어스Jessica Pierce는 이렇게 쓴다. "나날이 축적되는 새로운 정보는 사람들이 지금까지 생각해온 인간과 동물의 경계들을 허물어버리며, 동물이 생각할 수 있는 것과 생각할 수 없는 것, 할 수 있는 것과 할 수 없는 것, 느낄 수 있는 것과 느낄 수 없는 것에 관한 낡고 편협한 고정관념을 개선할 것을 요구한다."[75] 아리스토텔레스는 동물과 인간의 다른 점 중 하나로 웃음을 언급했지만, 이제 우리는 다른 많은 영장류들뿐 아니라 개나 쥐도 웃는다는 것을 안다(쥐들은 간지럼을 태우면 무척이나 좋아하는 듯하다).[76]

동물들은 생리학적으로 우리와 무척 가깝다. 어류를 생각해보자("어류"는 엄청나게 다양한 종들을 하나로 묶어버린 포괄 범주 중 하나다). 어류는 통증에 대한 생리적 반응이 인간과 유사하며, 연구에 따르면 진통제에도 인간과 같은 반응을 보인다고 한다.[77] 어떤 어류 종들은 장기 기억력을 가졌고, 복잡한 사회적 삶을 영위하며, 각자의 개성personality을 지닌다고 한다.[78] 그러나 편견 탓에 우리는 그들에 대한 최소한의 법적 보호도 지지하지 않는다. 어류는 질식, 자상刺傷, 내장 적출 등으로 높은 스트레스를 받으며 매우 오래 지속되는 고통 속에서 죽음을 맞는다.[79] 작가 조너선 사프란 포어Jonathan Safran Fore는 책 《동물을 먹는다는 것에 대하여》에서 이렇게 지적한다. "편안한 죽음을 맞이하는 물고기는 없다. 단 한 마리도. 당신은 접시 위에 오른 물고기가 고통스러워했는지 궁금해할 필요가 전혀 없다. 〔그런데〕물고기는 정말로 고통스러웠다."[80]

닭 역시 자주 홀대받는 동물 중 하나다. 닭은 우리가 생각하는 것보다 감정적으로 훨씬 복잡하고 사회적인 생물체다. 닭은 가족에 대한 애착이 강하고, 지능을 실험하는 복잡한 과제들을 수행해내며, 산술 능력이 있고, 인과관계를 파악할 줄 알고, 100마리 정도의 얼굴과 모이 쪼는 서열을 기억할 수 있다는 것이 증명되었다.[81] 또한 닭은 미래를 계획하고 문화적 지식을 다음 세대에 전달한다고 한다.[82] 이들은 다양한 위협을 구분하기 위해 최소한 30가지의 다른 발성을 사용하고, 태양이 어느 쪽에 있는지를 파악하여 방향을 잡아 이동할 수 있다.[83]

지능이란 무엇이며, 우리는 그것을 어떻게 측정하는가? 인지적 역량을 도덕적 가치의 척도로 사용할 때 발생하는 문제 중 하나는 능력과 그것을 재기 위해 인간이 시행하는 수많은 실험들이 다른 종에게도 반드시 통용되지는 않는다는 점이다. 고

동물윤리를 불구화하기

전적인 "표식 실험mark test"이나 "거울상 자기인지 실험mirror self-recognition test"을 생각해보자. 이런 실험들은 1970년대에 개발된 이후 자기인지 능력을 측정하기 위한 고전적 방법이 되었다. 거울 실험에서는 피험자(동물이든 인간이든)의 몸 어딘가에 몰래 어떤 표식을 해둔다. 다른 이의 도움 없이는 피험자가 도저히 볼 수 없는 곳이다. 이 실험을 통과하기 위해서는 피험자가 거울에 있는 이미지가 다른 누군가가 아닌 자신이라는 것을 인식해야 한다. 거울 이미지가 자신이라는 것을 인식한다면 피험자는 표식을 제거하려는 행동을 보일 것이다. 지적장애가 없는 24개월 이상의 거의 모든 인간 유아들이 이 실험을 통과하는 반면, 대부분의 동물은 그렇지 못하다는 생각이 최근까지 유지되었다. 그러나 근래의 새로운 연구들은 이 실험의 신뢰성에 근본적으로 회의를 표한다. 2010년 《비교문화심리학》에 발표된 연구에 따르면, 많은 비서구 출신 아이들은 여섯 살이 넘어서도 이 실험을 통과하지 못했다. 연구자들이 말하기를, 실험에 투입된 아이들 대부분이 얼어붙었고, 거울을 응시하며 불편해했다. 이 아이들이 실험을 통과하지 못한 것은 그들에게 자기인지 능력이 없었기 때문이 아니라 문화적·개인적 차이들이 고려되지 않았기 때문이다. 이 실험은 모든 아이들이 거울과 권위 그리고 표식에 같은 방식으로 반응할 것이라고 전제한 나머지, 단순한 당혹감이나 불편함을 포함해 결과에 영향을 미치는 무수한 요인들을 고려하지 못했다. 《사이언티픽 아메리칸》에 실린 기사가 지적하듯, "〔다양한〕 인간 문화 사이의 비교적 작은 차이들이 표식 실험의 결과를 이렇게까지 크게 바꾼다면, 동일한 실험을 동물에게

행하며 연구자들이 알아낸 것(그리고 알아내지 못한 것)이 무엇인지에 대해서도 우리는 생각해봐야 할 것이다".[84]

　　이렇게 복잡한 문제들이 많았음에도, 많은 동물 종들이 이 실험을 통과했다. 침팬지, 보노보, 오랑우탄, 고릴라, 큰돌고래, 범고래, 코끼리, 까치 등이 여기에 포함된다. 하지만 일부 종은 종 특유의 문화 때문에 실험 진행이 훨씬 더 어려웠다. 예를 들어 고릴라는 시선을 마주하는 것을 아주 싫어하고 쉽게 어색해한다. 과학자들이 이 사실을 알아차리기 전까지 고릴라는 거울 실험을 통과하지 못하는 것으로 간주되었다. 많은 경우 고릴라들은 거울을 떠나 숨어버리고, 혼자 있을 때 표식을 없애려고 했다. 골든 트라이앵글 아시아 코끼리 재단the Golden Triangle Asian Elephant Foundation 책임자 조슈아 플로트니크Joshua Plotnik는 이렇게 말한다. "표식 실험을 모든 종에게 적용하기는 어렵습니다. 왜냐하면 그 실험은 동물이 자신의 몸 위에 있는 이상한 것에 관심을 갖는다고 전제하기 때문입니다. 영장류는 그런 것에 관심이 있겠죠. 우리는 외모를 가꾸는 동물groomer이니까요. 하지만 코끼리는 다릅니다. 그들은 거대한 몸을 가지고 있고, 무언가가 몸 위에 있는 것에 익숙합니다. 진흙이나 먼지 같은 것이 묻더라도 없애려 하지 않죠." 이 실험은 또한 시각에 특권을 부여한다. 이를테면 우리는 개가 거울 실험을 통과하지 못한다는 점에 대해 잘 이야기하지 않는데, 그건 시각이 개에게 중요한 감각이 아니라는 걸 알기 때문이다.[85]

　　동물의 인지적 역량을 정확히 측정한다는 건 결코 쉬운 일이 아니다. 이를 감안하면 수많은 종의 동물이 인간이 세운 많

　　　　　동물윤리를 불구화하기

은 기준에 도달했던 것은 엄청나게 놀라운 일이다. 사실 동물들은 과학자와 철학자의 예측을 항상 능가했다. 베루베가 잘 정리하듯, "지난 500년간 새로운 사실을 발견하면서 우리가 '맙소사! 동물은 우리가 생각한 것보다 더 바보였어!'라고 말했던 적은 한 번도 없다. 동물에 관한 모든 발견이 그 반대 방향으로 진행된 것이다".[86] 가장 기초적인 수준에서 이야기해보면, 우리는 랍스터에서 소, 침팬지에 이르기까지 동물들에게 감각이 있고, 따라서 그들이 즐거움과 고통은 물론이고 다른 감각이나 정서도 느낄 수 있다는 걸 알고 있다. 이에 따라 쾌고감수능력sentience은 아주 중요한 윤리적 함의를 띤다. 왜냐하면 느끼고 경험할 수 있다는 것은 철학자가 말하는 "이해관계interests"를 갖는다는 뜻이기 때문이다. 우리는 우리에게 일어나는 일의 어떤 측면에 "마음을 쓴다care". 의자나 휴대폰과 달리 우리는 "상처 입을hurt" 수 있기 때문이다.

서구 과학은 객관적이고자 노력했고 동물을 의인화하지 않으려고 애썼지만, 인간의 척도로 동물을 판단하는 것을 피하지는 못했다. 동물들에게 이것은 진퇴양난이다. 사람들은 동물들이 인간과 닮아 있다는 것을 깨달을 때에만 그들에게 지능이 있다고 간주하지만, 동물들이 정말로 인간과 유사하다는 것을 깨달을 때는 그 증거에 흔히 의인화anthropomorphism라는 혐의를 달아 무시한다. 동물들이 마침내 우리의 시험대를 통과해 우리가 지능이라고 여기는 특질들을 보이면, 그 특질들의 중요성은 축소되고 새로운 시험대가 다시 세워진다.

이런 비교들은 바로 이 지점에서 한계를 분명히 드러낸

다. 신경전형적 인간이 가치 부여한 지능 측정법들은 다른 종류의 동물 지능에 대해서는 아무것도 말해주지 않는다. 인간과 다른 동물 종 사이의 유사점을 찾아내는 일이 매우 가치 있는 일이라 해도, 철학자 로리 그루엔Lori Gruen이 말하듯 "우리가 찾고자 하는 것이 유사성들(우리가 어떻게 동일한 일반 유형 지능general type of intelligence이나 인지적 기술, 동일한 민감성과 취약성, 동일한 정서적 반응들을 공유하는지)일 때, 우리는 타자의 삶에서 명백히 가치 있는 면모들을 모호하게 만들거나 간과하는 경향"이 있다. 유사성에 초점을 맞춤으로써 우리가 여전히 가치관의 위계도hierarchy, 즉 인간 능력이야말로 가치를 부여할 만한 유일한 것이라는 생각을 조장하고 있다는 것이 불행히도 지금의 현실이다. 그루엔은 계속해서 이렇게 말한다. "타자를 끌어안는 관대한 포용이라는 우리의 사유는 결국 배제시킬 또 다른 '타자'를 불가피하게 찾아내는 식으로 이분법을 재구축하게 될 것이다."[87]

세계를 냄새를 통해 지각하거나 몸에서 빛을 발하며 소통하는 생물체는 어떤 방식으로 세계를 경험하고 이해할까? 극도로 복잡한 이주를 하거나 바다 깊숙한 곳에서 살아남기 위해서는 어떤 지능이 필요할까? 우리는 지구상에서 발견된 어마어마하게 다양한 능력을 이제 막 이해하기 시작한 셈이고, 인간의 능력은 그 다양한 능력들 중 작은 일부에 불과하다. 다른 동물들에게는 있지만 우리는 갖지 못한 지능과 역량에 대해 이야기하는 것은 어려운 일이다. 인간중심적인 세계관 탓에 우리로서는 우리 자신의 것 너머에 있는 지능과 경험을 상상하기가 매우 어렵다. 하지만 어렵다고 해서 타자의 삶을 이해하고 그 삶에서 무언

동물윤리를 불구화하기

가 배우려는 시도를 멈춰선 안 된다.

우리에게 그 능력이 잘 알려져 있지 않은 생명체들, 이를 테면 곤충, 식물, 연체동물, 미생물들은 어떨까? 생명체와 비생명체의 네트워크(이 네트워크가 생태계를 구성한다)에 대해서는? 그들도 이해관계를 가질까? 강이나 산에 대해서도 정의를 주장할 수 있을까?

동물 옹호가들은 쾌고감수능력을 이해관계를 가진 존재와 그렇지 않은 존재를 나누는 경계선으로 설정했다. 그런데 그렇게 함으로써 그들은 유기체들이 반드시 도달해야 할 또 다른 골대, 즉 위계(이 유기체들이 자신의 존재와 경험을 가치 있고 귀중하게 만들기 위해 도달해야 하는 위계)와 비장애중심주의적 시험대를 만들어낸 것은 아닐까? 쾌고감수능력이 도덕적 고려를 위한 전제 조건으로 설정되는 방식과 다른 특성·능력·인지적 역량 등이 하나의 척도로서 정립되는 방식 사이에는 어쩌면 불편한 유사성이 있는지도 모른다. 하지만 현시점에서 쾌고감수능력은 개를 주먹으로 때리는 것이 왜 바위나 나무, 휴대폰을 때리는 것보다 더 나쁜지 설명하기 위한 유일한 기준이다. 그렇지만 동시에 쾌고감수능력에 요구되는 일종의 도덕적 고려는 다른 형태의 생명체나 비생명체(설령 그것이 우리와 매우 다른 특성을 갖는다 해도) 역시 윤리적인 대우를 받을 가치가 있다는 점을 부정해서는 안 된다. 고통받는 개별 동물을 윤리적으로 대하는 것은 강의 오염이나 미생물의 다양성 상실에 윤리적으로 대처하는 것과는 완전히 다를 것이다. 정의의 형태는 각양각색의 존재만큼이나 모두 다른 듯하다.

또한 쾌고감수능력으로 인해 제기되는 문제들은 무척이나 복잡할뿐더러, 의식을 구성하는 것이 정확히 무엇인지 우리가 잘 이해하지 못하고 있음을 드러낸다. 비건인 동물 옹호가들조차 쾌고감수능력이 정확히 무엇이며 누가 그 능력을 갖고 있는지에 대해 갑론을박한다. 예컨대 2010년 비건 작가이자 편집자인 크리스토퍼 콕스Christopher Cox는 《슬레이트》에 발표한 〈굴을 생각해보라〉에서 굴 같은 동물을 먹는 것은 도덕적으로 문제가 되지 않는다고 주장했다. 굴은 중추신경계가 없으므로 쾌고감수능력도 없다고 볼 수 있다는 것이 그 이유였다.[88] 이에 대해 베코프는 〈비건은 굴을 먹지 말아야 한다〉라는 제목의 격정적인 반박문을 썼다. 베코프에 따르면, 굴은 동물이고, 인간은 동물에 대해 잘못 추정해왔으므로 굴에 대한 최종 선고는 아직 이루어지지 않았다. 따라서 우리는 굴에게 무죄 추정의 원칙을 적용해야 한다.[89]

실제로 그 어떤 존재에게도 아직 최종 선고가 내려지지 않았을 수 있다. 언제나 새로운 과학적 사실이 발견되어왔고, 지식은 증가하며, 이해는 깊어지기 때문이다. 이를테면 최근에는 식물의 행동에 관한 흥미로운 연구가 이뤄지고 있다. 과학자들은 식물이 감정을 느낀다고 주장하지는 않지만, 식물의 지능에 관심을 가지고 식물이 전기적·화학적 신호를 통해 소통하는 방식들에 대해 연구하고 있다.[90] 어쩌면 중추신경계에 의거한 감각은 의식의 한 종류에 불과한 것일지도 모른다.

미생물, 곤충, 식물 그리고 환경 일반의 도덕적 지위라는 문제는 중요하고 주목할 가치가 있다. 이런 생물들은 각기 고유한 윤리적 난점을 수반한다. 하지만 나는 이런 주제들이 이미 삶을 경험하고 느끼는 존재들에 대해 우리가 가하는 착취·상품화·살해를 변명하기 위해 제기되지는 않을지 우려한다. 특히 그런 주제가 지금 동물들의 삶에서 이윤을 취하고 있는 수십억 달러 규모의 산업들이 초래한 윤리적 문제의 본질을 흐리지는 않을지 더욱 염려하게 된다. 우리는 식물이나 굴이 고통을 느끼거나 정서적 삶을 사는지 절대적으로 확신할 수는 없지만 개, 소, 물고기, 닭이 고통을 느끼고 정서적 삶을 산다는 것은 알고 있다. 또한 우리는 (인간 동물human animal도 포함해) 동물들이 번성하기 위해서는 환경도 번성해야 하며, 이는 동물들을 위한 투쟁이 더 넓게는 환경을 위한 투쟁과 분리될 수 없다는 의미임을 잘 알고 있다.

내게 쾌고감수능력과 도덕적 고려의 문제가 갖는 복잡한 함의는 동물 정의animal justice가 불가능하고 어리석은 것임을 증명하는 일과는 거리가 멀다. 또한 그러한 함의는 모든 존재들을 똑같이 다뤄야 한다거나 인간 예외주의human exceptionalism가 유일하게 현실적인 틀이라는 것을 증명하지도 않는다. 오히려 쾌고감수능력 그리고 지구상의 매우 다양하고 신비한 생명체 및 비생명체들은 다양한 능력과 그 능력에서 비롯된 다양한 종류의 책임들을 섬세하게 이해해야 할 필요성을 분명하게 보여준다.

나는 이 모든 질문들에 끌린다. 이 질문들에 쉬운 답이 없다는 바로 그 이유 때문이다. 이 질문들은 우리가 자연이라고 부르는 것이 인간의 분석과 필요에 맞게 손쉽게 범주화될 수 있다는 생각을 산산조각 낸다. 이 책에서 "동물"에 대해 논할 때, 여기서 말하는 동물이란 무엇이고 누구를 말하는 것이냐는, 언뜻 보기에는 매우 단순한 질문에조차 나는 제대로 대답할 수 없다고 생각한다. 그런 분류학적 기제를 이미 확정되어 변경 불가능한 것으로 제시하기보다는 "동물"에 대한 나의 정의definition를 넓게 열어두고자 한다. 우리의 환경 그리고 우리와 함께 살아가는 존재들은 우리가 수립한 제한적인 정의를 완고하게 거부하기 때문이다.

동물윤리를 불구화하기

6

동물이란 무엇인가?

카프카의 〈학술원에 드리는 보고〉에서는 한 유인원이 고향인 아프리카에서 총에 맞아 (죽지는 않고) 끌려간다. 그는 배에 설치된 우리에 감금되는데, 거기서 인간처럼 행동할수록 우리를 벗어날 가능성이 높아진다는 걸 깨닫는다. 이 이야기 끝에서 빨간 페터(이 유인원에게 포획자가 붙인 이름)는 바지를 입고 자신이 인간의 언어 및 행동을 습득한 것에 대해 어떤 "학술원"에 보고한다. "되풀이하자면, 인간을 모방하는 것이 제게 결코 즐거운 일은 아니었습니다. 제가 그들을 모방한 것은 출구를 찾고자 했기 때문이지 다른 이유는 없었습니다."[91]

    빨간 페터는 전국적인 공연과 강의로 유명 인사가 되었다. 그는 인간처럼 행동하고, 인간의 언어를 쓰고, "평균적인 유럽인"의 지능을 획득했다. 이러한 성취에 대해 빨간 페터는 "우리에서 벗어나도록 도와주었고, 특별한 길, 즉 인간성으로 향하는 길을 마련해주었다"[92]고 묘사했다. 그러나 빨간 페터는 그가 유인원적 본성을 제어할 수는 없을 거라고, 제아무리 배운다고 해도 인간이 되지는 못할 거라고 주장하는 사람들에게 지속적으로 도전받았다.

만약 빨간 페터가 실제로 존재한다면, 그는 인간과 동등하게 대접받을까? 기본적인 인권을 부여받을까? 노예가 되거나 과학실험용으로 팔리진 않을까? 서구의 인종주의와 외국인 혐오의 역사를 고려하면, 빨간 페터가 인간과 평등한 대우를 받지는 못할 것임을 짐작할 수 있다. 적어도 대대적인 투쟁과 논쟁 없이는 그렇다고 할 수 있다. (더 나아가) 페터처럼 인간의 기술을 습득하지 못한 다른 영장류들이 기본적인 자유를 획득할 가능성은 훨씬 낮을 것이다. 페터의 사례가 다른 영장류들 역시 인간의 기술을 습득할 수 있는 잠재력이 있다는 걸 증명한다 해도 말이다. 왜 그럴까?

이 가상의 시나리오에서, 사람들은 페터가 인간적 능력을 "결여"하고 있다고 생각하기 때문에 그에 대해 비장애중심주의적인 편견을 가질 것이다. 비장애중심주의는 페터가 평균적 인간이 할 수 있는 모든 것을 해낼 수 있는 능력을 입증하면 사라질 것이지만, 그는 이후에도 계속해서 수많은 차별을 겪을 것이다. 그것은 어쩌면 그의 외모나 움직이는 모습 때문일 수도, 그의 출신지 때문일 수도, 그의 종 때문일 수도 있다.

종차별주의란 인간이 다른 모든 동물보다 우월하다고 믿는 신념으로, 우리 인간이 동물보다 우위를 점한다며 인간의 동물 이용 및 지배를 용인한다. 종차별주의는 약이나 가정용품 실험에 동물을 사용할 때, 재주를 부리도록 하기 위해 코끼리에게 불훅을 사용할 때, 동물원에서 우리에 갇힌 동물을 바라볼 때, 우리의 이익을 위해 동물의 서식지를 파괴할 때, 우리의 이익을 위해 동물을 도살장에 보내거나 그 몸을 상품화할 때 모습을 드러낸다. 서구 전통에서 종차별주의는 우리의 역사적·종교적·문화적 가치 그리고 인간성에 관한 우리 자신의 서사 안에 침투해 있다. 이뿐만 아니라 종차별주의는 우리 인간들이 서로를 바라보고 대하는 방식에도 중요한 역할을 했다.

빨간 페터 혹은 실제로 존재했던 부이[+]는 복잡하고, 감정이 있고, 지능을 가진 존재였지만, 그럼에도 종차별주의는 그들이 인간이 아니라는 이유로 우리가 그들을 마음대로 이용할 수 있다고 생각하게 만든다. 하지만 인간이란 도대체 무엇인가? 인간은 동물인가? 아니, 그 전에 동물이란 무엇인가?

〈동물로의 전환에 대하여〉라는 짧은 글에서 역사가 해리엇 리트보Harriet Ritvo는 이렇게 썼다. "동물과 관련된 분야에 종사하고 있는 학자들 대부분은 인간도 그 범주에 들어간다고 믿는다."[93] 동물계를 묶는 유전적 유사성을 탐구하는 과학자들, 인간과 다른 종 사이의 정서적·지적·문화적 유사성을 검토하는 인문학자들 사이에서도 인간이 동물이라는 사실은 널리 받아들여진다.

하지만 리트보가 지적하듯, 이러한 이해는 그가 동물이라

[+] 부이에 관해서는 7장 전체를 보라.

〈호모 실베스트리스Homo
Sylvestris〉. 비교해부학자
에드워드 타이슨이 그린
1699년 삽화.
지팡이를 짚고 두 발로 서
있는 유인원을 그린 많은
그림들 중 하나다.

동물윤리를 불구화하기

는 말의 "더 통상적인 용법"이라고 부른 것, 즉 동물을 인간과 동떨어진 하위 존재로 보는 시각과 맞물려 끊임없는 모순을 자아낸다. 인간 자신도 동물이라는 이해는 여러 학문 분과에 걸쳐 보편적으로 구축되었지만, 여기에는 여전히 불편함과 거리 두기가 남아 있다. 인간은 양쪽을 모두 원하는 것 같다. 우리는 동물이지만 동물이 아니다. 우리는 우리 자신의 해부학과 생리학 실험에 다른 종들을 대신 사용할 수 있을 정도로 동물이다. 우리는 진화 계통도를 거슬러 올라감으로써 "인간 본성"에 대해 알아낼 수 있을 만큼 동물이다. 우리는 인간이 일으킨 최악의 행위를 "동물적 본성 때문"이라고 비난할 수 있을 정도로 동물이다. 하지만 우리는 대부분 스스로의 정체성을 동물로 여기고 싶어 하지 않을 정도로 동물이 아니다. 동물이라는 것은 하나의 모욕이다. 어떻게 이런 역설이 생겨났을까? 어떻게 우리는 동물이면서 동시에 동물이 아닐 수 있는가?

영국의 유명한 비교해부학자 에드워드 타이슨Edward Tyson이 1699년에 그린 삽화 〈호모 실베스트리스〉에는 침팬지가 손에 지팡이를 든 채 두 발로 서 있다.[94] 당시 지팡이를 짚고 걷는 유인원을 표상하는 이미지들이 많았는데, 이 역시 그중 하나다. 주름진 얼굴, 옅은 미소, 불안정한 자세를 취하고 있는 유인원은 지팡이에 의지해 한낮의 산책에 나선 노인을 닮았다.

17세기 이후 유럽인들은 아프리카를 탐사했는데(그리고 나중에는 식민지로 만들었다), 이들은 자신들이 마주친 유인원을 어떻게 분류해야 할지 몰라 당혹스러워했다. 자연을 범주화하는 것은 유럽 탐사자들에게 하나의 강박이었다. 그리고 그 분류 체계는 식민주의를 정당화하는 데 지속적으로 사용되었다. 유인원들은 문명이 없는 인간인가? 그들은 존재의 대사슬Great Chain of Being✝의 증거, 즉 인간과 동물 사이의 잃어버린 고리에 해당하는가? 과학사 연구자 론다 쉬빙어Londa Schiebinger가 쓴《자연의 몸: 근대 과학의 형성으로 보는 젠더》에 따르면, 당시 자연학자들은 아프리카인을 기술할 때보다 유인원을 기술할 때 더 호의적이어서, "아프리카인에 대해서는 원숭이의 특질을 강조한 반면, 유인원에 대해서는 인간적 성격을 부각시켰다"고 한다.⁹⁵ 그런 관행들은 (다른 인종화된 인구 집단에 했던 것처럼) 동물과 아프리카 출신 인간 사이의 간극을 좁혀 노예제와 식민주의를 정당화하고 영속화하는 데 기여했다. 직립보행 능력은 자연학자들이 인간의 고유함을 논할 때 초점을 맞춘 특성들 중 하나였다. 당시 학자들에 따르면 유인원들이 인간의 한 유형으로 간주될 수 있기 위해서는 두 발로 직립보행할 수 있어야 했다.

플라톤 이래로 직립 자세는 인간과 동물을 구별하는 특성으로 간주되었다.⁹⁶ 우리의 불멸의 영혼이 천사와 연결되어 있기 때문에 우리 신체는 위쪽으로 하늘을 향하게 되었다고 한다. 6세기에는 〔에스파냐〕 세비야의 〔대주교〕 성 이시도로스Saint Isidore of Seville가 이런 생각을 되풀이했다. "자연은 짐승들을 몸을 구부

✝ 르네상스 시대에 보급된 신플라톤주의의 우주관으로, 우주는 연속되는 무수한 존재들로 채워져 있으며, 모든 존재는 가장 완전한 존재 또는 신에 이르는 위계 질서에 편입되어 있다고 주장한다.

동물윤리를 불구화하기

리고 자신의 배를 신경 쓰도록 만들었지만, 인간은 신을 찾기 위해 똑바로 서서 하늘을 우러러본다."[97] 유인원의 인간화를 모색했던 유럽인들로서는 유인원이 두 발로 서지 못한다는 점을 어떻게든 설명해내야 했다. 그래서 그들은 편의상 설 수 없는 유인원들을 두고 병들었다고 설명하거나, 아예 알맞게 앉아 있는 모습 혹은 지팡이를 짚고 서 있는 모습으로 유인원을 그려냈다.

곧추 선 유인원(비록 보행 보조 수단의 도움을 받기는 하지만)이 더 인간적이라고 간주된다면, 똑바로 서지 않거나 그럴 수 없는 인간은 어떨까? 원숭이 같은 자세는 17세기 이래로 계속해서 유색인, 특히 아프리카 출신의 사람들을 비인간화하는 특징 중 하나로 자리매김했다. 구부정하게 굽은 등, 움츠린 어깨, 달랑거리는 팔은 유색인을 원숭이나 유인원처럼 묘사하는 인종주의적 만화와 삽화에 오랫동안 사용되었는데, 이것 말고도 무수히 많은 역사적 기록물 또한 자세와 문명(인간성까지는 아니더라도) 사이의 관련성을 시사하고 있다. 예를 들어 18세기 영국의 역사가이자 식민지 관료였던 에드워드 롱Edward Long은 자신의 영향력 있는 저서 《자메이카의 역사》에서 식민지의 백인 여성들이 노예 여성들과 지내며 오염되었다고 했다. "품위 없는 몸가짐과 저속한 태도" "품위 없이 달랑거리는" 팔 등 미개하고 단정치 못한 몸짓 언어를 백인 여성들이 노예 여성들에게 배웠다는 것이다.[98] 우리는 또한 영국 남성 리처드 리건Richard Ligon이 1647년 바베이도스를 여행했을 때의 글을 볼 수 있다. 리건은 흑인 여성들의 체형과 자세가 동물 같다고 인종주의적으로 묘사했다. 그는 이렇게 썼다. "그들은 가슴이 배꼽 아래까지 늘어져 있어, 김매기를 하려고 몸을 구부리면 가슴이 거의 바닥에 닿는다. 그래서 멀리서 보면 다리가 여섯 개인 것처럼 보인다."[99] 리건의 묘사는 들판에서 몸을 굽히고 일하는 흑인 노동자들의 이미지를 다산성의 이미지와 결합시키고, 흑인 여성을 젖소 혹은 많은 "다리"를 가진 곤충과 비교해 유사성을 이끌어낸다.

　　　이로부터 두 세기가 지난 후 찰스 다윈Charles Darwin도 자세를 인간의 표지로 사용했다. 다윈이 자세를 특별히 중시했던 것은 이족보행을 하는 것이 인간 종에게 유일할 뿐 아니라 사실상 발달 과정에서 인간이 다른 동물과 구분되는 지점을 나타낸다는 믿음 때문이다. 그는 진화론이 다른 동물뿐 아니라 인간 종의 발전에서도 중요하다는 점을 보이기 위해 "야만인" "백치" 같은 인종주의적이고 비장애중심주의적인 고정관념에 호소했다. 그는 이들 집단을 사실상 살아 있는 화석, 즉 인간의 진화 과정에서 중간 단계를 보여주는 사례들인 것처럼 다뤘다. "백치"가 본질적으로 동물 같은 진화적 유물임을 증명하기 위해 다윈이 제시한 특징들 중 하나는 백치가 네 발로 걷는 경향이 있다는 것이었다.[100]

　　　이족보행에 대해 다윈이 가졌던 관심은 20세기 중반 인류학자들이 화석의 기록에서 초기 인류의 모습을 나타내는 결정적인 증거로 커다란 뇌를 비롯해 높게 평가받는 다른 인간적 특징들 대신 직립 자세를 택했을 때 되살아났다. 이뿐만 아니라 직립 자세는 인간의 도구 사용 및 문화가 발전을 이룩할 수 있도록 했다.[101] 인간의 진화를 상상하는 방식에서 직립 자세가 얼마나 중요한 역할을 차지하는지는 우리에게 친숙한 〈진화의 행진〉

　　　동물윤리를 불구화하기

**F. 클락 하월F. Clark Howell의 책 《초기 인류Early Man》(1965)에
처음 등장한 〈호모 사피엔스에 이르는 길The Road to Homo Sapiens〉이라는 제목의 삽화.**
〈호모 사피엔스에 이르는 길〉이 삽화의 원제이지만,
〈진화의 행진March of Progress〉이라는 별칭으로 더 많이 불린다.

삽화만 보더라도 알 수 있다. 이 삽화는 제작 당시인 1965년부터 진화를 "인간"을 정점에 둔 단선적 과정으로 오도했다. 〈진화의 행진〉은 점차 직립하고 두 발로 보행하는 존재로 변해가는 이들의 모습을 보여주는데, 그 맨 마지막에는 두 발로 직립한 유럽 남성이 있다. 진화의 정점은 단지 인간이 아니라 비장애 신체를 가진 백인 남성인 것이다.

유인원과 혜택받지 못한 인구 집단을 어떻게 범주화할지를 둘러싸고 300년 가까이 지속된 논쟁이 보여주듯, 동물을 어떤 부정적이거나 긍정적인 특징들과 연결 짓는 것은 불가피하게 인종이나 장애 같은 인간 내부의 차이를 가리키는 범주들과 연결된다. 달리 말하면 "동물이란 무엇인가"라는 물음에 대한 답을 구성해온 것은 "인간이란 무엇인가"라는 물음을 둘러싸고 항상 바뀌어온 관념들이며(물론 반대 방향도 성립한다), 이러한 관념들을 구축해온 것은 정치적·문화적·종교적·과학적·경제적 요인들 그리고 뼛속 깊은 편견들이다.

철학자 자크 데리다Jacques Derrida는 〈동물, 그러니까 나인 동물(계속)〉에서 이렇게 쓴다. "동물이란 하나의 말이다. 그것은 인간/남성이 만들어낸 호명이고, 그는 다른 생명체에게 이름을 부여할 권리와 권위를 스스로에게 준 것이다." 많은 동물학animal studies⁺ 연구자들처럼, 데리다 역시 "동물"이라는 말이 게으르고 모욕적인 의미로 쓰인다는 점을 지적한다. 이 저작 전반에 걸쳐 그는 동물이라는 이름이 포괄하는 존재들이, 바로 그 동물이라는 이름으로 인해 다양성을 제거당한다고 주장한다. 그는 동물들에 대한 명명을 조사하기 위해 〈창세기〉를 참조하는데, 이 이야기에서 명명과 지배가 같은 순간에 발생하는 양상을 살핀다. 신은 아담을 자신과 닮게 만들고는 그에게 "바다의 물고기와 나는 것들, 땅 위를 기어 다니는 모든 살아 있는 것들을 복종케 하라"고 명한다. 그러고는 아담에게(이브가 창조되거나 명명되기 전에) 동물들을 명명하도록 한다. 그러므로 〈창세기〉에서 인간/남성은 이미 짐승들과 분리되어 있는데(그리고 여성과도 분리되는데 이 또한 시사하는 바가 많다), 이 분리 과정에서 명명은 그 자체

⁺ 문학이나 철학, 인류학 등의 다양한 학문 분야 혹은 페미니즘 같은 비판적 이론과의 교차적 접근을 통해 동물을 연구하는 새로운 학문 영역. 축산에서 동물의 효율적 이용을 추구하는 농학의 한 분야인 '축산학zootechny'과는 물론, 동물의 행동을 연구하는 생물학의 한 분야인 '동물행동학ethology'과도 구분된다.

로 결정적이다.[102]

동물을 명명하는 일은 "인간/남성"이 계속 해나갈 일이 된다. 동물, 특히 동물 범주를 명명하는 일은 서구 사상에서 계속 진행되었다. 자연에 이름표를 붙이고 그것을 범주화하려는 강박적 충동은 인간, 동물, 진기한 물품, 식물 등을 수집하는 행위에서 나타난다. 고대부터 쭉 경이로움에 대한 기술記述 아래 뭉뚱그려지고, 호기심의 방cabinet of curiosity** 혹은 사이드 쇼side show*** 무대에 전시되었던 것들 또한 그런 수집품들에 포함되었다. 이 경이로운 존재들은 자연에 과연 질서가 있는지라는 물음과, 이와 연관된 또 다른 물음, 즉 이 질서에 어떻게 인간을 위치시킬 것인가라는 물음을 불러일으켰다.

"신기한 생명체들living curiosities"을 전시하는 일은 다양한 규모와 형식으로 여러 역사적 시대에 존재했다. 오늘날 성별, 인종, 장애, 종 등으로 불리는 것을 기준으로 한 차이의 범주들을 강화하거나 불분명하게 만드는 일은 예술 분야에서 흔히 있었다. 중세의 "괴물들", 뿔 달린 아기, 성별 구분이 불분명한 성기, 과도한 체모, 몸이 붙은 쌍둥이부터 괴물 같은 인종들, 식인종, 야만인, 진화의 사라진 고리 그리고 기린, 오리너구리, 침팬지 같은 이국적 동물들에 이르기까지, 인종과 성, 장애, 종이라

** 16~17세기에 유럽인들이 타국(주로 식민지)에서 가져온 희귀한 수집품을 전시하던 방으로, 흔히 '분더캄머Wunderkammer'라고도 불린다. 처음에는 유럽의 물품들만 전시되었으나, 유럽이 다른 대륙을 탐험·약탈하기 시작하면서 각국에서 가져온 이국적이고 진귀한 물품들로 방이 점점 채워지게 되었다.
*** 사이드 쇼에 관해서는 190쪽, 196~197쪽을 보라.

는 범주들은 명명과 전시를 통해 관리되고 확보되었다. 이 "신기한 생명체들"이 인간과 동물이라는 뚜렷하게 구분되는 범주로 나눠진 것은 과학과 철학 담론 그리고 분류학의 도움을 받아 수백 년에 걸쳐 매우 천천히 일어난 일이다.

명명하고 분류하려는 끊임없는 충동을 촉구한 것은 호기심만이 아니다. 오랫동안 서구 사상의 중심으로 간주된 교회는 지식 생산에 대한 권위를 행사했고, 자연에 대한 이해와 자연 안에서의 "인간"의 위치에 대한 특정한 이해를 조장했다. 이를테면 인간은 짐승보다 천사에 더 가깝다는 식이다. 교회 권력은 새로 등장한 자연철학과 과학에 길을 내주게 된다. 그 과정에서 교회는 이 분야들에 흔적을 남겼고, 이 분야들이 발전하는 데 영향을 끼쳤다. 또한 아프리카와 "신세계"를 탐험하고 이후 식민지화한 실천도 자연을 특정한 방식, 그러니까 유럽인들이 특권을 누릴 수 있는 방식으로 질서 짓도록 하는 정치적·경제적 동기를 부여했다. 예를 들어 유럽에는 다른 지역에 사는 기괴한 인종들이나 신체 부위를 감별하는 오랜 전통이 있다. 특히 아프리카와 아시아 국가들에서 기괴한 인종과 태생이 가장 많이 발견된다고 언급되었다. 그런 인종들이나 생리적 특징들이 악마, 괴물, 동물로 분류되어야 하는지 묻는 것이 많은 논쟁들의 주제였다. 수백 년이 지난 후에는 이 "기형의 존재들oddities"을 새로운 곳에서 찾아냈다. 예를 들어 19세기에서 20세기 초까지 사이드 쇼에서는 유럽이나 미국에서 태어난 지적장애인들을 비서구 혈통을 가진 이들로 간주하는 것이 일반적인 관행이었다. 그래서 조지아 출신의 백인 자매 제니 리 스노우Jenny Lee Snow와 엘비라 스노우Elvira Snow는 "유카탄 출신의 자매"로 선전되었고, 뉴저지 출신 흑인 남성 윌리엄 헨리 존슨William Henry Johnson은 먼 정글 어딘가에서 온 "이게 뭐야What-is-it"가 되었다.

성서에서는 인간에게 영혼이 주어졌다고 하는데, 영혼은 종종 이성이라는 관념과 긴밀히 연결되었다. 이성에 대한 강조는 인간이 이성적인 영혼을 소유한다고 말한 아리스토텔레스까지 거슬러 올라갈 수 있다. 하지만 아리스토텔레스는 짐승을 인간과 완전히 분리된 존재로 보지는 않았다. 그는 인간의 영혼이 세 가지 측면을 갖는다고 했다. 그중 이성적인 면은 인간에게만 있는 것이고, 영양적인 면은 식물과 함께 갖는 것이고, 감각적인 면은 동물과 함께 갖는 것이다. 더 나아가 아리스토텔레스는《동물지》에서 인간을 동물이라고 부르며 태생적 네발짐승 범주에 포함시켰는데, 이는 이후 2000년간 논란의 대상이 된다. 참고로 이 책은 유럽 분류법의 토대가 된 문헌이다.[103]

아리스토텔레스의 영향력에도 불구하고 인간은 네발짐승의 범주에 영원히 머물러 있지 않았다(무엇보다 두 다리로 직립한 우리의 자세가 인간만의 고유한 범주의 필요성을 분명히 시사한다는 주장 때문이다). 인간을 정점에 둔 아리스토텔레스의 위계적 분류 체계는 중세에 들어 "자연의 체계systema naturae" 개념이나 "존재의 대사슬Great Chain of Being" 개념으로 발전했다. 아리스토텔레스의 위계도는 위로 갈수록 복잡한 특성들이 많아지는 스펙트럼으로, 맨 꼭대기에는 가장 활기차고 역동적이며 이성적인 인간이 자리하고, 그 아래에는 덜 지적이지만 감각적인 동물이 뒤따른다. 그리고 그 밑에는 살아 있지만 제한된 양의 활력과 운동성을 지닌 식물이 있다. 식물 아래에는 돌과 광물, 즉 아리스토텔레스가 생명력이 결여되어 있으며 따라서 영혼이 없다고 말한 사물들이 자리한다.[104] 이와 대조적으로 (린네의)《자연의 체계》나 자연의 사다리 내지는 자연의 계단에서는 신에서 바위, 광물로 내려가는 위계를 훨씬 더 엄격하게 그린다. 여기서 인간은 천사와 동물 사이에 위치하는데, 천사와는 이성과 지성을 나눠 갖고, 동물과는 몸과 감각을 나눠 갖는다. 이성은 신이 인간을 동물과 구별하기 위해 인간에게 부여한 선물로 간주되었다.

이성에 대한 지속적인 강조는 17세기 데카르트의 저서에서 대표적으로 드러난다고 할 수 있는데(그는 동물이 생각한다거나 의식적 사고를 갖고 있다는 생각을 거부했다), 이러한 사고는 대상화와 비인간화의 역사에 큰 영향을 미쳤다. 하지만 자연학자들이 인간의 고유성(그리고 우월성)의 원천을 찾는 과정에서 발견한 유일한 특징은 이성뿐만이 아니었다. 그들은 이족보행, 가슴, 머리카락, 성기를 포함한 다양한 것들을 고려했다.[105] 특정한 신체 부위의 크기와 모양이든, 아름다움이나 문화의 기준이든, 언어 및 지성 개념이든 상관없이 (인간에게) 고유한 것으로 간주된 특징들은 인간과 동물을 구별하는 데뿐만 아니라 일부 인간들을 동물로 정의하는 데에도 이용되었다.

18세기의 칼 린네Carl Linnaeus는 자신의 책《자연의 체계》에서 새로이 고안해낸 **포유류**Mammalia라는 분류에 인간을 포함시킴으로써 인간을 동물계에 확고히 위치시켰는데, 이는 자연학자들을 분노하게 만들었다. 게다가 그는 인간을 자신이 고안

동물윤리를 불구화하기

한 또 하나의 범주인 **영장류**primates에 넣었는데, 여기에는 유인원, 원숭이, 나무늘보도 포함되어 있었다.[106] 린네의 분류 체계는 오늘날 사용되는 것과 매우 유사하다. 그의 체계는 인간적 차이의 분류를 둘러싼 인종화되고 성별화된 논쟁들을 기저에 깔고 있다. 쉬빙어가 보여주었듯, 포유류라는 용어는 분명 여성적 특징인 젖가슴을 통해 인간을 동물과 연결한 것으로, 여기서 젖가슴은 고도로 인종화된 것이었다(자연학자들은 젖가슴의 크기와 형태가 인종적 위계에 상응하며 이를 정당화한다고 주장했다).[107] 반면 린네의 용어 **호모 사피엔스**는 "지혜로운 인간/남자man of wisdom"를 뜻하는데, 이는 거의 전적으로 백인 남성에 귀속되는 특징인 이성을 통해 인간과 동물을 구별하는 것으로 여겨졌다.[108] 설령 인간이 천사에서 끌어내려져 짐승과 함께하게 되더라도, 인간적 차이를 구성하는 일은 인간의 어떤 측면이 동물과 비슷하고(여성적인 것과 비백인적인 것), 어떤 것이 여전히 확고하게 인간에게 고유하고 인간의 우월함을 보여주는지(백인적인 것과 남성적인 것)를 묘사하는 데 필수였다.

자연의 질서에서 인간의 자리는 19세기 다윈의 사상과 진화론이 대두하며 더욱더 공고해진다. 다윈은 모든 유기적 형태들의 관련성을 드러내며 안정적이라고 여겨졌던 분류 범주들을 뒤흔들었다. 그는 종이란 똑같은 상태에 머물러 있지 않으며, 끊임없이 변한다는 것을 매우 세세하게 증명함으로써 종에 대한 사람들의 사고방식을 크게 바꾸었다. 이런 이론이 함의하는 바는 매우 크다. 다윈은 지금껏 존재한 모든 식물과 동물들이 연결되어 있다고 선언한 것이다.

하지만 종은 불변하지 않는다는 지식, 모든 생명체는 하나의 가족이라는 지식조차 사람들의 뇌리에서 동물과 비인간화된 인간들의 지위를 향상시키기에는 충분치 못했다. 오히려 진화에 대한 물음들과 잃어버린 고리를 찾으려는 (진화론이 자극한) 충동이 소외된 사람들에 대한 차별을 더욱 심화했는데, 이는 다윈 자신의 작업에서도 발견된다. 존재의 대사슬은 다윈과 함께 사라진 것이 아니었다. 마찬가지로 분류학적 진리를 찾으려는 욕망(종들 사이의 뚜렷한 경계를 찾기 위해 유전학에 주목하는 것을 생각해보라), 이성에 대한 숭배, 존재들 사이의 위계를 만들어내려는 충동, 직립 이족보행에 대한 집착 등도 사라지지 않았다.

어린아이였을 때도 10대였을 때도 나는 원숭이처럼 걷는다거나, 서 있을 때 원숭이 같아 보인다는 말을 수도 없이 들었다. 어른이 되고 나서는 그런 말을 듣지 않았지만, 대신 휠체어에 앉거나 걷지 못하는 것이 충만한 삶의 종말이라고 암시하는 온갖 종류의 기술, 광고, 영화 줄거리 등과 맞닥뜨린다. 재활을 통해서든 기술을 통해서든 직립 이족보행을 하는 것이야말로 불멸하는 "이성의 영혼"이 저 낮은 짐승 무리와 함께 땅을 기어다니는 대신 하늘을 향해 날아오를 수 있는 유일한 길인 것처럼 보인다.

이 직립 서사를 거부하면 어떤 일이 일어날까? 1990년대에 장애운동가 안나 스토눔Anna Stonum은 〈진화의 행진〉을 변형했다. 맨 마지막에 서 있는 남성의 형상을 스토눔이 직접 국제장애인 접근성 표지International Symbol of Access〔이하 ISA〕에 등장하는, 즉 주차장의 장애인 주차 표시에서 흔히 볼 수 있는 로고로

**장애운동가 안나 스토놈이
〈진화의 행진〉을 변형해 만든
이미지.**
마지막의 서 있는 남성을 국제
장애인 접근성 표지(ISA)에
등장하는 로고로 바꿨다.
스토놈은 이 이미지를
"적응하든지 죽든지"라고 불렀다.

동물이란 무엇인가? 175

바꾼 것이다. 스토눔은 이 이미지를 "적응하든지 죽든지ADAPT OR PERISH"라고 불렀다. 이 변형된 이미지는 "적응"이라는 단어의 의미를 바꿨다. 적합성fitness과 부적합성unfitness이라는 진화론적 개념("적자생존" 같은 표현에 녹아 있는 개념)에서 벗어나, 차이에 적응한다는 것에 대한 불구적인 이해로 나아간 것이다. 게다가 이 문구는 억압받는 사람들이 정치 투쟁에 나서는 것과 커뮤니티의 중요성을 유희적으로 강조함으로써, 스토눔 자신이 일원으로 있던 운동가 단체 ADAPT♣를 상기시킨다.[109]

스토눔의 이미지가 인간을 기술로 대체함으로써 진화에 대한 사이보그적 환상을 찬양하는 것으로 보일 수도 있을 것이다. 하지만 휠체어 로고는 휠체어에 탄 사람을 나타내는 것이지 휠체어를 나타내는 것은 아니다.[110] 이 이미지는 서구중심적으로 보일 수도 있다. 보편적인 것으로 묘사되고 국제적으로 사용되지만, 사실 ISA라는 상징은 서구가 상상하는 장애의 이미지를 전경화한다. 휠체어는 보편적으로 사용되는 것이 아니며 모든 휠체어가 똑같이 생긴 것은 더더욱 아니다.[111] 하지만 스토눔이 변형한 이미지는 서구의 진화 개념에 문제를 제기하는 데는 확실히 성공적이었다. 진화의 정점으로 제시되던 이족보행하는 유럽인 남성을 몰아내고, 그 남성을 장애라는 상징으로, 즉 오랜 시간 동안 퇴화와 취약성의 징표이자 진화의 정반대 쌍으로 여겨진 차이의 범주로 대체함으로써 말이다. 게다가 스토눔은 (기

♣ ADAPT에 관해서는 47~48쪽을 보라.

동물윤리를 불구화하기

존 이미지에 있던) 네 발로 기는 원숭이와 대비되는 두 발로 걷는 작은 원숭이를 넣어 자신의 이미지를 창조해냄으로써, 진화에 대한 안이하거나 단선적인 관념에 문제를 제기했다.

그러나 이러한 전복적인 변형에도 불구하고, 스토눔의 그림은 인간중심적이며, 결코 동물을 복원하지는 않는다. 마지막 형상은 분명 인간이다. 인간은 직립할 수는 없지만 유인원 같은 자세에서는 벗어났다.

만약 마지막 형상이 동물이었다면 어떻게 됐을까? 구부정한 자세로 휠체어에 앉아 있다면? 인간과 동물의 구분이 흐려졌다면? 인간과 유인원의 경계를 흐리는 것이 꼭 위험한 일일까? 인간과 동물 모두를 해방하는 길이 있을까?

이런 질문들에 대한 답은 시간과 문화, 정체성에 따라 달라질 것이다. 서구에서 신체장애를 가진 우리 같은 사람들이 "유인원 같은 자세"이거나 이족보행을 할 수 없어 대면하는 억압은 에드워드 롱이나 리처드 리건의 시대에 동물처럼 묘사되거나 동물에 비교된 여성들이 대면했던 억압 혹은 다윈이 백치라는 꼬리표를 붙인 지적장애인들이 대면했던 억압과는 전적으로 다를 것이다. 하지만 지금껏 보았듯 이 비교들은 하나의 계보(연결된 역사)를 공유하며, 이 계보는 정체성과 종을 뛰어넘어 새로운 연대의 공간을 열 것이다. 위계적 분류와 그런 분류가 정당화한 억압적인 역사에 저항하는 연대 말이다.

인간 또한 동물임을 인정한다면 어떻게 될까? 인간을 동물과 구분하고, 인간을 동물보다 우월한 존재로 제시하는 종차별주의와 위계적 분류라는 유산이 인간을 향한 극심한 편견을 일부 만들어냈음을 상기한다면 어떨까? 우리가 가진 차이의 범주들 및 〔위계〕질서를 향한 우리의 끝없는 욕망과 이토록 오랫동안 뒤얽혀온 이 다양한 피조물들에게 관심을 기울인다면, 그때는 우리 모두를 위한 더 정확한 이름을 찾아낼 수 있을지도 모른다.

7

침팬지는 기억하고 있었다

부이는 LEMSIP＊의 우리에서 13년간 혼자 살았다.

　　로저 파우츠는 부이를 결코 잊지 않았지만, 자신의 옛 학생이자 친구인 부이에게 아무것도 해주지 못했다. 이런 무력한 상황은 1995년 ABC 방송국 PD가 LEMSIP의 침팬지들을 〈20/20〉의 1회분으로 다루기 위해 파우츠에게 연락했을 때 바뀌었다. 파우츠는 그것이 부이를 자유롭게 만드는 잠재적 기회가 될 수도 있다는 생각에 그의 제안을 수락했다. 하지만 혹시라도 이런 결정이 어떤 변화도 만들어내지 못했을 때 자신과 부이가 받을 심리적 충격에 대해 심각하게 고민하지 않았던 것은 아니다. 파우츠는 부이와 재회하던 장면을 자신의 책《가장 가까운

＊LEMSIP에 관해서는 107~109쪽을 보라.

친족》에서 이렇게 회상했다.

나는 조금 망설이다가 몸을 굽히며 방에 들어갔다. 상냥한 침팬지 인사를 건네며 부이의 우리에 다가섰다. 그러자 부이의 얼굴 전체에 웃음이 번졌다. 역시, 부이는 나를 기억하고 있었던 것이다.

"안녕 부이." 나는 수어를 했다. "날 기억해?"

"부이, 부이, 나 부이야." 부이는 수어로 답했고, 누군가가 자신을 실제로 알아본 것에 무척 기뻐했다. 부이는 손가락을 머리 한가운데로 내려 그으며 자신의 이름을 썼다. 그건 1970년에 내가 부이에게 알려준 수어였다. 미국 국립보건원의 연구자들이 어린 부이의 뇌를 둘로 절단한 지 3년이 지난 해였다.

"그래, 넌 부이, 넌 부이야." 나는 수어로 답했다. "먹을 걸 줘, 로저." 부이가 청했다.

부이는 내가 자기를 위해 항상 건포도를 가지고 다녔던 것을 기억했을 뿐 아니라, 26년 전 부이가 나를 위해 만들어낸 별명(로즈)을 사용하기까지 했다. …… 내 오랜 별명을 부이가 수어로 부르는 것을 보고 나는 당황했다. 나는 잊었지만 부이는 잊지 않았던 것이다. 부이는 예전의 좋은 날들을 나보다 더 잘 기억하고 있었다.

나는 부이에게 몇 개의 건포도를 주었고, 우리는 떨어져 지낸 세월이 무색하게 금세 다시 가까워졌다. 오랜 친구 사이가 으레 그렇듯 말이다. 부이는 철창 안에서 손을 내

동물윤리를 불구화하기

밀었고 내 팔을 어루만졌다. 부이는 다시 행복해했다. 부이는 와쇼와 내가 10여 년 전 어느 가을날에 레먼 박사 연구소의 침팬지 섬에 처음 발을 내디뎠을 때와 똑같이 다정했다. ……

나는 생각했다. 지금의 부이를 보자. 13년을 지옥에서 지냈는데도 나를 용서해주었고 여전히 순수하다. 부이는 아직도 나를 사랑해준다. 인간이 자신에게 저지른 그 모든 짓에도 불구하고 말이다. 이처럼 너그러운 마음을 가진 사람들이 얼마나 될까? ……

LEMSIP을 떠나면서 얀 무어-얀코프스키Jan Moor-Jankowski 박사와 힘차게 악수를 나눴다. 마치 방금 사업을 계약한 동업자라도 되는 듯 말이다. 부끄러움이 밀려왔다. 나는 부이의 간염에 대해서도, 무어-얀코프스키와 나 자신의 전문성에 대해서도, 그리고 우리의 품위가 이 모든 고통들로부터 자유로운 것이 아님에 대해서도 부끄러움을 느꼈다.[112]

대중들의 격렬한 반응 덕에 부이와 여덟 마리의 침팬지들은 〈20/20〉의 해당 에피소드가 방송에 나간 지 5개월 후 야생동물 중간 기착지Wildlife Waystation로 불리는 비영리 애니멀 생추어리로 옮겨졌다.

부이의 이야기를 알게 된 많은 이들처럼 나는 부이의 끔찍한 상황뿐 아니라 그 다정함, 용서하는 힘, "아름다운 옛 시절"을 기억하는 능력에 놀랐다. 하지만 오랫동안 부이의 이야기를 생각하면서 빨간 페터를 떠올리지 않을 수 없었다. 부이가 우리에서 벗어나기 위해 꼭 필요한 일을 했을 가능성 말이다. 오랜 친구이자 자신이 만난 인간들 중 가장 친절한 인간이었을 파우츠를 만났을 때 부이가 보인 환희를 의심하는 것은 아니다. 오히려 나는 우리가 그 만남에서 부이가 느꼈을 수 있었을 어떤 것과 시도하려 했을 어떤 것의 가능성을 더 확장했다면 어땠을까 하고 생각해보았다. 부이는 사람들에게 감동을 줄 수 있을 정도로 충분히 똑똑하게 행동했고, 공감을 불러일으킬 정도로 충분히 감정이 있지만, 전혀 위협적이지 않은 존재로 여전히 "꾸밈없고" "너그러운" "다정한 아이"였다. 인간을 모방하는 게 부이에게 기쁜 일이 아니었다면 어떨까? 그가 그렇게 한 이유가 탈출을 위해서였을 뿐이라면?

파우츠 역시 가장 큰 연민을 불러일으킬 만할 방식으로, 즉 부이를 거의 아이와 같은 모습으로 보여줌으로써 그가 풀려나는 데 필요한 일을 정확히 수행했을 수 있다. 부이와 파우츠 모두 탈출구가 필요했다. 즉 부이는 우리에서 나가야 했고, 파우츠는 자신의 양심을 짓누른 과학 학제의 한계에서 벗어나고자 했다. 어떤 전술을 썼든, 그들 모두 결과적으로 숙명에서 벗어났다. 《가장 가까운 친족》에서 파우츠는 자신이 과학자의 가장 중요한 규칙을 어겼다고 썼다. "연구 대상을 사랑하지 마라."[113] 나는 더 많은 사람들이 계속 그 규칙을 깨뜨려주길 바란다.

동물윤리를 불구화하기

3부

나는 동물이다

8

원숭이처럼 걷는 아이

"야, 넌 원숭이처럼 걷는구나!" 한 무리의 아이들과 앉아 있던 여자아이가 소리친다. 그들은 무대에 오른 프릭[+]에게 하듯이 나를

[+] 맥락에 따라 'freak'을 다르게 옮겼다. 'freak'의 사전적 의미는 '기형' '괴짜' '괴물'로, 이 책과 같이 '장애가 있는 몸·정신'을 환기하는 맥락에서는 흔히 '기형'으로 번역되지만, 이 경우 'freak'의 복합적인 맥락, 즉 "차별과 억압과 멸시의 역사와 자긍심의 용어로 재전유되는 역사를 모두 담고 있는" 용어로서 'freak'의 함의('freak'의 이런 함의에 대해서는 일라이 클레어, 《망명과 자긍심: 교차하는 퀴어 장애 정치학》, 전혜은·제이 옮김, 현실문화연구, 2020의 〈옮긴이 후기〉 303~304쪽을 참조했다)를 제대로 포착할 수 없다고 판단했다. 특히 테일러가 뒤에서 지적하듯(204~205쪽), 프릭 쇼와 사이드 쇼에 등장하는 공연가들은 자신이 지닌 '기형'의 신체와 그런 신체로 인해 끊임없이 '동물'과 비교되어온 스스로의 내력을 하나의 유산으로 긍정한다. 따라서 이들 공연가를 지칭할 때는 그런 긍정의 함의를 살리고자 'freak'을 '프릭'으로 음역했으며, 그 외에 이른바 '장애가 있는 몸·정신'을 지칭하는 것으로 판단되는 경우에는 '기형'으로 옮겼다(단, '비건'을 경멸적으로 지칭하는 'vegan freak'은 '비건 괴짜'로 옮겼다).

손가락으로 가리키며 낄낄거린다. 나는 휠체어에서 벤치까지 짧은 걸음을 이어가며 친구들 사이에 앉는다. 그들에게 내가 창피해한다는 걸 들키지 않으려고 무지 애쓰는 중이다.

나는 조지아주 애선스의 한 공립학교 유치원에 다니고 있다. 내게도 친구들이 있지만, 움직이는 방식, 특히 걷는 모습 때문에 나는 항상 놀림을 당한다. 아이들은 내가 원숭이처럼 걷는다고 했다. 때로는 그냥 사실이 그렇다는 듯 그렇게 말하고, 때로는 나를 화나게 만들려고 그렇게 말한다.

지금은 휴식 시간. 나는 한 친구와 놀이터에 있다. 내 전동휠체어는 밝은 빨간색이고 진흙에서도 빨리 움직인다.

"이리 와볼래?" 아이들 몇몇이 우리를 부른다. 우리는 그들에게 다가간다.

"보라구! 요새를 만들었어." 무리 중 한 아이가 말한다.

"이건 클럽이야." 또 다른 아이가 선포한다.

나는 친구와 함께 그것을 본다. 클럽은 여기저기 나뭇가지를 덧붙여 만든, 정글짐의 일부처럼 보인다.

"끝내주는데!" 우리는 열광한다.

대장으로 보이는 여자아이가 내 친구에게 들어가보라는 몸짓을 한다. 친구는 흥분한 채 클럽 안으로 들어간다.

나도 휠체어를 세워둔 뒤 몇 걸음 걸었다.

"맙소사, 넌, 안 돼—" 대장인 여자아이가 말했다. "이 클럽엔 걸을 수 있는 사람만 들어올 수 있어. 미안해, 서니."

나는 걸음을 멈춘다. "왜?"

"그냥 규칙이야."

나는 동물이다

"근데 나 걸을 수 있는데."

그녀는 슬픈 눈으로 날 바라본다. 마치 자신도 이 문제에 대해서는 어떻게 할 수 없다는 듯.

"서니, 넌 충분히 잘 걷지 못해. 이건 규칙이야."

나는 원숭이 걸음으로 다시 휠체어로 돌아간다. 친구들은 정글짐 안에서 놀고 있다.

"이건 어리석은 규칙이야," 나는 마음속으로 그렇게 생각한다.

9

동물 모욕

나는 살아오면서 많은 동물들과 비교되었다. 원숭이처럼 걷는 다고, 개처럼 먹는다고, 가재 같은 손을 가졌다고, 그리고 전체 적으로 닭이나 펭귄을 닮았다는 말도 들었다. 심술궂은 마음에 서 그렇게 말하는 사람도 있었고, 농담 삼아 그렇게 말하는 사람 도 있었다. 유치원 친구들이 나를 가리켜 원숭이처럼 걷는다고 했을 때 당시 나는 그들이 내 기분을 상하게 하려고 그랬다는 것 을 알고 있었다. 그들은 실제로 그랬다. 하지만 내가 왜 그것 때 문에 기분이 **상해야** 하는지 정확히 알 수 없었다. 따지고 보면 원 숭이는 내가 가장 좋아하는 동물이었기 때문이다. 나는 원숭이 장난감을 수십 개나 가지고 있었다. 부모님이 말하기를, 나는 걸 음마 시절 거대한 킹콩을 보러 동네 미니 골프장에 가는 걸 무척 좋아했다고 한다. 하지만 나는 다른 아이들이 나를 원숭이와 비 교했을 때 그것이 내게 잘 보이려고 한 말이 아니라는 걸 알고 있

나는 동물이다

었다. 그것은 모욕이었다. 나는 그들이 내가 휠체어 없이 똑바로 설 수 없음을 지적한다는 걸 알고 있었다. 정상 인간처럼 설 수 없는 것 말이다. 동물과 닮았다는 말을 듣는다는 것. 나는 이것이 나를 다른 사람들에게서 분리시킨다는 걸 알고 있었다.

사실 그들 말이 맞았다. 걸을 때 내 모습은 정말로 원숭이 같다. 혹은 유인원, 어쩌면 침팬지와 닮았을 것이다. 나의 선 자세는 〈진화의 행진〉 그림의 두 번째나 세 번째 형상에 가장 가깝고, 마지막 형상이 아님은 확실하다. 이 유사성은 손이나 도구를 사용하지 않을 때 나의 먹는 모습이 개를 닮았다는 말처럼 단순한 사실에 불과하다. 이런 비교들은 그 자체로 부정적이지는 않은 사실, 더 정확히 말하자면 꼭 부정적일 필요는 없는 그런 사실일 뿐이다.

언젠가 장애 커뮤니티에서 사람들에게 지금까지 장애 때문에 동물과 비교된 적이 있느냐고 물어보았다. 그때 많은 답변들이 날아왔다. 마치 개구리의 다리, 펭귄의 뒤뚱거림, 바다표범의 팔다리와 원숭이의 팔에 관한 동물 우화 속으로 들어간 느낌이었다. 하지만 얼굴을 찌푸리며 부정적으로 내뱉는 탄식들로 미루어보건대 이런 비교들 대부분이 기분 좋게 떠올리는 것들이 아니라는 건 확실하다. 한 친구는 어릴 적 엄마가 자기에게 낙타처럼 걷는다고 했다고 내게 알려주었다. "손과 다리를 바닥에 대고 걷는 나를 보고 엄마가 그렇게 불렀어. 엉덩이는 낙타의 육봉처럼 공중으로 내밀고 말이야. 전혀 신경 쓰이지 않았어. 나에겐 낙타 프라이드camel pride가 있다고 말하곤 했으니까." 그녀는 이렇게 말을 이어갔다. "그렇지만 새아빠에게 내 팔이 원숭이 같다는 말을 듣는 건 싫었어."

장애인을 동물과 비교하고 동물처럼 다룬 역사적 사례 중 19~20세기 초반 미국과 유럽의 사이드 쇼처럼 염치없고 뻔뻔하고 노골적인 예는 어디에도 없을 것이다. 사이드 쇼는 초기의 궁정 기형쇼를 대중화한 것으로, 당대의 식민주의적이고 과학적인 드라마들을 상연했다. 펭귄 걸 미뇽Mignon the Penguin Girl, 개의 얼굴을 가진 소년 조조Jo-Jo the Dog-Faced Boy, 이게 뭐야?What-is-it, 〔진화의〕잃어버린 고리the Missing Link, 유인원 소녀 크라오Krao, the Ape Girl 등. 사이드 쇼라는 스펙터클에서는 동물성이 중심을 차지하는데, 여기서 가장 모욕적인 동물 비교는 유색인과 지적장애인의 몫이었다. 사이드 쇼에서 동물성은 연출 기법과 스펙터클을 통해 통상적인 범주나 구분을 위반함으로써 상상력에 불을 지폈지만, 다른 한편으로는 과학적 인종주의, 제국주의적 팽창, 식민지화 그리고 장애에 대한 공포를 정당화하기도 했다.

"세계에서 가장 못생긴 여성"이라는 이름으로 홍보된 줄리아 파스트라나Julia Pastrana의 이야기는 소비되기 위한 스펙터클과 유사과학적인 "교육용" 전시의 결합이 어떻게 유색인종 착취와 동물화를 통한 이상 신체deviant bodies의 의료화를 영구적으로 지속시키는 데 기여하는지를 보여주는 가장 끔찍한 사례 중 하나다. 멕시코 토착민 여성 파스트라나는 1834년 얼굴과 몸에 많은 털을 지니고 태어났다. 장애학 연구자 로즈메리 갈런드-톰슨Rosemarie Garland-Thomson에 따르면, 파스트라나는 "'곰과 오랑우탄에 가까운' 특징들을 가졌다는 이유로 '준-인간semi-human'으로서" 전시되었다고 한다. 그녀는 자신을 "흉측하고" "결함 있

고”“예외적이고”“잡종적”이라고 묘사한 의사, 인류학자, 과학
자들에게 분석되었고, “개코원숭이 여인”“유인원 여인”“곰 여
인” 같은 전시용 이름을 부여받았다. 과학자들과 흥행사들 모
두 그녀가 인간인지 유인원인지, 그리고 아프리카계인지(당시
인종주의적 과학은 인간과 유인원 사이의 “잃어버린 고리”가 아프
리카에서 발견될 거라고 상상했다) 추측을 쏟아냈다. 그녀의 “여
성스러운 모습”, 즉 날씬한 허리, 연약한 다리, “눈에 띄게 풍만
한 유방”, 노래할 때의 사랑스러운 목소리는 신체의 털, 수염 그
리고 남성적이고 유인원과 같다고 여겨진 얼굴 생김새와 극적
으로 대비를 이뤘다. 그녀의 성별은 그녀를 더욱 대상화하는 요
인이었다. 그녀가 수익을 내기 시작하자 흥행사 시어도어 렌트
Theodore Lent는 그녀와 결혼했고 그녀를 관리하기 시작했다. 그는
파스트라나를 전시를 위해 구매한 물건으로, 즉 완전히 하나의
대상으로 다뤘다.[1]

파스트라나는 1860년 겨우 26세의 나이로 죽었다. 남자
아이를 출산한 지 며칠 뒤였는데, 그 아이도 태어난 지 얼마 되
지 않아 죽고 말았다. 렌트는 흥행 투어는 계속되어야 한다며 파
스트라나와 아들의 몸을 방부처리했다. 렌트는 그들을 데리고
다니며 생애 내내 흥행 투어를 계속했고, 그의 사후에도 파스트
라나와 아들의 몸은 100년 이상 전시되었다. 1972년, 즉 상당히
최근까지 미국에서 파스트라나의 몸은 서커스단과 함께 계속
흥행 투어에 동원됐다.[2] 그 후 2013년 2월, 죽은 지 무려 153년이
되어서야 파스트라나는 겨우 땅에 묻힐 수 있었다.[3]

〔그야말로〕 장애화된 토착민 여성으로서 파스트라나는

오랫동안 대상화, 연구, 전시, 동물화의 주제가 된 정체성들로 특징지어졌다. 이러한 역사는 파스트라나가 자신의 삶과 죽음에서 동물화된 방식들, 즉 선풍적인 흥행 수단을 넘어 한 세기 이상 그녀를 구매하고 판매하고 완전히 대상화할 수 있는 존재로 만든 그런 동물화에 대해 알려준다.

파스트라나의 이야기는 내가 동물과의 비교를 기뻐할 수 있고 또 그러기를 기꺼이 원한다는 것이 내가 백인이며 계급적 특권을 가졌기 때문일 수도 있음을 생각하게 한다. 장애를 가진 사람들이 모두 동등하게 그리고 동일한 방식으로 동물화되는 것은 아니다. 어떤 사람들에게 동물과의 비교는 모욕 그 이상이다. 이때 이들은 인격 상실의 위험에 처한다.

리시아 칼슨이 〈지적장애의 철학자들: 용어집〉이라는 에세이와 《지적장애의 얼굴들》이라는 책에서 폭넓게 다루듯, 피터 싱어와 극한의 경우를 예시로 하는 논증이 있기 훨씬 이전부터 사람들은 지적장애를 동물성의 패러다임에서 바라보았다. 칼슨은 이렇게 썼다. "푸코는 광기가 '짐승의 가면에서 그 얼굴을 취했다'라고 했는데, 똑같은 것을 많은 방식으로 지적장애에 대해서도 말할 수 있다. …… 여기에는 단순히 이론적인 연상 그 이상의 것들이 있다. 지적장애인 시설의 역사는 지적장애를 가진 사람들에 대한 대우가 그들의 동물 같은 본성을 근거로 정당화되었다는 것을 보여준다." 칼슨은 "정신 지체"를 가진 사람들이 "더위나 추위에 둔감하고" 그렇기 때문에 겨울에도 난방할 필요가 없다는 역사 속 믿음을 언급한다. "불과 수십 년 전까지…… 지적장애를 가진 사람들은 '인간 이하sub-human'라고 할 수밖에 없는 조건에서 살았다."[4]

　　뉴욕의 윌로우브룩학교 사례를 생각해보자. 이곳은 국가 기금을 받는 시설로 5400명의 지적장애 아동들을 수용하고 있었다. 1972년 오물 속에서 넝마를 입고 지내는 아이들의 모습이 방송을 통해 알려지자, 윌로우브룩의 과밀하고 더러운 환경은 나라 전체를 충격에 빠뜨렸다. 학대가 만연했고 일부 아이들은 약물 실험의 피검자가 되어 간염균을 주입당했다. 이 폭로 이전에도 로버트 케네디는 윌로우브룩을 "뱀 구덩이"✦ "동물원에서 동물들을 넣어두는 우리보다도 불편하고 불쾌한" 곳이라고 묘사한 바 있다. 장애인 보호를 위한 주요 연방 시민권 관련 법안들이 통과되면서, 다행히도 미국은 1970년대 초반의 상황에서 진전했다.[5] 하지만 비인간적 조건에 처해 있는 장애인들의 충격적인 이야기는 지금도 여전히 들려온다. 2013년에는 아이오와주의 어느 칠면조 가공 공장에서 30년 이상 노예 노동을 하고 있는 지적장애 남성 32명의 이야기가 보도되었다. 이들은 30여 년간 누추한 곳에서 살도록 강요당했고, 때로는 벌레가 우글거리는 방에 감금당했고, 최소한 그들 중 한 명은 사슬로 침대에 결박당하는 일을 반복적으로 당했다.[6] 우리는 동물화의 괴로운 유산 중 하나를 오늘날 장애아를 위한 행동 수정 요법behavior modification therapy에서도 찾아볼 수 있다. D. L. 애덤스D. L. Adams와 킴 소차Kim Socha는 〈충격으로 복종을 끌어내기: 비인간 동물, 장

✦ '뱀 구덩이'는 고문이 행해지는 장소, 정신병원 등 끔찍한 장소를 비유적으로 가리키는 표현이다.

애인 그리고 환경에 대한 행동 수정의 억압적 실천들과 사용〉이라는 논문에서 이렇게 쓴다. "개를 조련하면서 사용하는 기법, 즉 짖는 것을 멈추게 하고 가만히 앉아 있게 하고 뱅뱅 돌게 할 때 사용하는 행동 수정 기법들이 장애를 가진 학생들에게도 사용되었다."[7]

이런 역사가 보여주듯 동물화는 장애인을 분리하고 감독하기 위한 도구로도 쓰였다. 우리는 이것을 1860년대부터 1970년대까지 미국 전역에 존재했던 법, 즉 "보기 안 좋거나" "흉한" 사람들이 특정한 공공장소에 있는 것 자체를 불법화했던 공공미화법ugly laws의 입법에서 볼 수 있다. 많은 경우 이런 법들은 걸인들의 제거를 목표로 했으며, 때로는 길거리에 돌아다니는 동물들을 제거하기 위해 만든 법들과 겹쳤다. UC 버클리의 영문학 및 장애학 교수 수전 슈바이크Susan Schweik는 저서 《공공미화법: 공적 영역 속 장애》에서 빈곤, 계급, 인종, 성별, 민족성, 동물성뿐 아니라 장애에 대한 불안이 이 법률들에 어떻게 얽혀 있는지 기술했다. 걸인들은 들개나 여타의 동물들과 비교되기도 했는데, 슈바이크는 이렇게 말하고 있다. "질병을 퍼뜨릴 수도 있고 먹을 것을 주는 사람의 손을 깨물 수도 있는 보기 흉한 거지들의 위협은 동물 관리의 문제로 묘사되곤 했다."[8]

장애인들이 "기거나" "네 발로 걸으며" 움직이는 방식, "거칠고 새된 소리를 내거나" "이상한 소음을 내거나" "울부짖 듯 하며" 목소리를 내는 방식, 아무 때나 긴장이 풀리면서 몸에 대한 통제를 잃는 방식, "개처럼 먹음으로써" 사회적 예의범절에서 벗어나는 방식, 두 발로 꼿꼿이 서지 못하는 방식 등 이 모든 것들이 장애란 "다루기 힘들고" "짐승 같고" "동물 같은" 존재 상태라는 인식을 확인하는 데 사용되었다.

과연 자기 자신이 동물임을 자처하면서 동시에 인간의 동물화라는 잔혹한 현실을 비판할 수 있을까? 이런 역사를 알고 난 후에도 내가 동물임을 자처할 수 있을까? 동물화가 사람들에게 형언할 수 없이 끔찍한 폭력을 가했다는 사실에 주목하면서도 종차별주의가 다른 종들에게 가한 폭력을 인식할 수 있는 방법이 있을까?

학자 멜 Y. 첸은 이렇게 말했다. 동물과 비교될 때 인간은 "인간을 포함하는 피조물과 비교되는 게 아니라 정반대로 인간의 정의와 상반되는 존재, 그러니까 완전하고 신성불가침한 주체성을 가진 (그리고 많은 경우 이성적인) 인간을 정의할 때 대비되는 존재"와 비교되는 것이라고.[9] 동물과 비교당하는 것이 우리에게 강도 높은 모욕으로 받아들여지는 것은 우리가 동물들에게는 주체적이며 정서적인 삶, 즉 우리로 하여금 책임감을 갖고 대하게 만드는 종류의 삶이 결여되어 있다고 상상하기 때문이다. 서구 전통에서 동물은 우리에게 거의 아무런 의무도 요구하지 않는 존재들의 범주다. 우리는 그것들을 사고팔고 물건처럼 처분할 수 있다. 따라서 누군가를 동물이라고 부르는 것은 그를 아무런 책무도 느끼지 않아도 되는 존재로, 어떤 죄책감도 없이 대상화할 수 있는 존재로 만드는 것이다.

동물학 연구자 캐리 울프Cary Wolfe는 이렇게 말한다. "종차별주의 담론은 언제나 하나의 인간 집단이 다른 인간 집단을 공격하는 데 쓰일 수 있으며, 이는 다른 종에 속한 사회적 타자 혹은 종뿐만 아니라 성별, 인종, 계급 등으로 구분된 사회적 타자들에 대한 폭력을 용인하는 방식으로 작동할 것이다."[10] 그러나 슈바이크가 지적하듯, "장애학이 개처럼 취급당하는 사람들의 존엄과 인간성을 옹호하기 위해 굳이 이 종차별주의에 편승하거나, '동물'을 비하할 필요는 없다".[11]

다시 사이드 쇼 이야기로 돌아가보면, 우리는 인간의 동물화와 종차별주의가 어떻게 얽혀 있는지 알 수 있다. 사이드 쇼와 근대의 동물원은 모두 인간과 동물을 전시하는 다양한 스펙터클을 위한 수단들이 출현하기 시작했던 19세기에 등장했다. 사실 이런 전시는 동물원과 사이드 쇼뿐만 아니라, 이동식 동물원, 서커스, 박물관, 만국박람회, 놀이공원, 민족지적 전시와 인간 동물원에까지 이른다. 세계에서 가장 유명한 흥행사 P. T. 바넘P. T. Barnum은 인간과 동물 "기형들"로 오락거리를 만들어 수익을 내는 놀라운 능력을 발휘했던 사람이다. 바넘의 동물 경시를 가족 오락이라는 미명 아래 잔학성을 숨겨왔던 축제와 동물원의 대표적 사례로 보았던 동물 옹호가들은 그를 비판했다. 1867년 미국동물학대방지협회American Society for the Prevention of Cruelty to Animals의 설립자 헨리 버그Henry Bergh는 바넘의 케이지식 이동 동물원과 조련된 동물들을 이용한 공연을 공개적으로 비판했는데, 그 규모와 종류는 다른 여러 동물원을 합친 것보다 크고 다양했다. 역사가 다이앤 비어스에 따르면, 버그는 "흥행사들이 동물들에게서 야생 환경을 빼앗고, 좁고 축축하며 통풍이 되지 않는 우리에 가두고, 신기해하는 관중들이 땅콩이나 담배를 던지게끔 모욕적으로 묘기를 부리게 만든 것을 들어 비난했다". 이런

나는 동물이다

비판에 바넘은 자신은 동물들을 사랑하며, 동물들은 야생에 있을 때보다 인간이 사육하는 환경에서 더 좋고 안전한 삶을 보낼 수 있다고 주장했다. 이는 오늘날에도 여전히 유지되는 익숙한 주장이다.[12]

인간과 동물의 전시는 종교적·과학적·식민주의적 실천들과 긴밀하게 엮여 있는 하나의 계보를 공유한다. 중세시대에 왕의 힘을 상징했던, 살아 있는 기형의 존재들을 대상으로 한 컬렉션부터 서구 식민지 세력의 승리를 과시하기 위한 19세기의 동물원, 사이드 쇼, 만국박람회까지, 인간과 동물들의 전시 혹은 소위 "식민지 상품들"은 오랫동안 경제적·문화적으로 얽혀왔다. 야생동물 상인이었던 19세기 독일인 카를 하겐베크Carl Hagenbeck 같은 사람은 인간과 동물 전시회들의 공통된 역사를 보여주는 대표적 사례이다. 그는 동물원이나 바넘 같은 흥행인에게 팔기 위해 동물들을 포획했다. 그는 1887년에 자신의 서커스를 개장했고, 동물원을 더욱더 "자연과 같이" 디자인하도록 혁신하는 데 기여했다. 그는 인간도 전시했다. 식민지의 토착민들을 전시 목적으로 고향에서 데려온 것이다. 하겐베크는 평생에 걸쳐 54회의 민족지적 전시를 열었으며, 여러 식민지에서 잡아온 사람들을 전시했다. "자연인" "야만인"을 같은 지역에서 잡아온 "이국적인" 동물들과 나란히 전시한 것이다. 이들 대부분은 천연두, 결핵, 기타 전염성 질병으로 죽었고, 살아남은 사람들도 (귀환을 약속받았음에도 불구하고) 비용 때문에 혹은 고향이 식민지화되고 파괴되어 다시는 돌아가지 못했다.[13]

또한 하겐베크는 1866~1886년에 "표범 약 700마리, 사자 약 1000마리와 호랑이 400마리, 곰 1000마리, 하이에나 800마리, 코끼리 300마리, 코뿔소 70마리…… 낙타 300마리, 기린 150마리, 영양 600마리, 원숭이 수만 마리, 악어와 뱀 수천 마리…… 실질적으로 수십만 마리가 넘는 새"를 수출했다고 한다. 이는 에리크 바라테이Eric Baratay와 엘리자베스 아르두앵–푸지에 Elisabeth Hardouin-Fugier가 《동물원: 서구의 동물학적 정원사》에서 밝힌 내용이다. 하지만 실제로는 이 숫자보다 배는 많을 것이다. 유럽으로 오는 몇 달간의 험한 여정에서 죽은 동물들은 여기에 포함되지 않았기 때문인데, 이때 사망률은 대략 50퍼센트에 이르렀다고 한다. 게다가 여기에는 포획 도중 죽인 무수히 많은 동물들도 포함되지 않았다. 한 마리를 산 채로 포획하기 위해 다른 많은 동물들이 살해됐다.[14] 종 자체가 멸종하는 경우도 있었다. 살아남은 동물들도 좁은 우리, 인간의 시선, 혹독한 공연 일정, 급격한 수명 단축의 위협 속에서 살아갔다.

덫에 걸리고, 살아온 환경을 빼앗기고, 감금당하고, 멍하게 바라보는 군중 앞에서 공연을 하기 위해 폭력적으로 조련된 동물들은 어떨까. 폭력이 만연한 바넘 & 베일리Barnum & Bailey 같은 서커스단에서 오늘날까지도 공연을 하거나, 끊임없이 찾아오는 관중들을 위해 인간이 생각하는 야생을 연기하는, 그 어떤 정신적 자극도 없는 동물원에서 지금도 살아가고 있는 동물들은 어떨까. 그들은 과연 **동물 취급**을 받아도 괜찮은 존재인 걸까.

동물들이 인간의 손에 끔찍한 폭력을 당했다는 건 부인할 수 없는 사실이다. 이 폭력은 흔히 인간들이 서로에게 휘둘러온 폭력과 같은 계보를 공유한다. 동물들이 겪은 끔찍한 일들을 우리가 동물들에게 공감하고 그들을 존중해야 하는 이유뿐 아니라, 동물들이 우리의 친족kin⁺이라는 인식을 가져야 하는 이유의 사례로 본다면 어떨까? 동물임을 자처하는 것이 인간에 대한 폄하가 아니라 동물화와 종차별주의의 폭력에 저항하는 방식일 수도 있다면 어떨까? 즉 동물해방이 우리 자신의 해방과 얽혀 있음을 인식하는 방식이라면?

칼슨은 우리가 다시 한 번 다른 방식으로 동물성을 주장하는 것이 과연 가능한지 묻는다. 그녀는 이 주장에서 가능성을 보지만 다른 한편 중요한 질문을 던지며 경고한다. "왜 특정한 인간의 얼굴이 짐승의 얼굴을 더 쉽게 환기시키는가?" 이어서 그녀는 이렇게 말한다. "어떤 사람들의 동물성이 강조되고 착취되었는지에 주의를 기울이지 않은 채 그저 개략적인 수준에서 '동물성'을 다시 주장할 수 있는가? 어떤 사람들에게는 동물성이 아니라 인간성 자체가 다시 주장될 필요가 있다는 사실을 고려하지 않은 채 그저 동물성을 다시 주장할 수 있는가?"¹⁵

칼슨은 동물이나 동물성과의 동일시가 설령 어떤 점에서 바람직한 일이라고 할지라도, 많은 인간 존재들에게는 그게 가능하지도 안전하지도 않다는 점을 상기해야 한다고 경고한다. 꼭 종차별주의가 동물과의 동일시를 가로막는다고 할 수는 없다. (엄밀히 말하면) 그렇게 만드는 것은 비인간화이다. 어쩌면

⁺ 여기서 테일러가 말하는 '친족'은 혈연을 중심으로 한 좁은 의미의 친족 그 이상이다. 반드시 혈연이나 가족에 국한되지 않는, 더 넓은 범위의 (그야말로) '친밀한 집단'을 뜻한다고 볼 수 있다.

우리는 우리의 인간성과 동물성 모두를 어떻게 긍정할 수 있는지 질문해야 하는지도 모른다. 비인간 동물과 부정적인 방식으로 비교당한 우리가 어떻게 인간의 우월성을 암시하거나 우리 자신의 동물성을 부인하지 않으면서 인간으로서의 가치를 확고히 할 수 있을까?

나는 동물이다

10

동물임을 주장하기

페르실라 베자노Percilla Bejano는 자신의 삶을 직접 관리했다. 50여 년 전의 줄리아 파스트라나처럼, 베자노의 몸 대부분은 두껍고 까만 털로 덮여 있었다. 1911년 푸에르토리코에서 페르실라 로만Percilla Roman으로 태어나, 어릴 때 흥행사 칼 라우서Karl Lauther에게 입양되었는데, 로만 자신의 설명에 따르면 그는 그녀를 전시하기는 했지만 "딸처럼" 대했다. 그녀는 처음에는 "털 많은 작은 여자아이Little Hairy Girl"로 불렸는데, 금세 누군가가 "원숭이 소녀Monkey Girl"라는 이름을 제안했다. 그리고 그 이름이 굳어졌다. 많은 사이드 쇼의 출연자들처럼, 베자노는 연출 효과를 더하기 위해 조련된 동물(젊은 침팬지)과 짝을 이뤘다. 이 침팬지에 대해서는 이름이 조지핀Josephine이었으며 자전거를 탈 줄 알았고 담배를 좋아했다는 것 외에는 알려진 바가 거의 없다.[16]

동물화되기는 했지만 베자노는 자신이 하는 일과 자신의

이미지를 직접 관리했다. 이는 단순한 착취 서사를 복잡하게 만든다. 그녀는 스무 살에 에밋 베자노Emmett Bejano와 사랑에 빠졌다. 그는 플로리다 출신의 백인 공연가로, 두껍고 비늘처럼 생긴 피부 때문에 "악어 피부를 가진 남자"로 알려졌다. 베자노 또한 흥행사에게 입양되어 사이드 쇼를 하며 자랐다. 둘은 몰래 달아났고, 이후 50년 동안 죽는 순간까지 함께 살았다. 내 생각에 이것은 금세기의 가장 로맨틱한 이야기 중 하나다. 그들은 "세계에서 가장 기이한 부부"라는 이름으로 자신들을 계속 전시했고, 1980년대 초 내내 전국적으로 공연을 펼쳤는데, 그중에는 그들이 직접 소유하고 운영하던 공연도 있었다. 은퇴 후에 응한 인터뷰에서✦ 페르실라는 "이제 면도하고 머리카락을 금발로 염색하고 새로운 외모를 얻"을지도 모른다고 농담했다. 그러자 에밋이 답했다. "당신이 그렇게 하면 난 당신을 떠날 거야. 난 당신의 지금 모습 그대로를 사랑한다구."¹⁷ 에밋은 1995년에 죽었고, 페르실라는 그로부터 6년 후 세상을 떠났다.

　　나는 베자노 부부가 자신들의 동물 이름을 기꺼이 받아들였는지 아니면 불쾌하게 생각했는지 알지 못하지만, 어떻든 그들은 자신들의 일에 있어서 주체적이었고, 축제 공연계의 삶을 즐겼다는 단호한 입장을 취했다. 페르실라 베자노는 훗날 인터

✦ 원문에는 "2002년의 인터뷰"라고 쓰여 있지만, 저자가 이어서 말했듯 에밋은 1995년에 사망했고 페르실라도 2001년에 사망했으므로, 2002년에 인터뷰를 진행한다는 것은 불가능하다. 저자가 인터뷰 시점을 잘못 표기한 것으로 판단해 적절히 수정했다.

뷰에서 자신이 해온 일을 사랑했고 자신이 "이렇게 나이가 많지 않았다면" 계속 공연을 이어갔을 것이라고 했다.

베자노 부부가 예외적인 사례는 아니다. 많은 이들이 사이드 쇼 출연을 즐겼다거나 그 일을 제안받았던 것을 고맙게 생각한다고 당당하게 선언했다. 1984년 오티스 조던Otis Jordan이라는 흑인 장애인은 뉴욕주 축제에 출연하기로 되어 있었다. 그는 나처럼 관절굽음증을 가졌고, 여러 일상적 행동들을 실행할 때 손 대신 입을 썼다. 작고 굽은 팔다리 때문에 조던은 스스로를 "개구리 인간"이나 "개구리 소년"으로 불렀고, 1960년대 초부터 사이드 쇼 공연을 통해 생계를 꾸리고 있었다. 젊었을 때는 가족의 지원과 염소 두 마리 덕분에 학교에 다닐 수 있었다. 염소들은 그가 자신의 이동을 위해 직접 디자인한 수레를 끌어주었다. 하지만 졸업 후 조던은 직업을 구하지 못했다. 1963년에 그는 지역 축제에서 흥행사를 만나 일을 구했고, 곧이어 입으로 담배를 말아 불을 붙이는 공연을 시작했다.[18] 베자노 부부처럼 조던은 자신이 나오는 전시에서 매우 능동적인 역할을 했다. 그는 누군가가 자신의 이야기를 말하게 하는 대신 공연이 시작될 때 자신을 직접 소개하곤 했다.

약 20년 후 조던의 공연을 둘러싸고 논쟁이 일어났다. 그의 공연을 보고 모욕을 느꼈던 어느 장애인 여성이 그의 사이드 쇼를 금지해달라며 법원에 소송을 제기한 것이다. 그 여성은 장애에 대한 권리를 외치는 운동가였고, 조던의 공연이 평등을 위한 투쟁으로 이뤄낸 진전에 어긋난다고 생각했다. 조던은 자신의 일할 권리를 열정적으로 주장하며 맞서 싸웠고, 승리했다. 조던은 이렇게 말했다. "난 이해할 수 없어. 그녀는 어떻게 내가 이용당하고 있다고 말할 수 있는 거지? 기가 막혀서, 도대체 내가 뭘 하길 바라는 거야. 복지수당이나 받으며 살아가라고?"[19]

코니 아일랜드 사이드 쇼에서 공연하며 보낸 마지막 몇 년간 조던은 자신의 호칭을 "인간 담배 공장Human Cigarette Factory"으로 바꿨다. 나는《프릭 쇼》라는 책의 저자이자, 조던이 죽기 전에 그를 인터뷰했던 사회학자 로버트 보그단Robert Bogdan에게 조던이 별명을 바꾼 것이 동물과의 비교 때문이었는지 질문했다. 보그단은 내게 이렇게 답했다. "난 오티스가 동물과 연결되는 것에 예민했다고 생각하지 않아요. …… 군중을 모을 수만 있다면 그는 뭐든 개의치 않았어요."[20]

확실히 억압과 강제가 다양한 형태(그중 하나는 장애인들에게 이를 대체할 만한 다른 직업을 가질 기회가 없다는 것이다)를 취하기는 하지만, 그럼에도 모든 프릭이 착취당했다고(혹은 착취당하고 있다고) 상정하는 것은 너무 단순화된 생각이다. 마찬가지로 동물과의 비교가 모두 모욕적이었다거나 모욕적이라고 상정하는 것에도 문제가 있지 않을까? 어떤 공연가들은 자신에게 붙은 동물 이름을 즐겼을 수도 있지 않을까? 어떤 프릭들은 자신이 동물에 빗대어지는 것을 기꺼이 받아들이지 않았을까?

현재 사이드 쇼에서 공연하고 있는 매트 프레이저Mat Fraser를 생각해보자. 매력적이고 도발적인 영국 출신 백인 남성 프레이저는 탈리도마이드[✝] 복용으로 인한 기형아였다. 스스로 말하듯 그는 팔 대신 "물갈퀴"를 가졌다. 그는 음악가이자 배우이며, 공연예술가이자 뷔를레스크^{✝✝} 연기자다. 그는 자신을 "바

나는 동물이다

다표범 소년Sealboy"으로 부르기도 한다. 장애학자이자 예술가인 페트라 쿠퍼스Petra Kuppers는 이렇게 쓴다. "프레이저는 '바다표범 소년'이라는 존재를 창조해나가는 과정에서 자신의 역사적 롤모델, 뿌리 그리고 전통을 모색했던 것이다." 그렇게 그는 "장애의 경험을 개별적이거나 독특한 숙명이 아니라, 문화적 소수의 경험으로 표시했다". 자신을 "바다표범 소년"으로 부름으로써 프레이저는 "프릭"을, 그리고 동물화를 포함해 프릭과 함께 해온 장애의 역사를 긍정한다.[21]

　　이는 이 공연가들이 특별히 자기와 동물을 동일시했다거나 자신이 동물임을 주장했다는 뜻이 아니다. 그들의 행위는 동물들과의 동일시보다는 (동물화가 일정한 역할을 한) 프릭의 유산을 긍정하는 것과 더 많이 관련되어 있다. 그럼에도 그들이 스스로에게 동물 이름을 지어줌으로써 경탄과 공동체 의식을 불러일으키며 동물 모욕에 새로운 의미를 부여했다는 점은 변함이 없다.

　　베자노 부부, 조던, 프레이저, 파스트라나는 동물화를 각

✦ 1950년 후반 개발되어 상용화되기 시작한 진정 수면제로, 임산부의 입덧 치료제로 널리 사용되었으나, 복용 후 신생아에게 선천적으로 팔다리가 없거나 짧은 상태로 태어나는 이른바 '단지증'이 나타날 수 있음이 밝혀지면서, 1961년 대부분의 국가에서 이 약물 사용을 금지했다. 관련 사례를 332쪽에서 볼 수 있다.
✦✦ 버라이어티 쇼 등을 상연할 때 막간에 끼워넣는 풍자극을 말한다. 고귀한 것에 비속한 양식을 가하여 양자를 대조시킴으로써 웃음을 유발하는 예술 장르로, 만화 풍 또는 회화적인 기법으로 웃음을 자아내 풍자 효과를 노린다. 익살·야유·희롱을 뜻하는 이탈리아어 불레스코burlesco에서 비롯된 말로, 프랑스어로는 뷔를레스크 burlesque라고 한다.

기 다른 방식으로 경험했고, 이와 관련해 각기 매우 다른 목적을 가지고 있었는데, 많은 경우 이런 차이들은 인종과 민족성의 차이들과 딱 들어맞았다. 장애학 연구자 레이첼 애덤스가 자신의 책 《사이드 쇼 USA: 프릭들 그리고 미국의 문화적 상상》에서 상기하듯, "프릭으로 산다는 것은 몇몇 경우 소외성을 기반으로 구축된 커뮤니티에 받아들여졌다는 것을 뜻했다. 그러나 다른 종류의 프릭이 된다는 것은, 정의상 문명화된 사람들의 커뮤니티에서 배제된다는 것을 의미한다".[22]✦ 어쩌면 우리는 동물과의 비교에 관해서도 이와 비슷하게 말할 수 있을 것이다.

이런 복잡한 역사에도 불구하고 동물은 장애 문화에서 새로운 자리를 획득하고 있는 듯하다. 장애 예술가들은 자신의 작업에서 동물 이미지를 다양하게 탐구한다. 화가 리바 레러Riva Lehrer는 늙은 장애견 조라Zora의 초상을 그리며 취약성, 상호의존, 반려성의 주제들을 탐구하고 있으며,[23] 사진가이자 설치 미술가 로라 스완손Laura Swanson이 만든, 들어가 살 수 있을 만한 규모의 거대 조각 〈홈메이드 황소〉는 동물을 피난처이자 배움터로 둔갑시킨다.[24] 캐리 울프 같은 포스트 휴머니스트 학자는 동물학과 장애학이 어떻게 인본주의humanism의 한계에 도전할 수 있는지를 탐구한다.[25] 대중매체에서는 장애 신체와 동물 신체가 보조 공학 기기를 통해 연결될 수 있음을 알려주는데, 일부 장애인 운동선수들이 사용하는 탄소 섬유로 된 "치타" 다리와 여러

✦ 여기서 테일러는 그런 커뮤니티에조차 소속되지 못한 채 아예 '배제'로 정의될 수밖에 없는 프릭들도 존재한다는 점을 강조하는 듯하다.

종의 동물들이 이용할 수 있는 다양한 형태의 새로운 보철 기구들이 그 예이다. 장애학자들은 동물성 문제를 에세이와 책, 학회에서 다루기 시작하고 있다. 특히 에코-어빌리티eco-ability 운동의 사례가 흥미로운데, 점점 더 많은 장애 옹호가들과 학자들이 동물과 장애인 그리고 환경에 가해지는 억압들 사이의 연관성을 설득력 있게 제시하고 있다. 신경다양성 커뮤니티의 연구자들 또한 길을 개척하는 중이다. 그들은 동물과 신경다양성을 가진 정신 간의 관계에 대한 논쟁적인 문제와 적극적으로 씨름하는 동시에, 우리가 동물을 어떻게 대해야 하는지에 관한 윤리적 문제를 제기한다. 장애 문화에 **동물로의 전환**animal turn이 일어나고 있다고 말하는 것이 너무 이를지 모르겠지만, 그럼에도 우리는 동물들에 대한 인식이 커지고 있음을, 동물들을 전적으로 친족으로 간주하는 것이 안전한지를 묻는 조짐 등을 느낄 수 있다. 동물을 장애와 결부시켜 고찰하는 것이 여전히 비하적인 함의로만 남을 것인가, 아니면 우리가 그것을 풍부하고 생산적으로, 그리고 통찰력이 돋보이도록 만들 수 있을까?

어떤 차원에서 나는 내가 동물로 식별되는 게 항상 옳다고 느꼈다. 어릴 때, 잠깐 동안 나는 내게 말을 거는 사람들에게 개처럼 짖곤 했다. 내가 겁이 많아서 그랬던 것은 아니다. 부모님에 따르면 진심으로 개가 되고 싶어서 그렇게 했다고 한다. 부모님은 당연하게도 이런 나를 보고 몹시 충격을 받았다. 부모님은 휠체어를 타는 어린이가 갖는 사회적인 의미에 대해서뿐 아니라 내가 짖고 있는 것까지 걱정해야 했던 것이다.

"동물"이라는 단어를 주장할 수 있으려면 무엇이 필요할까? 내가 썼듯이 동물이 불구일 수 있다면 불구는 동물일 수 있을까?

이 글을 나는 버클리 시내의 한 카페에 앉아 쓰고 있다. 필요한 모든 것을 가방에서 꺼내 앞에 있는 테이블에 늘어놓았다. 그렇게 하기 위해 컴퓨터 패드 가장자리를 입으로 문 뒤 흔들어 가방에서 빼내야 했다. 그러고는 그것을 테이블 위에 놓은 다음 키보드에 대고 같은 행동을 반복한다. 필요한 모든 것을 꺼내기 위해 이 일을 몇 번 더 되풀이했다.

공적인 장소에서 손 대신 입을 쓸 때 나는 내가 경계를 넘어서고 있다는 걸 깨닫는다. 비장애 신체의 에티켓뿐 아니라 사람이 몸에 어떤 방식으로 깃들어 있어야 하는지에 대해서도 말이다. 우리는 말하기 위해, 먹기 위해 입을 사용한다. 하지만 입은 세균과 입김, 침이 있는 구멍이며, 매우 개인적인 곳이다. 입은 성적이다. 입은 동물적이다.

그러나 손은 인간적이다. 인간은 마주 볼 수 있는 엄지손가락과 정교한 네 손가락을 가졌다. 직립 이족보행이 그렇듯 인간의 손은 우리의 뇌가 크다는 증거로 언급되었다. 손으로 도구를 만들고 사용하게 되면서 인간 문화가 탄생할 수 있는 문이 열리기도 했다. 손은 우리 신체의 민첩성을 대표하고, 다른 종과의 분리를 나타내는 징표이다.

나는 내 형상 속에서 동물을 느낀다. 이 느낌은 교감의 일종이지 수치심이 아니다. 나의 동물성을 인식한다는 것은 내 몸이나 다른 비규범적이고 상처 입기 쉬운 몸들이 자신의 주변 세계를 움직이고, 보고, 경험하는 방식으로 존엄성을 주장하는 것이었다. 그것은 나의 동물화된 부위와 움직임에 대한 주장이고, 내 동물성이 내 인간성에 필수적이라는 주장이다. 이것은 동물성이 **인간성**에 필수적이라는 주장이기도 하다.

비유적으로 말하려는 게 아니다. 이는 우리가 동물 **같다**거나 동물이라는 **관념**이 "우리가 누구인지"를 정의하기 위한 필수 요소라는 뜻이 아니다. 물론 두 주장 모두 맞지만 말이다. 내가 말하고자 하는 바는 우리가 바로 동물이라는 것이다. 이것은 지루할 정도로 당연하지만 우리가 끊임없이 잊어버리는 사실이다.

얼굴로 지갑을 뒤질 때, 때로 휴대폰에 침을 흘리거나 우연히 무언가 기분 나쁜 것을 삼킬 때(사람들이 생각하는 만큼 흔한 일은 아니지만)마다 나는 몸을 아름답고 이상하고 독특하게 움직이고 사용했던, 내가 롤모델로 삼는 오티스 조던이나 다른 프릭들을 떠올린다. 나는 나의 뿌리, 나의 유산 그리고 내가 집이라 부르는 불구 커뮤니티를 생각한다. **그리고** 나는 동물을 생각한다. 코로 탐색하는 돼지들, 부리로 둥지를 만드는 새들, 다른 동물들처럼 잠자리를 만드는 걸 좋아하는 내 강아지 베일리를. 베일리는 보금자리 만들기를 즐기는데, 손이 없는 그는 입을 이용해 완벽한 잠자리를 만든다. 담요의 끝을 이빨로 물고는 이리저리 끌어당긴다. 때로는 발로 건드리지만, 아주 정확한 위치가 필요할 때는 입을 쓴다. 베일리가 이렇게 하는 걸 보면서, 나는 내가 그의 움직임을 온몸으로 이해하고 있다는 느낌을 받는다. 베일리로서 존재하는 것이 어떤 느낌인지 안다는 것이 아니다. 이는 우리가 비슷한 몸짓을 공유하고 있음을 인식하는 것이며, 어쩌면 미각, 시각, 후각 등의 비슷한 감각을 공유하고 있을지도 모른다는 것을 인식하는 것이다. 종이 다름으로 인해 생기는 감각기관의 차이에도 불구하고 말이다. 우리는 모두 동물이다.

나는 동물이다

4부

자연 그대로

11

천생 프릭*

내 장애의 정식 진단명은 선천적 다발성 관절굽음증athrogryposis multiplex congenita이다. 의학계에 따르면 관절굽음증은 신생아 3000명 중 한 명꼴로 비교적 드물게 발생하는 편이다. 그러나 이 통계치는 매일 관절굽음증을 가지고 태어나는 많은 염소, 개, 소, 쥐, 두꺼비, 여우 등을 포함하지 않는다. 소의 경우 아예 "컬리 캐프curly calf"라는 고유의 이름도 있는데, 《비프》라는 잡지의 2008년 12월호 표지 기사를 장식했을 정도로 공장식 축산 농장에서 흔히 발견된다.[1]

✤ 원문 "freak of nature"는 일종의 관용구로, 본래 '기형' '별종' 등으로 번역되어 사회가 제시하는 '정상적인 몸' 형태에서 벗어난 몸을 가진 존재를 뜻한다. 하지만 여기서는 "freak of nature"를 그대로 '기형'이나 '별종'으로 옮기는 대신, 자신이 가진 '타고난 기형'의 몸에 대해 성찰하는 이 장의 맥락을 환기할 필요가 있다고 판단해 '천생 프릭'으로 옮겼다.

관절굽음증 송아지는 농장에 더 큰 손실을 끼치지 않도록 당연히 "섬멸된다". 20세기에 인간으로 태어난 나는 그런 숙명을 피할 수 있었고, 그 대신 어릴 때 발과 다리의 움직임 범위를 향상시키기 위해 수술과 물리치료를 받았다. 돌이켜보면 이런 의학적 개입이 일정한 도움을 주었던 것 같다. 하지만 내 몸을 그대로 두었다면 어떤 다른 움직임과 능력을 갖게 되었을지 종종 생각해본다. 그런 몸으로 산다는 건 어떤 걸까? 때때로 이런 몽상은 감성적인 방향으로, 즉 이제는 더 이상 알 수 없는 "본래의 몸original body"이라는 환상으로 흘러간다. 그러나 또한 잠시나마 설 수 있게 해준 수술을 받지 않았다면 어떻게 됐을까 생각하기도 한다. 내가 그만큼 "더욱 심한 장애"를 가졌더라면 어떻게 적응했을까?

나는 의학적으로 변형된 지금의 몸보다 장애가 있는 "선천적인" 몸에 더 끌린다. 다소 나르시시즘적인 면이 있지만, 이런 끌림은 나 자신의 내면에 존재하는 비장애중심주의 그리고 내면화된 억압을 온몸으로 탐색해볼 수 있는 기회를 준다. 나는 지금의 몸에 애착을 느낀다. 딛고 설 수는 있지만 마음대로 움직일 수는 없는 발, "원숭이 같은" 자세로 잠시 나를 떠받치는 두 다리를 나는 좋아한다. 만약 내가 다른 몸을 가졌다면, 나는 그 몸으로 사는 법을 배웠을까? 그 몸에(그 몸이 공간을 헤쳐가고 세계를 경험하는 방식에) 애착을 느꼈을까? 어쩌면 내 안에 비장애중심주의가 아주 깊이 뿌리내린 나머지, 의료적 개입이 있기 전 아기였을 때의 "더욱 심한 장애"를 가진 몸에 그것을 투사했는지도 모른다.

자연 그대로

내가 가진 이 두 가지 몸을 생각하게 된 건, 이러한 생각이 자연과 우리가 자연스럽다고 생각하는 것에 질문을 제기하기 때문이다. 수술을 받지 않았다면 내 몸은 더 자연스러웠을까? 애초에 **자연스럽다**는 것은 무엇을 뜻하는 걸까?

나의 자연스러운 몸이란 무엇인가? 어디에 있는가? 그런 몸이 있었다면 어느 시점에 가졌던 걸까? 내 장애의 원인은 내가 태어난 마을의 미군기지가 유발한 오염이었다. 내 모든 사연은 전형적이다. 군대와 업체들이 수십 년간 아무런 장치도 하지 않은 구덩이에 유독성 화학물질을 몰래 버린 것이다.⁺ 이로 인해 토호노 오담 네이션Tohono O'Odham Nation⁺⁺의 땅이 오염되었고, 그 오염이 대부분 비백인인 가난한 주민들에게 영향을 끼쳤다. 내 몸은 독성 화학물질, 중금속, 비행기 탈지제, 다시 말해 군대의 일상적 폐기물들의 도움을 받아 만들어진 것이다.

나로서는 "자연스러운" 몸을 상상하기 어렵다. 나는 한 번도 그런 "자연스러운" 몸을 가져본 적이 없다. 엄마가 주방의 수도꼭지에서 나오는 독성 폐기물을 모르고 마셨기에, 나는 태아일 때 이미 사회, 문화 그리고 "인공적" 산물들에 의해 변형되었다. 이것들이 나를 부자연스럽게 만든 걸까?

내가 판에 박힌 장애인의 모습에 위험할 정도로 가까이

⁺ 미군기지의 폐기물 무단 방출 문제는 과거 한국에서도 여러 번 불거진 바 있다. 주로 전문 업체를 동원해 구덩이를 판 뒤 그 안에 폐기물을 쏟아버리는 식이다. 이때 아무런 하수 처리 장치도 만들지 않기 때문에 주변의 땅은 심각하게 오염된다.
⁺⁺ 미국 애리조나주에 위치한 원주민 거류지 중 하나.

다가서고 있다는 걸 깨닫는다. 장애를 갖기 전 혹은 장애가 없는 멀쩡한 몸을 가진 자신을 갈망하며 상상하고 있는 것이다. 하지만 내가 진짜 알아내려는 것은 자연 상태state of nature의 몸, 즉 인간의 개입이 없는 몸이다.

나는 내 몸이 인간의 개입과 불가분하다고 본다. 그렇지 않은 몸이 과연 있을까? 인간이 환경에 끼치는 영향 때문에 꿀벌이 소멸해가고 북극곰이 물에 빠져 죽어가는 시대에 생태계 전체가 어떤 식으로 인간 사회의 영향을 받는지 생각해보는 것은 어렵지 않다. 하지만 나는 우리가 자연을 결코 우리 자신의 관점을 초월해서 볼 수 없다는 점을 좀 더 중요하게 언급하고 싶다. 우리는 "자연"이라고 불리는 것과 그것을 인지하는 인간의 감각을 따로 떼어놓고 볼 수 없다. 내가 상상하는 수술 이전의 몸으로 살아가는 것이 수술 이후의 몸으로 살아가는 것보다 더 혹독했을 것이라는 나의 생각조차, 어떻게 해야 몸이 더 자연스러워 보이고, 어떻게 몸을 움직여야 하고, 몸이 어떤 식으로 공간에 있어야 하는지에 대한 전제에 단단히 매여 있다. 내 판단의 근거로 작용하는 이 "자연"이란 무엇인가? 나는 그것을 어떻게 정의했는가?

"자연 상태"라는 관념, 즉 인간의 문화가 존재하기 전의 자연 혹은 인간의 문화가 부재하는 자연이라는 관념은 강력한 영향력을 발휘한다. 이 개념은 우리가 어떤 몸을 살기 적합한livable 것 혹은 즐길 수 있는 것으로 간주하는지, 또한 어떤 몸들을 착취하고 소비하고 먹어치울 수 있다고 생각하는지에 관해 논하는 우리의 철학 이론, 정치 체계 그리고 견해들을 구축했

자연 그대로

다. 하지만 우리가 자연이라고 부르는 것이 이런 판단들과 구분들을 정당화하는 것인가, 아니면 우리 스스로가 그렇게 정당화하는 것인가?

12

모든 동물은 평등하다*

하지만 몇몇 동물은 더 평등하다

피터 싱어는 공리주의 철학자로 그가 1975년에 펴낸 책《동물해방》은 현대 동물 권리 운동의 출발점으로 인정받는다.[2] 모든게 피터 싱어만의 공은 아니지만, 그의 책이 동물운동에 엄청난관심을 불러일으켰다는 데는 의심의 여지가 없다. 그는 동물 권리의 문제를 철학 담론의 중요한 주제로 만들었을 뿐 아니라 광범위한 대중이 이 주제에 접근할 수 있도록 만들었다.《동물 해방》은 첫 출간 이후 수십만 부가 팔렸고, 극히 소수의 철학자들만이 이룰 수 있었던 대중적 명성을 싱어에게 안겨주었다.

어렸을 때 동물의 권리에 관심을 가졌던 우리 남매들은동물과 환경에 관한 여러 책을 읽었다. 가장 인상 깊었던 것은

✤ 12장의 제목은 조지 오웰의 소설《동물농장》에 등장하는 문장을 테일러가 그대로가져온 것이다.

자연 그대로

역시 《동물 해방》이었다. 나는 열 살 때부터 피터 싱어에 대해 알고 있었다. 성장기 내내 그는 나의 영웅이었고, 《동물 해방》이라는 제목의 책을 쓸 법한 사람이라면 누구든 내가 좋아할 사람이라고 생각했던 걸로 기억한다. 그러니 10년 후 장애 커뮤니티 사람들 대부분이 이 남자를 혐오한다는 사실을 알게 됐을 때 내가 어떤 실망감을 느꼈을지 어렵지 않게 상상할 수 있을 것이다.

낫 데드 옛Not Dead Yet(조력 자살assisted suicide**을 장애 차별의 한 형태로 보고 반대하는 장애에 대한 권리 운동 단체)의 스티븐 드레이크는 〈장애에 대한 권리와 동물의 권리를 연결하기: 정말로 좋지 않은 생각〉이라는 글에서 이렇게 쓴다. "장애운동가 집단을 구성하는 사람들이 동물의 권리를 옹호하는 커뮤니티와 진지하게 다리를 놓고 싶어 할 거라고 기대하는 것은 터무니없다. 피터 싱어를 매우 높이 평가하면서 장애에 대한 그의 저술에 기껏해야 '유감' 정도를 표하는 단체들과 우리가 손잡는 것을 나는 상상할 수조차 없다."³ 장애학자 김은정은 장애학으로 하여금 인간을 넘어 생각하도록 촉발하는 도발적인 글에서 이렇게 설명한다. "싱어는 권리를 부여받을 대상을 쾌고감수능력을 지닌 비인간 동물로까지 확장할 것을 주장하지만, 이 주장은 장애를 가진 일부 개인들을 인간으로 승인하는 것을 보장하지는 않는다. 이러한 지점을 염두에 두면, 장애학자들이 왜 인간이라는

** 환자에게 어떤 의학적 조치를 취하지 않거나 인공호흡기 등 인위적인 생명 연장 처치를 중단하는 이른바 '수동적 안락사'(소극적 안락사)와 달리, 환자가 의사의 도움을 받아 직접 약이나 주사 등을 통해 삶을 마감하는 방식을 말한다.

경계 바깥으로 발을 내딛기 꺼려하는지 이해할 수 있다."[4]

　　싱어의 작업이 어떻기에 이러한 반응이 나오는 걸까? 그는 여러 책과 글에서 어떤 장애아들은 태어나자마자 죽임을 당해야 하며, 인지 능력을 결여한 일부 중증 지적장애인이 완전한 인격체full person가 아니라고 주장한 바 있다. 그는 장애를 가지고 사는 것과 관련해, 자주 그 삶의 질을 문제적인 방식으로 판단했다. 그는 평균적으로 장애인의 "삶은 비장애인의 삶과 비교해 살 만하지 않다"는 것에 대한 부정을 "현실에 반하는 일"이라고 주장했다.[5] "살 가치가 적다"고 해서 싱어가 장애인들이 살아갈 권리를 덜 갖는다든지 그들의 삶이 본질적으로 덜 가치 있다고 말하는 것은 아니다. 그가 말하려는 바는 장애인들의 삶의 질이 낮다는 것, 즉 장애를 가진 삶은 비장애 신체를 가진 사람들의 삶만큼 만족스럽고 즐겁지 않다는 것이다. 하지만 그렇다고 해도, 싱어의 작업은 수많은 장애운동가들에게 싱어뿐 아니라 동물 권리 운동 일반에 대한 불신을 초래했다. 이해할 수 있는 일이다. 그의 많은 생각들이 동물 권리 이론에 토대를 제공한다고 여겨졌기 때문이다.

　　동물의 권리와 장애에 대한 권리가 거의 항상 대립한 것은 분명 싱어 때문이라고 할 수 있다. 동물의 권리를 옹호하는 많은 단체들이 싱어의 작업을 찬양하지만, 장애운동가들은 계속해서 그의 작업에 항의했다. 따라서 장애해방과 동물해방의 교차점을 다루는 모든 책은 싱어의 작업과 씨름해야만 한다. 동물의 권리와 장애에 대한 권리라는 두 영역이 양립할 수 있을 뿐 아니라 서로 깊이 관련되어 있다는 점을 보여주기 위해서.

《동물 해방》에서 싱어가 펼친 주장들이 공리주의적 논의 틀을 필요로 하는 것은 아니었다(그럼에도 그 주장들은 그런 프레임 속에서 제기된다). 하지만 공리주의에 대한 그의 헌신에서 장애를 둘러싼 그의 관점에 관한 실마리를 찾을 수 있다. 공리주의는 어떻게 하면 "고통"을 최소화하고 "고통 없음"을 최대화할 수 있는지 혹은 제러미 벤담Jeremy Bentham이 거의 200년 전에 시사했듯, 어떻게 하면 "최대 다수의 최대 행복"을 만들어낼 수 있는지에 관심을 갖는다.[6] 장애가 부정적인 것으로, 비극으로, 결여로 비친다는 점을 고려할 때(이는 미국은 물론 다른 곳에서도 지배적인 시각이다), 공리주의적 관점에서 왜 장애가 바람직하지 않은 것, 기피해야 할 것으로 간주되는지 이해하기란 어렵지 않다. "고통" 혹은 "고통 없음"이라는 이분법은 장애학과 장애운동에서 싱어, 더 넓게 말해 공리주의가 수용되는 것을 어렵게 만든다.

싱어는 "동물 권리의 아버지"로 자주 언급되지만 그가 실제로 "권리rights"라는 말을 사용하는 것은 아니며, "평등한 고려equal consideration"라는 개념에 의거하고 있다는 점에도 유의해야 한다. 그는 이렇게 쓴다. "평등이라는 기본 원리는 평등하거나 동일한 처우를 요구하는 게 아니라, '평등한 고려'를 요구한다. 서로 다른 존재들을 평등하게 고려할 때 각기 다른 처우와 다른 권리라는 것이 가능할 것이다."[7] 달리 말해 평등한 고려는 동물에게 투표할 권리를 부여하라거나 인간을 대하듯 동물을 대하라는 요구가 아니다. 이것은 그들의 삶에 영향을 미치는 결정을 내릴 때 우리가 동물들의 감정feelings(그들의 "이해관계interests")을 고려해야 한다는 요구다.

싱어는 우리가 쾌고감수능력 이외의 다른 것을 토대로 삼는다면 인간적 평등이라는 개념은 위태로워질 것이라고 주장한다. 신체적인 것이든 정신적인 것이든, 만약 우리가 이 신념의 토대로 다른 특징을 선택한다면, 특정 부류의 인간을 배제해버릴 위험이 있다. 《동물 해방》에서 싱어는 자신이 비장애중심주의에 두드러지게 반대하는 것으로 보이는 주장을 펼 때 이런 논리를 동원한다. 그는 이렇게 말한다. "평등에 관한 주장은 지능, 도덕적 자질, 신체적 힘이나 이와 비슷한 것에 의거하지 않는다. 두 사람 간의 실질적인 능력의 차이는 그들의 필요와 이익에 대한 차등적 고려를 정당화하는 논리적인 이유가 될 수 없다. 이 평등의 원칙이 함의하는 바는, 타자에 대한 우리의 관심과 그들의 이해관계에 대한 고려가 그들이 어떻게 생겼는지, 그들이 어떤 능력을 지녔는지 등에 따라 달라져서는 안 된다는 것이다."[8] 실제로 싱어는 분명히 말한다. "이해관계에 대한 평등한 고려의 원칙은 장애를 가졌다는 이유로 어떤 사람들의 이해관계를 무시하는 것을 거부한다."[9]

싱어는 평등한 고려가 쾌고감수능력에 근거한다고 주장한다. 왜냐하면 "고통과 쾌락을 느끼는 능력은 이해관계를 갖기 위한 선결조건, 즉 우리가 의미 있는 방식으로 이해관계를 말하기 전에 충족되어야 할 조건이기 때문이다". 하지만 우리가 이미 알듯, 그리고 싱어도 설명하듯, 비인간 동물에게도 쾌고감수능력이 있다. 비인간 동물 역시 우리 인간들 사이의 평등의 근거가 되는 이해관계를 갖는 능력을 공유하는, 의식 있는 존재이다. 그럼에도 불구하고 그들의 이해관계를 무시한다면 그것은 차별,

즉 종차별주의임에 틀림없다.[10] 따라서 싱어는 우리가 쾌고감수능력이 있는 동물들의 이해관계를 인정해야 하며 인간의 이익 때문에 동물이 겪는 고통에 대해 다시 생각해야 한다고 결론짓는다. 이는 우리와 동물의 상호작용 방식, 특히 우리가 먹고, 입고, 실험에 사용하는 동물들과 관련해 중대한 함의를 띤다.

《동물 해방》 전체에 걸쳐 단호하고도 상세하게 적듯, 싱어는 압도적으로 많은 양의 고기와 동물 제품이 공장식 축산 농장에서 생산된다는 점 그리고 이 장소들이 잔학성의 요새로 매우 잘 기록되어 있다는 점을 들어 비건 식사를 옹호한다. 그러나 싱어는 자신이 주장하는 바가 동물을 죽이는 것이 항상 나쁘다는 것은 아님을 분명히 한다. 그가 가장 염려하는 것은 동물에게 가해지는 **고통**인 것이다.

싱어는 쾌고감수능력에서 논의를 끝내지 않는다. 만약 쾌고감수능력이 삶에 대한 권리right to life와 관련해 유일하게 도덕적 판단에 직결되어 있는 능력이라면 닭을 죽이는 것은 인간을 죽이는 것만큼이나 나쁜 일이 될 것이다(둘 다 고통 없이 살해될 수 있다는 점에 한에서). 대부분의 사람들처럼 싱어도 이를 수용하지 못했다. 닭에게든 인간에게든 같은 양의 고통을 가하는 것은 동등하게 나쁘다. 하지만 싱어에 따르면 고통 없이 죽이는 것은 다른 문제다. 바로 이 지점에서 이해관계의 위계가 도입된다.

동물 옹호가이자 철학자인 스티븐 베스트Steven Best는 싱어의 주장을 잘 설명한다. 그에 따르면 싱어는 생명의 서로 다른 두 종류, 즉 "인격체person"와 "비인격체nonperson"("인간human"과 "비인간nonhuman"이 아니다)을 구분하려고 한다. 베스트는 이렇게 말한다. "싱어는 느끼고feel 추론하는reason 능력, 자기의식self-awareness과 자율성autonomy, 미래를 상상하는 능력으로 인격을 정의하고서, 이 정의상 인격이 아닌 인간(예를 들어 혼수상태에 있는 사람)과 인격인 비인간(예컨대 영장류 그리고 잠재적으로는 모든 포유류)의 경우를 찾아낸다."[11] 싱어는 어떤 존재가 인지적으로 복잡하면 복잡할수록(이러한 복잡성은 죽음을 이해하는지, 시간을 통해 자기 자신을 알아차리는지 여부를 통해 측정된다) 자신의 생명을 지켜나가는 것에 더 큰 가치를 부여할 것이라고 주장한다. 여기서 싱어의 이런 인격personhood 개념이 오랜 철학 전통에 기반해 있다는 점을 지적할 필요가 있다. 이런 속성들에 특권을 부여한 것은 싱어만이 아니었다.[12] 이 틀 안에서 신경전형적 인간을 죽이는 것은 닭을 죽이는 것보다 나쁜 일이 되는데, 이는 인간이 죽음에 대해 알고 시간을 통해 자기 자신을 경험하는 이성적 존재이기 때문이다. 다시 말해 인간은 단지 다음번 식사나 성적 상대를 찾는 것을 넘어, 미래의 목표와 계획을 갖는다. 인간의 죽음은, 그녀/그가 자신의 미완의 꿈을 상실했다는 사실로 인해 더욱 부당한 것이 된다. 그러므로 인지적 능력은 (쾌고감수 능력보다) 고통과 관련한 평등한 고려라는 원칙에서는 어떠한 역할도 하지 못하지만, 죽임killing〔살인 혹은 도살〕에 관해서는 확실히 한몫을 한다.

결국 이런 논리는, 인지적 능력을 갖지 못한 존재를 고통 없이 죽일 수만 있다면 그것이 인지적 능력을 가진 존재를 죽이는 것만큼 나쁘지 않다는 결론으로 이어진다. 그렇게 함으로써 초래되는 행복이 그렇게 하지 않음으로써 초래되는 불행을 능가하는 한에서 말이다. 이런 식으로 싱어는 가족과 커뮤니티, 기타 수많은 요인들을 고려한 복잡한 계산을 전개한다. 예를 들어 어떤 존재의 신체가 고기로 만들어져 많은 사람들을 먹일 수 있다면 혹은 어떤 존재가 계속 살아가는 것보다는 평화롭게 죽는 것이 그의 가족을 더 행복하게 한다면, 이런 요인들은 그 존재를 죽이는 것이 초래할 해로움과 견주어 고려되어야 할 것이다.[13] 싱어에 따르면, 해당 존재에게 쾌고감수능력은 있지만 자신이 묘사하는 인격의 속성들이 전혀 없을 경우, 그를 고통 없이 단번에 죽이는 것은 전혀 잘못된 일이 아니다. 그 존재가 비인간 동물인 경우, 이런 주장들은 널리 수용된다. 싱어의 논리는 폴란의 《잡식동물의 딜레마》에 차용되어, 폴란이 "좋은 농장"이라고 부르는 곳에서 길러진 동물을 먹는 것은 왜 나쁘지 않은지를 설명하는 데 쓰였다. 만약 닭이 단순히 지금만 살고 죽음에 대한 관념을 갖고 있지 않다면, 닭을 고통 없이 죽이는 게 왜 잘못됐냐는 것이다.[14] 폴란은 닭에게는 이런 능력들이 없다고 전제했지만, 이는 적어도 논란의 여지가 있다. 지금은 싱어 자신도 견해를 바꿔 닭에게도 미래 지향적인 이해관계가 있다고 생각한다.[15]

물론 특정 인간들 또한 싱어가 언급한 능력들을 갖고 있지 않다. 특히 유아와 일부 중증 지적장애인들이 그렇다. 그래서 그는 만약 우리가 완전한 인격체가 아닌 동물들을 죽이는 것을 정당화할 수 있다고 말한다면, 동일한 것을 완전한 인격체라고 할 수 없는 인간들에게도 기꺼이 적용할 수 있어야 한다고 주장한다. 한 가지를 분명히 해두면, 싱어가 비인격체를 죽이는 것이 언제나 괜찮다고 말한 것은 아니다. 다만 비인격체를 죽이는 것이 인격체를 죽이는 것보다 "덜 나쁘다"고 말하는 것이다. 그것이 고통 없이 행해지며, 불행보다는 행복을 더 많이 가져오는 한에서 말이다.

우리는 이런 논리가 어디로 이어질 수 있는지, 그리고 왜 많은 장애인들이 싱어를 뭐랄까…… 무시무시하다고 생각하는지 어렵지 않게 알 수 있다.

싱어가 쾌고감수능력에 바탕을 둔 평등한 고려의 원칙이라는 더 단순한 형태로 자신의 주장을 끝냈다면《동물 해방》은 비장애중심주의에 강력히 반대하는 책이 되었을 것이다. 그는 인지적 능력을 어떤 존재의 가치를 재는 척도로 쓰는 것은 위험하다고 지적하는 주장을 펼 수도 있었다. 하지만 그는 그렇게 하지 않았다. 쾌고감수능력에 초점을 맞췄지만 결국 그는 인격의 판단 기준으로서 이성을 왕좌에 앉혔다. 완전한 인격을 가진 삶이 비인격적 삶보다 가치 있다고 주장하면서 말이다. 비인격적인 삶은 죽으면 좌절될 욕망이나 이해관계 자체를 가질 수 없기 때문이다. 싱어는 종의 장벽에 급진적으로 문제를 제기하고 있지만(여기서 "인간 대 비인간"은 그에게 도덕적으로 중요한 구분이 아니다), 그의 주장은 특정 역량을 갖지 못한 동물들에게 분명 부정적 귀결을 초래한다. 또한 이것은 지적장애인에게도 명백히 부정적인 영향을 끼친다. 그런 체제에서 이들 집단은 덜 가치 있는 존재로 판정되고, 결과적으로 그렇게 범주화되기 때문이다.

싱어는 자신의 저술을 통해 장애 문제와 관련된 여러 주제들을 다뤘다. 거기에는 영아 살해와 안락사도 포함된다. 그의 작업에 등장하는 여러 논의들을 공정하게 다루려면 나는 아마

자연 그대로

다른 책을 더 써야 할 것이다. 다만 여기서는 그의 이론에 관한 두 가지 중요한 물음에만 초점을 두고자 한다. 싱어가 콕 짚어 말하는 역량들은 계속 살아가고자 하는 어떤 존재의 이해관계를 판단하기에 적절한가? 그리고 누가 특정 역량들을 가졌고 누가 그렇지 않은지를 분석하는 것이 과연 가능한가? 나는 이 물음들에 답하려는 노력이 우리를 철학적이고 정치적인 여러 난제와 마주하게 하고, 우리 지식 체계들의 경계와 충돌하게 만들 것임을 보여줄 것이다. 우선 장애에 초점을 맞춰, 두 번째 질문에서부터 논의를 시작해보자.

아마도 싱어가 장애를 다루는 것과 관련해 가장 시급한 문제는, 그가 장애를 의료 모델에 입각해서만 이해한다는 점일 것이다. 의료 모델에서 장애는 부정적인 것, 개입이 필요하고 피해야 할 생물학적 결점으로 간주된다. 장애학 연구자와 운동가가 지적하는 또 다른 문제는 싱어가 자신이 논하는 장애에 대해 전혀 모르고 있다는 점이다. 장애인 당사자의 목소리를 포함하는 일도 거의 없고, 분명 장애에 대한 권리 및 정의와 관련한 커뮤니티들의 관점을 제대로 다루지도 않는다. 장애에 관해 그가 활용하는 자료 대부분은 의료기관이나 장애를 가진 이들의 부모 그리고 의료 시스템과 관련된 입법 자료를 출처로 한다. 분명히 해두건대, 장애에 대해 제한적인 이해를 가진 이가 싱어만은 아니다. 리시아 칼슨이 지적했듯, 철학자들은 아주 오랫동안 장애, 특히 지적장애를 객관적으로 바람직하지 않은 자명한 범주로 간주했다.[16]

자신의 저작에서 싱어는 여러 주장들을 뒷받침하기 위해

척추뼈 갈림증, 뇌성마비, 다운증후군, "중증 지적장애", 무뇌증, 혈우병 등 장애를 매우 광범위하게 언급한다. 그는 이런 진단을 근거로 우리가 어떤 장애인이 갖고 있거나 갖게 될 능력과 삶의 질을 예측할 수 있다고 매번 상정한다. 의학이 그런 예측에 극히 서툴렀음(다운증후군을 가진 사람들에 대해 역사적으로 의학 전문가들이 낮은 기대를 보였다는 것을 이미 보았듯)이 여러 차례 입증되었다는 점을 인정하지 않고서 말이다. 위에 열거된 장애들은 각기 매우 다르며, 같은 장애라 하더라도 그 편차는 매우 크다. 척추뼈 갈림증을 가진 사람과 다운증후군을 가진 사람이 어떤 능력을 가지고 있는지, 단지 그 사람에게 내려진 진단만을 근거로 알아내기란 불가능하다. 마찬가지로 유아기에 어떤 장애인의 미래 능력을 판단하기란 어려운데, 유아기는 가장 논란이 되는 싱어의 주장들이 집중하는 단계로, 이를테면 그는 일부 제한된 사례들에서 유아 살해를 지지하기도 했다(예컨대 아기가 영구적 고통을 겪고 있거나, 그가 보기에 아기가 극심한 고통을 겪으며 자랄 것으로 예상되는 경우).

싱어는 종종 특정 법정 소송 사례, 미디어에 등장한 이야기, 의료 관계자와 가족들의 진술(아주 드물게는 장애인의 진술도)에 입각해 주장을 펼치지만, 실제로 일어난 사건이나 경험 대신 가설적 상황이나 "다른 조건이 모두 같다all else being equal는 가정 아래"라는 구절도 이용한다(많은 철학자들이 흔히 그러하듯). 이러한 가정의 좋은 사례는 싱어와 장애에 대한 권리를 변호하는 변호사이자 낫 데드 옛 회원 해리엇 맥브라이드 존슨Harriet Mcbryde Johnson의 토론에서 찾을 수 있다. 존슨은 이 대화를 바탕으로 〈감히 입에 담을 수 없는 대화〉라는 글을 썼는데, 이 글은 2003년 《뉴욕 타임스 매거진》에 발표됐다. 존슨은 자신이 자라는 동안 알게 된 어느 가족 이야기를 했다. 그 가족은 가족의 일원인 의식이 없는 10대 소녀를 돌봤다고 한다. 싱어는 이렇게 묻는다. "그 사람이 완전히 의식이 없고 다시는 의식을 회복하지 못한다는 것을 우리가 완벽하게 증명할 수 있다고 가정해봅시다. 그 모든 것을 고려한다면, 그 사람을 계속 돌본다는 게 조금 이상하게 여겨지지 않습니까?" 존슨은 이렇게 답했다. "전혀요. 돌봄이 제대로 이루어지기만 한다면, 그건 무척이나 아름다운 일일 수 있어요."[17] 싱어의 이 가정에 어떤 견해를 갖든, 중요한 점은 김은정의 지적처럼 여기서 싱어의 수사가 우리를 현실의 삶에서 빼낸다는 점을 환기하는 것이다. "싱어가 가정하는 절대성은 의학적으로 불가능하기 때문"이다.[18] 위의 예에서 볼 수 있듯, 싱어의 주장이 가설적 성격을 갖는다는 점이 어떤 경우에는 분명하지만 많은 경우에는 그렇지 않다. 싱어는 "다른 조건이 모두 같다면"이라든지, "나는 가정하건대" 같은 조건적인 구절을 반복해서 사용하는데, 이런 논증의 가장 미묘한 형태가 바로 자신이 논하는 개인 혹은 집단을 구체화할 때 싱어가 의존하는 "중증severe" 같은 말의 사용법("중증 장애인", "중증 지적장애인", "중증 척추뼈 갈림증을 가진 사람들" 등)에서 명백히 드러난다. 여기서 무엇이 "중증"이라는 범주를 정의하는 것인가? 그리고 "중증"으로 간주되는 것을 정하는 이는 누구인가? 나는 중증 장애인일까? 확실히 그렇게 불리기는 했다. 내가 그렇게 불리지 않기를 원해야 할까? 나는 나의 지적 역량과 자립생활 능력을 옹호하며 나보다 "더 심한 장애를 가진" 사람들과 결부되거나 혼동될 수 있다는 두려움 때문에 중증 장애인이라는 꼬리표를 거부해야 할까? 커뮤니티 구축과 장애 커뮤니티들 사이의 차이를 관통하는 연대의 가능성을 반영하게 된 단어로서 "장애"가 갖는 광범위하고 성긴 의미와 달리, 철학적이고 의학적인 틀에서 "중증 장애"에 관해 전제되는 것은 "바람직하지 않음" "자명한 비극" "잠재적 인격 결여" 등이다.

막연한 가설들은 의식과 고통의 뒤엉킨 실타래를 내버려둔 채 만들어진 주장들이다. 하지만 특정한 장애 및 개인 사례들까지 가져오면서 싱어는 가상의 사례, 의학 진단 그리고 정확하지 않은 범주들을 실제 장애인들 및 장애 집단과 위험하리만큼 혼동한다.

또 하나의 질문을 던져보면 내가 던진 첫 번째 질문, 즉 "싱어가 콕 짚어 말하는 역량들은 계속 살아가고자 하는 어떤 존재의 이해관계를 판단하기에 적절한가"를 다루는 데 도움이 될 것이다. 싱어의 가치 체계 바깥에 있는 존재 방식이나 경험 방식 또한 인격을 부여받을 만하다고 본다면 어떨까? 싱어의 저작에 따르면, 인격체의 핵심 요소인 미래에 대한 시간 감각이라는 것은 바로 다음 식사나 성적 상대를 찾을 수 있을 정도만으로는 충분하지 않다. 하지만 왜 충분하지 않다는 것인가? 월동을 준비하는 동물들은 어떤가? 출산을 앞두고 집을 짓거나 음식물을 모으는 동물들은? 아니면 "중증" 지적장애가 있는 인간들을 염두에 둔 비슷한 질문을 던져보자. 즐거움을 선사하는 감각을 기대하는 것은 어떤가? 우리가 살펴보았듯, 지성과 감정의 복잡성은

자연 그대로

무수히 많은 형태를 취한다. 미래와 죽음에 관한 특정 개념**만**이 그 개체에게 삶의 가치를 부여하는 역량이 될 수 있다는 생각은 매우 주제넘은 것이다. 쾌고감수능력을 가진 피조물이 살아 있음과 죽어감을 다른 방식으로 경험할 수 없다고 대체 누가 말할 수 있단 말인가? 우리는 다양한 동물들이 죽지 않기 위해 극단적인 방법을 택한다는 것을 안다. 거기에는 스스로에게 극도의 통증을 유발하는 행동도 포함된다(어떤 동물이 올가미에서 벗어나기 위해 자기 발을 물어뜯는 것처럼).[19] 동물들은 **살아남기** 위해 분투하는 게 분명하다. 언제든 죽을 수 있고 죽음 같은 것이 있다는 걸 스스로 모를지라도 말이다.

　　장애학 연구자와 운동가들은 "불구의 시간crip time"이라는 개념을 오랫동안 이론화했다. 불구의 시간이란 많은 사람들에게 많은 것을 의미하는데, 우리가 서로 다른 속도로 살고 있고 우리의 시간 감각이 경험과 능력에 의해 만들어진다는 점을 인정하는 것이다. 시간은 상대적이다. 작가이자 장애운동가인 앤 맥도널드Anne Mcdonald는 자신의 시간 감각을 이렇게 묘사한다. "나는 삶을 슬로우 모션으로 살고 있다. 내가 사는 세계에서 나의 생각은 여느 사람만큼이나 빠르고, 동작은 약하고 불규칙하며, 말은 유사流砂 속 달팽이보다도 느리다."[20] 장애는 속도 조절 그리고 진전에 대한 다른 감각을 조성하며, 때로는 수명에 대해서도 다른 감각을 조성한다. 옷을 입거나, 식사를 준비하거나, 이야기하는 것과 같은 일상적인 과업을 수행하는 데 더 많은 시간이 걸리는 우리에게 시간이 완전히 달라질 수 있다면, 극심한 지적 차이를 가진 사람들이나 매우 다양한 동물들의 시간은 어떻게 다시 개념화될 수 있을까? "불구의 시간"에서 우리가 "동물의 시간animal time"이라고 부르는 것으로 도약하기는 쉽다. 수명이 오직 몇 시간, 며칠, 몇 주인 종들은 확실히 100~200년을 사는 종들과 다른 시간 개념을 가질 것이다. 싱어의 시간 개념은 진보와 미래 지향적인 목적이라는 서구적 통념에 기초하는 반면, 불구의 시간이라는 개념은 우리로 하여금 시간이란 가변적이며 실제로 우리의 신체 형태와 함께 바뀌고 있다고 문제제기하도록 한다.

싱어와 다른 철학자들이 인격을 위한 선결조건으로 믿는 역량들은 주관적이며 비장애중심주의적이고, 신경전형적이고, 종차별적인 틀에 박혀 있다. 신경전형적 인간들이 가치 부여하는 역량들이 어떤 존재들에겐 없다는 것은, 이 존재들이 소유하고 있을지도 모를 도덕적 판단과 직결되어 있는 다른 역량들(가령 관능성sensuality, 미적 감각 혹은 대안적 시간성alternative temporality에 뿌리를 둔 역량들)에 대해 거의 말해주지 않는다. 설령 특정 역량이 어떤 존재의 쾌고감수능력을 다른 이들의 그것보다 더욱 정교하게 만든다고 하더라도, 이것이 덜 "복잡하다"고 여기는 이들의 삶을 빼앗을 권리가 우리에게 있다는 걸 뜻하지는 않는다.

인격에 대한 제한된 정의를 벗어나면 우리는 어디에 이르게 될까? 나는 모든 인간의 삶은 가치 있는 반면 비인간 동물의 삶은 그렇지 않다고 주장하는 인간 예외주의의 틀로 돌아가고 싶지 않다. 이는 쾌고감수능력이 있는 모든 존재들의 삶이 평등하다는 것을 뜻할까? 우리는 인간을 죽이는 것과 닭을 죽이는 것이 동등하게 나쁘다고 말해야 할까? 나는 지적장애인과 비인간

자연 그대로

동물의 가치를 떨어뜨리는 인격 이론을 받아들이기보다 이런 불편한 질문들을 답하지 않은 채 남겨두겠다. 단지 가치들의 위계를 위한 어떤 필요를 만족시키기 위해 우리의 윤리적 이해를 제한하느니, 그런 불편한 공간들(무한히 열린 채로 남을 그런 불편한 공간들)을 인정하는 것이 더 낫기 때문이다. 우리가 지닌 이론들이 우리를 그런 결론들로 이끈다면, 그 이론들은 충분히 좋지 않거나 완성되지 않은 것이다. 이런 질문들이 혼란스럽기는 하지만, 거기 답하는 것이 내게 가장 중요한 일은 아니다. 서로 다른 삶들의 가치를 대립시키도록 강요당하는 것은, 위계의 철학을 당연한 것으로 받아들이게 되는 일이다. 이에 맞서, 나는 동물의 삶과 인간(장애인이든 비장애인이든)의 삶 중 하나를 선택하는 것이 잘못된 이분법임을 이해하는 세계를 우리가 어떻게 창조해나갈 수 있을지 묻고 싶다.

싱어가 2012년 버클리를 방문했을 때, 그를 직접 만날 기회가 있었다. 어릴 때 그렇게나 존경했던 사람과 마주 앉으니 양가적인 감정이 들었다. 무엇보다 그는 친절했고, 재미있게 대화를 할 줄 아는 사람이었다. 존슨조차 입장 차이에도 불구하고 싱어를 좋아했다고 썼을 정도다.[21]

싱어와 함께 있는 동안 나는 사람들이 그에게 종종 묻는 보통의 질문들을 많이 했다. 쾌고감수능력과 인격, 고통을 일으키는 것과 삶을 끝내는 것의 차이 등에 관한 질문들 말이다. 나는 싱어의 생각이 정확히 드러나는 질문을 던지고 싶었다. 그를 오해하거나 그의 주장들을 부정적인 짧은 어구들로 단순화하는 것은 쉽기 때문이다. 그럼에도 때때로 나는 그렇게 하지 못했다. 그가 다른 주제들에 대해 언급했던 것을 혼동하기도 했고, 그의 입장을 나도 모르게 과장하기도 했다. 그럴 때마다 그는 내 실수를 지적했고, 반대로 그가 장애에 대해 주제넘거나 틀에 박힌 말을 쏟아낼 때는 내가 그의 실수를 지적했다.

　　대화가 꽤 오래 지속된 후에야 마침내 나는 오랫동안 묻고 싶었던 것을 질문했다. 장애가 사회와 개인에게 미치는 긍정적 효과가 하나라도 있다고 생각하는가? "장애=고통"이라는 등식을 너무나 완고하게 고수하는 싱어가 그것을 다른 방식으로 생각하게 되면 어떻게 될지 알고 싶었다.

　　그는 내 질문을 매우 흥미로워하면서 이렇게 답했다. 개인적인 차원에서 모든 사람은 어려움을 극복할 필요가 있으며, 이를 통해 품성을 기르고 만족감을 얻을 수도 있다고, 또 어떤 장애는 그런 식으로 만족감을 줄 수도 있다고. 그러나 그는 장애가 세상 전체에 미치는 긍정적 효과에 관해서는 인정하기를 훨씬 주저했다. 그는 장애인을 돕고 돌봄으로써 타자에 대한 이타적 자질을 기를 수 있다고는 생각하지만, 이 지구에는 가난한 사람들을 비롯해 도움이 필요한 사람들이 이미 너무나 많다고 생각한다고 했다. 싱어는 이렇게 말했다. "다양성이라는 관점에서는, 글쎄요. 다른 사람들과 다양한 방식으로 만나는 건 좋다고 생각해요. 하지만 이미 이 세계에는 사람들 사이에 너무나 많은 차이들이 존재하고, 우린 그걸 풀어나가야 하죠…… 그러니까 장애인이 있다고 해서 우리가 무언가 더 특별한 걸 얻을 수 있을지는 모르겠네요. 어쩌면 우리가 다르게 지각하는 것들이 있을 수도 있겠죠. 그건 우리가 확실히 고려할 만한 지점입니다."

나는 이렇게 답했다. "그럼 이런 질문을 드려볼게요. 정말 진지하게 묻는 건데요. 저는 당신이 장애 커뮤니티에 있는 우리 같은 사람들에 대해 생각해본 적이 있는지 궁금해요. 우리는 장애가 분명 긍정적인 면들을 갖는다고 생각하는데, 당신이 보기에는 우리가 그저 자기 자신을 속이고 있는 건가요? 우리는 좋지 않은 상황에서 그저 최선을 다하고 있는 것뿐인가요?"

싱어는 잠시 이야기를 멈추더니 이렇게 말했다. "그 지점에 무언가가 있다고 생각은 합니다." 그러고는 이렇게 덧붙였다. "사람들에게는 그런 경향이 있다고 생각해요…… 그런데 단언은 할 수 없어요…… 언제나 그렇다고 말하는 건 오만하다고 생각해요." 그는 말을 계속 이어갔다. "저는 사람들이 제게 그런 이야기를 하면 그들에게 이렇게 물어요. '당신이나 당신 아이의 장애를 치유할 수 있고, 그 비용도 겨우 2달러에 부작용도 전혀 없다는 것이 보증된 알약을 누군가 준다고 해도 그 알약을 사용하지 않겠다는 말인가요?' 저는 거의 대부분의 사람들이 그 알약을 사용할 거라고 생각해요. 거의 모두가 그럴 거라고 봅니다. 그리고 그렇게 한다는 것은 좋지 못한 상황에서 최선을 다한다고 말하는 셈이라고 봅니다."

"글쎄요. 제가 볼 때 대부분의 부모들은 그 약을 사용하려고 하겠지만 대부분의 장애인들은 그렇지 않을 겁니다." 나는 자신 있게 답했다.

"그럼 당신은 사용하지 않겠다고요?" 분명, 싱어는 깜짝 놀랐다.

"절대 사용하지 않을 거예요!"

"정말요?" 그는 더욱 놀라워하며 물었다.

나는 이렇게 답했다. "장애인들은 항상 그런 질문을 받아 왔어요. 장애인들이 〔그런 질문에〕 '아니요'라고 답할 수도 있다는 걸 비장애 신체를 가진 사람들이 이해하기란 정말 어려울 겁니다."

"그럼 왜 당신은 그 알약을 쓰지 않겠다는 것인지 좀 더 이야기해주세요." 싱어는 이를 이해하기 위해 진심으로 노력하고 있었다.

나는 주저했다. **나는 장애에서 어떤 가치를 보고 있는 걸까?** 나는 생각했다. **도대체 어디서부터 답해야 하는 걸까?** 피터 싱어에게 장애가 왜 중요한지 설명할 절호의 기회였다. 나는 이유를 찾기 위해 머릿속을 뒤졌다. 상호의존이나 정상성 비판 같은 것들이 떠올랐다. 하지만 그런 핵심 요점이 머릿속에서 채 정리되기도 전에, 내 안의 예술가가 불쑥 튀어나와 대답했다.

"저는 예술가예요. 그래서 창조성에 대해 많이 생각하게 됩니다. 장애는 이 세계와 소통하는 완전히 새로운 방법을 알려줍니다…… 예를 들어 저는 누구에게도 입을 사용해 무언가를 하는 방법을 배워본 적이 없어요. 모든 것 하나하나에는 어떤 차원의 창조성과 혁신성이 깃들어 있죠. 누군가는 이로 인해 좌절할 수도 있습니다. 하지만 실제로 이렇게 살아가는 우리 중 많은 이들에게 몸의 모든 측면이 미리 규정되어 있지 않다는 것은 아주 해방적인 일이에요……" 싱어는 즐거워 보였고, 흥미로워했다. "저는 왜 제가 장애나 장애인들에게 가치를 부여하는지, 왜

2달러짜리 알약을 먹지 않으려는지 수많은 목록의 이유들을 제시할 수 있어요." 나는 그렇게 말했다.

나는 우리가 서로를 진정으로 이해하려고 노력하는, 서로 다른 행성에서 온 두 존재 같다는 느낌이 강하게 들었다.

"그런데 장애를 가진 모든 사람이 예술가인 것은 아니고, 또 자기 삶을 예술이라고 생각하지도 않을 걸요?" 싱어가 지적했다.

"맞아요, 하지만 예술가만 그런 식으로 느끼는 건 아니에요. 저는 많은 예술가들을 알게 되긴 했지만, 이 세계를 바라보는 다른 관점을 제공한다는 점에서 장애가 가치 있다고 여기는 장애인들도 많다고 생각해요."

싱어는 잠시 생각에 잠긴 듯했다. "확실히 해리엇(맥브라이드 존슨)도 기본적으로 똑같은 걸 말했어요. 자신이 행복하다고요. 근데 그녀는 예술가가 아니라…… 변호사였죠."[22]

왜 나는 2달러짜리 알약을 먹으려 하지 않는가? 알약을 먹는다면 들판을 내달릴 수도 있을 텐데! 달빛 아래서 원을 그리며 춤출 수도 있을 텐데! 계단을 층층이 뛰어 오르내릴 수도 있을 텐데!

앨리슨 케이퍼는 자신의 저서 《페미니스트, 퀴어, 크립》에서 장애를 두고 치료 의제가 반복적으로 거론되는 현실, 그리고 "장애를 가진 사람들이 이 문제를 직면하고 있을 것이라고 지속적으로 가정하는 현실이야말로 치료 의제에 힘을 실어주고 강제적이고 강압적인 권력을 부여한다"고 하며, "이 물음은 피

할 수 없는 것이 되었고, 이에 대한 대답은 자명한 것으로 여겨진다"고 썼다.[23]

이런 비장애중심주의적 가정에도 불구하고, 대개 장애는 장애인들의 삶에 스며들어 그 일부가 된다. 장애로 인해 우리가 완전한 삶을 살지 못하게 되는 것은 아니지만, 그렇다고 이것이 우리가 장애인임을 항상 꼭 즐긴다는 뜻은 아니다. 이는 단지 우리가 장애와 함께 살아가고 있다는 뜻일 뿐이다. 장애가 우리 삶에서 가장 결정적인 요소는 아니다. 우리(혹은 적어도 우리 대부분)는 우리가 할 수 없는 모든 것을 애석해하면서, 이를테면 '장애가 없었다면 맨발로 해변을 걸어 다녔을 텐데'라는 식으로 살아가지는 않는다.

싱어에게 장애가 창조적이라고 이야기했을 때 나는 장애인 무용수이자 예술가, 시인인 닐 마커스Neil Marcus를 떠올리고 있었다. 그는 이렇게 말한 적이 있다. "장애는 '용감한 고투'나 '역경과 마주하는 용기' 같은 것이 아니다. …… 장애는 예술이다. 그것은 삶을 사는 독창적인 방식이다."[24]

나는 이 말을 사랑한다. 이것은 예술가로서의 나 그리고 일상을 살아가면서 무언가를 집거나 어디엔가 도달할 방법을 창조적으로 알아내려고 하는 장애인으로서의 나, 이 양쪽 모두와 공명한다. 마커스의 말은 장애가 단순히 결핍이라는 생각에 저항한다. 게다가 그의 말은 우리가 효율성, 진보, 자립, 이성을 반드시 중심에 두지는 않는 삶의 방식들에서 가치를 찾도록 촉구한다. 장애학 연구자 로버트 맥루어는 도발적인 질문을 던진다. "자신이 겪을 장애를 환영하고 그것을 욕망한다는 것은 어떤

자연 그대로

의미일 수 있는가?"[25] 이러한 정서는 우리가 공간 안에서 움직이고 시간 속에서 존재하는 대안적인 방식들에 깃든 관능성, 예측 불가능성 그리고 아름다운 잠재력을 보도록 자극한다. 장애는 해방적일 수도 있고, 신나는 일일 수도 있으며, 또한 우리에게 "정상적이기"를 요구하는 사회의 지속적인 공세에서 벗어나게 해주는 자유의 장소일 수도 있다.

다양한 자폐 프라이드autistic pride와 매드 프라이드mad pride 운동이 증명하듯, 이런 시각은 비단 신체장애를 가진 사람들과만 관련되지 않는다. 이성과 언어를 통해 자신을 표현할 능력이 없는 개인들의 창의적이고 미적이고 관능적인 세계를 이해하려면 더 많은 노력이 있어야 한다. 사회학자 데이비드 구드David Goode의 작업을 생각해보자. 그는 1960년대부터 수십 년간 구어를 쓰지 못하고 대부분 지적장애도 있는 장애 아동들을 관찰했다. 구드는 자신의 작업에서 크리스와 함께했던 일에 대해 썼다. 크리스는 시설에 수용된 어린 여자아이로, 청각장애와 시각장애, 지적장애를 가지고 있었다. 구드는 자신과 크리스가 상이한 감각 세계에 살고 있음을 이해했고, 그래서 그녀가 경험하고 있는 것이 무엇인지 알기 위해서는 그녀에게 배울 필요가 있다고 생각했다. 크리스는 머리를 특정한 각도로 구부린 채 딸랑이나 숟가락을 치며 반복해서 몸을 흔들었다. 그녀를 몇 시간에 걸쳐 관찰한 구드는 그녀의 한쪽 귀와 한쪽 눈에 어느 정도의 청각과 시각이 있다고 판단했다. 크리스가 무엇을 하고 있는지 더 잘 파악하기 위해 구드는 그녀의 감각적 지각을 느껴보려고 자신의 귀와 눈을 덮었다. 그러고는 그녀처럼 몸을 규칙적으로 흔들었

다. 구드는 그렇게 몸을 흔들면 매우 즐겁고 자극적인 빛과 소리의 리듬이 생긴다는 것을 발견했다.[26]

　　매일 몇 시간씩 이어지는 그런 행동은 많은 이들에게 별로 즐겁거나 의미 있는 것으로 보이지 않을 수 있다. 하지만 이 이야기는 우리가 "중증" 지적장애를 가진 사람들의 경험에 대해 생각해보도록 한다. 이런 경험들이 우리에게는 감춰져 있어 알 수 없지만, 그들에게는 분명 아주 즐겁고 의미 있을 수 있다. 이런 이야기는 장애란 오직 고통이며 결핍일 뿐이라는 믿음에 문제를 제기한다. 장애가 있는 사람들의 몇몇 경험 중 오로지 본인만이 접근할 수 있는 성격의 것과 그 다양함을 고려할 때, 나는 삶의 질과 인격에 대한 주장들에는 근본적인 문제가 있다고 보게 된다.

　　싱어와의 대화에서 해리엇 맥브라이드 존슨이 사려 깊게 표현했듯, 삶의 질과 고통에 관한 이런 주제들을 유심히 검토하는 것은 중요하다. 삶의 질과 고통에 관한 생각들은 사람들이 장애를 이해하는 방식에 엄청난 영향을 주기 때문이다. 어떤 사람들에게는 싱어의 생각이 충격적이고 극단적인 것으로 보일 수도 있는데, 사실 그런 유의 생각은 이미 널리 받아들여지고 있는 통념, 즉 장애는 본질적으로 피해야 할 부정적인 상태라는 믿음에 기초한다. 케이퍼는 이렇게 쓴다. "만약 장애가 끔찍하고 끝없는 비극으로 개념화된다면, 장애가 존재하는 미래는 무조건 피해야 할 미래가 된다. 다시 말해, 더 나은 미래라는 것은 장애와 장애를 가진 몸을 배제한다. 장애의 **부재**야말로 더 나은 미래를 알리는 신호인 것이다."[27] 싱어는 장애가 고통을 가져오는 부정적인 경험이라는 생각을 노골적으로 지지한다. 따라서 그가 장애 커뮤니티의 비판 대상이 되는 것은 충분히 이해할 만한 일이다. 하지만 그는 장애에 관한 통념에서 도출되는 자연스러운 결론을 취할 뿐이다. 존슨이 지적했듯, 그런 의견은 너무도 흔해서 싱어의 관점을 특별히 끔찍한 것으로 간주한다거나 그를 일종의 괴물로 지적하기는 어렵다. 존슨은 이렇게 썼다. "만약 장애에 대한 싱어식의 편견을 궁극적인 악으로 규정하고 그를 괴물로 규정한다면, 장애를 가진 삶은 본질적으로 좋지 않다고 생각하는 모든 사람들을 그렇게 규정해야 합니다. …… 이런 규정은 내가 길에서 만나고, 같이 일하고, 함께 밥을 먹고, 이야기를 나누고, 지역 정치에서 함께 발로 뛰는 사람들 대부분을 괴물로 만들 겁니다. 아마 나의 가족 일부와 비장애인 친구들 대부분이 여기에 포함되겠죠."[28]

싱어가 그런 주장 상당수를 전개할 수 있는 것은 그의 관점이 우리 사회와 의료기관에 이미 널리 퍼져 있기 때문이다. 그는 특정한 장애에 관한 자신의 의학적 주장 혹은 삶의 질과 관련한 주장을 뒷받침하기 위해 수십 명의 의사들이 쓴 저술들을 인용한다. 그러나 그는 의학 전문가들이 장애에 관해 가질 수 있는 편견들을 간과했다. 그는 이렇게 쓴다. "많은 의사와 신학자들은 환자가 최소한의 품위 있는 삶을 살아갈 가능성이 아주 낮을 때 그리고 그것이 개선될 가망이 없을 때, 우리가 연명을 위해 모든 것을 해야 하는 것은 아니라는 데 동의한다. 도덕적 사고에 있어 가장 보수적인 의사와 신학자들을 포함해서 말이다. 예를 들어 어느 정도 괜찮은 수준의 삶의 질과 양립할 수 없는 중증 장애를 가진 아기가 태어나 병에 감염될 경우, 다수의 의사들과 신학자들은 아기에게 항생제를 주지 않아도 된다고 말할 것이다."[29]

　　여기서 어느 정도 괜찮은acceptable[받아들일 만한] 수준의 삶의 질이란 정확히 무엇이며, 누가 그것을 결정하는가? 지적 장애가 있다는 이유로 신장 이식을 거부당한 어린 여자아이 아멜리아 리베라[+]를 떠올려보자. 이 아이의 삶의 질은 결코 "받아들일 수 없는" 수준이었을까? 아멜리아의 부모는 분명 딸이 이식받길 원했기 때문에 싱어도 그런 결정(이식 거부)을 지지하지는 않겠지만, 그녀의 이야기는 장애 및 삶의 질에 관한 의료기관의 견해에 의존하는 것이 얼마나 위험한지 보여준다. 의사와 신학자 그리고 장애아 부모들은 종종 삶의 질에 관한 문제에 대해 장애인들 본인과는 매우 다른 답변을 한다. 유아 살해를 다룰 때 보통 싱어와 의료 전문가들은 뇌의 대부분이 없는 채로 태어났거나, 극심한 고통과 심각한 수명 단축을 야기하는 장애가 있는 유아들처럼 극히 어려운 상황에 처한 경우를 논의한다. 그런 사례들의 특수성은 복잡하며 전혀 분명치 않다. 일부 장애운동가들과 달리 나는 삶을 끝내는 문제에 대해 싱어가 내리는 결론에 항상 반대하지는 않는다는 점을 밝혀두고 싶다. 나 역시 싱어처럼 삶을 연장하는 것이 언제나 가장 공감할 수 있는 선택지가 되리라고는 확신하지 못한다. 물론 싱어가 내리는 많은 결론들은 명백히 모욕적이고 위험하다. 그렇지만 내가 여기서 문제 삼

[+] 아멜리아 리베라의 이야기에 관해서는 144~145쪽을 보라.

　　　　　　　　　　자연 그대로

고자 하는 것은 싱어가 주장을 펼치는 방식이다. 즉 장애에 관한 고정관념을 수사적으로 이용하는 것, 고통에 관해 추정하는 것, 인격을 정의하는 유일한 수단으로 이성을 떠받드는 것 말이다. 싱어와 그가 인용하는 주류 의료계는 각각의 장애 사례들이 지닌 미세한 결들에서 계속 벗어나고 있다. 그들은 지적 역량, 휠체어 사용, 타인에 대한 의존(이를테면 먹거나 화장실을 갈 때 도움을 청하는 것), 호흡기를 달고 사는 삶 등 서로 너무나도 다르고 광범위한 장애 종류에 대해 스스로의 편견만을 드러낼 뿐이다. 삶의 질에 대한 주장은 이런 식으로 유아들이 겪는 고통의 극단적인 사례들〔앞서 언급된 뇌의 대부분이 없는 채로 태어난 유아와 같은 경우〕을 벗어난다. 이는 앞서 다운증후군 아이를 갖는 삶이나 장애인의 삶은 "살 가치가 적다"는 싱어의 논증에서도 드러났다. 이런 사례들에서 그가 삶과 죽음에 대한 어떤 결정을 옹호하는 것은 아니다. 그는 자신의 작업이 결코 장애를 가진 아이나 어른의 삶을 끝내도록 제안하는 것은 아니라고 분명히 말한다. 다만 그는 이런 계기들 속에서 자신의 더 큰 주장의 틀을 구축하기 위해 일반적으로 장애는 삶의 질이 낮다는 통념을 이용할 뿐이다. 내 생각에, 바로 이 때문에 그는 매우 잘못된 방향으로 나아갔다.

"삶의 질"이라는 표현을 들을 때, 장애운동가들은 손발이 오그라든다는 반응을 보이는 경향이 있다. 이것이 장애인들의 죽음을 너무나 자주 비장애중심주의적으로 정당화하는 논리와 연결되었기 때문이다. 비장애인들이 휠체어와 배뇨관, 용변 보조, "감소된" 지적 능력, 일반적인 "자립성 결핍" 등에 대해 말할 때, 그들의 말은 상상에 기초한 것이지 직접 체험한 것이 아니다. 이런 경험들에 내재하는 부정성과 (그 부정성에서 비롯된) 부정적인 문화적·사회적 상징을 서로 떼어놓는다는 건 불가능한 것은 아니지만 어려운 일이다. 엉덩이를 닦을 때 누군가의 도움을 필요로 하는 것이 본래 그렇게 끔찍한 일인가? 아이였을 때 이런 도움이 필요했고 어른이 된 지금 품위와 유머를 발휘하며 이런 일을 도와주는 수많은 친구들을 둔 사람으로서, 나는 그렇게 생각하지 않는다. 내 경험에 입각해보면, 도움이 불편했던 건 다음과 같은 경우를 겪을 때였다. 다른 사람들이 그것을 어색해하는 것을 알아차렸을 때, 다른 사람에게 부담을 준다는 것을 느꼈을 때, 또한 나 스스로 그런 도움이 결코 자립할 수 없고, 집에서 떠나지 못하고, 파트너도 갖지 못하게 될 나의 처지를 뜻한다고 (잘못) 생각했을 때. 내 경험에서 드러나듯, 자주 문제가 되는 것은 〔장애인이〕 짐이 되고 도움이 필요한 존재라는 낙인 자체다. 돌봄을 제공할 사람을 선택할 수 있고 당황하거나 부끄러워하지 않아도 된다는 확신이 있다면, 그런 내밀한 돌봄은 삶의 질에 훨씬 더 다채로운 영향을 미칠 것이다.

존슨은 날카롭게 물었다. "우리는 '남들보다 더 불행한' 걸까요?" 그러고는 이렇게 썼다. "저는 그렇게 생각하지 않아요. 어떤 의미로도 말이에요. 변수가 너무 많거든요. 선천적 장애를 가진 우리는 장애가 모든 것을 구축하는 존재일 거예요. 후천적으로 장애를 갖게 된 이들은 적응해가겠죠. 우리는 그 누구도 선택하지 않을 제약들을 받아들이고 그 안에서 풍부하고 만족스러운 삶을 만들어가고 있어요. 우리는 다른 사람들이 즐기는 쾌

자연 그대로

락도 즐기지만 우리만의 고유한 쾌락도 즐기죠. 우리는 이 세계가 필요로 하는 무언가를 가지고 있어요."[30]

　　장애가 한 사람의 삶의 질에 영향을 미친다고 하더라도, 장애인의 삶이 비장애인보다 덜 만족스럽고 덜 즐겁다고 주장하는 것은 문제적인 비약이다. 물론 그렇다고 해서 삶의 질에 관한 대화가 아무런 쓸모도 없다는 뜻은 아니다. 중요한 점은 우리가 이런 주제들을 충분히 신중하게, 개개인에게 주의를 기울이며 검토해야 한다는 것이다. 몇몇 가정, 고정관념, 편견이 우리의 입장을 떠받치고 있다는 점도 유념해야 한다. 싱어에 관한 글에서 스티븐 베스트는 장애에 대한 권리를 외치는 운동가 사라 트리아노Sarah Triano를 인용한 바 있다. 베스트에 따르면 그녀는 이렇게 말했다. "동물 권리의 사회적 모델을 위한 이론을 그토록 훌륭하게 만든 싱어가 동일한 논리를 인간에게는 적용하지 못한다는 사실이 정말 어리둥절하다. 싱어는 어떤 인간들은 동물과 동일한 종류의 억압을 겪는다는 것을 상상하지 못하는 것일까?"[31] 싱어는 분명 동물들이 억압적이고 차별적인 환경에서 살고 있다는 것을 이해할 수 있지만, 장애인의 삶은 살 가치가 적다는 자신의 주장 자체가 차별에서 비롯되었다는 것은 인식하지 못한다. 베스트는 이렇게 말한다. "싱어가 동물의 고통을 묘사하면서 동물들의 안락사가 아닌 해방을 호소한다면, 왜 그는 유아들의 고통을 최소화하는 사회적 변화를 주창하지 않고 유아들이 삶에서 겪을 고통을 확신하며 유아들을 죽이는 일을 옹호하는가? 트리아노는 이 점에 놀란다."[32] 이것이 싱어의 작업에서 가장 모순적인 부분이다. 그는 동물에 관한 어떤 견해가 "상

식"처럼 보이거나 널리 받아들여진다는 사실이 그 자체로 그 견
해가 윤리적이라거나 의문시되어서는 안 된다는 것을 의미하지
는 않는다고 분명히 밝혔다. 하지만 싱어는 이런 "상식"을 곧 장
애에 대한 자신의 생각을 방어하기 위해 사용한다.

싱어의 작업에서 가장 불만족스러운 것 중 하나는 장애
인을 방어적으로 만드는 그의 방식이다. 우리는 싱어와 그의 지
지자들에게 우리의 삶이 비장애 몸을 가진 사람들의 삶만큼이
나 가치 있음을 증명해야 한다. 하지만 싱어에게는 우리의 삶이
덜 만족스럽다는 것을 증명할 의무가 없다. 그의 편에는 뿌리 깊
은 비장애중심주의 문화, 많은 장애학자들이 강제적 비장애 신
체성able-bodiness✦ 체계라고 부른 것이 있기 때문이다. 장애를 부
정적이고, 결함 있고, 치유되어야 할 무엇으로 묘사하는 주장들
은 장애를 나쁜 것으로 생각하는 것이 "자연스럽고", "정상적"이

✦ 비장애중심주의가 작동하는 하나의 기제로, 사람들의 육체적 기능이나 외관을 표
준화하는 규범을 말한다. (뒤이어 등장하는 강제적 '비장애 정신성'과 나란히 언급
되곤 하는데, 이것은 심적 영역을 정상화하는 개념이다.) 장애학 연구자 로버트 맥
루어는 강제적 비장애 신체성을 강제적 이성애와 비교한 바 있다. 강제적 이성애라
는 개념은 남녀가 서로 끌리는 것을 '정상적'이고 '자연스러운' 일로 상정하며 이 이
성애 시스템 외부의 모든 정체성을 이상한 것, 즉 '퀴어'한 것으로 만드는 시스템을
폭로한다. 이와 마찬가지로 강제적 비장애 신체성은 '정상적'이고 '자연스러운' 비
장애 신체에 들어맞지 않는 신체를 모두 '장애'로 낙인찍는 시스템에 관해 말해준
다. 맥루어에 따르면, 진정한 이성애 혹은 비장애 신체는 존재하지 않으며, 언제까지
라도 추구되어야 할 이상으로 제시되는 이성애 혹은 비장애 신체가 끊임없이 '퀴어'
나 '장애'라 불리는 신체를 만들어낼 따름이다. Robert McRuer, "Compulsory Able-
Bodiedness and. Queer/Disabled Existence", *The Disability Studies Reader*, edited by
Lennard J. Davis, Taylor and Francis, Routledge, 2013.

자연 그대로

라는 생각에 의존한다. 이것이 "상식"이고 모두가 그렇게 알고 있다. 피오나 캠벨이 쓰듯, "비장애중심주의 체제는 장애란 본래 부정적인 것이라는 통념이 이상aberration에 대한 자연스러운 반응으로 보일 정도로 장애의 부정성을 심화시켰고, 이 부정성은 집단적 주체성으로 깊숙이 침투했다".[33]

싱어와의 대화에서 내가 방어적이었다는 것을 알고 있다. 나는 우리 중 어떤 이들은 2달러의 알약을 먹지 않을 거라고 말하는 것에 만족하지 못했다. 나는 "대부분의 장애인들"이라고 대답했다. 하지만 확실히 자신에게 있는 장애를 즐기지 않는 장애인들, 장애를 "창조적"이라고 말하는 것을 비웃는 장애인들, 치료된다는 말에 크게 기뻐할 장애인들은 많을 것이다. 이는 비단 비장애중심주의와 내면화된 억압 때문만이 아니라, 상실, 고통, 개인적 욕망 때문일 수도 있다. 싱어에게 나는 어떤 장애인들은 장애를 갖는 것을 원하지 않을 수 있지만…… 우리 모두가 그렇지는 않다고 말했어야 했다.

하지만 이러한 대답조차 그런 질문들에 너무나 큰 힘을 부여한다. 고통을 지나치게 강조하거나 고통이 성취를 부정한다고 상정하는 것과 마찬가지로, 치료의 문제는 자신의 장애에 대한 자긍심 대 의료적 개입이라는 잘못된 이분법을 만들어낸다. 케이퍼는 관심을 두어야 할 것은 강제적 비장애 신체성과 비장애 정신성이지, "개인의 병 혹은 장애인과 특정한 의료적 개입의 관계"가 아니라고 주장한다. "치료에 대한 욕망이 꼭 불구를 반대하는 입장이나 장애에 대한 권리 및 정의를 반대하는 입장을 견지해야 하는 것은 아니다." 케이퍼는 자신이 치료 자체에 대해 말하는 것이 아니라 "치료라는 이미지에 대해, 즉 〔의료적〕 개입을 기대하고 상정할 뿐 아니라 그런 개입 외에는 상상하거나 이해할 수 있는 것이 아무것도 없는 것으로 장애를 보는 사고방식에 대해 말하는 것"이라고 분명히 한다.[34] 많은 사람들이 치료받기를 원하고, 장애를 갖고 싶어 하지 않고, 장애로 인해 괴로워하고 싶지 않다는 사실 자체는 문제가 되지 않는다. 우리가 문제시해야 할 것은 이러한 사실들이 뜻하는 바가 장애란 객관적으로 바람직하지 않으며 그런 감정들만이 장애에 대한 합리적인 반응이라고 보는, 아주 뿌리 깊고 만연한 전제 자체다.

장애가 좋은지 나쁜지, 그것이 고통을 일으키는지 아닌지 증명하는 것은 궁극적으로 별반 기대할 바 없는 게임이다. 게다가 그런 것은 우리로 하여금 취약성, 가변성 그리고 우리가 어떤 세상에 살기를 원하는지 같은 더 중요한 물음들에 집중하지 못하게 한다. 우리가 보았듯 장애는 실제로 사람이 살며 겪은 체험 lived experience일 뿐 아니라, 비판적으로 맞서야 할 이데올로기이자 정치적인 문제다. 장애는 몸으로—그 **어떤** 몸이든 간에—살아내는 현실의 일부분이다. 케이퍼가 썼듯, 장애는 "정치적인 것으로, 가치 있는 것으로, 필수적인 것으로" 이해돼야 한다.[35]

장애학 연구자와 운동가들은 비극이나 고통에 관한 고정관념들을 떨치기 위해 적잖은 힘을 쏟았다. 이런 단순화된 비유들이 장애인의 불평등을 자연스러운 것으로 보이게 하는 데 매우 중요한 역할을 했기 때문이다. 결국, 페미니스트 운동이 오랫동안 우리에게 알려준 것처럼 무언가를 정치적인 것이 아닌 사적인 것으로 취급하는 것은 권력을 가진 자가 차별과 불평등을 부인하기 위해 쓰는 탁월한 수법이다. 이런 비극 서사들은 억압과 학대의 도구가 되어, 스스로에게 나는 취직과 교육의 기회, 연애관계, 사회적 지위 등을 가질 자격이 없다고 주입시킨다. 어려움을 인정하는 것과 장애를 부인하는 것 사이에서 균형을 유지하기란 무척 어렵다. 장애가 비극이자 바람직하지 못한 상태로 전제되는 탓에, 조금만 균형을 잃어도 곧바로 차별로 이어지기 때문이다. 장애인들은 딜레마에 처하기 일쑤다. 그들은 자신이 겪는 어려움을 부인하거나 아니면 비장애중심주의에 기름을 붓게 될 위험을 무릅쓰고 타협하게 될 수도 있다.

　　우리 대부분이 자신의 고통과 경험을 쉽게 분리해 명명할 수 없다는 단순한 사실은 이 딜레마를 더욱 복잡하게 만든다. 장애인 저자이자 시인으로 활동하는 일라이 클레어Eli Clare는 이렇게 쓴다. "어느 괜찮은 날엔 '내 몸 안으로 향하는 분노'와 '바깥의 일상적인 망할 비장애중심주의로 향하는 분노'를 분리할 수 있다. 하지만 전자의 분노를 후자의 분노로 바꿔서, 후자를 더욱 타오르게 만드는 일은 그리 간단하거나 깔끔하지 않다."[36] 외적으로 드러나는 비장애중심주의, 차별, 억압과 내면화된 비장애중심주의, 고통, 슬픔, 상실이 서로 불가피하게 얽혀 있다는 사실은 장애를 매우 어렵고, (불가능하지는 않더라도) 풀기 힘든 경험으로 만든다. 장애를 고려할 때 고통이라는 것에 대해 생각할 여지를 두는 것(이는 많은 장애인들의 근본 경험이다) 그리고 장애를 가진 신체나 정신으로 살아가며 마주할 수 있는 슬픔의 여지를 두는 것은 정말로 중요하다. 하지만 그와 동시에 지금 우리가 왜 이런 식으로 느끼는지 질문하고 고통과 슬픔이 장애에 고유한 것은 아니라는 점을 상기하는 일 또한 중요하다.

개인적인 예를 하나 들자면, 파트너 데이비드와 관계를 시작한 지 얼마 되지 않았을 때, 나는 산책하면서 그의 손을 잡을 수 없다는 것이 당혹스럽고 서글펐다. 처음에는 이 감정이 나의 신체성에서 비롯되었다고 생각했다. 내 팔과 손이 그와 손을 잡기에는 너무나 약했던 것이다. 물론 내 손을 그의 손 곁에 둘 수 있는 어떤 장치를 만들 수는 있었을 것이다. 하지만 어떤 보조 기술도 우리가 원할 때 언제든 자발적으로 손바닥을 서로 마주할 수 있게 만들어주지는 못했다. 이것이 슬펐다. 그러나 언제부턴가 나는 이 시나리오가 순수하게 개인적인 것도, 내 몸의 "기능 결핍"의 산물도 아니라는 것을 깨달았다. 만약 데이비드와 내가 장애인 커플이나 장애인-비장애인inter-abled 커플의 모습이 흔한 문화에서 자랐다면 어땠을까? 그가 팔꿈치 혹은 손을 내 어깨에 기울이고 나는 내 머리를 그의 팔에 기울이면서 산책하듯, 그런 사람들을 보며 자랐다면 어땠을까? 그때도 나는 커플의 교제 방식에 대해 어떤 관념을 상정하게 되었을까? 그때도 똑같은 상실감을 느꼈을까? 아니면 내 몸이 애정을 표현하는 방식이 정당하다고 자신 있게 느꼈을까?

우리의 개인적 삶은 사회정치적 세계와 매우 깊이 얽혀 있어서, 슬픔과 상실의 사적인 순간들조차 사회적 환경과 떼어놓을 수 없다. 하지만 동시에 내가 직면한 과제들 중 내 몸에서 비롯된 것은 결코 없다고 상상하는 것 역시 부인의 한 형태일 것이다. 이러한 부인은 내 신체성이 함의하는 바에 대해 이론적으로나 정치적으로 그리고 예술적으로 탐구하는 것을 제한한다.

자연 그대로

장애에 관한 엄격한 사회적 모델에 의하면 장애는 단순히 나에게 일어난 어떤 일로 치부되어야 하지만, 이는 사실이 아니다. 오히려 장애는 나의 정체성에 필수적인 부분이며, 따라서 나의 창조성과 내가 겪는 어려움 모두 장애와 분리될 수 없다. 내 몸의 장애를 인정함으로써 나는 내 한계를 인식할 뿐만 아니라, 장애를 가진 나의 신체를 창의적인 장場으로, 세계와 상호작용하고 세계를 이해하는 새로운 방식에 대한 잠재력을 가진 창의적인 장으로 알아갈 수 있는 여지를 갖게 된다. 장애인들이 자신의 고통과 "원치 않는" 순간들에 대한 소유권을 쥐고 스스로의 서사를 말하는 것은 중요한 일이다. 왜냐하면 비장애 신체의 세계가 우리 삶을 틀 짓고 전형화하는 방식을 통하지 않고서 고통을 겪을 수 있어야 하기 때문이다. 우리는 모두 고통을 겪는다. 그러나 이 고통은 우리 자신의 다른 경험들에 대한 부정을 뜻하지 않는다.

고통에 대한 지나친 강조가 분명 문제적임을 지적하는 것만큼, 고통에 대한 부인 또한 문제적임을 지적해야 한다. 고통을 느끼는 역량은 인간들 사이의 차이와 종들 간 차이를 막론하고 공유되는 것이다. 고통은 공감의 장소이자 타자의 고투를 인식하는 장소다. 어떤 존재가 지닌 고통을 느끼는 역량을 부인한다는 것은, 인간이 다른 인간과 다른 동물들에게 너무나 자주 행사해온 극심한 폭력 행위나 다름없다.

장애 커뮤니티가 고통이라는 것을 다시 가져와 점유한다면 어떻게 될까? 고통 담론에 깃든 위험성에 대해 우리가 알게 된 모든 것을 잘 간직하는 동시에 고통을 차이를 관통할 수 있는 잠재적인 공감의 장소로 인식한다면 어떻게 될까? 장애학자 수전 슈바이크는 1980년대에 UC 버클리에 다녔고 그 후 얼마 지나지 않아 고인이 된 장애인 동물운동가 주디스 그린우드Judith Greenwood와의 추억을 내게 들려주었다. 슈바이크는 그린우드가 장애학이라는 학문이 미처 존재하기도 전에 장애학을 개척했다고 믿는다. "저는 그린우드가 과학자와 의사들에게 학대당한, 그러니까 그들의 실험 대상이 되었던 경험에 대해 말한 것을 생생하게 기억해요. 그 경험은 그녀에게 어떤 존재도 실험 대상이 되게 해서는 안 된다는 〔신념의〕 열망을 심어주었죠. 그녀는 완전히 연결되어 있었어요…… 쾌고감수능력의 공유, 역량의 공유, 고통의 공유에 기반을 둔 인식과 말이에요."[37] 고통의 강조는 연민과 고정관념을 영속시킬 수도 있지만, 공감을 불러일으키고 이런 종류의 연대를 향한 열정에 불을 지필 수도 있다.

내가 싱어에게 장애가 이 세계에 어떤 긍정적인 것을 줄 수 있을지 물었을 때, 그는 장애를 잠재적으로 사람들에게 분투에 대해, 극복에 대해, 돌봄에 대해 가르쳐줄 수 있는 부정적인 무엇으로 상상하는 답변을 내놓았다. 이는 장애의 유일한 긍정적 잠재성이 비장애 신체를 가진 사람들에게 공감 능력을 더 기를 수 있는 기회를 제공하는 데 있다고 생각하는 통상적인 감정이다. 이런 서사는 장애가 우리 모두로 하여금 문화, 정치, 자립, 생산성, 효율성, 취약성 그리고 종 혹은 여러 종류의 차이를 관통하는 공감과 연대의 가능성에 대해 더 큰 질문을 던질 수 있도록 돕는다는 점을 놓치고 있다. 우리는 장애를 통해 누가 생산적

자연 그대로

인 사회 일원으로 간주되며 어떤 행위들이 중요하고 가치 있다고 여겨지는지에 대한 전제들을 도마 위에 올릴 수 있게 된다. 우리는 장애를 통해 우리가 당연하게 받아들인 것들, 즉 우리의 이성, 우리가 움직이는 방식, 우리가 세계를 지각하는 방식 같은 것들에 대해 질문하게 된다. 장애는 우리가 왜, 어떻게 서로를 돌보는지, 우리가 어떤 사회에 살고 싶은지 생각해볼 수 있는 새로운 패러다임을 제시한다.

고인이 된 역사가이자 장애학자 폴 롱모어Paul Longmore는 장애 커뮤니티에서 탄생한 가치 체계를 이렇게 묘사한다. "농인과 장애인들은 프라이드 선언을 넘어 스스로의 경험에서 얻어낸 대안적 가치들을 발견하고 만들어왔다. …… 그들은 자신들이 자급자족 능력self-sufficiency이 아닌 자기결정self-determination을, 자립independence이 아닌 상호의존interdependence을, 기능적 분리functional separateness가 아닌 개개인의 연결personal connection을, 신체적 자율성physical autonomy이 아닌 인간 커뮤니티human community를 존중한다고 선언한다."[38] 장애의 이러한 "가치"는 갈수록 위태로워지는 우리 사회에서 점점 더 중요해지고 있다. 나는 이런 가치들이 인간을 넘어 확장되는 것을 그려본다. 단지 인간의 상호의존, 행위 능력, 커뮤니티만이 아닌 인간, 동물, 환경 모두의 그것까지 추구하는 해방의 길을 창조하면서 말이다.

아직 남아 있는 질문이 있다. 장애운동과 동물 권리 운동 사이에 어떻게 다리를 놓을 수 있을까? 이 물음에 대해 나는 먼저 동물 옹호가들이 싱어의 작업에 가한 비판을 지적하고, 특히 페미니스트들이 제시한 대안적인 동물 정의animal justice 개념들을 인식하고자 한다.[39] 그다음으로는 장애운동 스스로가 차이에 대해 갖는 두려움에 관해 숙고해보자고 요청하려 한다.

나는 장애운동이 동물 문제에 반발하는 것이 싱어나 다른 사람들의 목소리에서 묻어나는 비장애중심주의 때문만이 아니라 장애운동 스스로의 종차별주의 때문이기도 하다는 인상을 수도 없이 받았다. 나는 이것이 틀림없는 진실이라고 생각한다. 장애인과 그 연대자들이 싱어에 대해 보인 반응을 보면 명백하다. 예를 들어 해리엇 맥브라이드 존슨은 싱어의 논의를 훌륭히 비판했지만(그녀는 놀라운 능력과 재치를 발휘하며 삶의 질에 관한 전제들을 반박했다), 자신의 휠체어에 걸쳐 있는 양가죽이 잘 보이게 해달라고 활동보조인에게 요청하며 때때로 동물에 대한 무관심을 드러냈다. 그녀는 싱어에게 자신은 동물의 고통에 대해 차라리 공부하지 않겠다고도 말했다. 존슨은 동물 문제에 대한 자신의 반감을 이런 식으로 설명했다. "장애 천민*으로서 저는 제 자리를 위해, 관계를 위해, 커뮤니티를 위해, 인맥을 위해 투쟁해야 해요. 저는 인간임을 인정받기 위해 여전히 싸우고 있기 때문에, '종들을 넘어서'라는 싱어의 호소는 제게 꿈도 꿀 수 없는 사치처럼 보입니다."

이렇듯 동물에 대한 존슨의 의식 부재는 문제적이다. 아

✤ 여기서 '천민'은 인도 카스트 제도의 이른바 '불가촉천민'을 부르는 호칭 '파리아 pariah'를 번역한 것으로, 존슨이 장애인으로서 사회에서 배제되고 소외되는 자신의 처지를 표현하기 위해 '장애'와 '파리아'를 합쳐서 사용한 것으로 추정된다.

　　　　　　　　자연 그대로

직 자신에게 정의justice가 세워지지 못했다는 이유로 다른 누군가에게 세워져야 할 정의를 부인하는 것은 결코 좋은 생각이 아니다. 또한 나는 동물해방 없이 장애해방은 없다고 믿는데, 둘은 서로 밀접하게 연결되어 있기 때문이다. 동물운동을 떨쳐버리거나 그것과의 관계를 끊어버릴 게 아니라, 정치이론가 클레어 진 킴Claire Jean Kim이 말한 "공언의 윤리ethics of avowal", 즉 억압들이 서로 연결되어 있음을 인식하면 어떨까? 또한 우리가 "정치적 투쟁의 과정에서조차, 혹은 특히 그 정치적 투쟁의 과정에서야말로 더더욱 다른 피지배 집단들의 고통이나 주장에 뜻깊고 지속적인 방식으로 열려 있음"[40]을 인식하는 그런 윤리를 받아들인다면 어떨까? 공감은 한정된 자원이 아니다.

　　장애 억압과 동물 억압이 본질적으로 연결되어 있다는 가장 충격적인 증거는 아마도 싱어의 비장애중심주의적 논의가 종차별주의적이기도 하다는 점에서 발견될 것이다. 싱어의 주장은 인격의 문지기(그리고 인격이 제공하는 죽임당하는 것으로부터의 보호)로서 이성과 관련된 일부 능력에 특권을 부여함으로써 능력 사이의 위계뿐 아니라 종 사이의 위계도 강화한다. 이틀 속에서 (신경전형적인) 인간의 능력과 비슷한 능력을 가진 종들은 더 많은 보호를 받는다. 반면 우리가 이해하지 못하거나 논란의 여지가 있는 성질을 지닌 종들은 지속적인 착취, 소유, 죽음의 위기에 시달리게 된다. 이것은 고통과 살해killing를 불분명하게 구분하고 이성의 가치를 강조함으로써 의식 및 인격과 관련된 복잡한 문제들을 해결하려는 인간중심주의적인 틀이다.

　　"동물 권리의 아버지"가 해낸 작업에 대해 사람들이 생각하는 바와 반대로, 싱어의 글은 흔히 동물을 상품화하고 죽이는 것을 정당화하는 데도 이용된다. 그의 작업은 고통에 대한 강조를 대중화했다. 하지만 그의 작업은 동물윤리에 관한 논의가 동물 착취의 체계적인 원인들을 문제 삼고 동물이 번성하기 위해 무엇이 필요한지 묻는 방향으로 나아가도록 하는 대신, 단지 지독한 잔인성을 줄이는 방향에만 치중시킴으로써 그 시야를 좁혔다. 물론 수백억 마리의 동물들이 말도 안 되는 잔인한 조건에서 살아가는 현실을 생각하면, 동물윤리를 둘러싼 논의 대부분이 고통에 초점을 맞추는 것은 놀라운 일이 아니다. 나 역시 동물 학대에 대한 인식을 높이는 일의 중요성을 과소평가하고 싶지 않다. 그럼에도 고통에 초점을 맞추는 것에는 어떤 위험이 있다. 이러한 초점은 동물은 이해관계를 가진 존재라는 이해understanding 그 이상으로는 아무것도 제공하지 않으며, 사람들이 동물들의 삶을 계속 평가절하하도록 만든다. 또한 이는 동물 착취에서 이익을 얻는 수십억 달러 규모의 산업들과도 맞서 싸우지 못하게 한다.

동물윤리와 철학에서 파생된 분야 중 가장 대중적이고 주류적이라고 여겨지는 동물복지는 고통과 관련한 싱어의 이론들에서 강한 영향을 받았다. 인간과 동물의 관계에 대한 급진적인 개념과 보수적인 개념 모두를 포함하는 다층적인 용어를 일반화하는 위험을 무릅쓰고 말하자면, 보통의 동물복지적 관점은 동물들이 고통을 느낄 수 있다는 점을 들어 그들이 책임감 있게 다뤄져야 한다고 보지만, 다른 한편으로는 여전히 인간의 이익을 위해 동물들을 사용할 수 있다고 여긴다. 대부분의 미국인들은 어떤 형태로든 동물복지가 필요하다고 생각한다. 이는 94퍼센트 이상의 미국인이 동물들이 어떤 보호를 받을 만하다고 답한 갤럽의 최근 여론조사에서도 확인된다.[41] 동물복지를 옹호하는 사람들은 동물들이 아픔을 느낄 수 있는 쾌고감수능력을 가진 존재임을 인식하지만, 그렇다고 해서 인간중심주의나 사고팔 수 있는 상품으로서 동물의 지위, 인간적 즐거움을 위해 동물들을 죽이는 것과 맞서 싸우려 하지는 않는다. 동물들에게 견딜 만한 지점을 넘어서는 고통의 정도가 어디서부터 어디까지인지에 대해서는 아직도 논쟁이 끊이지 않고 있다. 동물복지 입법은 특정한 방식을 통해 동물산업을 덜 잔혹하게 만드는 데 집중한다. 예컨대 암퇘지를 임신용 감금 우리에 가두는 것을 금지하고 송아지에게 누울 수 있고 몸을 돌릴 수 있을 만한 공간을 주어야 한다는 식이다.✢ 이런 입법은 사소해 보이지만 정작 통과되기란 쉽지 않다. 동물의 고통을 인식하는 것은 우리가 그들을 다루는 방식을 개선하는 데 결정적으로 중요하지만, 고통에만 초점을 맞추면 동물들이 사실 **살아가는 것** 자체에 가치를 부여할 수도 있다는 점을 무시하게 될 수 있다.

대화의 어느 지점에선가 싱어는 존슨에게 물었다. 어떻게

✢ 식육(송아지 고기veal) 용도로 사육될 때, 송아지는 몸을 돌릴 수조차 없는 극히 좁은 우리에서 지내게 된다. 이는 고의로 송아지의 운동량을 줄여 육질을 연하게 만들고, 송아지가 몸을 돌려 자기 오줌을 핥는 것을 방지하기 위함이다(철분이 부족할 경우 송아지 고기가 밝은 핑크빛을 띤다는 점을 이용해, 송아지에게 철분이 거의 들어 있지 않은 대용젖을 물리는데, 이때 송아지는 철분 부족을 보충하기 위해 자신의 오줌을 핥으려고 한다).

당신은 "인간의 삶은 그렇게 존중하면서 동물의 삶은 잘 존중하지 않느냐"고. 존슨은 이렇게 대꾸했다. "사람들은 요즘 저한테 반대로 물어요. 어떻게 당신은 동물의 삶은 그렇게 많이 존중하면서 인간의 삶은 잘 존중하지 않을 수 있느냐고요." 싱어가 그녀에게 왜 동물이 우리의 관심을 받을 만한지 짧게 설명하자 존슨은 이렇게 답했다. "보세요. 저는 지금까지 행복한 무지 속에서 살아왔는데요, 오늘 그걸 포기하고 싶지 않군요."[42]

물론 싱어도 똑같이 답변할 수 있다. 장애에 대한 무지 속에서 살 수 있는데, 왜 굳이 완벽하게 논리적이고 나무랄 데 없이 합리적인 이론들을 뒤흔들어야 한단 말인가?

13

새로운 식탁 사교를 위하여

2010년 9월, 나는 캘리포니아주 마린 카운티에 위치한 헤드랜드 아트센터에서 열린 페럴 셰어Feral Share라는 행사에 참여했다. 페럴 셰어는 지역 유기농 축제이기도 하고, 예술 기금 모금 행사이기도 하며, 철학적 실천이기도 하다.[43] 나는 그날 밤 열린 철학 여흥 프로그램에 초대받았다. 육식 윤리를 둘러싼 논쟁에 비건 대표로 참여해달라고 했다. 나는 니콜레트 한 니먼Nicolette Hahn Niman과 토론하기로 되어 있었다. 그는 환경 변호사이자 목장 경영자였고 《올바른 돼지고기: 공장식 축산 너머의 삶과 좋은 먹거리를 찾아서》의 저자였다.

데이비드와 나는 행사 직전 도착했는데, 40분 정도 계단 아래에서 우리끼리 기다리고 있어야 했다. 다른 사람들은 모두 예술 행사에 참여하고 있었는데, 우리는 그 행사가 열리는 건물의 해당 층에 접근할 수 없었기 때문이다. 저녁식사를 준비하는 마무리 손길로 분주한 몇 명의 요리사만이 우리와 함께 있었다. 그들이 내놓을 저녁식사는 목장에서 풀을 먹여 기른 소고기와 치즈 라비올리였고, 손님들은 그중 하나를 고를 수 있었다.

장애인을 위한 접근성 지원이 없다는 정보를 미리 듣긴 했지만, 거기 앉아서 기다리는 동안 우리는 점점 더 큰 불편을 느끼기 시작했다. 내 안의 장애운동가는 자신이 완전히 참가하지 못하는 행사에 참여하는 데 스스로 동의한 것에 죄책감을 느꼈다. 나는 계단 아래에서 조용히 휠체어에 앉아 있었는데, 다른 이들에게 아무런 불편도 끼치지 않는 내 모습이 마치 내가 아트센터의 물리적 공간에 뿌리박힌 차별을 용서하는 것처럼 느끼게 했다. 내가 이렇게 있는 것이 마치 이렇게 말하는 것처럼 여겨졌다. "뭐, 괜찮아요. 나는 편의를 제공받지 않아도 돼요. 결국 장애를 갖는다는 건 내 개인적인 어려움이니까요."

데이비드와 나에게 식사가 제공됐을 때 소외는 더욱 심화됐다. 방에 있는 단 두 명의 비건인 우리에게 요리사들(그들 중 일부는 앨리스 워터스Alice Waters의 유명 레스토랑 셰 파니세✢에서 온 사람들이었다)은 특별 요리를 제공했는데, 구운 야채가 주였다. 이 방을 가득 채운 잡식가들에게 비거니즘을 선택한 이유를 상세히 설명할까 싶었다. 이 음식들이 사람들에게 어떻게 읽힐지 이내 뼈저리게 깨달았다. 따로 떨어져서 먹는 다른 음식, 요리사들에게 더 많은 일거리를 안겨준 음식, 다른 음식들보다 덜 배부

✢ 셰 파니세 레스토랑에 관해서는 272쪽을 보라.

　　　　　　자연 그대로

른 그런 음식으로 보일 것이다. 이 방에서 느낀 뚜렷한 소외감은 비단 그곳에서 외관상 장애를 가진 사람이 유일하게 나뿐이라는 사실에서만 비롯한 것이 아니었다. 밥그릇에 동물성 식품이 없는 건 오로지 데이비드와 나 둘뿐이었다는 사실 때문이기도 했다. 이 감각과 함께 나는 토론장에 들어섰다.

폴란은 《잡식동물의 딜레마》에서 채식주의자로서 겪게 되는 가장 큰 곤란이 "미묘한 방식으로 내가 다른 사람들에게서 소외된다는 것"에 있다고 했다.[44] 음식에 대해 글을 쓰는 사람들은 흔히 자신이 윤리적 신념 때문에 얼마나 많은 사회적 소외를 감수할 것인지를 파악하는 일에 놀라운 양의 에너지를 쓴다. 베지테리언이나 비건이 될 때의 "어려움"을 거론하는 대중 잡지나 신문의 많은 기사들이 "채식주의자가 될 때" 직면하게 될 사회적 낙인에 치중한다. 이를테면 성가셔 하는 눈짓, 놀리듯 던지는 말들, 오묘한 표정 같은 것들 말이다. 조너선 사프란 포어는 이렇게 말한다. 우리에게는 "주변 사람들이 하는 대로 따라 하려는 강한 충동이 있다. 음식과 관련해서는 특히 더 그렇다".[45]

이러한 기사들이 베지테리언의 경험을 소외시키는 데 어떠한 역할을 수행하는지 알아내기란 쉽지 않다. 베지테리언이나 비건이 되는 것을 선택할 수도 있었을 법한 사람들이 더 긴박한 문제들과 직면하는 현실을 고려해보면 말이다. 이를테면 유색인들이 거주하는 저소득 지역에 대체로 저렴하고 건강한 음식물이 부족한 문제, 정부가 야채나 과일보다 동물성 식품과 설탕이 과다한 식생활을 조장하고 그쪽으로 보조금을 지급하는 문제가 그렇다.[46] 하지만 베지테리어니즘과 비거니즘에 관한 많은 기사들은 이런 심각한 구조적 장벽을 조명하는 대신, 고기와 동물성 식품을 피하는 것의 어려움을 자신들의 정상성과 허용치에 도전하는 일로 제시한다.

오늘날 미국에서 동물운동가들은 과도한 열정을 가진 사람, 인간 혐오자, 심지어는 테러리스트로 묘사되고, 베지테리언이나 비건은 흔히 비현실적이고, 히스테릭하고, 감상적이고, 음식에 관한 강박증을 가진 사람으로 묘사된다. 베지테리언 음식은 괴짜 취급을 받고, 이들이 먹는 고기 대체 식품은 실험실이나 과학실험의 산물로 묘사된다. 많은 동물 단백질 대체 식품들이 미국의 전통에서 비롯되지 않았다며 이러한 음식을 이상하고 부자연스러운 것으로 취급하는 식으로 소외시킴으로써 미국적 정체성을 더욱 공고히 다지는 동시에("진짜" 미국인은 진짜 고기를 먹는다), [동물을 먹지 않는] 타자를 이국적인 존재로 규정한다. 동물을 먹지 않는 사람들의 비정상성은 인기 있는 비건 팟캐스트이자 책 제목 《비건 괴짜》에서 잘 드러난다고 할 수 있는데, 이 제목이야말로 자신을 향한 주류 문화의 시선에 대해 많은 비건들이 어떻게 느끼고 있는지를 대표한다.[47]

베지테리언이나 비건이 되는 데 어떠한 어려움도 따르지 않는다는 말을 하는 건 아니지만, 음식과 음식의 정치에 관한 인기 있는 책의 저자들을 포함해 여러 매체들은 비건이나 베지테리언의 "라이프스타일"이라고 깔보듯 일컬어지는 것을 "기형화하는enfreakment" 데 기여한다. 그러나 다시 말하건대, 동물을 배려하는 사람들에 대한 그런 식의 소외는 전혀 새로운 일이 아니다. 다이앤 비어스는 《잔혹 행위를 방지하기 위하여: 동물 권

자연 그대로

리 운동의 역사와 유산》에서 이렇게 쓴다. "일부 19세기 의사들은 그런 기묘한 행동을 설명하기 위해 정신질환 진단명을 지어냈다. 그들은 이 잘못 인도된 영혼들이 애석하게도 '동물애호 정신병zoophilpsychosis'에 걸렸다고 판단했다."[48] 비어스가 묘사하듯, 동물애호 정신병(동물에 대한 지나친 염려)은 여성에게서 진단되는 경우가 많았는데, 여성들은 "특히 이 질환에 취약하다"고 간주되었다. 영국과 미국의 초기 동물 옹호 운동가들은 주로 여성이었는데, 이런 혐의는 여성과 비인간 동물 모두에 대한 통제를 정당화하는 방식으로 작동했다.

이런 역사에 따르면, 한 니먼과 나는 불과 얼마 전까지만 해도 이런 주제들과 관련해 권위를 인정받아 연사로 초대받지 못할 처지에 있었던 것이다. 단지 여성이라는 이유만으로 말이다. 하지만 한 니먼과 나는 또한 백인이기도 하다. 이는 동물윤리를 둘러싼 대화에서 인종주의가 여전히 대체로 언급되지 않고 있음을 보여준다. 역사적으로 대부분의 동물 옹호 운동이 중산층 혹은 상류층 백인 여성들로 구성되었던 것은 사실이다. 하지만 이들이 운동의 지도자 위치를 차지한 것은 1940년대 중반에 들어서다. 유색인들은 이런 논의에 거의 포함되지 않았고, 주류 동물 옹호 운동에서 지도자 위치를 차지한 이들은 더더욱 없었다. 가부장제와 인종주의의 유산이 아직 동물윤리, 지속 가능성, 음식 정의를 둘러싼 논의에 깊은 영향을 미친다는 것은 불행히도 전혀 놀라운 사실이 아니다. 2012년 캐럴 J. 애덤스Carol J. Adams, 로리 그루엔, A. 브리즈 하퍼는《뉴욕 타임스》에 공개 항의 서한을 보냈는데,《뉴욕 타임스》가 육식을 옹호하는 가장 뛰어난 논증을 선정하는 대회에서 다섯 명의 백인 남성으로 심사위원단을 구성했기 때문이다. 거듭 말하지만 이런 주제를 다루는 회의에서 말할 기회, 출판할 기회, 매체의 주목을 받을 기회를 얻는 것은 백인이고 남성이다. 애덤스와 그루엔, 하퍼는 이렇게 썼다. "육식에 관한 이 윤리적 토론에는 성차별주의적이고 인종주의적인 시각이 스며들어 있다. 이런 시각은 [하나의] 규범으로 작동한다."[49]

비장애중심주의가 규범화되고 자연화된 탓에 장애라는 주제와 장애인들 또한 이런 논의들에서 밀려났다. 피터 싱어 같은 철학자들과의 지속적인 토론에서 분명히 드러나듯, 장애 커뮤니티들은 동물 옹호 커뮤니티들과 오랫동안 껄끄러운 관계를 유지했다. 하지만 해당 운동에 만연한 건강 및 신체 단련에 대한 강박 때문이든, 다른 종류의 교육이나 운동가 행사들에 참여할 때 드러나는 접근권 문제에 대한 관심 부족 때문이든, 장애인들과 우리에게 영향을 미치는 다양한 주제들은 그렇게 극적이지 않은 방식으로도 동물복지와 지속 가능성 운동들에서 대개 배제됐다.

접근성이 떨어지는 헤드랜드의 그 공간 아래층에 앉아 토론이 시작되기를 기다리는 동안 나는 신체 차원에서나 음식 선택 차원에서 내가 기형이라는 느낌이 들었다. 이때 나는 "식탁사교table fellowship", 즉 음식을 통해 만들어지는 유대와 결속에 대해 이야기하는 마이클 폴란을 비롯한 여러 작가들을 생각했다. 폴란은 "당신이 베지테리언이라면 이런 유대감은 위태로워진다"라고 말한다. 그날 밤 손님들에게 제공된 스티어steer[거세

된 숫소고기)를 함께 먹었다면 내가 더 큰 소속감을 느낄 수 있었을까? 폴란은 자신이 베지테리언이 되려고 했던 때에 대해 이렇게 쓴다. "그 때문에 다른 이들이 나의 편의를 봐줘야 하고, 그러면 나는 마음이 불편하다. 나의 제한된 식단 때문에 기본적인 주인-손님 관계에 커다란 금이 가게 된다."⁵⁰

폴란은 그가 다른 사람에게서 "편의를 제공"받아야만 하는 것에 "불편"을 느낀다. 이것이 그에게 새로운 경험이었다는 것은 그의 특권을 나타내는 뚜렷한 증거다. 사교적 편안함을 중단하고 편의를 요청하는 것은 장애인들이 항상 해야만 했던 일이다. 친구들이 가고 싶어 하는 식당에 경사로가 없어서 거기에 가려면 누군가가 자신을 들고 옮겨줘야 하는데도 갈 것인가? 포크를 입으로 잡거나 포크 없이 먹는 대신 그 식사 자리에서 좋은 인상을 남기기 위해, 아니면 "동물처럼" 먹지 않기 위해 포크를 손으로 잡고 먹을 것인가? 우리가 토론자로 초대받은 공간이 인식되지 못한 특권과 비장애중심주의가 만연한 곳이라는 사실을 사람들에게 알려야 할까? 다수의 장애인에게는 저녁 식탁에서의 예절보다 더 중요한 것이 있다. 그것은 우리가 저녁 식탁에 있을 권리를 옹호하는 것이다. 설령 그로 인해 다른 사람들을 불편하게 만든다고 하더라도 말이다. 폴란은 처음부터 당신이 식탁에 앉을 수 있다고 전제한다. 청중들을 둘러보며 나는 이 식탁에 없는 사람들을 생각했다. 장애, 인종, 성별, 소득 때문에 동물윤리와 지속 가능성 관련 논의들에서 너무나 자주 비가시화되는 사람들 말이다.

사프란 포어는《동물을 먹는다는 것에 대하여》에서 단순

한 질문을 던졌다. "나는 사회적으로 편안한 상황을 만들어내는 것에 얼마나 큰 가치를 부여하는가? 그리고 사회적으로 책임 있게 행동하는 것에 얼마나 큰 가치를 부여하는가?"[51]

한 니먼과의 토론은 지속 가능한 방식으로 기른 고기 소비를 지지하는 이들과 비건들 사이에서 전개되는 다른 논의들과 다를 바 없었다. 우리는 비거니즘과 지속 가능한 잡식주의의 환경적인 귀결에 대해 논쟁했고, 비거니즘이 "건강한" 식생활인지 토론했고, 동물에게 왜 도살 없는 삶을 살아갈 권리가 있는지 설명하는 데 많은 시간을 할애했다. 한 니먼과 나는 공장식 축산 농장의 잔혹함에 크게 동의했고, 동물들이 쾌고감수능력과 사고 능력을 가졌으며 감정을 가진 존재이고, 종종 복잡한 감정과 능력, 관계를 가진 존재라는 것을 이해했다. 하지만 우리가 동물을 연민하면서 죽이고 먹을 수 있다는 한 니먼의 주장에 나는 거의 모든 경우 동물들이 그렇게 도살되지 않으며 그런 입장을 정당화하는 것은 종차별주의적일 뿐 아니라 비장애중심주의적이라고 주장했다.

토론 시간이 한 시간밖에 되지 않았기 때문에 애초 나는 장애를 동물 문제와 결부시켜 이야기하는 것이 불가능할 거라고 생각했다. 하지만 [휠체어가] 접근할 수 없는 공간에서 시간을 보낸 후, 나는 그 문제에 대해 토론해야겠다는 생각이 들었다. 나는 장애 문제와 동물 문제를 할 수 있는 한 최선을 다해 드러내야 한다는 책임감을, 내가 정치적으로 동의하는 장애 모델을 이야기할 책임감을 느꼈다. 내가 경험한 소외를 조금이라도 다른 사람들이 인식하게 되기를 바라면서 말이다.

토론하는 내내 나는 장애인 그리고 장애학자로서의 나의 관점이 어떻게 동물에 대한 나의 시각에 영향을 미쳤는지 설명하려고 했다. 나는 장애학이 어떻게 동물윤리의 논의에도 중요한 문제들을 제기하는지 이야기했다. 권리나 자율성과 같이 좀 더 구체적인 사안뿐 아니라, 정상성과 자연, 가치와 효율성, 상호의존과 취약성에 관한 문제들 역시 이 분야에서 중요하다. 신체적으로 자율적이지 않을 수 있고, 취약하고 상호의존적인 존재들의 권리를 보호하는 가장 좋은 길은 무엇일까? 자기 권리를 보호하지 못하는 자들 혹은 권리 개념을 이해하지 못하는 자들의 권리를 어떻게 보호할 수 있을까?

나는 인간이 착취하는 동물들이 대부분 장애를 가졌다는 것에 대해 설명했다. 특정한 인간적 특징 및 능력을 갖지 않을 때 동물들이 어떤 식으로 계속 부정적으로 판단되는지 이야기했고, 또한 내가 장애학에 관해 이야기할 수 있는 것들을 나눴다. 하지만 토론이 끝나가면서 패배감이 슬금슬금 기어올라왔는데, 동물 문제가 아니라 장애 문제에 관해 그랬다. 나는 내가 설명한 장애 정치disability politics가 오해될 거라는 강한 느낌이 들었다. 사람들은 인간으로서 또 비장애인으로서 자신의 특권을 생각하는 대신, 내가 동물 문제를 부각시키기 위해 나의 장애를 활용한다고 생각할 것이다.

나에게 말을 건 첫 번째 사람은 자신을 지적장애아의 엄마로 소개했다. 그녀는 무슨 슈퍼 불구를 보기라도 한 듯 감동받았고, 마치 내 영혼을 구제하려는 사람처럼 나를 염려했다. "이게 당신의 문제를 해결해주지 않아요." 그녀는 계속해서 말했다.
"당신 스스로를 동물과 비교할 필요는 없어요."

나는 왜 그녀가 그런 말을 하는지 이해했다. 지적장애를
가진 사람들은 싱어 같은 이들의 동물윤리 담론에서는 제대로
다뤄지지 않았다. 리시아 칼슨이 썼듯, "만약 우리가 철학에서
발생하는 지적장애에 대한 개념적 착취와 소외의 가능성을 진
지하게 생각한다면, 이 담론에서 '지적장애'에 기대된 역할을 비
판적으로 검토해야" 한다.[52] 나는 내가 나 자신을 동물과 비교한
것이 아니라 우리의 공통된 억압을 비교한 것이라고 설명하려
고 했다. 나는 그녀에게 장애인과 비인간 동물은 흔히 비슷한 힘
에 의해 억압당하지만, 다른 한편으로 나에게 동물과의 비교가
꼭 부정적인 것은 아니라고 말했다. 결국 우리는 모두 동물이기
때문에.

그녀는 자신의 장애아 자녀의 상황을 동물의 상황과 비교
하고 싶지 않고 장애아와 동물은 서로 관련이 없다고 말했다. 그
녀의 아이는 동물이 아니었다. 이런 식의 연결을 만듦으로써 나
는 나 자신과 다른 사람들에게 모진 짓을 하고 있었던 셈이다.

그녀는 내게 화를 내지는 않았는데, 그건 내가 말한 것을
비장애인에게 들어본 적이 있었기 때문일지도 모른다. 그 대신
그녀는 나를 향해 서글픈 표정을 지었다. 마치 내가 장애에 대한
자긍심도 자신감도 없어서 스스로를 동물에 불과한 존재로 생
각하고 있다는 듯.

만약 내가 사회적 예의를 순순히 따르지 않고 내 편의를
요구하고 다른 사람들을 불편하게 만들었다면, 장애를 가진 인

자연 그대로

간으로서 내 자신감이 달리 표출됐을까? 만약 내가 내 신체의 접근권을 주장하며 그 행사에 참가했다면, 내가 내 몸이 드러나는 방식에 대해 갖는 그런 자신감은 오인을 초래했을 것이다. 다시 말해 내가 동물과 맺는 관계 그리고 동물과의 친밀감을 논하는 것조차 장애에 대한 내 사랑의 제스처로 오인되지 않았을까? 내 행동이 행사를 망치는 것으로 보일 수도 있고, 또 어쩌면 다른 사람들을 불편하게 만들었을지도 모르지만, 나는 편의를 요구함으로써 다른 종류의 식탁 친교를 주장했을 수도 있을 것이다.

그날 밤 내 말들의 뼈대를 만든 것은 공간의 접근 불가능성이었다. 그 불가능성은 나로 하여금 동물 억압과 장애 억압을 그저 당연시함으로써 비가시화하는 방식에 주목하도록 했다. 스티어를 저녁식사로 제공하고 장애인을 계단 아래에서 기다리도록 만든 것 말이다.

14

고기의 낭만화

템플 그랜딘Temple Grandin은《동물들이 우리를 인간으로 만들어 준다: 동물에게 가장 좋은 삶 만들기》에서 이렇게 쓴다. "나는 내가 처음으로 중앙궤도형 도살 장치를 네브라스카주의 도살장에 설치한 다음 날을 선명하게 기억한다. 높은 곳에 설치된 통로에서 축사에 있는 어마어마한 소떼를 내려다본 그때를 말이다. 이 동물들은 모두 내가 고안한 시스템 안에서 죽음과 마주하게 될 것이다. 나는 울기 시작했다. 그때 어떤 생각이 번뜩 떠올랐다. 여기서 도살되는 소들은 사람들이 번식시키고 사육하지 않았다면 단 한 마리도 태어나지 않았을 것이다. 그들은 애초에 살아 있지도 않았을 것이다."[53]

슬로푸드 USA라는 단체는 〈맛의 방주〉* 미국판에서 "사라질 위기에 처한 200개 이상의 음식들"을 나열했는데, 그중 다수가 전통 품종이었다.[54] 슬로푸드 USA의 조시 비어텔Josh Viertel

자연 그대로

이 NPR[미국의 공영 라디오 방송]에서 말했듯, "그들을 구하려면 그들을 먹어야" 한다.[55] 프로그램의 마지막 대사는 이랬다. "소중한 음식을 구하자, 한 번에 한 제품씩."[56] 슬로푸드 USA의 "구하기 위해 먹자"는 논리는 여러 면에서 소비자 운동의 정점을 찍는다. 전통 품종을 소비하는 것(말 그대로 제품화된 개별 생명을 섭취하는 것)이 소규모 농가를 돕고 지역 농업을 지원하고 생물 다양성을 촉진할 뿐 아니라 동물 자체도 구한다는 것이다.

그랜딘은 (대규모 생산업자들에 의한 도살까지 포함해) 동물 도살 일반을 정당화하려고 하고, 슬로푸드 USA는 소규모 농가들을 지원하고자 한다. 하지만 이 두 패러다임 모두 가축화된 동물을 인간의 착취에 의존해야만 살 수 있는 존재로 제시한다. 인간이 먹지 않는다면 이 동물들은 존재할 수 없을 것이다. 다시 말해 그들은 멸종할 것이다. 그랜딘과 슬로푸드 USA는 멸종에 대한 주장을 서로 다른 목적을 위해 사용하지만, 동물을 먹는 것이 동물에게 좋은 일이라고 동일하게 주장한다는 점에서 다르지 않다.

2006년 대학원에 진학하기 위해 베이 에어리어Bay Area[샌프란시스코 대도시권]로 이사했을 때, 다른 사람들처럼 나는 그

✦ 〈맛의 방주〉는 전 세계 슬로푸드 운동이 만드는 국제 카탈로그로, 사라질 위기에 처한 전통 식품, 멸종 위기에 처한 동물 품종 등 독특하고도 생태 지역ecoregion의 일부로서 존재하는 소량 생산되는 고기나 음식의 맛을 보존하려는 목적에서 제작된다. 그러나 테일러가 지적하듯, 이런 유의 기획은 동물을 먹는 것이 동물에게 좋은 일이며 동물의 멸종을 막는 일이라는 전제를 의심하지 않는다는 점에서 동물을 여전히 '인간의 착취에 의존해서만 살 수 있는 존재'로 대상화한다.

곳이 베지테리언이나 비건에게 안전한 천국일 거라고 생각했다. 하지만 식물성을 위주로 하는 훌륭한 식당들이 많은 지역임에도 이곳은 내 예상과 조금 달랐고, 그걸 깨닫고 실망했다. 베이 에어리어는 작가 마이클 폴란이 살고 있는 곳이다. 당시 많은 사람들이 잡식으로 전향했던 것은 전적으로 그 때문인 것 같았다. 또한 베이 에어리어는 사람들에게 공장식 축산 농장에 대한 대안을 제시했던 한 니먼과 그의 남편 빌 니먼 같은 지역 농부들의 근거지이며, 그런 대안 음식들을 요리하는 셰 파니세Chez Panisse 같은 레스토랑이 있는 곳이고, 젊고 세련된 새로운 세대의 도살업자와 수렵꾼들이 있는 곳이며, 심지어는 한때 고기와 예술이라는 주제를 다룬 계간지까지 존재했던 곳이다. 이 지역의 주민 다수는 베지테리어니즘이나 비거니즘이 낡은 해결책이라고 믿는다. 즉 몇십 년 전만 해도 지지할 만한 것이었지만, 21세기의 환경을 염려하는 이들에게는 너무나 단순하고 낭만적인 해법이라는 것이다. 베이 에어리어뿐만이 아니다. 전국적으로 육식과 비건의 이분법에서 벗어나 새로운 중간 지대, 즉 양심적 잡식가conscientious omnivore로 옮겨가는 움직임이 있었다.

공장식 고기 생산에 반발하는 목소리는 수년간 들끓었다. 그 이유는 다양했다. 이런 산업이 환경과 인간, 동물의 복지에 미치는 끔찍한 영향에 대한 인식이 증가한 탓에 가장 열렬한 잡식가조차 죄책감 없이 고기를 소비하기 어려워졌다. 하지만 대부분의 사람들이 동물을 먹는 것 자체에 대해서는 반대하지 않는다. 그들은 단지 산업적으로 사육된 동물을 먹는 것에 반대할 뿐이다. 양심적 잡식가들은 옛날 방식으로 고기를 먹는 것, 즉 소규모의 지속 가능하고 지역에서 생산되는 고기를 먹는 것이 가능하며, 더 좋다고 믿는다.

"지역〔농축산물〕""목초를 먹인""지속 가능한 방식으로 생산된""인도적으로humanely 기른""방목 축산"따위의 말들은 고기, 우유, 계란을 구매하는 의식 있는 소비자들을 반기는 호의적인 어구다. 이런 제품들 대부분은 포장지에 미소 짓는 돼지나 푸른 목초지에서 행복한 표정을 짓는 농부들을 인쇄한다. 환경과 동물복지를 생각하는 이들 다수가 "인도적으로 기른" 고기를 선택함으로써 전통적 농부와 식생활을 존중하는 동시에 환경 악화와 동물의 고통이라는 윤리적 문제를 해결할 수 있다고 믿는다.

공장식 축산 농장의 끔찍함을 깨닫는 이들이 점점 늘어난다는 건 매우 기쁜 일이지만, "새로운 고기 운동""인도적 고기 운동""목초를 먹인 고기 운동" 혹은 단순히 "행복한 고기"(이 마지막 표현은 앞선 표현들에 질린 비건들이 많이 쓴다) 등 대안적인 말들 배후에 있는 논리는 문제적이다. 동물 소비에 대한 양심적인 잡식가의 주장은 동물들이 도달할 수도 있을 성가신 골대에 더 이상 의존하지 않는다. 이런 입장을 옹호하는 사람들은 동물들이 복잡한 감정을 가진 존재라는 점에 동의하지만, 이것을 육식이나 기타 다른 목적을 위한 동물의 상품화나 동물들에게 끔찍한 고통을 유발하는 것에 반대하는 근거로 삼지는 않는다. 이들이 볼 때 동물 이용을 정당화하는 근거들은 자연 곳곳에 존재한다.

"자연nature"〔본성〕은 동물 착취 및 상품화를 정당화하는 이들이 사용하는 가장 흔하고 강력한 수사학적 도구 중 하나다. 지속 가능한 농업을 연상케 하는 논의에서부터 동물들은 다른 동물들을 잡아먹으며 자연은 "피로 물든 이빨과 발톱"〔무자비하고 야만적인 경쟁〕일 뿐이라는 대중적 언명에 이르기까지, 이런 유의 주장은 매우 다양하다. 한 니먼은 이렇게 쓴다. "동물들이 다른 동물을 먹는 건 너무나 당연하고 자연스러운 일이라는 거예요. 우리 인간도 자연의 일부이니까 인간이 동물들을 먹는 것 또한 지극히 자연스러운 일이죠."[57] 폴란은 비건과 베지테리언들이 "자연의 섭리에 대한 깊은 무지를 드러내고" 있으며, 비건들이 인류와 다른 육식종들을 "자연의 '본래적 악'"에서 구출하길 원한다고 힐난했다.[58] 영국의 농부 휴 피언리-휘팅스톨Hugh Fearnley-Whittingstall은 동물들이 결코 "불멸의 존재"가 아니라는 것을 상기한 바 있는데, 비건과 베지테리언들이 이런 기본적인 사실조차 인정하지 않으려 한다고 생각했기 때문이다.[59] 또한 농부 조엘 샐러틴Joel Salatin은 비건들에게 살생의 불가피성을 알려주고자 이렇게 말한다. "당신의 삶은 죽음 없이 불가능하다는 게 심오한 정신적 진리입니다. 당신이 당근을 입 안에 넣어 우적우적 씹어 먹을 때, 당신은 살기 위해 당근을 희생시키는 겁니다."[60] 이런 말들은 버클리에서 지낸 몇년간 내가 처음으로 직면했던 감정을 반영한다. 비건은 순진하다는, 즉 자연에 반하려 한다는 통상적인 감각 말이다.

양심적인 잡식가는 농부와 동물이 공생관계에 있으며, 그 관계는 결코 중단될 수 없는 진화의 산물이라고 주장한다. 이 주장은 우리 인간의 종적 정체성을 살피는 데 핵심이 된다. 폴란은

자연 그대로

이렇게 설명한다. "가축화를 노예제나 착취의 한 형태로 보는 것은 전체 관계를 왜곡하는 것이다. 즉 그것은 권력에 대한 인간의 관념을 종들 사이의 상호관계나 공생의 사례들에 투사하는 일일 것이다."[61] 가축화된 동물들은 우리와 함께 진화하면서 우리가 하나의 종으로서 정체성을 구축하는 데 기여했고, 우리 또한 그들에게 같은 영향을 끼쳤다. 이 진화적 관계는 결코 폐기될 수 없다. 비거니즘이나 베지테리어니즘을 통해 이런 현실을 회피하려 한다면, 그건 더 큰 생태계의 일부가 되는 것의 복잡성, 그리고 다른 동물과 관계 맺는 한 동물이 갖는 복잡성을 사실상 부인하는 것이다.

닭을 실은 트럭 사진들을 보고 한창 그림을 그리던, 캘리포니아에서 보낸 처음 몇 해에 나는 비건이 되어야만 한다는 압박감과 싸우고 있었다. 비건이 된다는 건 내게 매우 어려운 일이었고, 그것을 즉각 실천에 옮기고 싶지도 않았다. 이 주제를 더 명확히 이해하기 위해 나는 비건과 잡식가의 논쟁에 몰두했다. 처음에 나는 모든 동물성 제품을 거부하는 데 주저했지만, 끝내 인도적 고기를 지지하는 주장들을 받아들이지 못했다. [비건이 되기 전인] 그때조차 나는 양심적 잡식가들이 농부와 동물의 특정한 관계를 자연화하여 제시하는 것에 문제가 많다고 느꼈다. 즉 그 관계를 생물학, 종, 진화 등의 불가피한 결과로 제시하는 것 말이다. 시간이 많이 흐른 지금, 그런 관계는 존재하지 않는다는 나의 믿음은 더욱 공고해졌다. 양심적 잡식가들은 "여러 종들의 공생"을 순수하게 생물학적이고 탈정치화된 무엇으로 제시함으로써 그런 관계를 해석하는 우리의 방식 그리고 그 방식을 통해 우리가 얻는 가치가 의심의 여지없이 정치적이며 권력의 역학을 전제한다는 사실을 방기한다.

종교, 정치, 경제, 사회관계 등은 동물을 바라보는 우리의 방식에 수백 년간 영향을 끼쳐왔다. 지난 수백 년은 말할 것도 없고 지난 수십 년만 하더라도 자연에 대한 우리의 이해는 크게 달라졌다. 또한 그 이해는 문화적 차이에 따라서도 다시 크게 달라진다. 이런 변화를 고려할 때, 우리가 우리 자신만의 가치 체계와 권력 구조 안에서 자연을 바라봤다는 사실은 매우 분명하다. 앨리슨 케이퍼가 썼듯, "무엇이 '자연'이나 '자연스러운 것' 혹은 '부자연스러운 것'을 구성하는지에 관한 생각은 전적으로 특정 역사와 문화적 전제에 속박된다".[62]

인도적 고기 운동을 옹호하는 이들 중 일부는 스스로도 이를 알고 있다고, 즉 자신들도 자연이 인간 문화와 떨어진 "먼 곳에 있는" 것이라는 생각을 아주 오래전부터 거부했다고 답할지 모른다. 또 어떤 사람들은 자신도 우리 도덕의 근거를 자연에 두면 안 된다는 것을 이미 알고 있다고 말할지도 모른다. 폴란은 실제로 이렇게 묻는다. "정말로 자연의 질서에 따라 자신의 도덕 규범을 세우기를 원하는가?" 그러면서 독자들에게 이 점을 상기시킨다. "살인과 강간 또한 자연의 질서에 속하지 않는가."[63] 하지만 이런 말들은 이들이 생물학, 공생, 인간 진화, 가축화 등(이들이 정의한, 오로지 인간에게만 의미가 있는 범주들)과 같은 본질화되고 탈정치화된 통념들을 반복해서 강조하는 과정에서 계속 모순에 빠진다.

비장애중심주의는 동물을 무능한 존재로 제시함으로써

자연 그대로

동물 착취를 정당화하는 데 이용되었지만, 수년간의 연구를 통해 나는 그런 정당화가 인도적 고기 운동에서도 작동한다는 것을 깨달았다. 동물 억압을 정상적이고 자연스러운 일로 영속시킴으로써 말이다. 인도주의적 고기 운동에서는 인간이 동물을 착취하고 상품화하는 것, 동물에게 해를 끼치는 것을 정치적인 것이나 착취로 그리지 않고 그저 "세상의 이치"로 그린다. 생물학적으로 고기를 필요로 한다는 대중적인 논의를 통해서든 진화와 공생에 관한 더 세련된 이론들을 통해서든, 이들은 계속해서 "자연"을 동물 도살을 정당화하는 도구로 사용한다.

윤리적 신념을 정당화하기 위해 자연에 호소하는 것은 그릇된 생각이다. 이런 호소는 보수적 권력 구조를 정당화하려는 목적으로 다양한 문화적·역사적 맥락에서 반복된다. 이는 존재와 삶이 지속될 수 있도록 하는 방식들을 고려할 때 생태적인 방향으로 나아가면 안 된다는 뜻이 아니라, 자연에 대한 우리의 해석이 인간의 문화, 편견과 분리될 수 없다는 뜻이다. 무엇보다 우리가 불가피하게도 인간의 동물 지배라는 흔하고 뿌리 깊은 역사적 패러다임을 통해 자연을 이해하기 때문이다. 우리가 동물을 보는 방식은 결코 "자연스럽지" 않다. 동물이라는 범주가 자연스럽지 않은 것과 마찬가지다.

폴란이 지적했듯, 만약 자연이 인간의 사유나 문화와 객관적으로 구별된다 하더라도 그것이 자연이 우리 삶의 윤리적 모델이 되어야 함을 뜻하지는 않는다. 존 스튜어트 밀John Stuart Mill은 한 세기 전에 이렇게 주장했다. "자연은 우리가 모방할 만한 적절한 모델이 될 수 없다. 자연이 살생하고 고문하며 폐허로 만들고 파괴하므로 우리도 똑같이 그렇게 하는 것이 옳은가 아니면 자연이 무엇을 하든 상관없이 우리가 보기에 좋은 것을 해야 하는가."[64] 양심적 잡식가들은 "자연스레" 행하는 것에 집착하면서도 밀의 주장에 어느 정도 동의하는 것 같다. 많은 이들은 자신에게 동물을 인도적으로 죽일 도덕적 책무가 있다고 믿으며 인도적 고기를 선택한다. 인도적 도살이라는 것이 비록 자연스럽지 않을지라도 말이다.

생존을 위해 육식을 대체할 방법이 없고 대개 섭식상의 특정 요건을 충족시켜야 하며, 각양각색의 공감 인지 역량을 지닌 다른 동물들이 우리의 윤리적 삶을 위한 적절한 모델이 될 수는 없을 듯하다. 우리는 다른 존재의 주체성을 인식하고, 공감을 경험하며, 윤리적 선택을 하도록 진화해온 동물이다. 만약 고기에 대한 욕망이 "인간 본성"의 일부라면, 우리가 사는 방식을 질문하고, 정의에 대해 생각하고, 도덕적 삶의 진전을 반영하기 위해 우리의 습관을 바꾸는 것 또한 "인간 본성"을 구성한다는 점을 상기해야 한다. [물론] 이것이 인간을 다른 동물보다 더 나은 존재, 더 진화된 존재로 만든다는 뜻은 아니다. 우리는 각기 다른 능력을 가지고 있고, 그중 하나가 이러한 윤리적 문제를 생각하는 힘인 것이다.

하지만 밀 역시 이 그림에서 중요한 부분을 놓쳤다. 비록 "자연"이 "살생하고" "고통을 야기하는" 것은 사실이지만, 또한 자연은 협력적이고, 자비로우며, 정의롭다. 다양한 종들 간의 사회적 교류가 불화로 가득하거나 난폭하기보다 친화적임을 보여주는 연구가 급속히 늘고 있다. 자연이 잔혹할지라도, 서로 먹고 먹히는 세계보다는 훨씬 복잡하다. 마크 베코프와 제시카 피어스는 이렇게 말한다. "포식 패러다임이 사회적 행동의 진화와 관련된 논의를 독점해버렸다. 동물행동학과 진화생물학에서 나타나는 이 우세한 패러다임은 오해의 소지가 있고 오류를 범하는데, 지금은 '피로 물든 이빨과 발톱을 가진 자연'에서 야생의 정의와 균형을 이루는 패러다임으로 전환이 일어나고 있다."[65]

사람들은 흔히 특정 가치를 우리 "본성"의 결과물로 생각한다. 만약 우리가 우리 본성을 경쟁적이고 무자비한 것으로 이해한다면, 그건 다른 방식으로 살아가고자 하는 우리의 본성을 부정하는 것이다. 동물의 고기를 먹는 행위는 우리의 "동물적 본성"에 부합한다고 간주되며, 주류 매체에 등장하는 많은 이야기가 베지테리어니즘의 상정된 낭만주의(폴란을 다시 인용하자면, 인류를 "자연의 본래적 악"에서 구하려는 욕망)에 저항하는 사람들, 목초지에서 기른 스테이크를 먹고 자신이 직접 기른 닭이나 토끼를 먹는 사람들에게 주목한다. 이런 서사들은 우리가 동물들에 대한 순진하고 감상적인 공감을 극복하고 무언가 더 위대한 것을 파악해야 한다고 시사한다. 바로 삶과 죽음의 순환 말이다.

물론 우리는 똑같이 "자연스럽게", 공감력을 가진 우리 내면의 초식동물과 접촉할 수도 있다. 우리가 여전히 죽음을 만들어내고 있는 것은 사실이지만(당근을 씹으면서 말이다), 비건이 애초 죽음에 반대하는 것은 아니다. 우리는 인간의 쾌락과 이익을 위한 동물들의 부적절한 죽음과 상품화에 반대한다.

사람들은 동물성 식품을 먹는 것이 먹지 않는 것보다 낫다는 이유로 그런 식품들이 자연스럽다는 점, 즉 그게 우리 조상들이 먹던 음식이라는 점을 들기도 한다. 하지만 우드스톡 생추어리* 창립자 제니 브라운이 《운 좋은 존재들》에서 입맛 떨어지게 잘 지적했듯, "자연스럽게" 행동한다는 것은 여러 잡식가들이 흔히 생각하는 것보다 훨씬 더 복잡한 문제다.

먼저 노동자가 황소에게서 정액을 "짜낸다". 이는 그/그녀가 황소에게 자위행위를 하게 만듦을 뜻한다. 그러면 그 정액을 구매한 축산 농부는 정액을 손수 젖소의 질 안에 밀어넣어 인공수정시킨다. 배 안에서 송아지가 자라기 시작하면 젖소의 몸은 송아지에게 꼭 맞는 음식을 만들어내기 시작한다. …… 하지만 젖소의 젖꼭지를 무는 것은 송아지의 입이 아니라 여러 줄로 이어진 금속 컵들이다. 젖소의 젖은 관을 통해 거대한 통으로 옮겨진다. 젖꼭지에 기계 장치가 반복적으로 채워지기 때문에 …… 젖소는 고통스러운 피부 마찰을 겪어야 하고 유방염(유방 감염병)을 앓게 되며, 젖에 고름이 흘러 들어가기도 한다. 다른 한편 호르몬이 투여되고 유전 조작이 가해져, 젖소는 자연적인 생산량의 10배에 해당하는 젖을 생산하게 된다. 그 결과 젖소의 몸은 지속적인 스트레스 상태에 놓이며, 여러 건강 문제에 노출된다. 이 때문에 농부들은 이 "자연산" 칵테일에 항생제를 추가로 투여한다. 그리고 나

---

* 우드스톡 생추어리에 관해서는 97~98쪽을 보라.

자연 그대로

면 젖은 새로 탄생한 송아지에게 전달되는 대신 공장으로 옮겨지는데, 이곳에서 분리되어 지방 함유량이 분석되고, 효소와 미생물을 파괴하기 위해 저온살균되며, 금속판 열교환기를 통해 전기 교반기로 빨려 들어간 뒤, 다시 분리되고, 또 교반되고 …… 그리고 짜잔! "자연산" 버터가 탄생한다.[66]

브라운이 말한 버터 생산 공정의 세세한 내용은 전체 이야기의 일부에 불과하다. 이 묘사는 젖소의 단축된 수명(젖소는 평균 수명의 일부만을 산 후 도살장으로 보내진다), 이 공정의 주기적 특성(젖소는 '임신-출산-젖의 분비'라는 연속적 순환을 강요당한다)[♣♣], 송아지들의 숙명(송아지는 불과 몇 시간 혹은 며칠 후 어미 소와 떨어져, 수컷은 송아지 고기로 만들어지고, 암컷은 어미 소와 같은 운명을 겪게 된다) 등에 대해 아무것도 말하지 않는다. 가장 인도적인 가족 경영 농장의 경우 몇 가지 세세한 부분에서 차이가 있지만, 기본적인 서사는 대부분 같다. 젖소는 인간의 개입을 통해 임신하고, 송아지(그리고 젖소가 송아지를 먹이기 위해 특별히 만들어낸 젖)를 빼앗기며, 단 몇년을 산 뒤 살해당한다. 한 존재의 재생산 체계를 이토록 심각하게 착취하는 공정을 정당화하는 것도 모자라 어떻게 "자연스럽다"고까지 말할 수 있는가?

하지만 "자연스러움"에 대한 욕망은 입에 무엇을 넣을지

♣♣ 소의 수명은 약 20년이지만 젖소의 경우 젖의 양이 감소하는 생후 5~6년쯤에 도살당한다.

에 관한 선택보다 더 깊숙이 인간에게 자리한다. 인도적 고기 운동의 "자연" 개념은 자립, 노동, 생산성, 가치 등에 대해 매우 보수적인 생각을 드러낸다. 2012년 그린마운틴대학에서 일하던 두 마리의 황소 루Lou와 빌Bill의 도살을 둘러싼 논쟁을 생각해보자. 루와 빌은 10년 가까이 학교의 땅을 갈고 공동체의 사랑을 받던 황소였다. 환경 및 지속 가능성에 사명을 띤 대학으로 알려져 있는 그린마운틴대학의 이사회는 두 황소 중 한 마리가 장애를 갖게 되었을 때 두 마리 모두 식용으로 죽이기로 결정했다. 이 결정은 루가 우드척woodchuck〔북미에 서식하는 설치류의 일종〕구멍에 빠져 다리 부상을 입은 뒤 내려졌다. 농장 부소장이 《뉴욕 타임스》에 이야기한 바에 따르면, "루의 삶의 질은 급속히 나빠지고 있었고, 이제 루를 다른 목적을 위해 사용할 적절한 시기가 된 것"이다. 황소들이 짝을 이루어 일한 데다가 둘 모두 나이가 많았기에, 학교 측은 빌 역시 도살하고 싶어 했다. 많은 동물 피난처들이 두 황소를 돌보겠다고 나섰음에도 그린마운틴대학은 루가 죽는 게 더 낫다고 주장했다. 학교는 "삶의 질"이라는 비장애중심주의적 수사학을 동원하여 자신들이 연민을 품은 기관인 듯, 즉 루의 최선의 이해관계를 염두에 둔 기관인 듯 행세하면서도 루의 노동가치와 생산성을 강조했다. 이는 흔한 일이다. 동물들이 일하며 제 밥값을 하지 못하게 되면 그 신체는 다른 식으로 일하도록 만들어져야 한다. 즉 고기로서 말이다. "우리가 가진 자원을 대학에 쓰는 것이 이치에 맞다." 농장 책임자 〔겸 같은 대학 '지속 가능한 농업' 분과 교수〕 필립 애커먼-리스트Philip Ackerman-Leist는 농장의 목적은 음식을 인도적이고 지속 가능한 방식으로 생산하는 데 있지, 동물을 보호하는 데 있지 않다고 지적하며 이렇게 말했다. "우리는 농장 시스템 전체를 놓고 생각해야 합니다."[67] 논쟁이 갈수록 열기를 띠고 대중에게 널리 알려지자 학교는 루를 안락사시킨 뒤 매장하기로 했다. 하지만 그를 음식으로 만들지 않기로 결정했으면서도, 그 결정 때문에 잃어버리게 된 고기의 양을 잊지 않고 강조했다. 학교의 공식 성명에 따르면, 빌은 죽음을 피하고 여생을 마칠 때까지 학교에서 살았다.[68]

장애는 물론 "자연" 이데올로기 역시 루의 살해를 정당화하는 데 한몫했다. 페미니스트이자 환경주의자 마티 킬Marti Kheel이 거의 30년 전에 제기한 주장에 따르면, 환경주의자들은 종종 개체보다 전체, 즉 "생물 군집biotic community"에 대한 선호를 드러내며, 이것이 자연의 서로 다른 부분들에 크고 작은 중요성을 부여하는 가치 위계를 만들어낸다.[69] 종과 생태계에는 가치가 부여되지만 개체에게는 부여되지 않는다. 야생동물은 가축화된 동물보다 더 큰 가치를 부여받는다. 이런 관점은 인간에게 길들여지지 않은 비가축화된 종들의 자율성과 자연 전체에 대한 공헌을 축복하는 동시에 개별 동물들, 특히 가축화된 동물들(흔히 이들은 의존적이고 부자연스럽다는 이유로 멸시받고, 때로는 더 큰 생물 군집에 해를 끼친다고 간주된다)의 복지에 치중하는 일이 순진하고 감상적임을 시사한다. 이런 경향은 주류 환경운동에서 여전히 명백하게 드러나며, 지속 가능한 축산에 관한 최근 논쟁들에도 침투해 있다. 예를 들면 "농장 시스템 전체"에 대한 존중은 사람들에게 루와 빌에 대한 사랑을 거두고 그 둘의 도살을 자연스러운 것으로 받아들일 것을 요구한다. 이것이 지속 가능성과 자연의 섭리에 대한 성숙한 이해를 위해 사람들이 꼭 인식해야만 하는 불가피성이라면서 말이다.

　　개별 동물들의 삶의 가치를 지우지 않으면서도 다양한 종들이 더 큰 생태계의 번영에 기여하는 방식에 가치를 부여할 수 있을까? 킬은 가능하다고 답한다. 킬에 따르면, 자연의 이런 위계는 돌봄이나 관계보다 추상적 사고에 더 큰 가치를 부여한 가부장적 관점이 수백 년에 걸쳐 지속시켜온 것이다. 이런 위계에서는 개별 동물과의 관계가 평가절하되고, 더 포괄적인 "생물 군집"이 숭배된다. 킬의 목표는 이런 식으로 자연의 부분들을 서로 대립시키는 것이 부적절하며, 그런 대립이 가부장적 관념에 기초하고 있음을 입증하는 것이다. 이 위계를 영속화한 것은 비장애중심주의로, 루와 빌의 이야기는 물론 의존적이고 자유롭지 못한 동물보다 자율적인 야생동물을 더 중시하는 경향에서 그 사실이 명백히 드러난다.

　　의존적 개체들은 사회 일반에 기여하지 못하기 때문에 그 가치가 떨어지고, 마땅히 착취될 만하다는 관념은 역사적으로 장애인들에게도 활용되었다. 사회계약의 철학적 전통은 인간에게서든 동물에게서든 왜 의존이 폄하되었는지를 밝히는 데 도움을 줄 수 있다. 그 철학적 전통이 비교적 분명하지 않은 다른 형태의 도움 관계보다 상호 이익mutual advantage에 특권을 부여하면서 돌봄과 공헌에 관한 서구적 개념이 구축되도록 촉발했기 때문이다.

　　철학자 마사 누스바움Martha Nussbaum은《정의의 최전선》

　　　　　　　　자연 그대로

에서 사회계약 전통이 어떤 식으로 장애인과 비인간 동물, 상대적으로 특권을 덜 가진 나라의 사람들에게 정의를 분배하는 데 실패했는지 검토한다. 사회계약이란 계몽의 시대에 등장한 이론적 관념으로, 개별적이고 자유롭고 이성적인 사람들이 왜 사회에서 법을 통해 스스로를 통치하는 쪽을 선택했는지 설명하고자 한다. 사회계약적 틀은 평등한 힘과 인지적 능력을 가진 사람들이 "자연 상태"를 떠나 상호 이익을 위해 스스로를 통치하는 쪽을 선택한다고 시사한다.[70] 하지만 누스바움은 이 엄청난 영향력을 가진 이론이 장애, 종 성원권species membership, 국적 등에 대해서는 언급하지 않는다고 주장한다. 그건 이 이론이 "'자연 상태'에서는 이 계약 당사자들의 정신적·신체적 능력이 대체로 동등할 것이라고 전제"하기 때문이다.[71] 누스바움은 이 전제가 장애인과 비장애인, 인간과 비인간 그리고 부유한 나라에서 태어난 사람들과 그렇지 않은 사람들 사이에 존재하는 신체적·지적 불평등을 간과한다고 지적한다.

마찬가지로 누스바움은 상호 이익에 의거하는 사회계약 전통이 어째서 장애와 종 성원권을 다루지 못하는지 보여주었다. 장애를 가진 개인들과 동물들은 통상 반드시 상호 이익을 제공하는 것이 아닌 데다가, 사실상 종종 불이익을 주기 때문이다. 누스바움은 더욱더 완전한 정의 이론은 이 전통에 저항해야 하고, 이익보다 더 복잡한 협력의 이유들을 포함해야 한다고 주장한다. 사랑, 연민, 존중 같은 이유들 말이다.

흥미롭게도 폴란, 피언리-휘팅스톨을 비롯한 저자들이 육식을 정당화하기 위해 사용하는 공진화 이론co-evolution theory

에서도 사회계약 관념과 매우 유사한 것을 발견할 수 있다. 바로 폴란이 "상호주의 혹은 여러 종들의 공생"이라고 부르는 것이다. 이 이론에 따르면, 인간과 가축화된 동물은 서로 어떤 계약을 맺었는데, 사회계약론에서처럼 이 계약은 대개 상호 이익에 바탕을 둔다. 이 계약은 공진화적인 협약으로, 인간이 동물 종들을 돌볼 책임을 지는 대신 동물들이 그들의 노동과 살을 인간에게 제공한다. 베지테리언이나 비건이 된다는 것은 곧 우리에게 가장 의존적인 이 동물들을 내버려둔다는 것이다. 그냥 방치되는 것이 저녁 식탁에 놓이는 것보다 훨씬 더 나쁜 운명일 거라고 이 이론의 추종자는 주장한다.[72]

진화적인 시각에서 현실을 볼 때 가축화된 동물들은 상당히 잘 적응하고 있다고 이 이론가들은 계속해서 말한다. 그들의 개체 수는 많고 지구 곳곳에 퍼져 있으며, 그들에게 음식과 주거를 제공해주는 다른 종, 즉 인간도 있다. 이 이론가들은 가축화 및 그에 동반되는 살해가 인간뿐 아니라 동물들에게도 이익이 된다고 주장한다. 우리가 그들을 먹지 않는다면 그들은 존재하지 못할 것이다. 그랜딘이 설명했듯, 이 동물들은 자신의 존재 자체를 도살에 의존하고 있다. 동물의 가축화에 대해 폴란은 이렇게 말한다. "동물의 시각에서 보자면, 인류와의 거래는 적어도 현재까지는 크나큰 성공을 거두었다. 소, 돼지, 개, 고양이, 닭은 번성한 반면, 야생에 남은 그들 조상은 멸종될 위기에 처했다."[73] 이런 생각을 밀어붙이면, 동물 먹기를 중단한다는 것은 이 관계를 저버린 채 의존적이고 가축화된 존재를 야생으로 내보내자는 뜻이 될 것이다. 그 결과는 굶어 죽거나 다른 동물에게 살해

자연 그대로

당하는 것뿐이다.

엄청나게 많은 농장 동물들이 계속해서 살고 죽는 것이 그 종 전체에 혜택일 수 있다는 관념은 진화적 성공이라는 개념을 터무니없이 남용하는 사례 중 하나다. 그렇다, 몇십억에 이르는 동물들은 축산이 없었다면 아예 존재하지도 않았을 것이다. 하지만 이 동물들은 태어날 때부터 도살당할 때까지 매우 억압적인 환경에서 살아간다. 뻔뻔할 정도로 폭력적이며 부도덕한 산업 이윤을 뽑아내기 위해 사육된 동물들은 가장 기본적인 욕구조차 충족할 수 없는데, 그런 상황이 어떻게 혜택 혹은 도덕적 선의 일종일 수 있단 말인가?

물론 피언리-휘팅스톨과 폴란이 강조하려는 바는 공장식 축산 농장과 그것이 유발한 폭력이 우리의 공진화 계약에 대한 끔찍한 위반이라는 것이다. 그렇기 때문에 폴란은 "적어도 우리 시대까지는"이라고 경고해두었다. 하지만 이는 모순된 이야기다. 두 저자 모두 한편으로는 그 종들의 많은 개체 수를 그들이 우리의 도움을 받아 성공한 증거로, 또한 사회계약이 인간들 사이에서 작동하고 있다는 증거로 언급하면서도, 다른 한편으로는 그 많은 개체 수에 원인을 제공한 공장식 축산 농장이 계약을 어겼다고 선언한다. 피언리-휘팅스톨은 공장식 축산 농장에 대해 이렇게 말한다. "이것은 농업이 아니다. 이것은 박해다. 우리는 계약의 목적을 유지하는 데 완전히 실패했다. 그런 학대와 마주할 때 육식에 대한 도덕적 방어는 누더기처럼 너덜너덜해진다."[74]

지구상에 가축화된 동물이 이렇게 많은 이유는 단 한 가지, 즉 인간이 그들을 계속 번식시키기 때문이다. 종의 진화적 "성공"이 그토록 중요하고, 이 중요성이 그 동물들에 대한 우리의 착취를 정당화하는 것이라면, 피언리-휘팅스톨과 폴란은 어떻게 공장식 축산에 반대하는 동시에 작고 지속 가능하며 지역에 기반한 농장에 찬성할 수 있는 걸까? 그런 농가가 대부분이 되면 이 종들의 개체 수는 급격히 감소할 텐데 말이다.

이들 논의에 대한 더 적절한 비판을 누스바움에게서 찾아볼 수 있다. 누스바움은 사회계약과 소위 자연 상태에서의 권력 비대칭을 비판한다. 이 공진화 계약이 성립했을 때 동물이 인간과 공평한 경쟁의 장에 있었다는 주장은 인간과 동물이 매우 다르고 각기 다양한 정신적·신체적 능력을 갖는다는 명백한 사실을 무시한다. 이 거래는 "대체로 평등한 정신적·신체적 역량"을 지닌 존재들 사이에서 만들어진 것이 아니라, 강력한 인간 그리고 그보다 취약한 동물들 사이에서 만들어진 것이다. 동물보다 강한 인간이 자신의 이익을 위해 이 계약서를 작성한 것이 분명하다. 이 계약이 성립할 때 인간은 종과 개체 차원 모두에서 이익을 얻는 반면, 동물은 개체로서가 아닌 종으로서만 "수혜를 입는다"(이 말을 쓸 수나 있다면). 애초에 이 동물들이 어떻게 계약에 동의한 것인지의 문제도 남아 있다. 그들은 선택권을 가졌던 것일까, 아니면 협상을 거부할 가능성마저 부정당했던 것일까?

피언리-휘팅스톨과 폴란은 진화의 어느 시점부터 동물들이 도살에 동의했다고 주장한다. 동물들은 울타리가 없을 때조차 인간 정착지 주변에 머무르는 경향이 있기 때문이다. 그 동물들에게는 인간과의 관계가 틀림없이 어떤 가치, 죽음을 무릅

자연 그대로

쓸 만큼의 가치를 지닐 것이다. 자신이 살해될 가능성을 피할 수 없는데도 말이다. 하지만 우리 인간이 너무나 잘 알듯, 울타리가 항상 물리적인 것은 아니다. 남성의 여성 지배 역사를 들여다 보기만 해도, 가부장제의 은밀하고 만연한 본성을 다양한 심리적·경제적 울타리가 둘러싸고 있다는 것을 알 수 있다. 여성들이 대대로 가부장제를 선택했다고 주장할 수 없는 것과 마찬가지로 동물들이 도살을 선택했다고 주장할 수 없다. 인간의 지배란 가축화된 동물들이 그 이외의 선택지를 갖지 못해 살아갈 수밖에 없는 시스템일 뿐이다.

설령 우리가 인간과 가축화된 동물 사이의 진화적 계약과 공생관계를 축산에 대한 정확한 묘사로 받아들인다 할지라도, 우리는 동물들이 [정확히] 무엇에 동의한 것인지 재고해야 한다. "인도적" 농장들은 과연 도살이 서로 돕는 상호의존적 존재들끼리 맺은 계약에 대한 실제적 위반이라고 말할 수 있는가? 결국 이 동물들은 우리에게 고기 외에도 엄청나게 많은 것들을 제공한다. 지속 가능한 방식으로 기른다면 동물들은 땅의 수분을 유지시키는 데 도움이 될 수 있고, 곡물에 영양분을 공급할 수 있으며, 무엇보다 친구 내지는 반려자가 되어 우리 삶을 풍성하게 해줄 수 있다. 한 니먼, 피언리-휘팅스톨, 샐러틴 그리고 폴란에 따르면, 우리는 이 농장 동물들 없이 음식을 지속 가능한 방법으로 생산할 수 없다(여기서 지적해야 할 것은, 이것이 동물을 필수적으로 도살해야 하는 이유가 되지는 않는다는 것이다. 만약 이 주장이 맞다고 한다면, 그건 우리가 이 동물들의 배설물과 그들의 풀 뜯는 능력을 취할 근거만을 정당화할 수 있을 뿐이다).[75] 하지만 이 상호 관계를 높이 사는 대신 우리는 그들에게 엄청난 대가를 요구한다. 우리는 그들을 우리 마음대로 번식시키고 그들의 새끼를 먹고, 때가 되면(그들의 의존이 짐이 될 때처럼) 그들을 죽인다. 이런 진화적 거래는 분명 불평등하다.

의존 개념은 이런 주장들에서 중요한 역할을 한다. 가축화된 동물들이 항상 우리에게 의존적일 것이라는 이유를 들어 그들을 죽이는 것이 우리 책임이라고 시사하는 피언리-휘팅스톨의 말을 곱씹어보자.

> 우리가 영향을 미치는 모든 생물체들 중 고기를 위해 기르고 죽이는 동물들처럼 우리에게 깊이 의존하는 동물, 즉 종으로서의 성공과 개체 단위에서의 건강 및 복지를 우리에게 의지하는 동물은 없다. …… 이런 의존은 우리 모두가 베지테리언이 된다 해도 사라지지 않을 것이다. 만약 우리가 음식을 위해 가축화된 고기 종을 죽이는 일을 그만둔다면, 이 동물들은 야생으로 돌아가지 못할 것이다. …… 관계의 본질은 바뀌어도 관계 자체는 사라지지 않을 것이다. 우리는 그들의 복지에 충분한 도덕적 책임을 가지고 계속 그들의 보호자로 남아야 한다.[76]

피언리-휘팅스톨은 동물들을 꼭 도살하지 않더라도 그들을 책임질 의무가 결국 우리에게 있으니 차라리 그 동물들을 먹어야 한다고 주장하는 셈이다. 피언리-휘팅스톨뿐만이 아니다. 역사가이자 과학서 작가 스티븐 부디언스키Stephen Budiansky

의 책《야생의 계약: 왜 동물들은 가축화를 택했는가》는 피언리-휘팅스톨과 폴란이 사용하는 공진화론을 대중화하는 데 일조한다. 부디언스키는 인간의 "지나친 친절"과 동물의 "퇴행"이라는 터무니없고 문제적인 이미지를 제시한다.

> 어떤 사람은 가축화된 동물들이 인간에 대한 의존과 인간의 지나친 친절 때문에 퇴행했고, 훨씬 더 나약해졌으며 인간 돌봄이라는 목발에 의존하게 됐다고 주장할지 모른다. 하지만 그 동물들이 "퇴행했다"고 말하는 것이 우리가 그들을 덜 고려해도 된다는 것을 뜻하지는 않는다. 그들의 퇴행은 오히려 …… 우리 쪽에 더 큰 책임을 요구한다.[77]

부디언스키는 동물의 의존과 퇴행이 인간들이 동물들을 사육해온 특정한 방식과 직결된다는 것을 분명히 한다. 즉 우리 인간들은 동물들을 인간에게 "경제적 이윤을 제공하는" 특성(이는 동물들의 신체적 취약성 및 무능력과 연관되는 특성이다)을 갖도록 사육해왔다. 하지만 그 특성은 동물들 자신에게는 "고통스러운" 것이다. 그러나 부디언스키에 따르면 이런 상황은 결코 부당하지 않은데, 그는 동물들의 "퇴행"이 사실상 그들 종 전체를 진화적 성공으로 이끌었다고 보기 때문이다. 피언리-휘팅스톨과 마찬가지로 가축화된 동물들이 인간의 돌봄에 의존하는 것을 그 동물들에 대한 사육·도살·소비를 정당화하는 근거로 보는 것이다.

의존이라는 말은 노예제, 가부장제, 제국주의, 식민지화 그리고 장애 억압을 정당화하는 데 쓰였다. 의존이라는 언어는 교묘한 수사학적 도구로, 그 언어를 사용하는 이들을 마치 공감할 줄 알고 보살피는 마음이 깊은 사람처럼 보이게 하며, 동시에 그들이 그렇게 관심을 두는 이들이 계속해서 착취될 수 있도록 한다.

상호의존 개념에 기반을 두는 철학은 여러 방면에서 인도적 고기 운동 배후에 있는 사고와 통한다. 이 주장은 동물은 인간을 돕고 인간은 동물을 도왔다는 식의 논의, 가축화된 동물과 인간이 상호의존적으로 함께 진화했다는 식의 논의를 전개했다. 하지만 새로운 고기 운동의 상호의존 이론은 여전히 의존적인 것을 희생시켜 독립적인 것에 가치를 부여하고, 취약한 것을 희생시켜 더 강한 것에 가치를 부여한다. 반면 장애 커뮤니티는 상호의존이 상호 이익에 대한 계산이 아니라는 것을 오래전부터 인식했다. 장애가 상호의존을 바라보는 관점에 따르면, 우리 모두 취약한 존재다. 즉 우리 모두 삶의 과정에서 의존적일 때와 그렇지 않을 때가 있고 (생각보다 훨씬 많이, 동시에) 돌봄을 주기도 하고 받기도 하는 그런 존재로 인식된다. 이처럼 장애는 인도적 고기를 둘러싼 논의에 꼭 필요한 분석, 즉 취약한 존재들을 책임진다는 것이 무엇을 뜻하는지에 대한 분석을 제공한다.

케이퍼는 이렇게 쓴다. "자연에 대한 여러 시각은 흔히 이상화되고 탈정치화된 환상 자체다. 장애는 이런 환상의 한계를 가리키는 데 반드시 필요하다. 장애의 이러한 역할이 종종 드러나지 않는 경우가 있다고 해도 말이다."[78] 자연에 대한 그런 시각들은 인도적 고기를 위한 주장들에서 분명하게 드러난다. 이 주장들은 장애가 있는 신체를 포함한 특정 신체와 역사가 생략된, 사물의 자연 상태라는 낭만적인 관점을 드러낸다. 이렇듯 자연에 대한 본질화된 시각에서 비롯된 서사들은 힘, 자율성, 생산성, 자립 등에 가치를 부여한다. 이는 역사적으로 더 취약한 신체들에 대한 억압을 가속화한 가부장적 가치들과 다르지 않다. "과거에는 그랬는데"라는 향수와 "자연적인 것"에 대한 찬양은 어떤 존재가 다른 존재에 비해 얼마나 혹독한 삶을 살아왔는지 간과한다.

역사가 제임스 맥윌리엄스James McWilliams는 이렇게 말한다. "산업화 이전의 농장들은 철저하고 대단히 착취적인 의존, 환경 악화, (주로 법률로 성문화된) 폭력적인 권력관계로 특징지어진다. 젊은 사람들이 이런 역사적 현실의 본질을 들여다보지 않고 어떻게 농업에 환상을 품게 되는지 지켜보는 일이란, 점잖게 말하자면 흥미롭다고 할 수 있다."79 산업화 이전의 농업이라는 이상화된 환상에서 인종주의, 식민주의, 가부장제의 역사는 편의상 삭제됐지만, 비장애중심주의와 종차별주의는 의심 없이 받아들여졌다. 루와 빌처럼 장애를 갖게 된 동물의 몸, 늙고 취약한 동물의 몸은 고기 외에는 아무런 쓸모나 가치가 없다고 간주된다. 만약 그것이 인간의 몸일 경우, 그 몸은 건강health, 단련fitness, 자족self-sufficiency이라는 규범적 관념을 강조하는 농업 유토피아에서 제외된다. 직접 요리한 식사가 감소하는 경향 같은 것이나 TV 디너,✚ 패스트푸드점은 무수한 비판 대상이 되고, 우리는 "혁명은 전자레인지로 조리되지 않을 것이다"라는 허울뿐인 경고를 듣게 된다.

애초부터 모든 걸 할 필요도 없고 농장이나 주방에서 평생을 보낼 필요도 없어진 현실. 이런 현실은 의심의 여지없이 많은 사람들을 해방시켰다. 저널리스트 에멜리 매처Emely Matcher는 자신이 "음식 운동"이라고 부르는 것(특히 폴란의 작업)에서 작동하는 젠더 역학에 대해 논문을 썼다. 그녀는 논문에서 이 "운동"은 요리가 얼마나 즐겁고 만족스럽고 심지어 도덕적으로도 올바른지 주장하지만, 정작 왜 여성들이 가스레인지 앞을 지키며 꼬박 서 있고 싶어 하지 않는지 상상하는 데 실패한 것 같다고 썼다.[80]

또한 이 운동은 그런 집안일을 하고 싶어도 하지 못하는 누군가가 있다는 점도 상상하지 못하는 듯하다. 페미니스트 장애학자 킴 Q. 홀Kim Q. Hall은 2012년 장애학회에서 발표한 〈음식의 퀴어 크립 페미니스트 정치학을 향하여〉라는 글에서 몇몇 사람들이 패스트푸드와 복잡한 관계를 맺는다는 점을 지적했다.[81] 홀은 모든 문화가 각기 고유한 요리를 갖는다면 장애 문화의 고유한 요리는 패스트푸드일 거라고 농담한 장애운동가 겸 학자 할랜 한Harlan Hahn의 씁쓸한 유머와 폴란의 책 《음식이 지배한다: 먹는 자의 매뉴얼》을 대비시킨다. 한은 많은 장애인에게 요리는 불가능한 것은 아니지만 상당히 어려운 일이며, 장애인의

✦ 'TV Brand Frozen Dinner'의 준말. 1953년 스완손 앤드 손스 사에서 출시한 냉동 포장된 1인분 식사로, 그 모양이 TV를 연상시킨다고 해서 이런 이름이 붙었다. 지금은 전자레인지에 데워 먹는 각종 즉석 식품을 통칭한다.

자연 그대로

빈곤율은 상대적으로 더 높기 때문에 패스트푸드가 일상적인 선택지가 될 수밖에 없음을 암시했다. 그러나 폴란의 책《음식이 지배한다》에는 이런 구절이 있다. "자동차 창문을 통해 전달되는 식품은 음식이 아니다."[82] 다른 맥락에서 니키 헨더슨Nikki Henderson은 "음식, 정의 그리고 지속 가능성"이라는 제목의 행사에서, 패스트푸드점은 분명 문제적이지만 저소득층의 사람들에게 합리적인 가격의 음식을 제공하고, 놀이터를 보유한 유일한 공적 공간으로 과로한 부모들에게 구세주가 되어준다는 점을 지적했다.[83] 헨더슨과 홀은 나처럼 산업화된 농업과 패스트푸드점에 대해 극히 비판적이지만, 그런 비판에서 더 나아가 음식 시스템의 급진적인 변화가 음식 불평등의 최전선에 있는 사람들에게 수치심을 유발하는 방식으로 전개되어선 안 된다는 점까지 인식한다. 우리는 구매력이 있거나 스스로 건강한 원료를 재배할 수 있는 특권을 가진 사람들의 건강만을 신경 쓰는 음식 운동과 매우 자주 마주한다.

우리는 지속 가능성이라는 개념을 불구화할 수 있을까? 중요한 건 지금의 농업 방식과 지속 불가능한 음식 시스템이 비판받지 않도록 방어하는 것이 아니다. 그보다는 어떻게 하면 더 많은 신체와 더 급진적인 가치 체계가 포함되도록 지속 가능성 운동을 발전시켜나갈 수 있을지 질문하는 것이 더 중요하다. 한 명의 장애인으로서 나는 전자레인지, 패스트푸드점, 조리 식품의 효율성이 시간의 압박을 받으며 살아가는 장애인, 노인, 저소득층의 사람들에게 도움을 준다는 것을 실감한다. 나는 농업이 엄청나게 많은 인간과 동물의 질병과 장애, 환경 파괴를 유발했다는 것도 안다. 나는 장애인 공동체가 먹는 음식이 동물, 인간, 환경을 황폐화하고 잔혹성과 연관되는 것을 원하지 않지만, 그렇다고 해서 돈이 많거나 소위 자족적인 신체를 가진 사람들만이 취할 수 있는 음식을 원하는 것은 결코 아니다. 과연 우리는 산업화된 현 음식 시스템이 남용되는 현실과 그 부적절성을 문제제기하면서도 모든 사람들이 자족적으로 먹을 수 있는 수입과 시간, 욕망(능력은 물론이고)을 가질 수 있는 건 아니라는 점을 인정할 수 있을까? 과연 우리는 동물들을 그저 착취할 수 있고 상품화할 수 있는 의존적인 신체 이상의 존재로 바라보는 운동을 만들어낼 수 있을까? 지속 가능한 미래에 관한 더 급진적인 통찰은 단순히 환경이나 소비자 개인의 건강에만 이로운 것이 아닌, 비장애중심주의와 종차별주의를 포함한 위계와 억압의 역사적 패러다임에 저항하는 다양한 가치들을 아울러야 한다.

다행히도 지속 가능성 운동은 획일적이지 않고, 그런 주제들에 무심하지도 않다. 무수한 운동가, 단체 조직가, 농부들이 환경 문제와 복잡한 사회문제의 분리 불가능성에 대해 매우 다채로운 생각을 보여준다. 예컨대 국내외의 음식 정의food justice와 음식 주권food sovereignty 운동들은 저렴하고 건강하고 지속 가능한 음식, 음식 노동자들을 위한 정의, 커뮤니티가 자신의 음식 시스템을 직접 관리할 권리 등을 요구하는 데 앞장서고 있다. 이런 운동들이 항상 장애 문제에 대해 언급하는 것은 아니고, 비거니즘이나 베지테리어니즘을 촉구하는 일은 더욱더 드물지만, 그럼에도 커뮤니티의 관리와 역량 증진에 대한 강조, 가장 취약한 사람들에 대한 관심, 더 정의로운 미래에 대한 통찰 등은 비

자연 그대로

장애중심주의와 종차별주의에 반하는 틀을 구축하게 하는 급진적 잠재성을 이 운동들에 부여한다. 그리고 이런 문제들을 연결하는 조직들도 있다. 예를 들어 오클랜드에 기반을 둔 비건 음식 정의 단체인 음식을 통한 역량 증진 프로젝트Food Empowerment Project는 음식 접근성, 농가와 저소득층 커뮤니티를 위한 정의, 인종주의, 장애, 동물 학대, 환경 문제 같은 이슈들을 연결한다. 이 프로젝트는 음식 운동들이 교차적으로 사고하도록(그리고 동물의 고통과 비거니즘을 진지하게 고려하도록) 촉구하며, 동물 옹호가들에게도 교차적으로 사유할 것을 제안한다. 예를 들어 비건과 베지테리언에게 전통적 채식주의자의 목표인 "잔혹 행위 없음cruelty free"의 개념을 식물을 기반으로 한 음식을 기르고 수확하고 처리하는 인적 비용을 포함하는 수준으로까지 확장하도록 요구하는 것이다(이 단체는 초콜릿 생산에서 발생하는 아동 착취, 우리가 소비하는 농산물을 생산하는 노동자들의 극도로 열악한 노동 환경에도 관심을 기울인다).[84]

여기서 내가 검토하고자 한 것은 지속 가능성 논의에서 특히 잘 알려져 있고 특권을 가진 쪽이다. 이 운동 분파는 그동안 의존, 자립, 자연에 대한 근본적으로 비장애중심주의적인 이해에 기초하여 비거니즘을 거부하고 동물 소비를 정당화하는 데 큰 목소리를 냈다. 그건 이 운동이 자기 자신을 기꺼이 "식도락가"로 부르는 사람들과 연관되어 있기 때문인 듯하다.

새로운 고기 운동을 비판하면서 그 운동의 주창자들이 보여주는 농업 기술, 다양한 생태계를 아우르는 지식, 생물 군집이나 "전체로서의 농장 시스템"에 관한 타당한 사고까지 부정하려는 건 아니다. 다만 나는 자연을 바라보는 그들의 시각이 편견 없는 유일한 것이라는 관점을 거부한다. "인도적인" 농부들의 말은 흔히 동물의 행동에 대한 권위적 묘사로 받아들여져, 인간-동물의 궁극적인 상호의존 관계로 낭만화된다. 그런데 조엘 샐러틴, 피언리-휘팅스톨, 한 니먼 그리고 이 토론에 참여한 여타의 많은 농부들을 동물과 자연에 대한 전문가로 간주하고 그들의 말에 의존하는 것은 곤란하다. 이 "전문가들"은 분명 동물 심리와 행동의 특정 측면에 대해 잘 알고 있지만 그만큼 편견도 심하다. 이는 그들이 동물들에게서 이득을 취한다는 것이 그 주된 이유이다. 농부는 자연에 관한 특정 패러다임에 기초해 동물을 바라보도록 훈련받는다. 대개 농부들은 동물에게서 지능, 공감, 개성, 감정, 삶을 위한 충동 등을 발견하려 하지도 않을뿐더러, 심지어는 동물을 고통을 느낄 수 있는 존재로도 보지 않는다. 물론 예외는 있다(많은 농부들이 자신의 동물들을 개별적으로 알고 있다). 하지만 그들조차 억압적인 주류 관점에 저항하는 데 어려움을 겪는다. 지속 가능한 농업의 열렬한 신자이며 인도적 고기 운동 내에서 주도적인 발언권을 갖게 된 샐러틴을 생각해 보자. 그는 동물들이 고통과 쾌락을 느낄 수 있다는 걸 이해한다면서도 비건들만큼이나 공장식 축산에 반대한다. 그의 농장에서 짧은 생애를 보내는 동물들은 진심으로 행복해 보인다. 하지만 폴란이 그에게 어떻게 닭을 죽일 수 있는지 묻자 샐러틴은 이렇게 답했다. "간단한 일이죠. 사람에게는 영혼이 있지만 동물에게는 없거든요. 이게 제 근본 신념이에요. 동물은 하나님의 형상대로 창조되지 않았기 때문에, 죽으면 그냥 죽는 거예요."[85] 동물

자연 그대로

에게 따뜻하게 대하기로 유명한 샐러틴조차 종 간 위계라는 낡은 패러다임에 갇혀 있고, 동물에게도 영혼이 있을 수 있다는 것(혹은 인간에게도 동물에게도 영혼은 없을지도 모른다는 것)을 상상하지 못하는 것이다. 영혼의 문제는 수천 년간 인간과 동물의 범주를 정의하는 핵심 요소였는데, 폴란은 어떻게 인간의 권력 개념이 인간과 가축화된 종의 관계에서 아무런 역할을 하지 않는다고 주장할 수 있는 걸까.

곤혹스럽게도, 동물 옹호 관련 논의를 주도하는 이들 중에는 이 지속적인 억압 체계에서 이익을 얻는 부류도 있다. 템플 그랜딘이 그 가장 명징한 사례다.

그랜딘의 인기에는 의심의 여지가 없다. 그녀는 여러 베스트셀러의 저자이며, 여러 학술 논문, 다큐멘터리는 물론 클레어 데인스Claire Danes가 주연을 맡은 HBO〔미국의 대표 유료영화 채널〕 영화까지 그녀를 주제로 한다. 농장이나 도살장의 동물 학대를 규탄할 때마다 그랜딘의 인터뷰가 실리는 것을 볼 수 있다. 이때 그녀는 동물복지 및 동물에 대한 인도적 대우 문제의 전문가로 소환된다. 소·도살 전문가이자 자폐증(미국에서 자폐증은 심한 낙인이 찍히는 장애다)이 있는 사람임을 염두에 둘 때, 그녀가 전례 없고 강력한 미국의 우상이라는 것은 놀라운 일이다.

그랜딘은 자신의 자폐증 경험을 풀어내는 한편 동물 인지에 관한 해석을 제시한 책으로 가장 유명하다. 그녀는 자신의 자폐증 경험을 처음으로 공개하고 이야기한 사람 중 하나로, 그녀가 펴낸 책은 영향력이 매우 크다. 공인으로 처음 모습을 드러낸 1980년대 당시에 자신의 감각적 경험을 묘사하고 자신이 어떤 방식으로 사고하는지 설명할 수 있는(그녀는 자신이 시각적으로 사고하는 사람이고 "그림을 통해 생각한다"고 말했다) 그녀의 능력은 획기적이었다.

그랜딘은 자폐증을 가진 사람들이 비인간 동물과 비슷한 방식으로 정보를 감지하고 처리한다고 썼다. 동물 심리에 관해 이런 특별한 통찰을 수행한 그녀가 동물 소비를 지지한다는 사실은 육식을 궁극적으로 정당화하는 기제로 여겨지곤 했다. 소처럼 생각한다고 말하는 여성 템플 그랜딘이 육식을 지지한다면, 육식이 문제될 이유가 도대체 무엇이란 말인가?

하지만 가축화된 동물이 우리 삶에서 맡고 있는 역할에 관한 그랜딘의 시각이 편견에 치우치지 않았다고 말하기란 불가능하다. 그녀는 맥도날드나 버거킹 같은 거대 회사의 자문을 맡으면서 도살장을 설계한다.[86] 그녀는 자신이 사랑 때문에 그 일을 한다고 했다. 동물들이 어떻든 도살되는 마당에 그들의 죽음을 더 인도적인 것으로 만들어주는 일쯤은 당연히 할 수 있다는 것이다.[87] 예상 가능한 일이었지만 그녀의 주장은 비판받았다. 자폐증이 있는 또 다른 동물 옹호가 짐 싱클레어Jim Sinclair가 말했듯, "당신이 어떤 존재를 사랑한다면, 당신은 그 존재를 죽이지 않"는다.[88]

그랜딘은 인지적 측면에서 자신이 비인간 동물과 연관성을 지닌다고 믿으며, 자신이 겪은 사회적 소외와 동물 억압이 어떤 점에서는 연결된다는 것 또한 이해한다고 믿는다. 하지만 자폐증을 가진 사람의 심리와 동물의 심리가 오인되어온 방식에 대한 그녀의 견해는 거기서 멈춘다. 그랜딘은 궁극적으로 장애

자연 그대로

를 가진 인간 존재와 비인간 동물이 신경전형적이고 비장애중
심주의적인 패러다임 속에서 어떻게 억압받고 착취당했는지 문
제제기하는 데까지 나아가지 못한다. 극한의 경우를 예시로 하
는 논증에 대한 대니얼 살로먼의 비판과 신경전형적 사고 과정
에 대한 동물 옹호 운동의 강조에서 드러난 문제제기가 그중 하
나다. 그랜딘은 교차하는 폭력과 억압을 지적하지 않고, 따라서
자폐증을 가진 사람들과 동물을 무비판적으로 연결하는 비장애
중심주의적 고정관념에 기름을 붓는 위험을 초래한다. 또한 그
녀는 죄책감 없이 맥도날드에서 먹고 싶다는 대중의 욕망에 부
응한다.

　　그래도 살로먼은 그랜딘에게 어느 정도 우호적이다. 살로
먼의 주장에 따르면 그건 동물 옹호가들 중에 자폐증에 대한 고
정관념을 갖고서 생각 없이 그랜딘에게 인신공격을 해대는 사
람들이 있기 때문이다. 그런 사람들은 그랜딘의 그런 시각이 자
폐증으로 인한 "공감 불능" 때문이라고 말한다. 하지만 살로먼
은 자폐증 및 동물에 관한 그랜딘의 견해에 대해서는 비판적이
다. 그는 두 집단이 겪는 억압이 서로 맞물려 있다고 생각한다.

　　동물복지에 관한 한 그랜딘은 편견에서 자유로운 존재가
아니다(그리고 그렇게 표상되어서도 안 된다). 또한 그녀는 이 문
제에 대해 발언할 수 있는 유일한 자폐인도 아니다.

　　인도적 고기란 일종의 모순어법이며, 그 옹호가들도 이
사실을 안다. 《잡식동물의 딜레마》에서 멧돼지를 사냥하며 망
설임과 부끄러움을 극복하려고 하는 폴란의 모습을 보라. 새로
운 고기 운동을 다루는 뉴스 기사들이 동물을 죽이고 먹는 것에

대한 불안을 극복하려는 이들을 소개하는 것을 보라. 동물을 도살장으로 보낼 때 니먼이 표현한 슬픔을 들어보라.[89] 자신이 설계한 시스템 안에서 동물들이 죽는 것을 보며 그랜딘이 느낀 공포에 귀를 기울여보라. 양심적 잡식가들은 동물에게 공감하는 자신을 극복하기 위해 자주 분투한다.

공장식 축산이 끔찍한 것이라는 인식과 환경상 지속 가능한 농업 실천의 중요성과 관련해, 나는 지속 가능한 축산을 지지하는 사람들에게 동의한다. 하지만 음식을 위해 동물을 상품화하고 도살하는 것은 자연스러운 일도 정의로운 일도 아니다. 그것이 작은 가족 농장에서 행해지든, 고통을 최소화하도록 설계된 공장 시스템에서 행해지든 말이다. 우리에게는 더 나은 인도적인 길이 있다.

자연 그대로

15

고기: 자연재해

인류 역사상 처음으로 우리 행성의 이산화탄소 농도가 400ppm[✚]에 도달했다. 400ppm은 과학자들이 환경 재난으로 넘어가는 전환점으로 오랫동안 주장해온 양이다. 산업화된 축산이 이 재난의 주요 요인 중 하나라는 점은 널리 인정된 사실이다. 기온이 올라가고, 전 지구적 식량 부족 사태가 악화하고, 자연재해가 수많은 생명을 앗아가고 있는 지금, 우리는 동물의 살을 맛보는 것이 환경 황폐화를 가중시키는 것보다 더 가치 있는 일인지 물어야 한다.

2006년 유엔은 〈가축의 오랜 영향〉이라는 보고서를 발표했다. 이 보고서는 널리 인용되고 미디어의 큰 주목을 받았다.

✚ 어떤 양이 전체의 100만분의 몇을 차지하는지 나타낼 때 사용하는 단위.

사람들은 공포와 부인이라는 두 가지 반응을 보였다. 이 보고서는 "연간 이산화탄소 배출량 가운데 75억 2600만 톤 혹은 연간 세계 온실가스 배출량의 18퍼센트가 소, 버팔로, 양, 염소, 낙타, 말, 돼지, 가금류에서 비롯된다"고 추정했다. 모든 운송 분야에서 배출되는 양(이는 13퍼센트에 불과하다)을 넘는 수치다.[90]

2009년의 보고서는 유엔이 생각한 것보다 더 나쁜 결과를 보여주었다. 월드 워치 연구소World Watch Institute의 환경 연구자 로버트 굿랜드Robert Goodland와 제프 안행Jeff Anhang은 "온실가스 배출량의 51퍼센트 이상이 가축에게서 비롯된다는 결론"을 냈다. 이 보고서는 동물성 식품을 대안 식품으로 대체할 것을 긴급히 호소하고 있다. 굿랜드와 안행에 따르면 이것이 "기후 변화를 뒤바꾸기 위한 가장 좋은 전략"이다. 왜냐하면 "석유 연료를 재생산 에너지로 대체하는 것보다 온실가스 배출에 훨씬 신속한 영향을 미칠" 수 있기 때문이다.[91] 인간이 야기한 메탄 배출의 37퍼센트가 가축에게서 비롯된다. 메탄은 대기를 이산화탄소보다 훨씬 더 급속히 데우는데(20년이라는 기간을 놓고 보면 메탄은 이산화탄소보다 25배에서 100배까지나 더 파괴적이다[92]), 이산화탄소의 반감기*가 최소 100년인 데 비해 메탄의 반감기는 8년에 불과하다. 곧 산업화된 유축농업을 종식한다면 기후 변화를 늦추는 데 즉각적이고도 극적인 영향을 발휘할 수 있다는 뜻이다.[93]

✦ 본래 방사능과 관련된 용어로, 방사성 물질에서 전체 원자들의 절반이 붕괴되는 데 걸리는 시간을 말한다. 여기에서는 이산화탄소가 대기를 데우는 데 소요되는 기간을 뜻한다.

더 이전인 2008년 카네기멜론대학에서 수행한 연구는 육고기와 유제품을 일주일 중 단 하루만 피해도 일주일 내내 지역 농산물[로컬푸드]을 먹는 것보다 온실가스를 줄이는 데 효과적임을 입증한 바 있다.[94]

미국인이 먹는 고기의 99퍼센트 이상이 공장식 축산 농장에서 나온다.[95] 그리고 싼 고기를 소비하는 식습관은 전례 없는 속도로 지구 전체에 퍼지고 있다. 2007년 전 세계 고기 소비량은 약 2억 7000만 톤이었고, "매년 470만 톤씩 증가"하고 있다.[96] 세계적인 고기 생산은 1980년 이래 3배 증가했고, 2050년에는 다시 지금의 2배가 될 것으로 예측된다.[97] 고기가 사치였던 많은 나라들에서 고기는 지금 식사의 중심을 차지한다. 현재 인간과 인간이 식용으로 기른 동물들이 전 세계 포유류의 98퍼센트를 차지하는데, 산업혁명 초기만 하더라도 이 수치는 10~12퍼센트에 불과했다.[98] 이렇게 급속한 고기 소비 증대에 따른 결과가 어떨지는 상상하기 어렵다.

식육산업은 이 행성의 땅 3분의 1을 차지하며, 이 산업으로 인한 연간 수입은 1400억 달러에 이른다.[99] 이것은 열대우림 파괴(아마존이 파괴된 책임 91퍼센트가 축산업에 있다[100]), 수질 오염 및 폐기물(전 세계 담수淡水 소비의 20~33퍼센트를 축산업이 차지하고 있다[101])의 주요 요인이다. 유엔 보고서에 따르면, "이제 풀밭이 전 세계적으로 부족해진 탓에, 더 많은 가축과 그 먹이를 생산하는 현실적으로 유일한 길은 자연의 숲을 파괴하는 것"뿐이다.[102] 다른 쪽도 마찬가지다. 우리는 지금까지 어획해온 어류 종들을 50년 이내에 모두 잃어버릴 위기에 직면해 있다.[103]

무수히 많은 논문과 책, 과학 연구가 이미 이러한 위기에 대해 상세히 말했다. 이것은 환경주의자, 과학자 그리고 자신을 잡식가로 공언해온 많은 사람들이 엄청난 규모의 재난이라고 동의하는 위기다. 하지만 이보다 더 친숙한 차원에서도 이런 산업의 환경상의 귀결에 대해 인지할 수 있다. 현재 우리의 음식 시스템은 수십억에 이르는 동물들을 학대하고 이 행성을 파괴할 뿐 아니라, 사람들의 건강을 해치고 대규모 기아를 양산한다(전 세계 곡물 생산량의 50퍼센트가 우리가 먹는 동물들을 먹이는 데 쓰인다는 사실을 상기해보자).[104] 이런 곤혹스러운 사실들은 음식 및 환경 정의food and environmental justice가 불가피하게 장애 권리 및 정의와 결부된다는 것을 주지시킨다.

　　《전 세계적 맥락에서 본 장애와 차이》에서 니르말라 에르벨스Nirmala Erevelles는 장애학 내부에 장애의 경험을 보편화하고 낭만화하는 경향이 있다고 언급한다. 장애학자, 운동가 그리고 나를 포함한 예술가들은 장애를 열렬히 포용하고 장애가 창조성과 존재의 대안적인 방식을 실현하는 급진적 잠재성을 갖는다고 생각하는 경향이 있다. 이 책 앞부분에서 소개한 장애학자 로버트 맥루어의 질문을 생각해보자. 장애를 환영한다거나 욕망한다는 것은 무엇을 뜻할까? 에르벨스는 장애에 대한 이런 포용과 장애의 가능성이 지닌 가치를 인식하지만, 동시에 이것이 장애를 일으킨 자본주의의 구조적 폭력을 폭로하는 데 실패한다는 것을 비판한다. 그녀는 이렇게 묻는다. "장애가 빈곤, 경제적 착취, 경찰 폭력, 신식민지적 폭력 그리고 충분한 건강보험과 교육을 위한 접근권의 부재 때문에 생긴 것이라면 …… 어떻게 장애를 축복할 수 있겠는가?"[105]

에르벨스의 질문은 환경 파괴와 농업 실천에 관한 논의들에서 매우 중요하다. 왜냐하면 산업적 축산과 그것이 우리 커뮤니티에 배출하는 유독성 물질이 질병, 장애, 건강상의 여러 문제를 유발하는 주요 요인이고, 이런 문제들이 저소득층의 사람들(이들은 우리가 앞서 보았듯 이미 질병이나 장애를 갖게 될 위험이 증가한 상황에 처해 있는 사람들이다)에게 더 많은 영향을 끼칠 것이기 때문이다.

공장식 축산 농장과 도살장은 저소득층 커뮤니티에 상대적으로 더 많이 위치해 있다. 예컨대 소위 돼지 공장hog factory은 다량의 대기·수질 오염물질을 양산하는데, 이런 오염물질 대부분이 이들 농장에 꼭 있는 거름 호수(돼지 분뇨로 가득찬 호수)에서 나온다. 음식을 통한 역량 증진 프로젝트의 보고에 따르면, "이런 공장식 축산 농장 주변에 사는 주민들은 흔히 눈·코·목의 염증…… 그리고 우울감, 긴장, 분노, 현기증, 피로 등의 증가를 호소"한다.[106] 이런 곳의 지하수는 질산염이나 황화수소 농도가 지나치게 높고, "공장식 축산 농장에서 흘러 나온 폐기물(다양한 병원체, 항생제, 유독성 화학물질을 포함한)이 대수층에 스며들어 주변의 지하수원을 오염시킨다"고 알려져 있다.[107] 다른 건강 문제도 그렇지만 특히 높은 천식율은 이런 오염물질과 깊은 상관관계가 있다.

이처럼 산업적 고기 생산이 초래한 환경적·인도주의적 피해의 증거들이 있지만, 많은 사람들은 비건이 아니라 양심적 잡식가야말로 세계의 음식 생산 시스템을 바꾸는 데 도움이 된다고 생각한다.

사프란 포어는 이렇게 쓴다. "미국에서 생산되는 비공장식 닭고기로는 스태튼 아일랜드의 인구조차 다 먹일 수 없고, 비공장식 돼지고기로는 미국 전역은 고사하고 뉴욕시의 수요도 맞추지 못한다."[108] "우리에 가두지 않은cage free" "방목한free range" "자연의" "유기농의" 등등의 꼬리표는 많은 경우 동물들을 어떻게 대하는지에 대해 아무것도 말해주지 않으며, 산업 종사자들은 이런 꼬리표 배후에서 이뤄지는 과정에서 자신의 제품이 빠져나갈 수 있는 구멍을 찾아낸다. 이런 제품들은 기분을 일시적으로 좋게 만들어주는 양심 완화제conscience alleviator에 불과하다. 실제로 소규모의 지속 가능한 농가들이 성공할 경우, 그 제품들은 언제나 매우 비싼 가격을 받는다.

양심적 잡식가들은 지속 가능한 고기도 적당히 먹어야 한다고 지적하면서 비싼 가격을 변명한다. 하지만 새로운 고기 운동은 동물성 제품들을 찬미하고 미화하는데, 이런 태도는 사람들로 하여금 고기를 덜 먹게 하는 것이 과연 이 운동의 이미지와 부합하는지 의구심을 갖도록 한다. 최신 유행을 따르며 사회적 의식까지 갖춘 행사들은 지속 가능한 동물성 제품을 제공하고, 이 행사를 알리는 기사들은 군침 도는 맛을 찬양하면서 젊은 힙스터 도살업자와 "동정심 많은" 농부들의 화려한 사진을 함께 싣는다. 이런 기사들은 모두 우리가 고기 소비를 줄이면서 동시에 더 좋은 고기를 먹어야 한다고 이야기한다. 하지만 여기서 팔리는 게 렌틸콩이나 양배추가 아니라 동물성 제품이라는 점은 너무나 자명하다. 이 자명한 사실을 확인하기 위해 광고 전문가

자연 그대로

까지 나설 필요는 없을 것이다.

인도적이고 지속 가능한 방식으로 생산된 동물성 제품을 이용하고 그 인지도를 높인다고 해서 싼 고기를 소비하는 미국인들의 습관이 없어지는 것은 아니다. 게다가 그런 제품은 계급적 지표로서 고기의 국제적 물신화를 가속화한다. 또한 그런 제품들이 전국적(혹은 국제적) 수준의 해결책이 될 수 있는지도 논쟁적이다. 새로운 고기 운동에 관한 기사들은 만약 미국의 모든 동물성 상품이 지역에서 사육되고 공장식 축산 농장이 문을 닫게 되었을 때, 이런 식품을 구매할 수 없는 대부분의 미국인들이 무엇을 소비할지에 대해 말하지 않는다. 즉 그 사람들이 비건이 될 것이라는 점을 말이다. 분명히 해두면, 나는 지속 가능한 농축산업이 세계 인구 모두를 먹일 수 없기 때문에 불가능하다고 말하는 것이 아니다. 사실 그것이 그나마 유일하게 가능한 형태일 것이다. 하지만 진정 생태적으로 지속 가능하고 인도적인 조건에서 얼마나 많은 고기, 계란, 유제품이 생산될 수 있는지는 별개의 문제다.

동물들을 인도적으로 대하고 지속 가능한 방식으로 사육하려는 작은 농가들은 종종 딜레마에 빠진다. 지속 가능성 및 인도적 수준을 저하시키지 않고서는 사업을 확장할 수 없기 때문이다. 이것이 오랫동안 지속 가능성의 영역에서 지도적 역할을 수행해온 니먼 목장Niman Ranch에서 일어난 일이다. 많은 레스토랑에서 "우리는 자랑스럽게 니먼 목장의 제품을 제공합니다"라는 표식을 과시했는데, 이는 소규모 농가에서 생산된 고기가 더 널리 유통되고 사람들이 더 쉽게 이용할 수 있게 되었다는 표시다. 하지만 2009년 《샌프란시스코 크로니클》이 보도했듯, "30년 가까이 존재했고, 고급 요리사들의 사랑을 받았고, 누구나 아는 이름으로 브랜드를 만들었음에도 니먼 목장은 결코 이익을 내지 못했다".[109] 니먼의 주요 투자자가 파산을 피하기 위해 회사를 합병한 해에 빌 니먼Bill Niman은 자신이 창립한 회사에서 물러나게 되었다. 니먼은 그때부터 회사가 자신이 세운 기준을 지키지 않는다며 매섭게 비판했고, 니먼 목장의 제품을 먹지 않겠다고 했다. 거의 70억 명의 사람들이 살고 있고, 갈수록 싼 고기를 원하는 사람들이 많아지는 이 세계에서, 그런 식의 소규모 가족 사업이 어떻게 산업적 축산을 대체할 수 있을지, 산업적 축산과 유사한 시스템으로 불가피하게 돌아가지 않고서도 나아갈 수 있을지 상상하기란 어렵다.

음식을 정의롭게 생산하는 방법의 문제는 비건과 잡식가 모두에게 중요하다. 건강에 좋은 비건 음식을 쉽게 접할 수 있다는 것은 일종의 특권이고, 비건 음식 대부분을 생산하는 산업화된 주곡 농업조차 심각한 환경 및 윤리 문제를 초래한다는 것 역시 의심의 여지없는 사실이다. 예컨대 농업 노동은 미국에서 가장 급여가 낮고 위험한 일 중 하나다. 대부분의 노동자는 저소득층 유색인이고, 그들의 임금은 최저임금에도 이르지 못한다. 정확한 비율은 알려져 있지 않지만 이들 중 다수는 미등록 외국인이고/혹은 미성년 노동자다.[110] 미국 국립산업안전보건연구원 National Institute for Occupational Safety and Health은 농업을 미국에서 가장 위험한 산업 중 하나로 꼽으며 이렇게 언급한다. "농업 노동자들이 겪는 호흡기 질환, 소음으로 인한 청각 상실, 피부병, 특정 암, 유독성 화학물에의 노출, 열 관련 질환 비율이 점차 높아지고 있다."[111] 매년 1만~2만 명의 농업 노동자들이 "살충제" 중독 진단을 받고 있으며, 음식을 통한 역량 증진 프로젝트에 따르면 이렇게 "장기간에 걸쳐 농약에 노출될 경우 불임 및 생식 관련 문제뿐 아니라 암, 파킨슨병이나 알츠하이머병을 포함한 신경 장애가 발생"할 수 있다.[112]

또한 저소득층 사람들은 비건이든 동물성 식품이든 건강하고 환경상 지속 가능한 음식에 접근할 수 있는 권한을 가장 적게 갖고, 산업화된 농업이 유발한 공해에 가장 많은 영향을 받는 지역에 거주한다. 장애가 통계적으로 저소득과 연관되는 사실을 고려하면, 장애인들은 비건이든 동물성 식품이든 분명 건강한 음식에 대한 접근권을 가장 적게 가진 존재들이다. 미국 농무부USDA를 위해 작성된 2009년 보고서에 따르면, 가장 가까운 식료품점에서 1마일 이상 떨어진 곳에 살면서도 차가 없는 사람들이 대략 230만 명에 이른다.[113] 이 사람들은 대부분 저소득층이고 주로 유색인으로 구성된 지역에 산다. 이들의 음식 선택은 흔히 패스트푸드점, 술 판매점, 작은 편의점 등에 제한된다. 부유한 지역에는 가난한 지역보다 슈퍼마켓이 평균 3배 정도 많은 반면, 주로 흑인들이 거주하는 지역은 대부분 백인이 거주하는 지역보다 식료품점이 4배나 적고, 취급되는 식품도 더욱 제한적이다.[114]

접근권은 문제의 일부에 불과하다. 저소득층 사람들이 이용할 수 있는 저렴한 음식은 종종 질병과 장애를 유발한다. 설탕은 분명 음식과 관련한 건강 문제의 주요 원인이지만, 산업화된 고기 및 동물성 식품 역시 건강에 좋지 않은 것으로 악명 높다. 이러한 식품들은 관상동맥 및 심혈관 장애, 당뇨병 그리고 다양한 암을 포함한 여러 질병 및 건강 문제들을 야기하는 것으로 알려져 있다.[115] 2015년 세계보건기구WHO는 가공육이 암의 원인이며 적색육은 암을 일으킬 "가능성이 있다"고 결론 내린 연구보고서를 발표했다. 이 보고서는 가공육을 담배 연기, 석면, 알코올과 나란히 제1군 발암물질로 분류했다.[116]

하지만 그런 피해를 입을 위험에 가장 많이 노출되는 이들은 누구보다도 이런 산업장 근처에 살거나 거기서 일하는 사람들이다. 산업화된 축산은 동물 장애뿐 아니라 인간 장애도 양산한다. 식물 기반plant-based 농업과 마찬가지로 식육산업은 주로 저소득층 유색인을 고용하는데, 이들 대부분이 미등록 이주자다.[117] 이 산업은 더 좋은 환경을 요구하거나 더 안전한 조건과 건강보험을 찾지 않고 그럴 수도 없을 것처럼 보이는 사람들, 잔학 행위를 알리지 않고 그럴 수도 없을 것 같은 사람들을 몹시나 고용하고 싶어 한다.[118] 앞서 이야기한 아이오와주 칠면조 가공 공장에서 노예 노동을 한 32명의 장애인들을 기억하는가?[119]*

지난 몇년간 도축업에 종사하는 노동자들의 끔찍한 실태를 폭로하는 많은 기사와 책들이 나왔다. 에릭 슐로서Eric Schlosser의 《패스트푸드 네이션》이나 게일 아이스니츠Gail Eisnitz의 《도살장》은 도축업이 미국에서 가장 위험한 직업임을 폭로했다. 슐로

＊이 보도에 관해서는 193쪽을 보라.

서는 이렇게 말한다. "도축업은 가장 높은 상해율을 보일 뿐 아니라, 심각한 재해를 입을 확률도 압도적으로 높다. 상해나 재해로 인해 노동을 하지 못하게 된 일수를 따져보면, 전국 평균의 5배나 된다."[120]

이 일이 얼마나 저임금이고 위험하고 고된지 생각하면, 정육업에서 노동자의 이직률이 가장 높게 나타나는 것은 하나도 이상하지 않다. 도축 공장의 이직률은 매년 100퍼센트에 이른다.[121] 평균적으로 공장들이 매년 새로운 노동력을 고용하는 셈이다.[122] 아이스니츠는 이렇게 쓴다. "도축 공장에서 노동자가 부상을 입거나 질병을 얻을 확률은 같은 사람이 탄광에서 일할 때보다 6배 커진다."[123] 아이스니츠는 광범위한 조사를 통해 소에게 맞아 부상당한 직원들, 화학약품에 화상을 입은 직원들, 칼에 찔린 직원들, 뼈가 부러진 직원들, 유산과 열기, 빠른 작업 속도와 독가스 때문에 기절한 직원들의 사례에 대해 알게 됐다고 보고한다.[124] 슐로서는 국립산업안전보건연구원이 작성한 도축업에서 일어난 사고 보고서 목록이 "냉철한 정부 보고서의 제목이라기보다는 타블로이드 신문에 나올 법한 충격적인 헤드라인 같다"고 말한다. 거기서 노동자들은 고기 분쇄 기계에 팔다리를 잃거나, 떨어지는 사체들에 깔리거나, 동물의 지방이 담긴 뜨거운 통에 화상을 입는다.[125] 하지만 아이스니츠와 슐로서 둘 다 가장 일반적인 부상은 우발적 사고가 아니라 노동 일과를 구성하는 표준적인 절차에서 발생한다는 것을 발견했다. 내장을 봉투에 담는 일이든, 고기를 다듬는 일이든, 소를 해체하는 일이든, 아니면 돼지의 피를 빼내는 일이든 식육산업에서 가장 일반적으로 보고되는 부상은 반복적 스트레스로 인한 것이다. 휴먼 라이츠 워치Human Rights Watch의 보고서 〈피, 땀 그리고 공포: 미국의 식육 및 가금류 공장 노동자의 권리〉는 이렇게 결론 내린다. "노동자의 부상을 유발하는 가장 큰 요인은 동물들을 살해하고 가공처리하는 속도다."[126] 공장은 많은 경우 하루 24시간 일주일 내내 가동하고, 수백수천에 이르는 동물들을 죽이고 가공한다. 어떤 노동자는 이렇게 말했다. "라인이 너무 빨라서 칼날을 날카롭게 갈 시간도 없습니다. 칼날이 무뎌지면 더 세게 절단해야 합니다. 그 때문에 팔도 아프고, 자칫 칼에 부상을 입을 수 있습니다." 한 번에 4만 번 정도의 반복적 절단을 하는 것이 일반적이다. 노동자들은 등, 어깨, 손목, 팔, 손 등에 만성적 통증을 겪지만 두려움에 떨며 침묵한다. 불평하면 직장을 잃을 수 있다는 걸 알기 때문이다.[127]

또한 노동자들은 여러 유해가스에 노출되며 미세물질을 들이마신다. 여기서 미세물질이라는 말은 "마른 배설물, 먹이, 동물의 각질과 피부세포, 깃털, 곰팡이, 마른 흙과 미생물 독소" 같은 것들을 무해해 보이게 쓴 것이다.[128] 돼지 감금 시설에서는 노동자의 거의 70퍼센트가 "하나 이상의 호흡기 질병이나 호흡기 염증"을 가지고 있다.[129] 닭 가공 공장 노동자인 버질 버틀러 Virgil Butler는 이렇게 말했다. "거기 오래 있으면 다칩니다. 다치는 건 만일if의 문제가 아니라 그때가 언제냐when의 문제일 뿐이에요."[130]

산업화된 농장과 도살장의 노동자들이 심리적 트라우마를 겪을 확률이 높다는 사실을 보여주는 연구들은 동물의 고통

자연 그대로

과 인간의 고통 사이의 명백한 연관성을 드러낸다. 동물을 도살하는 일을 하는 노동자들은 동물들이 살려고 안간힘을 쓰는 모습을 직접 봐야 한다. 전직 도살 현장 책임자였던 이는 이렇게 증언한다. "가장 나쁜 것, 물리적 위험보다 더 나쁜 것은 정서적인 대가예요. …… 돼지를 죽이는 현장에서 돼지들은 제게 강아지처럼 코를 비벼요. 그런데 2분 후 저는 그 돼지들을 죽여야 해요. 죽을 때까지 파이프로 때려야 하는 거죠. 마음을 쓰면 안 되는 거예요."[131]

버틀러는 아칸소주에 있는 타이슨푸즈Tyson Foods의 그래니스 도살장에서 오랫동안 일했다. 그는 "아칸소주 최고의 닭 도살자"로 알려져 있었다. 잡지《사티아》와의 인터뷰에서 그는 자신의 일을 이렇게 묘사했다.

제가 처음 도살을 시작했을 땐 정말 힘들었어요. 왜냐하면 닭들은 족쇄에 무력하게 매달려 도망치지 못했으니까. …… 그리고 제가 한 마리를 놓쳐서 그 닭이 산 채로 열탕 소독기에 들어가는 걸 봤는데 정말 괴로웠어요. 기계 안에서 부딪히면서, 서서히 죽어가며 몸부림치는 것을 듣고 있던 게요. 저는 도살을 점점 더 잘하게 되었고, 그래서 〔닭을〕 덜 놓쳤어요. 정말 그 일을 잘하게 됐죠. 하지만 대가가 컸어요. 더 많이 할수록 덜 괴로워하게 됐어요. 둔감해진 거죠. 도살장은 정말이지 어떤 정신적인 영향을 끼쳐요. 계속 반복해서 피를 튀기며 많이 살해하는 그 모든 일들이 말이에요.[132]

결국 버틀러는 더 이상 도살하지 않겠다는 결심을 했다. 2002년 그는 PETA와 계약하고 도살장에서 어떤 일이 일어나는지 폭로했다. 그리고 그 후 4년간을 동물을 옹호하고 식육산업의 착취적 관행에 대한 관심을 환기하는 활동을 하면서 보냈고, 2006년 급작스레 세상을 떠났다.

보고서 〈피, 땀 그리고 공포〉에는 이런 설명이 있다. "이윤의 폭이 작고 규모에 모든 것이 달려 있는 산업에서 노동자는 끊임없이 더 많은 동물을 더 짧은 시간 안에 도살하도록 압박받는다. 노동자의 안전을 고려해 생산라인의 속도를 조절하는 것이 아니라, 오직 연방 위생법만이 그 속도를 제한할 수 있다."[133] 슐로서와 아이스니츠 모두 화장실에 가야 하거나 갑작스러운 부상 혹은 질병 때문에 잠시 일을 쉬는 것 같은 단순한 일들로 인해 노동자들이 일자리를 잃는 모습을 반복해서 묘사하는데, 이는 이런 정책과 속도의 문화가 모두 사실임을 확인시켜준다. 노동자들은 의사 진단을 받고 휴직하거나, 부상을 보고하거나, 동물에 대한 잔혹한 취급을 호소했다는 이유로 해고당한다. 옥스팜Oxfam⁺의 2016년 보고서에 따르면, 미국 가금류 산업의 어떤 노동자들은 화장실 가는 시간을 허락받지 못해 기저귀를 달라고 요청할 정도였다.[134] 또한 이런 산업들은 부상을 입은 노동자들에게 의료보험, 산업재해 보상보험 혹은 그 어떤 종류의 보상

⁺ 정식 명칭은 옥스팜 인터내셔널Oxfam International이다. 빈곤과 불공정 무역에 대항하는 전 세계적 기구로, 100여 개국 3000여 개의 제휴 협력사와 함께 구호 활동을 펼치고 있다.

이나 생계비도 제공하지 않는 것으로 악명 높다.[135] 이렇듯 장애를 가진 데다 대개 미등록〔이주자〕인 노동자들은 일단 해고당하면 새로운 직업이나 의료 서비스를 구하는 것이 (불가능하지 않다고 한다면) 매우 어렵다. 아이스니츠는 이렇게 쓴다. "도살장의 유용성이 고갈되면 (장애가 있는 노동자들은) 버려지는데, 이는 동물의 생명은 물론 사람의 삶에도 별다른 가치를 두지 않는 시스템을 상기시킨다."[136]

감금과 과도한 우유 생산으로 절름발이가 된 젖소부터 반복적 스트레스로 부상을 입은 노동자, 오염되고 파괴된 환경에 이르기까지, 동물을 이용하는 산업들은 장애를 양산한다. 농장 동물과 공장식 축산 농장, 도살장의 노동자들은 서로에게 적대적인 존재로 간주된다. 노동자는 생계를 위해 동물 착취에 의존하며, 동물은 바로 이 사람들에 의해 다치고 살해당한다는 식으로 말이다. 하지만 이 산업에서 드러나는 인간과 동물의 취약성은 이 산업이 인간, 동물, 환경을 그야말로 얼마나 처분/해고 가능하고 대체 가능한 존재로 여기는지 폭로한다. 종을 막론하고 나타나는 이런 취약성은 노동자, 동물, 환경주의자 그리고 생명에 무관심한 식육산업을 문제제기하고자 하는 우리 모두의 연대를 위한 강력한 기회를 만들어낸다.

오염은 장애와 관련된 주제다. 산업화된 농업, 공장식 축산, 도축 공장은 장애와 관련된 주제들이다. 유독성 폐기물, 경제적 불평등, 기후 변화 이 모든 것이 장애와 관련된 사안이다. 그 이유는 이 모든 것이 장애를 만들어낼 수 있고 장애를 가진 인간과 비인간의 삶을 더 혹독하게 만들기 때문이기도 하지만, 이런 불의가 생산되고 표상되고 다뤄지는 방식에 장애 이데올로 기가 핵심 역할을 하기 때문이기도 하다. 장애와 질병은 종종 환경 파괴를 경고하는 신호가 된다. 공기, 토양, 물 등이 안전하지 않거나 정부, 기업, 산업이 특정 인구 집단을 사정없이 파괴하고 있음을 알려주는 신호 말이다. 에르벨스가 묻듯, 장애가 고통과 깊이 연결되어 있는데, 어떻게 그것을 창조적이고 가치 있는 것으로 축복할 수 있겠는가? 산업화된 농업의 영향을 받는 노동자, 소비자 그리고 착취당하는 동물들은 이런 것들로 인해 몸을 학대받거나, 유해물질에 중독되거나, 쇠약해지거나, 〔신체 일부를〕 절단당하거나, 병을 얻었다. 그런데도 이들의 장애가 나쁜 게 아닐지 모른다고 말한다면, 이 또한 하나의 폭력이 아닐까?

피터 싱어와 버클리에서 이야기를 나눴을 때 그가 내게 던진 질문 중 가장 어려웠던 것은 이런 것이었다. 장애는 단순히 치유를 필요로 하는 부정적 경험이 아니라는 내 신념이 우리가 알코올을 비롯해 "선천적 결함"을 유발하는 요인들에 붙인 경고의 꼬리표를 제거해야 한다는 의미인가? 장애가 이 세계에 무언가 기여한다면, 우리는 왜 임신한 여성에게 탈리도마이드 복용을 허용하지 않는가?[137] 이런 질문들이 답하기 가장 어렵다고 느껴졌던 건, 내게 답이 없었기 때문이 아니라 그런 질문들이 나 자신, 즉 미군기지의 오염물이 만든 신체를 가진 나 자신의 정곡을 찔렀기 때문이고, 받아들일 만한 수준이라고 할 수 있는 답변에 대해 나와 싱어가 이해하는 바가 서로 완전히 달랐기 때문이다. 그의 질문은 빈곤과 억압의 결과로서 생겨난 장애를 축복하는 것의 어려움을 묻는 에르벨스의 질문과 다르지 않다. 하지만 에르벨스는 또한 로버트 맥루어의 관점을 재구성해 다른 질문을 던졌다. "어떤 사회적 조건에서 우리는 장애가 생기는 것을 환영하고 욕망할 수 있는가?"[138]

　　9·11 이후 아프가니스탄 전쟁이 처음 선언되고 부시 정권이 탄저병을 비롯한 화학전이 무구한 미국인에게 사용될 수 있다고 경고했을 때, 나는 "미군과 그 폐기물이 내게 장애를 가져왔다"는 문구가 새겨진 내가 직접 만든 배지를 휠체어 뒤에 붙이고 다녔다. 그건 일종의 시위 방법이었고, 미국이 다른 나라를 침략할 때 사용하는 공포 조성에 저항하는 방법이자, "우리나라가 어떻게 사람들에게 독극물을 주입하고 있는지 보라"고 말하는 방법이었다. 하지만 다른 사람들은 그 메시지를 다르게 읽었다. 그들은 나에게 "참 안됐군요"라거나 "음, 그래도 잘 이겨내고 있군요!"라고 말했다. 그 문구를 우리 군대에 대한 비판으로 이해하는 사람들조차 그것을 또한 내 신체에 대한 비판으로 이해하고 있음을 깨달았을 때, 나는 그 배지를 빼버렸다. 배지는 아마도 이렇게 읽혀야 했을 것이다. "미군과 그 폐기물이 내게 장애를 가져왔다. 그리고 나는 내 몸을 사랑한다." 하지만 그 기저에 깔려 있는 정서는 다소 복잡해서, 배지로 표현하기에는 무리가 있었다.

　　에르벨스의 질문은 내가 삶에서 오랫동안 싸워온 것과 공명한다. 어떻게 우리는 장애를 유발하는 시스템을 비판하면서 동시에 장애인들이 스스로 힘을 북돋는empower 방식으로 자기 몸을 경험할 수 있도록 할 수 있을까? 최소한 억압과 차별, 비장애 신체의 세계에 의해 규정되지 않는 방식으로 자기 몸을 경험할 수 있도록 할 수는 없을까? 일라이 클레어는 이렇게 묻는다. "우리는 어떻게 온갖 종류의 신체들, 즉 식물과 동물, 유기물과 비유기물, 비인간과 인간의 몸들을 개조하고 훼손하는 불의를 목격하고 명명하고 저항할 수 있을까. 장애를 불의와 동일시하지 않으면서 말이다."[139]

공장식 축산 농장과 도살장처럼, 전쟁은 외상후스트레스 장애의 형태로, 부상을 입은 군인과 민간인의 형태로, 또한 오랫동안 남게 되는 전쟁 독극물(이 중에는 에이전트 오렌지Agent Orange✦나 열화우라늄✦✦처럼 의도적인 것도 있고, 하수 시설이 없는 구덩이에 묻어버린 비행기 탈지제처럼 우발적인 것도 있다)의 영향이라는 형태로 장애를 만들어낸다. 손상을 입은 사람들이 그 후 살아갈 수 있도록 돕는 시스템이 부재하는 경우도 많다. 상호의존적으로 살아가는 최선의 방법과 그것을 지원하는 기관들이 부재한다는 건 말할 것도 없다. 전쟁으로 장애를 갖게 된 사람들 대부분은 결국 빈곤해지고, 낙인찍히고, 일자리와 의료서비스, 커뮤니티의 지원 등을 받을 수 없게 된다. 그렇게 이 장애인들은 인류 공포의 상징으로 구축된다.

✦ 1960년대 베트남전쟁에서 미국이 게릴라가 점령하고 있는 숲과 농지를 파괴할 목적으로 사용했던 고엽제의 암호명이다. 이 고엽제로 인해 베트남에서는 수십만 명의 사망자와 장애인, 기형아가 발생했다.

✦✦ 우라늄을 핵무기나 원자로용으로 농축하는 과정에서 발생하는 물질로, 1980년대 중반 미국은 열화우라늄을 탄두로 해서 만든 '열화우라늄탄'이라는 전차 포탄을 개발했다. 그 자체로 핵무기는 아니지만 핵분열성 물질인 우라늄을 포함하고 있어 인체에 치명적인 방사성 피폭 피해를 줄 수 있다는 논란이 꾸준히 제기되고 있다.

장애운동가와 학자들이 장애가 이 세계에 무언가 가치 있는 것을 제공한다고 할 때, 그것은 사람들이 적극적으로 장애를 갖도록 만들어야 한다거나 사람들이 장애를 갖게 될 때 축하해야 한다는 뜻이 아니다. 전쟁, 도살장, 농업, 산업 오염물, 화학물 중독, 사고, 병, 빈곤 혹은 사회적 서비스의 부재 등 그 원인이 무엇이든 장애는 흔히 끔찍한 불의가 가져온 결과이다. 설령 그 원인이 비교적 덜 유해한 경우에도 장애는 정신적 외상을 초래할 수 있다. 하지만 이런 고통을 인정하는 것이 장애를 경험하는 데서 비롯되는 가치까지 부정하는 것은 아니다. 만약 내 몸에 대한 이해가 단순히 "미군과 그 폐기물이 내게 장애를 가져왔다"에 그친다면, 장애가 있는 내 친구들이 스스로를 불의를 나타내는 표상으로밖에 여기지 못한다면 이 세계는 더욱 공허해질 것이다. 대안적인 존재 방식, 소통하고 공간을 이동하는 대안적인 방식, 서로를 사랑하고 돌보며 커뮤니티를 구축하는 대안적인 방식 그리고 특히 우리에게 영향을 끼쳤거나 지금도 끼치고 있는 그런 불의에 저항하는 대안적인 방식들의 가능성이 더욱 사라져버린 그런 공허한 세계 말이다. 단순히 좋거나 나쁜 것으로 치부하기에 장애는 너무나 복잡하다. 하지만 장애를 만들어내는 산업과 구조적 불평등에 대해 판단하는 일은 그보다 훨씬 쉽다.

5부

상호의존

16

필요의 충돌

동물실험의 대안을 지지하는 장애인과 불치병 환자들Disabled and Incurably Ill for Alternatives to Animal Research[이하 DIIAAR]은 여러 방면에서 시대를 앞질렀다. 1980년대에 적극적으로 활동했던 동물운동가 단체 DIIAAR는 스스로를 장애인으로 정체화하면서 장애라는 렌즈를 통해 동물 문제를 탐구했던 사람들로 구성되었다. 내가 아는 한 DIIAAR는 장애와 동물 옹호 사이의 교차점에 대한 관심이 커지고 있는 지금 자신들의 활동을 여전히 장애와 동물 모두와 연관 짓는 유일한 동물운동가 단체이다. 나는 이 단체의 설립자인 장애 여성 도나 스프링Dona Spring이 내가 버클리에서 학교를 다니던 그 기간에 버클리에 살며 일하고 있었다는 사실을 뒤늦게 알게 되었다. 이 뒤늦은 발견은 기쁘면서도 씁쓸한 것이었다. DIIAAR 사무실은 내 첫 자취방에서 불과 몇 블록 떨어진 곳에 오랫동안 자리하고 있었다. 그런데도 나는 그때까지 이 단체에 대해 전혀 알지 못했던 것이다. 스프링은 내가 졸업한 해인 2008년에 죽었다.

그때는 DIIAAR에 대해 몰랐지만, 버클리에 있는 동안 나는 점점 더 장애 옹호 운동에 전념하게 되었고, 점점 더 장애 문화와 일체감을 느꼈다. 동시에 나는 학교에서 작품 활동을 하면서 동물 권리 문제와 직면하고 있었다. 장애를 가진 사람으로서, 나 자신에게 필요한 것과 동물 이용을 둘러싼 윤리적 문제들을 어떻게 양립시킬 수 있을지 궁금해졌다. 동물 이용과 관련해서는 내가 제작하고 있던 작품, 즉 〈닭을 실은 트럭〉 그림처럼 공장식 축산 동물들을 유화로 그리기 위해 사전 조사를 하며 공부하는 중이었다. 비건과 양심적인 잡식가 사이의 논쟁을 깊이 파고들고 양계산업과 낙농산업에 대해 알게 된 후, 비건이 되고 싶다는 열망을 더욱 강하게 느꼈다. 그러나 가장 기본적인 요리도 내겐 심각하게 어려운 일이었고, 잘 먹는 일에서조차 나는 큰 어려움을 겪고 있었다. 그때 내가 도나 스프링을 알았다면, 그녀 역시 일련의 윤리적 모순과 마주하고 있었음을 알게 됐을 것이다.

DIIAAR는 흔히 장애인을 동물과 반목시키던 문제, 바로 동물실험에 대한 응답으로 만들어졌다. 스프링과 그녀의 파트너 데니스 월턴Dennis Walton 그리고 운동가 폴리 스트랜드Polly Strand는 1980년대 중반 "장애인은 장애인 대신 동물이 실험 대상이 되거나 학대당하는 것을 원하지 않는다"는 것을 표명하기 위해 단체를 만들었다.[1] 린제이 뷰릭Lindsay Vurick의 2008년 다큐멘터리 〈삶과 정치 속 용기: 도나 스프링의 이야기〉에서 스프링은 이렇게 말한다. "제 자신이 장애를 가졌고 동물실험을 통해 만들어진 약물 치료를 받고 있어서, 이 제품들을 만드는 데 동물 실험이 정말로 꼭 필요한지 조사해야 할 책임감을 느꼈어요. 그런 실험을 한다는 게 생각만 해도 끔찍했으니까요. …… 동물의 고통이라는 무시무시한 대가를 치러 사람들의 고통을 덜어주고 싶다는 생각에는 무언가 정말 모순적인 지점이 있어요." 그녀의 설명에 따르면, DIIAAR는 "우리 자신의 건강을 증진시키기 위해 과거에는 비록 동물에게 기댔지만, 더 이상 그럴 필요가 없다는 것을 사람들에게 납득시키기 위해" 설립됐다.[2]

스프링은 버클리 대중들에게 사랑받는 시의회 의원이었고, 인권 및 환경·동물 권리 운동가이자 지도자였다. 불타는 열정을 지닌 여성이었던 그녀는 관절염 때문에 17년이 넘는 정치 활동 기간 내내 휠체어를 사용했다. 그녀는 버클리 지역 정치권에서 중요한 주장을 펼쳤고, 미국 역사상 그 누구보다 오랫동안 공직을 맡은 녹색당원이었다.[3] 동물에 지속적인 관심을 쏟으며 그녀는 생애 대부분을 비건으로 보냈다.[4]

1980년대에 동물 옹호 운동은 계속 성장해나갔고, 은밀하게 이루어지는 잔학 행위들을 폭로하는 데 중요한 진전을 이룩했다. 여기에는 과학 연구 시설에서 일어나는 일들도 포함된다. 의사들과 의과대학생들을 주축으로 하는 가장 큰 단체 미국의사연합American Medical Association[이하 AMA]은 이런 위협에 맞서 동물 옹호 운동에 대항하기 위한 계획을 짜냈다. 이 계획이란 동물 옹호 운동 내부의 갈등을 활용하고 동물운동가들을 범죄자처럼 보이게 하는 것이었다. 그들의 전술 상당수는 "실험동물animals in research" 같은 말을 "고등 생의학 연구advancing biomedical research"같은 말로 바꾸고, 동물운동가들이 과학과 의료의 진보를 방해하고 있다는 식으로 논의의 방향을 바꾸는 것이었다.[5] AMA의 계획은 애초 공개용이 아니었으나, 1989년 〈동물실험 행동 계획〉이라는 제목의 문서가 동물 옹호 단체에 유출된다.[6] 이 문서는 "동물 권리 운동을 무산시키려면 지지층의 가장 바깥쪽을 분리시키고, 핵심 운동가들을 일반 대중에게서 고립시키고, 운동에 공감하는 이들의 규모가 축소되도록 해야 한다"고 밝히고 있다.[7] 동물을 장애인과 대립하게 만드는 것이 바로 그 방법 중 하나였다.

　　　AMA는 동물실험에 찬성하는 장애인과 불치병 환자들의 모임인 동물실험에 찬성하는 불치병 환자들Incurably Ill for Animal Research〔이하 IIFAR〕[8] 단체의 홍보를 도왔다. IIFAR의 역할은 동물실험이 가져온 이점에 대해 기꺼이 증언할 장애인과 환자를 찾는 것이었다. AMA는 IIFAR를 지원했다. 동물실험에 대한 지지를 얻고 동물운동가들을 위험할 정도로 반과학적이고 반진화적인 존재들로 묘사하기 위해 감정을 자극하고 가슴을 미어지게 하는 개인 서사를 활용하는 것이 그들 계획에 포함된 전략 중 하나였던 것이다.[9] 이런 접근법은 비과학적인 것으로 간주된, 충격적인 실험을 받는 동물들의 적나라한 이미지를 사용하는 반생체해부 운동anti-vivisection movement의 전략과 너무나 흡사해서, 처음에는 과학계 내부에서도 논쟁이 일었다. 그러나 AMA의 전략은 "감정에는 감정으로 맞선다"였다. 이는 반생체해부 운동이 말하는 "털이 복슬복슬한 동물fuzzy animal"을 AMA가 "회복 중인 아이들healing children"이라고 부른 것과 대비시키는 것을 뜻했다. 즉 동물실험을 통해 생산된 의약품의 도움을 받은 환아들을 등장시키는 것이다.[10] 이 전술의 효과가 드러나자마자 처음 과학계에서 제기된 반론들은 유보되었고, 금세 어린아이들이 자신의 병을 고치기 위해 동물실험을 청원하는 이미지를 실은 포스터가 걸리기 시작했다. 그중 한 포스터에는 곰 인형과 고양이 장난감을 안은 어린 백인 소녀가 등장한다. 그리고 맨 위에는 이렇게 적혀 있다. "아이의 회복을 정말로 도운 건 당신이 보지 않은 동물들입니다." 그리고 맨 아래에는 이렇게 적혀 있다. "우리는 몇몇 동물들을 잃었습니다. 하지만 우리가 구해낸 존재를 보세요."[11]

캠페인은 포스터에 그치지 않았다. 장애인들과 환자들은 TV 인터뷰를 하고 법정 증언을 했다. AMA의 목표 중 하나는 IIFAR 같은 조직들과 협력해 동물실험에서 혜택을 본 사람들의 법정 소송 사건들을 대중에게 알리는 것이었다.[12] 그 일환으로 1989년 한 장애아가 버지니아주 의회에 등장했는데, 그는 자신의 치료법을 찾아줄 연구에 개입하지 말아달라고 법정에 청원했다.[13] 이 아이의 증언이 어느 정도 영향력을 발휘해 결국 해당 법률이 통과되었고, 이로 인해 신원 확인이 되지 않는 유기 동물들을 동물실험에 사용될 수 있게 되었다.[14]

동시에 1980년대 후반과 1990년대는 장애에 대한 권리를 열정적으로 외치는 운동들이 전개된 시기였다. 그 운동들 상당수는 아이들을 활용한 포스터 캠페인이나 텔레톤telethon⁺에 착취가 내재해 있음을 알리고자 했다. 1950년대부터 근육위축병협회Muscular Dystrophy Association[이하 MDA] 같은 조직들은 매해마다 장애인에 대한 틀에 박힌 이미지를 제시하며 여러 유명인들이 출현하는 모금 행사를 열었다. 이들은 치료 기금을 모으기 위해 동정심을 활용했다. 장애운동가들 덕에 지금은 덜한 편이 지만, 텔레톤은 수십 년간 미국적 가치관과 자선을 상징했다.

텔레톤을 가장 혹독하게 비판했던 이들 상당수는 과거 포스터에 등장했던 아이들로, 이들은 스스로를 "제리의 고아Jerry's orphan"라고 불렀다. 이는 제리 루이스Jerry Lewis의 MDA 캠페인 "제리의 아이들Jerry's kids"을 조롱하기 위한 것이었다.[15] 마이크 어빈Mike Ervin, 크리스 매튜스Chris Mathews, 로라 허쉬Laura Hershey 같은 장애운동가들은 텔레톤이 공포감을 조성하고, 아이 취급, 동정심 등을 통해 장애에 대한 근거 없는 부정적인 믿음과 고정관념들을 영속시킨다고 주장했다.[16] 이런 종류의 재현은 장애인을 돕기는커녕 실제로는 소외와 차별로 이어지는, 장애에 낙인을 새기는 고정관념들을 영속시키는 데 기여한다. 이런 캠페인들은 장애를 불쌍한 것으로, 항상 치료가 필요한 것으로 그리고 온전한 삶을 가로막는 장벽으로 제시한다.

제리 루이스와 MDA처럼 IIFAR와 AMA 역시 이내 자신들이 장애운동가들과 대립하고 있다는 사실을 깨닫게 되었다. 도나 스프링을 필두로 DIIAAR는 〈오프라 윈프리 쇼〉를 비롯한 수많은 미디어 프로그램에서 IIFAR와 AMA를 비판했다. DIIAAR의 메시지는 텔레톤에 반대하는 항의자들의 그것과 비

✤ '텔레비전'과 '마라톤'의 합성어로, 자선 모금을 위한 장시간 TV 방송을 말한다. 미국에서 시작되었으며, 테일러가 언급한 제리 루이스 사례는 대표적인 텔레톤으로 거론된다. 현재는 전 세계 곳곳에서 이와 비슷한 취지의 기획이 이뤄지고 있다.

숫했다. 즉 장애인의 경험을 일반화하거나 스테레오타입화하거나 착취해서는 안 된다는 것이다. 동물실험을 홍보하는 데 사용된 장애 및 질병 치료 서사들은 장애에 대한 대중의 공포를 이용하고 장애가 한 사람의 삶의 질을 급격히 축소한다는 관념을 영속시켰다. 이런 서사들에 따르면 장애와 질병은 치료를 통해서만 견딜 만한 것이 되는데, 치료는 오직 동물실험을 통해 가능하다. DIIAAR는 장애에 관해 다른 이야기를 하고자 하며, 끔찍할 뿐만 아니라 도저히 정당화할 수 없는 동물실험에 관해 자신의 견해를 표출하고자 하는 장애인들의 절박한 욕구에서 비롯되었다.

미국 농무부는 전국적으로 매년 104만 마리의 동물들이 실험을 위해 사용된다고 추정한다. 혹시 이 숫자가 놀랄 만큼 적게 느껴진다면, 여기에 새, 파충류, 양서류, 농업실험에 사용되는 농업용 동물들은 물론 1억 마리로 추정되는 쥐들은 포함되지 않았다는 사실을 고려해야 한다.[17] 게다가 연구용으로 사육되었지만 특정 건강 상태, 성별, 연령 등의 조건에 부합하지 않는다는 이유로 "폐기처분된" 동물들도 무수히 많다. 법률가이자 동물 옹호가 게리 프랜시언Gary Francione에 따르면, "연방 통계상 이런 이유들로 폐기처분된 동물들은 50퍼센트"에 이른다.[18] 이렇게 폐기처분된 동물들은 잔혹 행위에 반대하는 법안의 고려 대상이 되지 않는다.[19] 수만 마리의 영장류와 고양이, 개를 포함해 수백만 마리의 동물들이 동물실험에 사용되는데, 그런 실험 중 상당수는 의학적으로 "반드시" 필요하다고 볼 수 없는 것들이다.[20] 침팬지 앨리처럼 몇몇 동물들은 화장품, 살충제, 가정용품을 위한 끔찍한 독성 실험에 사용되었다. 다른 동물들은 군사 목적의 연구에 동원되거나 전국의 학교와 대학에서 소위 교육용 실험에 동원된다.

연구에 동물을 사용하는 문제는 지난 수십 년간 치열한 논쟁을 야기했다. 설령 의학적 목적에서 수행된 경우라 해도 말이다. 많은 과학자들이 종이 다르다는 것을 근거로 언급하며 동물들이 인간의 건강을 위한 실험 표본이 되기 어렵다고 주장한다. 치료법이 종의 경계를 넘지 못하는 경우는 종종 있고, 심지어 양질의 연구들조차 간혹 신뢰할 수 없는 결과들을 도출한다.[21] 예컨대 HIV를 위한 다양한 치료법들은 영장류 연구에서는 효과적이었으나 인간에게는 그렇지 못했다. 암 연구도 신뢰할 수 없기는 마찬가지다. 암의 원인과 결과 모두 종의 경계를 넘어 예측하기 어렵다는 것이 입증되었다. 그러나 동물실험의 실패로 가장 악명 높은 사례는 아마도 1960년대에 일어난 일일 것이다. 탈리도마이드는 동물들에게 처방됐을 때 부작용이 거의 나타나지 않은 약물이었기에 곧 입덧을 진정시키는 용도로 임신한 여성에게 처방되었다. 그러나 이 약물 때문에 수천 명의 아이들이 사지장애를 가지고 태어났다.[22]

많은 과학자들이 더 정확한 여러 대안 기술을 지금 당장 도입할 수 있다고 주장한다. 첨단 컴퓨터 모델링 기법이나 인간 세포나 섬유에 기초한 시험관 연구 같은 것 말이다.[23] 심지어 DIIAAR는 대안이 이미 존재한다는 것을 1980년대부터 일찍이 인지하고 있었으며(시험관 옵션을 포함해), 동물실험 대신 그런 대안적 방법을 사용하는 쪽으로 자원을 배분해야 한다고 주장했다. 그들은 대안 기술에 투자하는 것이 동물들을 구할 뿐 아니라 치료가 필요한 장애인이나 환자에게도 도움이 될 거라고 주장했다. 실제로 도나 스프링이 되풀이한 메시지 중 하나도 그런 것이었다. 동물에게 실험한 치료법이 예상대로 인간에게 작용하지 않을 때, 동물실험이 심각한 부작용을 낳거나 상황을 더욱 악화하면서 환자와 장애인들에게 파괴적인 영향을 미칠 수 있다는 지적 말이다. 그녀는 바로 그런 일이 동물실험을 거쳐 만들어진 항관절염제를 복용했을 때 자신에게도 일어났다고 했다.[24] DIIAAR는 치료법 탐구에 반대하는 것이 아니다. 다만 그들은 동물의 희생을 대가로 치르면 장애인과 환자들의 건강을 호전시킬 수 있다는 주장이 조작된 것이며, 사실을 호도한다는 점을 인식하고 있었을 뿐이다. 또한 DIIAAR 회원들은 과거 동물실험을 통해 혜택을 본 장애인으로서 다른 장애인들의 복잡한 처지 또한 이해하고 있었다. 장애인들이 지속적으로 동물 착취에 의존할 수밖에 없다고 IIFAR가 판단한 그 지점에서 DIIAAR는 장애인과 동물의 이런 관계를 어떻게 바꿀 수 있을지를 질문한 것이다.

　　DIIAAR의 설립자 중 두 명이 이미 고인이 된 탓에(운동가 폴리 스트랜드도 2003년에 죽었다) 이 단체에 대한 구체적인 정보, 즉 단체의 회원이 얼마나 되었으며, 단체가 언제 왕성하게 활동했고, 언제 해산됐는지에 대한 것들을 알아내기란 어렵다. DIIAAR의 창립 멤버이자 도나 스프링의 파트너 데니스 월턴은 이 프로젝트에 관한 이야기를 들려주고 DIIAAR에 관한 정보 기록을 조사하는 데 친절히 동의해줬다. 아쉽게도 오랜 세월이 지

DIIAAR의 로고.
이 이미지는 ISA(국제 장애인
접근성 표지)를 동물을 옹호하는
상징으로 변형했다.

상호의존

나며 거의 모든 것이 사라져버렸고, 남은 건 DIIAAR의 로고가 찍힌 오랜 문구류 몇 개뿐이었다. 흑백 로고는 단순화된 ISA〔국제 장애인 접근성 표지〕를 이용한 것으로, 가슴에는 하트 그림이 있고, 바퀴에는 원숭이, 개, 고양이, 토끼 등 네 개의 실루엣이 있다. 이 이미지는 장애에 대한 표준적 상징을 동물을 옹호하는 상징으로 변형한 것이다.

DIIAAR의 가장 위대한 힘은 이 단체가 갈등과 모순이 들끓는 어려운 공간에 들어섰다는 데서 비롯된다. DIIAAR는 동물실험의 수혜를 입은 장애인으로서 동물실험을 비판하고, 동물실험이 치료법을 찾아줄 유일한 길이라고 믿는 다른 장애인들과 맞섰다. 그렇게 DIIAAR는 동물 권리 운동과 장애에 대한 권리 운동이 충돌할 가능성이 높은 가장 열띤 영역으로 곧장 진입했고, 충돌이 아닌 연대를 위한 기회를 창출했다. DIIAAR는 동물에게 필요한 것과 장애인에게 필요한 것이 역사적으로 상충했던 지점들을 인정하는 것이 장애해방과 동물해방을 위한 투쟁의 일부를 이룬다는 점을 인식하고 있었다.

생애 마지막 몇년간 스프링은 자신에게 필요한 것과 동물들에게 필요한 것이 상충하게 되는 또 다른 윤리적 딜레마와 마주했다. 병이 갈수록 깊어지고 점점 움직일 수 없게 되자 그녀의 몸은 식물성 단백질을 거부하기 시작했다. 스프링은 살아남기 위해 마지못해 소량의 해산물을 소비하기 시작했다.[25] 어떤 사람들은 스프링이 마주한 모순들을 동물윤리의 입장을 계속 견지하는 것이 불가능하다거나 낭만적이라는 증거로 받아들였겠지만, 그녀는 자기 삶의 딜레마와 모순을 강력한 활동으로 동원해

냈다. 그녀가 해온 일들을 보면 이런 질문을 던지게 된다. 윤리적 삶을 사는 방법을 찾는 데 관심을 두는 우리는 우리 자신이 마주하는 불가피한 모순들을 어떻게 탐구와 활동이라는 생산적인 장으로서 포용할 수 있을까.

2007년의 어느 날 밤 나는 몇몇 장애인 동물운동가들과 술을 마시러 갔다. 유일한 이유라고 할 수는 없지만, 이 모임은 내가 드디어 비건이 되기로 결심한 계기가 되었다. 다른 장애인 동물 옹호가들과 이야기하며 나는 단지 나 자신의 편의 때문에 동물을 상품화하고 동물에게 고통을 가하는 시스템에 가담하고 있음을 인정할 수밖에 없었다. 나는 비건이 되기 위해 내 삶에서 무엇을 바꿀 수 있을지 알아보기 시작했다. 또한 내 몸의 한계를 동물성 식품에 대한 나의 집착과 분리해서 보려는 진지한 노력을 하기 시작했다.

그때 나는 비거니즘을 주로 식생활과 기타 소비품의 선택과 관련지어 생각했다. 비거니즘은 동물에 대한 사랑과 존경에 뿌리를 두는 것이었고, 베지테리언이 되는 것의 논리적 확장이라고 말이다. (일반적으로 알려진 바와 달리, 달걀 생산에 쓰이는 닭들, 우유 생산에 쓰이는 암소나 염소들 그리고 그 동물들이 계속해서 공급하는 새끼들은 아주 드문 경우—반려동물이 되거나 특별한 목적에 사용되는 것처럼 아주 드문 경우—를 제외하면 항상 고기용으로 도살되며, 오직 고기용으로 사육되는 다른 동물들보다 여러 면에서 훨씬 더 혹독한 삶을 보내기 때문이다.) 하지만 해가 지날수록 비거니즘은 내게 다른 것을 의미하기 시작했고, 이제 나는 비거니즘을 개인적인 건강과 체형, 구매력을 강조하는 "식생활"이

상호의존

나 "생활양식"으로 틀 짓는 것을 비판적으로 바라본다. 이 지점에 도달하기까지 나는 책을 통해 비장애중심주의와 종차별주의가 불가피하게 연결되어 있고, 비장애중심주의에 대항하는 사고는 인간중심주의와 맞서 싸워야 한다는 것을 밝히고자 노력했다. 우리가 봐왔듯, 사람들은 정신적·신체적 능력에 근거하여 위계적 가치관을 만들어내는 비장애중심주의적 기준에 입각해서 동물을 먹는 것과 (더 넓게는) 동물을 죽이고 이용하는 것을 정당화한다. 이러한 행위는 또한 자연스러운 것the natural이나 의존dependency을 규정하는 비장애중심주의적 개념들을 통해 정당화된다. 이는 "자연"이라고 불리는 탈정치화된 무언가가 있다는 식의 암시를 준다. 어떤 종류의 신체와 정신을 착취하고 죽일 수 있는지 결정하고 우리 자신의 이익을 위해 우리보다 약하고 의존적인 존재들을 사용하도록 용납해주는 그런 자연 말이다. 동물의 상품화와 도살이 비장애중심주의의 입장에서 정당화된다고 할 때, 비거니즘은 비장애중심주의에 반대하는 급진적인 입장이 된다. 비거니즘은 우리가 사회적·정치적·환경적으로, 그리고 우리가 소비하는 것 안에서 우리의 신체성을 유지하는 방식에 깔려 있는 비장애중심주의를 진지하게 마주하는 급진적 입장인 것이다. 달리 말해 비거니즘은 단지 음식에 국한되지 않는다. 이는 먹고 입고 쓰는 것을 통해 비장애중심주의에 저항하는 체화된 실천이자, 동물을 위한 정의가 장애인을 위한 정의에 반드시 필요하다고 믿는 정치적인 입장이다.

그렇다고 하더라도 음식은 확실히 중요한 역할을 한다. 소비를 목적으로 하는 동물의 상품화는 동물의 삶을 가치절하하고 대상화하는 주요 원인 중 하나이기 때문이다. 페미니스트 연구자 캐럴 J. 애덤스가 보여주었듯, 이러한 논리에 따라 동물들은 비유적으로든 물리적으로든 먹을 수 있는 대상으로 치환되어야 한다.[26] 이런 상품화는 자기 고유의 삶의 경험과 욕망, 정서를 지닌 어떤 살아 있는 존재를 우리 눈앞에 있는 한 덩어리의 고기나 한 컵의 우유와 무관한 별개의 대상으로 보게 만든다. 우리 사회를 구조화하는 비장애중심주의가 이런 상품화를 영구적으로 지속시키는 것이다. 물론 우리가 일상에서 사용하는 수많은 물건들, 컴퓨터와 의복에서부터 우리가 소비하는 각종 야채까지 많은 상품들이 폭력과 착취를 통해 생산된다. 왜 우리가 인간의 대상화가 아닌 동물의 대상화에 집중하는지 묻는 사람도 있을지 모르겠다. 나는 이런 질문이 여러 억압은 서로 무관하지 않다는 사실을 놓치고 있다고 생각한다. 동물 문제와 장애 문제는 서로 얽혀 있고 맞물려 있다. 도살장이 명백히 보여주듯 말이다. 도살장에서 발생하는 동물과 환경의 파괴로 인한 피해는 대부분 수입이 낮은 사람들, 그러니까 계급·장애·이민이라는 지위 때문에 그런 원치 않는 일을 하게 된 사람들에게 떠넘겨진다.

　　나는 비거니즘을 어떤 보편주의로 내세우려는 게 아니다. 그런 주장은 중요하고 복잡한 문제들, 즉 서로 다른 관점과 세계관을 폄하하는 경향 그리고 이러한 경향과 떼놓을 수 없는 서구 지배의 유산에 대해 너무 쉽게 얼버무리고 넘어가기 때문이다. 내가 말하려는 바는 이것이다. 우리의 환경 그리고 이 환경을 우리와 공유하는 다양한 종들, 우리의 삶과 얽혀 살아가는 동물들 하나하나를 계속해서 비장애중심주의와 인간중심주의에 입각

　　　　　　　　　　　　　상호의존

해 바라보는 한 장애해방은 결코 일어날 수 없다는 것을 진지하게 고려해야 한다. 그들을 우리 인간이 소유하고 통제할 수 있는 존재, 즉 처분할 수 있고 대체할 수 있고 죽일 수 있는 존재로 계속해서 바라본다면 말이다. 비거니즘은 각종 차이들을 억압하는 대상화와 착취에 맞서 몸을 통해 저항하는 행위, 즉 일상에서 한 사람의 정치적·윤리적 신념들을 정립하는 육체적인corporeal 방식이다.

비건이 되기 전 나는 혼자서 힘들게 요리하고 청소하거나 즉석식품을 사 먹고 외식하는 것을 자주 포기했다. 그렇게 나는 자립이라는 환상 속에서 살고 있었다. 또한 나는 내 곁에 있는 가족, 룸메이트 혹은 파트너에게 먹는 것 대부분을 의존하곤 했다. 때로는 충분히 먹지 못하고 굶었다. 처음으로 자립생활을 시도했을 때 나는 몇 달 동안이나 영양실조 상태에 있었다. 부끄러워서 그 누구에게도 음식을 얻을 수 있게 도와달라고 말할 수 없었다.

장애인 친구들과 커뮤니티 덕에 그리고 나 스스로 장애를 정치적 문제로 인식하게 된 덕에, 마침내 나는 활동보조인이 필요하다는 것을 깨달았다. 나는 결국 나를 도와줄 사람을 고용할 수 있는 지원을 받게 되었다. 내가 사는 캘리포니아가 다른 대다수 주들보다 장애인이나 환자, 노인들에 대한 재가 돌봄in-home care의 중요성에 대한 인식 수준이 높은 덕분이었다. 활동보조인은 내게 건강한 비건 요리를 만들어주었고, 내가 직접 요리를 하고자 하면 채소를 준비해주었다. 나는 더 수월하게 먹기 위해 내가 할 수 있는 많은 소소한 일들, 예를 들어 조금씩 간식으로 집어 먹을 수 있는 건강한 음식들, 밥솥으로 안전하게 조리할 수 있는 렌틸콩과 쌀, 전자레인지를 가진 불구로 살아가는 기쁨 등을 발견했다. 그렇지만 나 스스로 음식을 해서 먹는다는 일견 단순해 보이는 활동에서 어려움을 겪은 적이 있었기에, 어떤 사람들에게는 비건 혹은 베지테리언의 식생활이 얼마나 힘들지 나는 알고 있다. 어떻게 하면 장애인인 우리가 건강한 식물성 위주의 식사를 제대로 할 수 있을까? 우리 대부분이 지금 먹는 것 자체에 어려움을 겪고 있는데 말이다.

　　동물윤리를 불구화한다는 것은 내게 많은 것을 의미한다. 여기에는 앞서 내가 묘사한 대로 정치적으로 비건임에도 비건 음식으로 살아갈 수 없는 사람들이 있을 수 있음을 인정하는 일이 포함된다. 이는 음식 선택을 스스로 전혀 조절할 수 없는 사람들에게 해당하는 진실이다. 감옥이나 요양 시설에 있는 사람들을 비롯해 돌봄 및 식사 준비와 관련해 다른 사람들(때로는 그들이 고를 수도 없는 사람들)에게 의지할 수밖에 없는 장애인들이 그렇다. 혹은 도나 스프링처럼 심각한 건강 문제로 비건 식생활을 하는 것이 불가능하지는 않지만 극히 어려운 경우도 있다. 나는 이것을 비거니즘의 사회적 모델로 본다. 이 모델은 비건이 되는 데 따르는 가장 큰 어려움이 단지 개인적인 층위가 아니라 구조적인 층위, 즉 사회적이고 정치적이고 경제적인 것에서 비롯된다는 점을 인정한다.

　　다수의 주류 보건 기구들과 권위 있는 연구들은 비건 식생활이 (비건 도넛이나 콩고기 핫도그 같은 것이 아니라) 비가공식품whole foods에 기초하는 경우 안전하고 건강에 도움이 된다는 것을 대다수 사람들에게 확증해주고 있다. 이 사실은 옥스퍼드 연구Oxford Study와 중국 연구China Study✦를 비롯한 다양한 연구를 통해 입증되었으며,[27] 세계보건기구, 미국영양학회American Dietetic Association, 책임 있는 의료를 위한 내과의사협회Physicians Committee for Responsible Medicine, 영국의사협회British medical association 모두 이점을 인정한다. 미국영양학회는 이렇게 밝힌다. "완전한 베지테리언 혹은 비건 식사를 포함해, 적절히 안배된 베지테리언 식사는 건강하고, 영양상 충분하고, 특정 질병들을 치유하고 예방할 수 있는 건강상의 혜택을 제공한다. 잘 짜인 베지테리언 식사는 임신 중이거나 수유 중일 때와 유아기, 아동기, 사춘기 등을 모두 포함해 (생애주기의 어느 단계에 있든) 모두에게 적합하며, 운동선수들에게도 이롭다."[28] 식물성 위주의 식사를 한다는 것은 동물을 상품화하는 것이 단지 동물뿐만 아니라 인간이나 환경에도 가해지는 폭력임을 인식하는 문제다. 하지만 장애가 있는 몇몇을 포함한 다른 사람들에게 그런 식사는 그다지 수월한 일이 아니다.

　　동물윤리를 불구화한다는 것은 비거니즘 식단이 어떤 사람들에게는 쉽지 않다는 사실을 인정하는 일이다. 그러나 또 한편으로 그것은 인간중심주의와 종차별주의 그리고 동물에 대한

✦ 옥스퍼드 연구와 중국 연구는 각각 영국과 중국에서의 대규모 조사를 바탕으로 동물성 식품 섭취와 심장병 및 각종 암 등 만성질환과의 상관관계를 밝힌 연구이다. 특히 선구적으로 평가받는 중국 연구는 중국예방약학회, 옥스퍼드대학교, 코넬대학교 세 기관이 공동 진행한 것으로, 중국 56개 시골 지역 주민들을 대상으로 비슷한 유전 구조를 가진 사람들이 채식을 한 경우와 육식을 한 경우를 비교 분석했다.

폭력에 저항하는 방식이 비거니즘 외에도 무수히 많다는 것을 인정하는 일이다. 당신은 다른 영역에서 동물성 제품을 피할 수도 있고, 동물을 이용한 산업의 폭력성에 대한 인식을 기를 수도 있고, 동물해방을 위한 운동에 참여할 수도 있고, 동물이 당하는 체계적인 경제적 착취에 저항할 수도 있고, 운동가로서 당신의 다른 활동에 동물해방의 관점을 교차적으로 도입할 수도 있다. 비거니즘에 대한 폭넓은 이해는 도나 스프링처럼 일종의 장애인으로서의 비건 실천을 체화하고 모순과 직면하면서도 동물 정의에 헌신한 이들에게도 여지를 남긴다.

　　동물 및 동물성 식품 섭취를 거부할 수 있는 사람들은 그렇게 해야 한다. 동물윤리와 비거니즘을 비판하는 이들은 어떤 사람들의 건강이나 상황은 육식에 의존할 수밖에 없다고 주장하면서 너무나 자주 육식을 정당화한다. 이 주장은 다른 사람들의 정치적·경제적 고투와 심각한 건강 문제를 변화에 저항하는 핑계로 이용한다. 건강한 식물성 위주의 음식물을 향한 요구가 더욱더 증가하고, 동물성 제품을 지지하고 그런 식품 소비에 보조금을 지급하는 일을 중단하도록 정부에 압력을 가한다면, 누구나 건강한 식물성 식품들을 더 쉽게 얻을 수 있을 것이다. 비거니즘은 무언가 "좋은" 일을 했다고 자신들을 토닥이는 부자나 건강한 사람들에 대한 것이 아니다. 비거니즘은 능력 및 접근과 연계된 특권에 관한 것이며, 우리의 음식 선택이 빚어낸 잔혹 행위와 환경 파괴에 책임을 지는 일에 관한 것이다.

　　어떤 동물운동가들은 내가 그들이 소비하는 동물들의 욕구보다 장애인과 아픈 개인들의 욕구에 더 특권을 부여한다고

　　　　　　　　　　　상호의존

비난할지도 모르겠다. 내가 위와 같은 현실을 인정한다는 점에 근거해서 말이다. 이는 정당한 비판이다. 여기서 내 목표는 종차별주의를 한 가지로 고정시키지 않고, 오히려 우리 중 누군가는 지금의 이 어지러운 세계에서 음식 선택을 통해 동물 착취에 대항하기 좀 더 수월한 위치에 있다는 사실을 인정하는 것이다. 스프링이 말했듯, "우리 자신의 건강을 증진시키기 위해 과거에는 비록 동물에게 기댔지만, 더 이상 그럴 필요가 없"다.[29] 비거니즘을 불구화한다는 것은 곧 동물해방과 장애해방이라는 목표를 향해 나아가는 것을 의미한다. 우리가 가진 서로 다른 능력들이 우리를 서로 다른 속도와 방법으로 나아가게 한다는 것을 인식하면서 말이다.

17

종과 능력을 넘어서는 돌봄에 관하여

페미니스트들은 오래전부터 상호의존의 중요성을 인식하고 있었다. "의존적인 이들"을 돌보는 것이 역사적으로 여성들, 특히 유색인 여성들의 부담이 되었던 방식을 비판하든 아니면 돌봄의 윤리(돌봄이 우리의 정의 개념 안에서 핵심 역할을 수행해야 하는 방식)에 주목하든, 페미니스트들은 인간(그리고 종종 비간인)을 서로에게 기대는 상호의존적 존재로 이해해온 긴 전통을 가지고 있다. 하지만 페미니스트 이론은 돌본다는 것의 의미에 심혈을 기울인 데 비해, 돌봄받는 것의 의미에 대해서는 그렇게 많이 다루지 않았다.

나는 돌봄이라는 것과 복잡한 관계를 맺으며 살아왔다. 장애인으로서 나는 돌봄을 핵심 요소로 하는 상호의존의 철학을 지지한다. 그와 동시에 나는 돌봄(특히 선의나 자선의 형태를 띠는 돌봄)이 나에게 더 자유로운 삶을 가능케 할 거라고 생각하

상호의존

는 관점에 저항한다. 돌봄을 받는다는 건, 꼭 아이 취급을 당하거나 억압적이지 않더라도 거북할 수 있다. 물론 이는 돌봄을 제공하는 역할을 맡는 사람에게도 마찬가지다. 장애학자 크리스틴 켈리Christine Kelly는 〈접근 가능한 돌봄으로 다리 놓기〉라는 글에서 이렇게 쓴다. "장애학의 이론 작업은 암시적으로든 명시적으로든 돌봄을 학대, 강제, 시설화의 역사(물리적 차원의 시설화와 비유로서 언급되는 시설화), 행위 능력의 부인 등을 포함하는 다층적인 억압 형태로 위치시킨다."³⁰ 역사적으로 장애에 대한 권리를 옹호하는 이들은 돌봄받는 것을 원하지 않으며, 그 대신 권리와 서비스, 나아가 장애인들의 참여와 기여를 제한하지 않는 접근성이 확보된 사회를 원한다고 선언해왔다.

지난 수년간 페미니스트 장애학 연구자들과 이런 복잡한 문제들에 다리를 놓고, 돌봄 대상자와 돌봄 제공자 모두의 가치 및 억압적인 역사를 인식하는 돌봄 이론을 정립하고자 노력한 사람들이 있었다. 이들 작업에서 고려된 측면 중 하나는 돌봄받을 필요가 있다고 역사적으로 간주된 사람들(즉 "의존적인 자들" 내지는 "짐burdens"이라는 꼬리표를 달았던 사람들)이 사실은 자신이 맺는 관계, 사회 그리고 더 넓은 세계에 기여했다는 점이다.

또한 동물복지 논쟁에서 가장 많이 드러났듯, 돌봄 이론과 상호의존 이론은 동물 옹호와 관련된 논의들 안에서 다양한 방식으로 나타난다. 가축화된 동물이 인간에게 생존을 의존한다는 식의 수사는 동물을 돌봐야 할 우리의 책무가 인간의 이익을 위해 동물들을 지속적으로 이용하는 행위 자체에서 비롯된다는 주장을 정당화하는 데 빈번히 사용되었다.

이와 대조적으로 동물에 대한 페미니즘적 돌봄 윤리는 동물과 인간이 상호의존의 관계 안에서 서로 얽혀 있다고 생각한다. 동물들은 종종 취약하고 의존적이지만, 그렇다고 해서 그들이 우리 이익이나 쾌락을 위해 존재하는 것은 아님을 인식하는 것이다. 이것은 규칙 및 원칙에 기반한 권리 이론에서 벗어나, 캐럴 J. 애덤스와 조지핀 도노반Josephine Donovan이 《동물윤리에서의 페미니즘 돌봄 전통》에서 "특정 상황이나 사안의 특수함에 대한 서사적 이해를 허용하는, 상황적이고 맥락 중심적인 윤리"라고 부른 것을 선호한다.[31] 동물에 대한 페미니즘적 돌봄 윤리는 또한 이성, 자율성, 자립 같은 특징들에 특권을 부여하기를 꺼린다. 역사적으로 이런 특징들이 존중받을 만한 존재와 그렇지 않은 존재를 갈라 그들을 억압하는 데 쓰였기 때문이다. 애덤스와 도노반은 동물들과 더 정의로운 관계를 창조하는 중요한 요소로 "주의 기울이기paying attention"를 지적한다. 그들은 개별 동물들은 물론 동물의 고통을 유발하는 시스템에 대해서도 주의를 기울여야 한다고 시사한다.[32]

페미니즘적 돌봄 윤리라는 틀에서 의존은 억압을 정당화하지 않으며, 오히려 그 정당화를 반대한다. 애덤스와 도노반은 이렇게 설명한다. "특히 가축화된 동물들은 생존의 대부분을 인간에게 의존한다. 즉 불평등을 인식하는 윤리가 필요한 상황이라고 할 수 있다."[33] 역사적으로 많은 동물 옹호가들이 동물들을 단지 취약한 희생자로(그리고 자신들을 "목소리 없는 자들의 목소리voice for the voiceless"로) 간주했지만, 이와 달리 페미니즘적 돌봄 윤리는 우리가 공유하는 세계의 핵심적인 참여자이자 공헌자로

상호의존

서 가축화된 동물의 행위 능력에 주목함으로써 해방적 틀을 제공한다. 이 틀은 의존 개념을 다층화할 수 있는 잠재성을 갖는다.

애덤스와 도노반은 "다른 인간들이 동물에 대해 이야기하는 것보다, 동물들이 이야기하는 것 자체"에 주의를 기울이는 일이 중요하다고 강조한다.[34] 결코 쉬운 일은 아니다. 하지만 도살장에서 도망친 젖소 이본, 서커스에서 학대당하고 날뛴 코끼리 재닛 그리고 감금과 학대에 능수능란하게 저항한 많은 동물들을 통해 보았듯, 동물들은 정말로 우리에게 의사표현을 한다. 자신들이 선호하는 것과 원하는 것을 주장하는 것이다. 돌봄의 윤리는 우리가 어떻게 동물들의 말을 듣는 법을 배울 수 있는지, 그들을 목소리 없는 존재로 보게 하는 온정주의와 (일종의) 아이 취급 없이 어떻게 동물들을 돕고 돌볼 수 있는지 질문한다. 비슷한 맥락에서 철학자 로리 그루엔은 우리에게 종의 경계를 넘어서는 공감에 관한 작업을 보여주었다. 그의 작업은 우리가 비인간 동물들에게 공감하는 방식이 단지 동물들의 고통에 공감하는 차원에 머무르지 않고, 개별 동물이 원하고 필요로 하고 의사소통하고자 하는 바를 고려하는 데까지 나아가도록 촉발한다.

그루엔은 이렇게 쓴다. "타자와 윤리적 관계를 맺는다는 건 부분적으로 타자의 필요, 이해관계, 욕망, 취약성, 희망, 관점을 이해하고 그에 응답할 수 있는 것과 관계된다. 이때 이해와 응답이란 단순히 자기 관점에서 그것들에 대해 추측하거나 확신하는 바를 정립하는 것을 뜻하지 않는다. 이해와 응답은 타자의 관점에서 그것들을 파악하고자 노력하는 일이다."[35] 이런 감정들은 지적장애가 있어 말을 사용하지 않는 사람들을 위한 정의에 집중하는 장애 이론 및 운동과도 중요한 유사성을 공유한다. 실제로 철학자 에바 페더 키테이Eva Feder Kittay 같은 장애학자들도 비슷한 것을 말한다. 키테이에 따르면, 언어를 쓰지 않는 지적장애인들에게 필요한 것과 그들의 욕구를 이해하기 위해서는 각각의 개인에게 주의를 기울여야 한다. 진단에 기초한 일반화 대신 그들의 소리, 몸짓, 패턴을 인식해야 한다는 것이다.[36] 개인에게 다가가 그 사람의 고유한 소리와 몸짓에 주목하는 일은 동물해방과 장애해방에 관한 논의를 진전시키는 결정적인 한걸음이 된다. 고통과 의존이라는 제한된 서사를 넘어서 더 급진적인 논의, 즉 인간과 동물이 함께 번영할 수 있는 사회에 접근성이 확보된 반차별적인 공간을 창조하겠다는 그런 논의로 나아가는 한걸음 말이다.

일반적으로 장애인은 의존적인 존재로 간주된다. 우리는 돌봄 제공자에게 신체의 안녕을 의존하고, 많은 경우 정부에게 경제적 복지를 의존한다. 동물 역시 통상 의존적인 존재로 간주된다. 가축화된 동물들은 분명 인간에게 의존한다. 그들은 우리에게 먹이, 주거, 건강상의 보살핌, 심지어 종종 출산과 성교 보조까지 받는다. 이와 매우 다른 방식이기는 하지만 야생동물 역시 우리에게 의존한다. 서식지나 식량원 등을 인간이 결정하는 건 물론이고, 개별 동물을 사냥하거나 도태시킬지 그리고 그 종을 미래에도 살아남게 할지 여부까지 인간이 결정한다.

자유주의자였던 우리 할머니는 장애인인 내가 얻는 것 모두에 감사해야 한다고 이야기한 적이 있다. "숲속에" 그대로 남겨진다면 "거기서 죽을 것"이라는 이유에서였다. "자연 상태"에서 내가 완전히 그리고 전적으로 의존적이 된다는 점에는 의문의 여지가 없다. 누군가가 자신의 산딸기를 친절하게 나눠주지 않는다면 혹은 (할머니가 그랬듯) 고기 한 조각을 내게 나눠주지 않는다면 나는 금세 굶주리고 말 것이다.

굉장히 특이한 성격이었던 할머니에게 토를 다는 말이 되겠지만, 할머니의 기본 명제는 흔히 마주하는 사회적 통념과 다를 게 없다. 자연에는 장애인을 위한 자리가 없고, 장애인은 다른 사람들의 선의가 있어야만 살아남을 수 있다는 통념 말이다. 하지만 할머니는 비장애인인 내 동생들 역시 인간의 도움이나 도구 없이 혼자 남겨지면 결국 죽게 될 거라는 사실을 놓쳤다. 나보다는 오래 살아남을 수 있겠지만, 그들 역시 금방 죽게 될 가능성이 더 높다.

마찬가지로 가축화된 동물들도 전적으로 의존적이며 야생에 적합하지 못하다고 간주된다. 환경주의자, 동물복지론자, 동물 옹호가들 모두 가축화된 동물들을 비극적으로 그려내거나 심지어 그로테스크할 정도로 의존적으로 그려낸다. 장애인과 가축화된 동물은 의존은 모욕적이라는 통념과 싸워야 할 뿐 아니라, 부자연스럽고 비정상적인 것을 규정하는 사회의 고정관념과도 싸워야 하는 존재들이다. 우리는 다양한 방식으로 짐승beast이자 짐burden으로 제시되었다.

의존은 종종 착취의 구실이 되는데, 이는 의존이 극히 부정적인 함의를 갖기 때문이다. 그 누구도 의존적인 존재가 되려고 하지 않는다. 그런데 사실을 말하자면 우리 모두는 의존적이다. 인간은 타인에게 의존하면서 삶을 시작한다. 그리고 우리 대부분이 타인에게 의존하면서 삶을 끝낼 것이다. 우리 인간은 깨끗한 물, 쓰레기 처리, 전기 같은 서비스들을 이용할 때 각자 서로에게 의존한다. 우리는 엄청나게 복잡한 음식물 생산 시스템에 의존해 음식을 얻는다. 심지어 가장 자족적인 삶을 사는 사람들, 이를테면 자신의 옷을 직접 지어 입고, 먹을거리를 직접 재배하며, 연장과 주거 공간까지 직접 만드는 사람들조차 몇 가지 기본 물품이나 서비스를 얻기 위해 타인에게 의존한다. 심지어 아무것도 의존하지 않는다고 해도 결국 반려 생활에 있어서는 타인에게 의존하게 된다.

미국에서는 자립independence과 자족self-sufficiency이 특히 강조된다. 미국은 누구든 자립할 수 있는 기회를 가진 나라로 낭만화된다. 이 나라에서 자립은 다른 모든 것을 능가하는 가치가 된다. 특히 그것이 "자유"로 표현될 때 더욱 그렇다. 이는 장애인들에게는 삶이 자동으로 비극으로 간주된다는 것을 뜻한다. 그런데 이런 생각이 어떻게 진실일 수 있을까? 장애학자 마이클 올리버Michael Oliver 역시 다른 장애 이론가들처럼 의존은 상대적이라고 주장한다. "전문가들은 자립을 누군가의 조력 없이 설거지하고, 옷을 입고, 화장실에 가고, 요리하고, 식사할 수 있는 상태로 정의한다. 즉 그들은 자립을 자기돌봄 행위self-care activities의 측면에서 정의하는 경향이 있다. 하지만 장애인들은 자립을 다르게 정의한다. 즉 장애인은 자립을 혼자서 혹은 도움 없이 어떤 일을 하는 상태가 아니라, 자기 삶을 관리하고 그 삶에 관해 결정을 내릴 수 있는 능력으로 간주한다."[37]

다수의 장애인들이 의존을 바라보는 방식과 사회의 나머지 다수가 그것을 바라보는 방식은 서로 다른데, 이러한 차이는 개인의 신체적 자율성에 대한 강조에서 비롯된다. 여러 측면에서 볼 때 자립이라는 개념은, 완전히 자족적인 것을 뜻하기보다는 제공받는 서비스(전기·의료·교육 서비스든 사적인 서비스든)를 관리한다는 의미에 가깝다. 이는 장애인들뿐 아니라 모두에게 그렇다.

의존의 부정적인 귀결 대부분은 인간이 만든 것이다. 경제권 박탈이든 사회적 소외든, 시설 감금이든 사회적·문화적·건축학적 장벽이든 말이다. 장애인들이 겪는 사회적 처우는 여러 가지 측면에서 다른 인구 집단들이 마주하는 조건들이 더욱 두드러진 형태에 불과하다. 중요한 것은 비장애인과 장애인 모두 똑같이 의존적이라는 점이 아니라, 자립과 의존의 이분법이 잘못되었다는 점이다. 예컨대 사지마비인 사람은 비장애인과 같은 형태의 신체적인 자율성을 갖고 있지는 않지만, 그렇다고 해서 그 사람이 꼭 의존적이 되는 것은 아니다. 만약 그 사람이 보조 서비스를 거의 혹은 전혀 이용할 수 없다면, 다시 말해 이용 가능한 주택이나 교통수단 등을 획득할 수 없다면, 그 사람은 자신의 상황을 타개할 아무런 수단도 갖지 못한 채 최악의 경우 요양 시설에 감금될 것이고, 최선의 경우라 해도 가족이나 자원봉사자의 변덕에 내맡겨질 것이다. 하지만 만약 이 사람이 자신에게 필요한 사회적 서비스를 얻을 수 있고 활동보조인을 선택할 수 있으며, 일하며 살아갈 수 있는 환경을 가질 수 있다면, 그 사람의 삶은 의존적이기보다 상호의존적인 것이 된다. 이 구별은 사소해 보일 수도 있지만, 많은 장애인들, 즉 끊임없이 의존적이고 짐스럽다는 꼬리표를 달고 살아온 사람들에게 그들이 스스로 생각하는 것보다 훨씬 덜 의존적이라는 것, 그리고 우리 모두가 실제로는 상호의존적이라는 것(이 점이 더욱 중요하다)을 상기시키는 건 정말로 중요하다.

물론 모든 장애인들이 자기결정self-directing을 할 수 있는 것은 아니다. 마이클 베루베가 썼듯, "자율성과 자기표현은 심지어(혹은 특히) 장애인에게서도 매혹적인 이상으로 남겨져" 있다.[38] 그는 생존의 모든 측면을 타인에게 의존하며 신체적 자립 뿐 아니라 자기 삶에 관해 결정을 내릴 능력조차 없는 개인들이 있다는 사실을 지적한다.

우리 모두는 의존의 스펙트럼을 따라 존재한다. 의존을 결코 부정적이거나 부자연스러운 것으로 이해하지 않는 것, 오히려 우리 세계와 관계에 꼭 필요한 부분으로 이해하는 것이 우리의 과제다. 가족, 커뮤니티, 문화에 대한 우리〔장애인〕의 기여는 종종 간과되거나 철저히 부정되는데, 이는 장애인이 짐으로 간주되는 탓이다. 만약 우리가 무언가 선사할 만할 것을 가진 존재로 인식된다면, 그것은 피터 싱어가 제시했듯 타인에게 영감을 주거나, 역경의 극복에 관한 교훈을 주거나, 자선의 가치를 불러일으킨다는 식이다. 그린마운틴대학에 있던 루와 빌의 사례＋에서 드러났듯, 장애를 가진 동물들 또한 짐으로 간주된다.

＋ 루와 빌에 관해서는 282~283쪽을 보라.

그들 역시 의존에 대한 인간의 비장애중심주의적 개념에서 영향을 받은 것이다. 루와 빌이 비장애 신체를 지닌 동물로서 수행할 수 있었던 일이 그들의 살 권리를 정당화했지만, 이 황소들이 쇠약해졌을 때 농장 측은 이곳은 애니멀 생추어리가 아니라며 단호한 태도를 보였다.

가축화된 동물들은 밥벌이를 해야 하는 짐으로서뿐만 아니라 "자연적이지 않"으며, 인간에 의해 만들어져 환경에 해를 끼치는 존재로도 제시된다. 1948년 자연보호론자이자 환경주의자 알도 레오폴드Aldo Leopold는 생태윤리로의 가치 전환이 "길들여지고 구속된 비자연의 것들을 야생적이고 자유로운 자연의 것들에 견줘 재평가할 때 이뤄질 것"이라고 썼다.[39] 자연적이지 않고 길들여진 것과 대비되는 야생적이고 자율적인 것에 대한 레오폴드의 칭송은 환경주의의 전통적인 프레임에 영향을 끼쳤다. 다양한 환경주의자, 철학자, 동물복지가들의 지지를 받는 이런 관점은 가장 극단적인 경우 가축화된 동물들을 인공적이고 우둔한 존재로 제시한다. 과학 저술가 스티븐 부디언스키 역시 그들을 "자연적이고" "야생적인" 동물들이 "퇴화한" 버전에 가깝게 제시한다. 환경주의자 존 뮤어John Muir조차 가축화된 동물들에 대한 경멸을 표출한다. 그는 야생 염소의 자율성에 대해 "용감하고 우아하며, 충만한 생명력으로 빛나고 있다"고 찬미하는 반면, 가축화된 동물에 대해서는 "오직 반쯤만 살아 있다"고 묘사했다.[40] 이는 장애인은 불완전하다는 통념 혹은 제리 루이스의 유명한 말처럼, 장애가 있다는 것은 "반쯤만 사람half a person"이라고 하는 흔한 정서와 놀랍도록 유사하다.[41]

이런 견해들은 가축화된 동물들이 야생동물들과 달리 더 이상 자연적이거나 자립적이거나 자율적인 존재가 아니라는 관념에 기초한다. 가축화를 통해 그들은 인간 문화와 기술의 연장이 되었다. 즉 인간에 의해 만들어졌고, 인간에게 이용될 수 있다는 점을 제외하면 생태적 지위를 갖지 못하며, 야생에 부적합할 뿐 아니라 돌봄 제공자인 인간 없이는 살아갈 수 없는 존재라는 식이다.

　　가축화된 동물들의 의존과 부자연스러움은 종종 이 동물들의 상정된 "멍청함"과 나란히 언급된다. 마치 그들이 "야생에서" 스스로 헤쳐나갈 수 없다는 사실이 그들의 우둔함을 증명하기라도 한다는 듯 말이다. 예를 들어 철학자이자 환경주의자 J. 베어드 캘리콧J. Baird Callicott은 야생동물을 찬미한 것과 대조적으로 가축화된 동물에 대해 이렇게 말한다. "온순하고 순종적이고 어리석고 의존적이 되도록 길들여져왔다. 그들이 자유롭다고 말하는 것은 말 그대로 무의미하다. 과장해서 말하면, 그것은 논리적으로 불가능하다."[42] 이런 동물들은 인공적이고 의존적이어서 그들을 두고 자유롭다고 하는 것은 너무나 어리석다. 그러므로 그들의 해방을 추구하는 것은 의미 없는 일이다.

　　이런 논의들은 모두 비장애중심주의적이고, 우리가 이미 보았듯 진실도 아니다. 가축화된 동물들이 대대로 아무런 정신적 자극도 없는 잔인한 환경에 처해 있었음을 고려할 때, 그들의 지능은 〔오히려〕 더욱 경이로운 수준으로 보인다. 도대체 어떤 기준으로 그들의 인지적 역량을 합당하게 판단할 수 있단 말인가? 설령 그럴 수 있다 해도, 그들이 "의존적"이고 "멍청"하다는 이유를 들며 그들의 해방을 지지하는 일이 "무의미하다"고 여기는 것은 등골을 서늘하게 한다. 캘리콧은 가축화된 종들을 사물과 비교하기까지 한다. "공장식 축산에서 닭과 송아지의 '자연스러운 행위'가 무참히 짓밟힌다는 일부 동물해방론자들의 주장에는 전혀 앞뒤가 맞지 않는 것이 있다. 그것은 마치 식탁과 의자의 자연스러운 행위에 관해 이야기하는 것과 같다."[43]

가축화된 동물들의 "부자연스러움"을 전제하는 탓에 일부 사람들은 축산 및 동물을 이용한 기타 산업들로 인한 환경 파괴와 가축화된 동물을 혼동한다. 그들은 가축화된 동물이 환경 파괴를 일으키고 야생동물의 서식지를 포함한 자연계와 반목한다고 주장한다. 축산과 개체 과잉이 엄청난 환경 파괴를 초래한다는 점에는 의문의 여지가 없고, 이는 우리가 직면하는 가장 심각한 환경 문제 중 하나다. 하지만 이 문제들을 만들어낸 건 도저히 견뎌낼 수 없는 환경에서 동물을 강제로 번식시킨 인간임을 상기하는 것이 중요하다. 가축화된 동물에게는 책임이 없으며, 그들은 인간이 한 선택의 희생양일 뿐이다. 캘리콧의 또 다른 말을 인용해보자. "대지 윤리land ethic의 관점에서 볼 때, 소, 양, 돼지 무리는 비포장도로를 달리는 사륜구동차의 행렬처럼 혹은 그 이상으로 풍경을 망친다."[44]

캘리콧이 의존적인 장애인들이 전동휠체어를 타고 하이킹을 하거나 산책하는 것을 보고 어떤 말을 할지 궁금하다. 앨리슨 케이퍼는 환경운동권 내 비장애중심주의에 관한 연구에서 자연에 관한 서사들이 어떤 식으로 "자연적인 것"을 매개 없이 경험할 수 있는 사람들에게만 암암리에 열려 있는지 밝힌다.

케이퍼는 이렇게 적는다. "매우 특정한 종류의 체화된 경험은 환경과 관계 맺기 위한 전제 조건으로 제시된다. …… 사막을 알기 위해서는 사막을 걸어야 하고, 그러려면 기술의 매개를 통해선 안 된다는 식으로 말이다. 이런 구조에서는 움직임과 관련된 손상을 지닌 몸들이 환경운동에 참여할 수 있는 방법이 없다. 직립보행 이외의 형태들은 모두 불충분하고 심지어 의심의 대상이 되기까지 하니 말이다. 보행은 우리를 인간으로 만들고, 또한 자연과 하나가 되도록 해주는 것이다."[45] 가축화된 동물들 또한 의심의 대상이 된다. 이미 항상 인간의 개입에 물들어 있는 탓에 그들 역시 자연과 매개 없는 교류를 할 수 없다. 가축화된 동물들은 자율적이지도 야생적이지도 않은 존재로, 자연을 해치는 기술과 동일시된다.

의존적이고 부자연스럽고 자유롭지 못하다는 이유로 가축화된 동물을 경멸하는 이런 주장들은 정작 가축화가 동물들에게 헤아릴 수 없이 많은 폭력을 자행했다는 점은 다루지 않는다. 가축화는 상상할 수도 없을 정도로 많은 동물들을 도살하고, 상품화하고, 착취하고, 조직적으로 학대했다. 작가 수 도널드슨Sue Donaldson과 철학자 윌 킴리카Will Kymlicka는 이렇게 쓴다. "많은 동물 옹호가들에게 [가축화는] 바로 잡을 수 없을 정도로 부당하다. 인간이 가축화된 동물을 존속시킨다면 세계는 정의로울 수 없다."[46]

많은 동물 옹호가들은 가축화가 근본적으로 폭력적이라고 생각한다. 따라서 그들은 흔히 이렇게 주장한다. 동물에게 가장 좋은 일은 인간 곁을 완전히 떠나 인간과 관계 맺지 않고 사는

상호의존

것이지만, (현실적으로) 가축화된 동물들이 생존을 인간에게 의존하고 인간 사회와 떨어져 살 수 없으니 그들이 아예 존재하지 않는 편이 낫다고 말이다.

동물 착취 철폐론자animal abolitionist✛는 쾌고감수능력을 지닌 동물들이 인간의 목적 아래 소유되거나 착취당하거나 살해되지 않을 권리가 있다고 주장한다. 철학자 톰 리건Tom Regan이 말하듯, 그들은 "더 큰 우리가 아니라, 텅 빈 우리"를 원한다.[47] 몇몇 사람들은 가축화가 인간의 착취에 너무나 취약한 존재들을 만들어냈기 때문에 그 동물들의 번식을 막고 멸종에 이르도록 하는 것만이 유일한 윤리적 해결책이 될 수 있다고 시사한다. 멸종을 지지하는 철폐론 주장 배후에 있는 논리는 매우 단순하다. 즉 우리가 가축화된 동물들을 존재하지 못하게 하면, 인간들이 그들을 착취하지도, 그들에게 고통을 가하지도 못할 것이라는 논리. 템플 그랜딘의 주장과 정반대의 논리다. 그랜딘은 동물들이 계속 존재한다는 사실 자체가 그들을 계속 이용하고 죽이는 행위를 충분히 정당화할 수 있다고 생각한다면, 다수의 동물 옹호가들은 가축화된 동물들이 겪는 고통과 착취가 그들을 멸종시키는 것을 충분히 정당화할 수 있다고 생각하는 것이다. 이 동물 옹호가들은 현존하는 동물들에 대한 책임이 우리에게 있다고 주장한다. 그 책임이란, 이 동물들이 살아 있는 동안 연민

✛ 동물 권리 운동의 한 분파로, 동물을 이용하는 산업의 동물 취급 개선, 즉 동물복지 추진을 주장한 기존 운동에 대한 비판에서 시작되었다. 이들은 그런 산업은 물론 인간의 동물 이용 및 착취 자체를 철폐해야 한다고 주장한다.

과 품위를 가지고 대할 심오한 책임뿐 아니라 그들이 매년 수백만 마리의 새끼를 낳지 못하도록 막을 책임을 말한다. 결국 그렇게 많은 동물들이 존재하는 건 오직 인간이 동물을 번식시키기 때문이다. 그들에 의하면, 언젠가는 남아 있는 동물들을 거세시키거나 번식하지 못하도록 막는 결정이 내려져야 할 것이다.

나는 왜 멸종이 가축화된 동물 문제에 대한 가장 합당한 결론처럼 보이는지 이해한다. 우리가 여태껏 저지른 일들이 있는데, 어떻게 우리가 돌봄 제공자로서 신뢰받을 수 있단 말인가? 하지만 그렇다고 해도 멸종론에는 문제가 너무나 많다는 것이 내 생각이다. 특히 그런 주장이 의존, 자연스러움 그리고 삶의 질에 대한 전제들에 얼마나 깊이 근거하는지를 깨닫게 되면 더욱더 그러하다. 동물 옹호가이자 법률가인 게리 프랜시언이 한 말을 인용해보자.

가축화된 동물들은 우리 세계의 진정한 일부도, 완전한 일부도 아니다. 비인간 세계에서도 마찬가지다. 그들은 한평생 취약성이라는 어둠의 세계에서 살아간다. 모든 것을 우리에게 의존하고, 자신들이 전혀 이해할 수 없는 환경에서 해를 입을 위험에 처한 채로 말이다. 우리는 그들을 순응하고 복종하도록 혹은 사실상 그들에게는 해롭지만 우리에게는 만족스러운 속성들을 갖도록 사육해왔다. 어떤 의미에서 우리는 그들을 행복하게 만들 수 있지만, 그 관계는 결코 "자연적"이지도 "정상적"이지도 않다. 우리가 그들을 얼마나 잘 대하느냐와 관계없이 그들은 우리

상호의존

세계에 속하지 않는다.[48]

프랜시언의 주장은 기이하게도 앞서 등장했던 휴 피언리-휘팅스톨의 주장과 닮아 있다. 이들의 주장이 완전히 상반되는 결과를 바라보고 있음에도 말이다. 피언리-휘팅스톨은 가축화된 동물들의 의존이 인간의 동물 이용을 정당화한다고 주장한다. 그들에 대한 책임이 우리에게 있기 때문이다. 가축화된 동물들의 의존과 취약성이 동물을 둘러싼 논쟁의 양쪽 진영 모두를 매우 불편하게 만든다는 점은 분명해 보인다. 의존적인 인간이 되는 것은 본래 좋지 않으며 심지어 부자연스럽다는 비장애중심주의적 전제가 종을 막론하고 작동하는 셈이다. 비장애중심주의가 동물의 삶에 대한 우리의 관념에 얼마나 많은 영향을 미치는지 다시 한 번 확인할 수 있다.

이런 서사들에서 야생동물들은 서구 철학자들이 오랫동안 찬미해온 자율적이고 자립적이며 자연적인 주체로 낭만화된다. 반면 가축화된 동물들은 가련하게 여겨진다. 장애를 갖는 것보다 "죽는 편이 낫다"는 서사처럼, 가축화된 동물들은 "멸종되는 편이 낫다"고 간주되는 것이다. 하지만 동물 옹호가인 도널드슨과 킴리카가 주장하듯, "가축화된 동물을 이해하는 이런 방법 전체가 잘못된 것이며, 이는 분명 하나의 도덕적 도착이다".[49]

지금껏 보았듯 장애를 논할 때 사람들은 흔히 삶의 질이라는 문제에 대해 대단히 오판한다. 다시 말해 중요한 것은 어떤 삶이 살아갈 가치가 있는지에 대한 추정 자체를 의문에 붙이는 것이다. 우생학의 역사와 유산을 떠올리지 않고 멸종에 대해 생각한다는 건 내게 불가능한 일이다. 역사가 찰스 패터슨Charles Patterson이 보여주듯, 초기 우생학자들은 "더 나은" 특질을 갖도록 동물의 품종을 조작할 수 있는 방식에서 영감을 받았다. 20세기 초반 찰스 B. 대븐포트Charles B. Davenport는 우생학을 가리켜 "더 나은 교배를 통해 인간 종을 개선하는 과학"이라고 했다. 미국 우생학 운동의 지도자이자, 유전학, 유전, 품종에 관한 지식을 심화하는 데 전념한 단체 미국육종가연합American Breeders Association의 회원이었다. 대븐포트는 "사람들 개개인이 지닌 유전적 내력의 중요성을 강조했고, 가축 사육자가 송아지나 망아지를 얻을 때 혈통을 확인하지 않고 종마나 종돈을 고르는 일이 없듯, 여성이 '남성의 생물학적-유전적 내력을 모른 채' 남성을 받아들이지 않는 시대가 오기를 고대"했다.[50]

미국 우생학 운동은 유전자 풀에서 "바람직하지 않은" 특질들을 제거함으로써 인구의 유전자 구성을 완벽하게 만드는 것을 목표로 삼았는데, 그 특질들이란 언제나 장애, 인종, 계급과 연결되어 있었다. 우리가 농장 동물들에게 이미 자행한 것이 바로 우생학의 한 형태다. 도널드슨과 킴리카가 쓰듯, "가축화는 동물에게서 특정한 특질, 즉 (인간에 대한) 동물의 의존성과 인간을 위한 효용성을 증대시키는 특질을 얻어내는 방향에 압도적으로 집중됐다. 이때 동물의 이해관계는 전혀 고려되지 않"았다.[51] 우리는 더 나은 제품, 더 나은 표본을 만들기 위해 동물들을 선택적으로 번식시켜왔다. 인간을 대상으로 한 우생학에서 완성perfection이 장애와 같은 "원치 않는" 특징들을 제거하는 것을 의미했던 반면, 동물 육종가들은 종종 어떤 특질들을 지나치게

상호의존

향상시켰다. 즉 그 특질이 장애나 기형으로 분류될 정도로까지 밀어붙이는 방식으로 완성을 추구했다.

　가축화된 동물들이 여기 우리와 함께 있는 지금, 정말로 그들을 절멸시켜 그 개체의 생명과 종 전체에게 또 다른 강제력을 행사하려 하는가? 이런 판단은 그들의 삶이 야생동물의 삶보다 살 가치가 적다는 전제에 입각한다. 나는 가축화라는 잘못에 대한 해결책이 곧 우리가 해를 끼쳐온 바로 그 개체군을 없애는 것이라는 생각에 거북함을 느낀다. 그러나 우선은 이런 잘못들을 만들어낸 착취의 시스템을 어떻게 하면 해체할 수 있을지 묻고 싶다. 그 방법 중 하나는, 어떤 삶이 취약하고 의존적일 때 그 삶은 덜 소중하고, 덜 가치 있고, 덜 즐겁다는 생각을 비판하는 것일 테다. 가축화된 동물을 대하는 일에서 우리는 거대한 문제를 만들어냈다. 문제가 거대한 만큼 해결책의 모습 또한 미묘하고 복잡할 것이며, 따라서 해결책을 모색하기 위해 부단히 노력해야만 한다.

　장애와 관련해서 말하면, 근육량이 지나치게 늘어나 자신의 무게를 감당하지 못한 나머지 골절되는 동물들, 젖을 너무 많이 생산한 나머지 골절, 감염, 절뚝거림에 취약해진 동물들을 계속해서 사육하고 번식시켜야 한다고 주장하는 게 아니다. [강제적] 번식과 착취라는 방식으로 우리가 만들어낸 윤리적 문제들을 풀기 전에 먼저 다른 동물 종에 대한 우리의 책임과 연관된 무수한 복잡한 문제들부터 풀어야 한다. 또한 다른 종들에게 장애란 무엇을 의미하는지, 다른 동물들이 장애와 어떻게 상호작용하는지도 훨씬 더 많이 고려해야 한다. 요컨대 가축화와 번식의 문제를 풀기 위해서는 의존과 장애에 관한 더욱 사려 깊은 논의가 필요하다. 단순히 멸종이나 착취를 정당화하기 위해 이 개념들을 사용하는 차원을 넘어서 말이다.

도널드슨과 킴리카는 저녁식사를 요구하며 밥그릇을 긁는 개를 예로 들며 "본래 의존은 품위의 상실과 관련된 것이 아니다. 품위 상실을 야기하는 건 의존에 응답하는 우리의 방식"이라고 말한다. "개가 저녁 밥그릇을 긁을 때, 의존을 일종의 약점으로 간주해 경멸한다면, …… 우리는 개의 행동에서 아첨이나 비굴함을 볼 것이다. 하지만 우리가 의존 자체를 품위 없는 것으로 보지 않는다면, 우리는 개를 자신이 원하는 것과 그것을 얻기 위해 의사표현하는 방법을 아는 존재로, 즉 행위 능력·선호도·선택이라는 잠재력을 가진 존재로 볼 것이다."[52] 동물이 인간의 돌봄에 의존하는 것을 꼭 부정적이거나 착취적인 것으로 간주해야 할까? 인간은 상호 이익이라는 단순한 계산을 넘어 자신과 함께 진화해온 이 동물들의 가치를 인식하며 가축화된 동물들과 관계 맺을 수 있을까?

동물을 윤리적으로 돌본다는 것은 곧 동물이 자신이 받는 돌봄과 받고 싶은 돌봄에 대해 우리에게 말하려고 하는 바를 경청한다는 뜻이다. 로리 그루엔이 시사하듯, 동물들이 무엇을 요구하고 원하는지 읽어내려면 우리 자신이 동물들에게 공감을 기울여야 하고, 동물 하나하나의 성격은 물론 종 특유의 행동을 배우기 위해 힘써야 한다. 만약 우리가 그들의 말을 경청하기 위해 더 열심히 노력한다면, 일부 동물 옹호가들이 사로잡혀 있는 방식, 즉 동물들을 단지 우리의 보호만을 필요로 하는 "목소리

상호의존

없는" 존재로 간주하며 아이 취급하는 방식에 저항할 수 있지 않을까? 가축화된 동물들의 미래를 그려보는 우리의 관점이 과연 바뀔 수 있을까? 조지핀 도노반이 쓰듯, "이것은 어머니(인간이든 아니든)가 아기를 돌보듯 동물들을 돌보는 문제가 아니라 동물들의 말을 듣는 것, 정서적 주의를 기울이는 것, 그들이 우리에게 말하는 바를 관심을 가지고 진지하게 받아들이는 문제"다.[53]

가축화된 동물들은 우리에게 의존적이다. 이 말은 곧 우리가 그들을 인간과 전혀 상호작용하지 않는 상태로 내버려둘 수 없다는 뜻이다. 사실 우리는 어떤 동물(인간이든 아니든)에게도 실제로 이렇게 할 수 없다. 왜냐하면 우리 모두 항상 서로 영향을 주고받기 때문이다(심지어 환경과도 그렇다). 우리 모두는 때로 끔찍이 친밀한 방식으로 서로에게 의존한다. 어쩌면 의존이 이토록 불편한 건 친밀성을 요구하기 때문일지도 모른다. 가축화된 동물들과 많은 장애인들에게는 교류와 개입이 필요하다. 자립의 환상 따위는 있을 수 없다. 어떤 차원에서는 이 취약성이 강제력을 정당화하는 소름 끼치는 가능성을 만들어낼 수도 있을 것이다. 하지만 취약성에는 새로운 존재 방식과 지원 및 소통의 방식, 즉 능력과 종의 차이를 관통해 의미를 부여하는 새로운 방식 또한 잠재되어 있다.

가축화된 동물의 멸종 혹은 그들에 대한 지속적인 착취가 모두 부적절하다고 할 때, 우리에게는 어떤 방향이 남아 있을까? 가축화된 동물들의 의존을 장애해방이라는 틀로 바라본다면, 동물 착취 문제를 푸는 새로운 해결책을 모색하고, 가축화된 동물과 우리의 관계에도 제3의 길을 열 수 있을지 모른다. 동물들을 계속 착취하거나 멸종시키는 대신, 우리와 더불어 공진화했고, 우리가 이 세상에 있게 한 이 동물들에 대한 책임감을 깨달을 수 있을 것이다. 가축화된 동물들이 우리 삶과 세계에 기여하는 방식에 〔더 이상〕 도살을 포함하지 않도록 진지하게 고려할 수 있을 것이며, 공동의 의존, 공동의 취약성, 공동의 생존 욕구를 깨달을 수 있을 것이다. 또한 돌봄을 필요로 하는 이들이 자신의 삶과 감정 그리고 자신이 받고 있는 돌봄에 대해 전하고자 하는 바를 들을 수 있을 것이다. 도널드슨과 킴리카가 시사하듯, 우리 모두가 공동의 커뮤니티를 구성하는 일원임을 인식할 수 있을 것이다.

　　좋든 나쁘든, 우리와 깊이 얽혀 있는 이 가축화된 동물들은 이들과 우리의 공진화로 인해 태어났다. 이 동물들은 우리가 자연의 일부임을 상기시켜주지만 또한 우리가 심각한 강제력을 동원하고 이들을 착취했다는 사실을, 즉 의존적이고 취약하다고 생각하는 존재들 위에 거의 항상 군림했음을 상기시켜준다. 우리가 이 동물들에게 저지른 잘못을 바로잡는다는 건 그들의 의존과 상호의존을 존중하는 것은 물론, 그들의 자연스러움을 존중하는 것을 뜻한다. 우리와 함께 이 행성에서 자신의 삶을 살아낼 동등한 권리를 가진 존재로서 갖는 자연스러움 말이다.

18

보조견

동물구호단체 올 퍼 러브All Fur Love가 어느 날 캘리포니아주 베이커스필드의 보호소에서 베일리를 발견했을 때, 베일리는 다음 날 안락사를 당할 처지였다. 구호단체 사람들이 베일리에 대해 물었을 때 보호소의 직원은 베일리를 신경 쓰지 말라고 했다. 그는 "골칫거리"였던 것이다. 그럼에도 구호단체 사람들은 일단 베일리를 데려가기로 했다.

베일리는 확실히 골칫거리였다. 신경질적이고, 고집 세고, 완고하고, 이웃의 공을 자주 훔친다. 그러나 베일리는 또한 충실한 친구다. (우리집에 온) 첫해에 베일리는 보조견service dog이라는 꼬리표를 뽐내고 (때로는) 정말로 그 역할을 맡은 것처럼 굴며 카페, 식당, 대중교통, 식품점 등 어디든 나와 함께 다녔다.

조지아를 떠나 캘리포니아로 가기 한두 해 전 나는 보조견을 신청했다. 내가 보조견을 신청한 기관 같은 곳들은 장애인을 위한 반려견이자 신체 활동 보조견으로 주로 래브라도와 골든 리트리버를 번식시키고 기르고 훈련시킨다. 이는 불가피하게 시간이 소요되는 과정이다. 구조된 개가 보조견이 되는 일은 극히 드물다. 5년 후 신청했던 보조견을 받을 수 있게 되었을 즈음, 나는 보호소의 개를 입양하는 것이 중요하며, 그렇게 해야겠다는 결심을 했다. 동물보호소와 대피소에 있는 전국의 동물들 수천 마리가 매일 안락사를 당할 운명에 처하기 때문이다. 미국인도주의협회에 따르면, 건강하다고 추정되는 전국의 고양이와 개 약 270만 마리가 해마다 살해된다고 한다. 대략 11초에 한 마리가 죽는 꼴이다(통계는 이들의 병이나 장애 유무에 관해 아무것도 알려주지 않는다). 동물 교배는 더 많은 동물들을 세상에 태어나게 하고, 그 동물들이 보호소의 수많은 동물들에게 주어질 수도 있었을 집들을 차지하게 만듦으로써 문제를 가중시킨다. 이런 사안을 염두에 두고 있었던 나는, 훈련받은 개를 거절하고 베일리와 같이 지내게 되었다.

베일리는 크고 게슴츠레한 갈색의 눈, 흔치 않게 두드러진 눈썹, 풍성한 콧수염, 누르스름한 빛깔의 커다란 발을 가졌다. 대체로 검고 두텁게 자란 털(우리가 깎아주지 않으면 털은 바닥까지 자란다)은 눈이 많이 내리는 기후를 위한 것임에 틀림없다. 체중은 22파운드[대략 10킬로그램] 정도 나가는데, 그는 인상적인 털과 라사 압소Lhasa Apso[티베트에서 만들어진 개의 한 품종] 품종 특유의 꼬리 움직임을 지녔다. 하지만 그의 가계도 어딘가에 닥스훈트가 있음을 나는 확신한다. 위너독wiener dog[닥스훈트의 미국식 호칭] 특유의 아주 짧은 다리와 어색하리만큼 긴

상호의존

몸통을 가지고 있기 때문이다. 이런 설명을 통해 베일리가 사람들이 생각하는 전형적인 보조견이 아니라는 것을 분명히 알 수 있을 것이다. 그의 몸 형태는 물건을 집거나 스위치를 켜고 끄는 일처럼 나에게 필요한 신체 활동을 보조해주는 데 전혀 도움이 되지 않는다. 나에겐 사놓고 아직 읽지 않은 보조견 훈련에 관한 책들 몇 권이 있는데, 그런 책들은 항상 다음과 같은 첫 번째 규칙을 제시한다. 당신의 눈을 빤히 쳐다보는, 첫눈에 봐도 이상한 외모를 가진 동물은 입양하지 말라는 것.

　　베일리를 훈련시키는 일이 자연스러웠다고 한다면 거짓말일 것이다. 서로 다른 종끼리의 소통이 개와 인간처럼 사이좋게 지낼 수 있는 존재들 사이에서조차 간단하지 않다는 걸 나는 베일리를 통해 배웠다. 개 훈련사들은 개 훈련이 실제로는 인간 훈련임을 일깨워준 최초의 사람들이다. 훈련의 대부분은 개에게 필요한 것과 개의 욕망을 정확히 해석하면서 당신에게 필요한 것과 당신의 욕구를 개에게 어떻게 표현할지 배우는 것이기 때문이다. 불행히도 이 과정은 자연스럽게 이뤄지지 않았고 베일리에게도 마찬가지였다.

　　베일리가 수년간 알 수 없는 트라우마를 겪었다는 점이 어려움 중 하나였다. 가장 심한 경우 이는 심각한 분리불안으로 나타났다. 대부분의 보호소 개들이 그렇듯, 나는 베일리가 어디서 어떻게 태어났는지 알 수 없다. 하지만 우리에게 오기 전 2년 반 동안 베일리는 분명 많은 일들을 겪은 듯하다. 이것은 베일리가 보호소에 있을 때 우리가 찍은 사진에서 드러난다. 그는 케이지 안 깊은 곳에 몸을 웅크리고 있었다. 형편없이 자라난 베일리의 긴 털이 나뭇잎과 나뭇가지, 여러 쓰레기와 뒤엉켜 있어서 흡사 두려움에 떠는 늪지 괴물처럼 보였다. 바닥에서 열쇠를 집도록 훈련시키는 건 말할 것도 없고, 다시는 버림받지 않을 거라는 믿음을 심어주는 일도 아주 어려웠다.

떨어진 물건을 베일리가 집도록 훈련시키려면 나 자신부터 훈련해야 했지만 내겐 그런 능력이 없었다(그리고 베일리도 몸 구조상 전등 스위치에 닿을 수 없었다). 그러나 그럼에도 베일리는 전혀 기대치 못한 도움을 제공해주었다. 베일리는 나와 외부 세계 사이의 매개자가 되어주었다. 역설적이게도, 베일리와 함께 세상 속을 헤쳐나갈 때 문득 나는 놀라울 정도로 혼자라는 느낌을 받는다. 예전에는 나를 향했던 사람들의 이목, 즉 응시하는 눈과 불편해하는 표정, 어색한 질문 등이 이제는 베일리를 향한다. 그런데 베일리에게 주의가 돌려지자 그 불편함이 애정으로 바뀌었다. 보조 동물이 장애인들을 공적 공간에 접근하지 못하게 하는 그럴싸한 구실로 사용되기도 한다는 점을 고려하면 현실은 분명 이와 반대일 수 있다. 그렇지만 다른 장애인들 역시 이와 비슷한 것을 느꼈다는 말을 내게 해준 적이 있다. 보조 동물들이 제공할 수 있는 가장 큰 도움 중 하나는 일종의 사회적 윤활 작용이다. 동물들은 자신의 인간 반려자와 비장애중심주의적 세계를 매개해준다.

몇 해를 보내며 베일리와 나 역시 적어도 가장 중요한 몇 가지 부분들에 관해서는 서로를 이해하게 되었다. 베일리는 인간의 감정을 읽을 줄 안다. 데이비드나 내가 화나 있거나 걱정하고 있으면 금세 알아차리고는 우리 손을 핥고 우리에게 몸을 기

상호의존

댄다. 우리 또한 베일리의 감정을 읽을 수 있다. 납득하기는 어렵지만 우리보다 더 지배적인 위치를 점하려고 할 때 베일리는 꼬리를 빳빳이 올리고 우뚝 선다. 긴장할 때는 나를 올려다보고, 온몸을 잔뜩 구부리며 휠체어 발판에 올라타려고 한다. 또 가족들끼리 산책을 할 때는 걱정스레 인도를 돌아보며 인간 반려자가 뒤처지지는 않는지 신경을 쓴다.

데이비드와 나는 베일리가 아프다고 이야기하는 것도 알아차린다. 다수의 품종들이 그렇듯, 라사 압소와 닥스훈트 역시 품종 특성상 취약한 건강 문제와 장애를 겪는다. 불독은 심장병, 심장발작, 호흡 곤란에 취약하고, 달마시안은 유전적 난청에 취약하다. 베일리처럼 짧은 다리와 긴 몸통을 가진 개들은 무릎 뼈 문제, 척수 손상, 디스크 등에 취약한데, 실제로 베일리 역시 이런 진단을 받았다.

베일리가 고통스러워하는 모습을 본 적 없는 많은 사람들은 내게 그가 아픈 것을 어떻게 아느냐고 묻는다. 그걸 어떻게 모를 수 있을까? 베일리의 몸은 내가 극심한 통증을 느낄 때와 똑같이 반응한다. 근육 긴장이 발생하고, 가급적 가만히 있으려 하고, 울부짖고, 안절부절못하고, 누군가 자신을 건드리지 않기를 바란다.

몇년 전 베일리는 갑자기 뒷다리를 마음대로 움직일 수 없게 되었다. 밤새 집 주변을 걷고 뛰더니 다리가 마비된 것이다. 그날 저녁 외과의사에게 데려갔을 때 베일리는 뒷다리를 질질 끌고 있었다. 처음에 나는 베일리가 살지 못할까봐 걱정했다. 다행히도 그런 두려움은 사라졌고, 이내 나의 보조견 베일리가 신체적 장애를 갖게 됐다는 사실을 깨달았다.

베일리는 다음 날 응급 수술을 받았다. 정말 운 좋게도 베일리를 구출한 단체가 의료비를 크게 절감할 수 있도록 해주었다. 그런 지원이 없었다면 수술 비용을 결코 대지 못했을 것이다. 마침내 베일리를 집에 데리고 왔을 때 그는 여전히 뒷다리를 쓸 수 없고 창자와 방광이 제대로 기능하지 못하는 상태였다. 베일리가 밖에 나가야 할 때, 데이비드는 베일리를 들어 올리거나, 내 스카프로 슬링처럼 만든 기구를 뒷다리에 착용시켜 걷게 했다. 대부분의 경우 베일리는 이 모든 것에 놀랍도록 차분했으며, 힘겹게 자신이 선호하는 배변 장소로 가거나(슬링을 착용한 탓에 그 모습은 흡사 옛날식 잔디 깎는 기계처럼 보였다) 누구든 가까이 있는 사람에게 다가가 그의 몸을 긁었다. 그러나 우리가 자기를 혼자 두려 하거나 큰 개가 다가올 때는 다시 불안해했는데, 그건 베일리가 자신의 취약성이 더 커졌음을 명백히 자각했기 때문이다.

수술 때문에 베일리가 나와 함께 긴 바깥나들이를 하는 시간은 줄어들었다. 오랫동안 걷는 것이 베일리의 허리 통증을 악화하는 듯했고, 그가 피곤해할 때 들어서 안아줄 만큼 내 팔은 충분히 강하지 않았다. 그러나 가장 중요한 건 베일리가 여전히 우리와 함께 있다는 사실이다. 지금도 충분히 잘 해내고 있지만, 어떻든 앞으로 계속 절뚝거리며 걸을 것이고, 다른 개들보다 항상 느릴 것이며, 달리려고 할 때는 마치 뒤꽁무니만 따로 조종하는 무언가가 있는 것처럼 보일 것이다. 또한 언제든 또 다른 척추 디스크가 발생할 수도 있다. 수술 이후 베일리에게 여러 크고 작은 문제가 생겼는데, 다행히도 약 처방과 간병으로 헤쳐나갈 수 있었다. 나머지 몸에 비해 너무나 긴 베일리의 허리는 대대로 이뤄져온 인간 개입의 결과였다.

이 글을 쓰고 있는 지금은 베일리가 나 그리고 데이비드와 함께 살기 시작한 지 5년이 지난 시점이다. 우리는 여전히 함께 지내고 있다. 베일리는 내 곁에 있는 자신의 잠자리에 누워 있다. 내가 아는 어떤 인간보다 크게 코를 골면서 말이다. 그 잠자리는 책상 아래 있던 담요로 베일리가 직접 만든 것이다. 나와 함께 동네 주변을 돌아다니는 일은 이제 거의 없지만, 이 책을 쓰며 보낸 한없이 긴 시간 동안 베일리는 내게 값을 매길 수 없을 만큼 귀중한 반려 생활을 선사했다. 나는 베일리가 우리의 삶에 와준 것에 크게 감사하지만, 우리 관계의 아이러니함이 내게 시사하는 바는 결코 작지 않다. 처음에 나는 내 삶을 더 편하게 해줄 개를 원했는데, 결국에는 장애견과 함께 있게 된 것이다. 데이비드와 나는 의심의 여지없이 베일리의 보조 인간인 셈이다.

베일리는 여전히 내 보조견이다. 베일리는 나의 감정과 나에게 필요한 것 그리고 내가 어디에 있는지에 주의를 기울여주고, 매일 함께 산책할 때 내가 마주하는 비장애중심주의를 자신의 존재 자체로 매개해준다. 나는 가능한 한 내 자신이 베일리의 보조 인간이라는 사실을 기쁘게 받아들인다. 나는 베일리가 먹는 약에 땅콩버터를 바르고, 베일리가 계단을 오르내리지 않게 하고(내가 아는 한 베일리는 냄새 나는 엘리베이터를 가장 좋아하는 유일한 반려자다), 불안해하거나 아파할 때 도와주려고 노력한다. 하지만 나는 언젠가 다른 디스크가 밀려나와 베일리에게 엄청나게 큰 고통이 생겨나고 내가 베일리를 더 이상 돌볼 수 없는 한계에 이르게 될까 두렵다. 간혹 나는 베일리의 척추 몇 마디를 제거해버릴 수 있으면 좋겠다고 혹은 베일리를 허리를 없애주는 마법 기계에 넣어버릴 수 있으면 좋겠다고 말한다. 그러고 나면 베일리를 치료하고 싶어 하는 나 자신을 문득 깨닫는다.

　　하지만 대부분의 경우, 불구이고 의존적이고 비효율적이고 능력 없는 인간이 비효율적이고 의존적고 불구인 개를 돕고 또 그의 도움을 받는 것에는 무언가 적절하다는 느낌, 아니 사실 무언가 아름답다는 느낌이 있다. 종이 다른, 취약하고 상호의존적인 두 존재가 서로에게 필요한 것을 이해하는 법을 배우는 일 말이다. 서툴고 불완전하게, 우리는 서로를 돌본다.

상호의존

감사의 말

2010년 《짐을 끄는 짐승들》을 쓰기 시작했을 때 어디에서부터 시작해야 하는지, 어떻게 해야 하는지 아무것도 알지 못했습니다. 이제 갓 대학원을 졸업한 시각예술가에게 논픽션을 쓴다는 것은 정말로 베일에 둘러싸인 과정 같았죠. 그래도 제게는 저와 제 프로젝트를 전적으로 믿어주는 친구들과 가족, 조언자들로 구성된 놀라운 커뮤니티가 있었습니다. 이 믿기 힘든 성원이 없었다면 이 책을 쓸 수 없었을 거예요.

　　더 뉴 프레스 출판사의 친절한 지원에 큰 감사를 드립니다. 그리고 이 책을 만드는 데 도움을 준 모든 분들에게 빚을 졌음을 밝혀두고 싶습니다. 특히 사라 팬에게서 안내와 지혜를 받을 수 있어서 큰 행운이었어요. 《짐을 끄는 짐승들》에 대한 그녀의 믿음과 헌신 그리고 제가 이 책에서 도모하려는 바에 대해 그녀가 보여준 깊은 이해는 정말 소중했습니다. 책을 펴내는 최종 단계에서 제드 빅맨은 제게 견실한 충고와 꼭 필요한 지원을 제공해주었습니다. 제가 이 프로젝트를 실현할 수 있도록 도와주신 더 뉴 프레스의 모든 편집자들과 제작 스태프들에게도 깊은 감사를 전합니다.

《짐을 끄는 짐승들》을 쓰던 초창기부터 흔들림 없이 저를 격려해준 에이미 숄더에게도 큰 감사를 전해야 마땅합니다. 에이미의 초기 편집과 제안들은 이후 몇년간 이 책을 쓸 때도 자양분이 되었고, 덕분에 제가 훨씬 나은 작가가 될 수 있었던 것 같습니다. 지넌 패너쉬와 샘 후버에게도 감사를 표합니다.

이 책에 관한 아이디어는 캘리포니아주립대학 버클리 캠퍼스의 예술학과에 다니는 동안 구상한 것들입니다. 당시 제 앞에 나타나준 친구들은 물론 조언자들로 구성된 커뮤니티에 뭐라고 감사 인사를 드려야 할지 모르겠어요. 캐서린 셔우드와 수전 슈바이크에게는 특별한 감사를 표하고 싶습니다. 이 두 사람이 보여준 확고한 지지와 사랑 넘치는 지도는 무엇과도 바꿀 수 없었습니다.

사회문화분석학과의 조언자들과 친구들, 더 넓게는 뉴욕대학 커뮤니티를 만난 것도 정말로 큰 행운이었습니다. 이 학과는 박사과정 학생인 저를 지원해주었을 뿐 아니라 저자이자 운동가, 새내기 엄마인 제게도 여러 지원을 해주었습니다. 이런 보살핌과 진정으로 정치 참여적인 학과 과정 안에서 작업을 마무리할 수 있게 되어 얼마나 고마운지 모르겠습니다. 제게 가르침을 준 뉴욕대학의 모든 분들에게 감사합니다.

《짐을 끄는 짐승들》의 저술 과정을 통틀어 가독성이 좋았거나 그렇지 않았던 많은 부분들을 스스럼없이 검토해준 다음의 사람들에게는 영원히 갚기 힘든 빚을 졌습니다. 진 스튜어트, 마거릿 프라이스, 베타니 스티븐스, 로리 그루엔, 로버트 존스. 이들 모두가 제 글에 사려 깊은 분석과 꼭 필요한 비판을 해주었습니다. 어려움에 굴하지 않고 이 책 전체를 봐준 이들 모두에게 제가 할 수 있는 말이라곤 이것뿐이네요. 너무 고마워요! 그레그 유먼스, 앨리슨 케이퍼 그리고 언니 애스트라와 부모님 마리아와 월 여러분이 보내준 제안과 비판, 격려, 믿음이 이《짐을 끄는 짐승들》의 집필을 가능하게 했습니다. 말로 표현할 수 없는 감사를 드립니다. 캐럴 J. 애덤스와 리베카 솔닛에게도 큰 감사를 드립니다. 두 분은 제 프로젝트가 진행되는 수년간 헤아릴 수 없이 많은 격려를 보내주었고, 초고를 읽고 친절한 응원도 보내주었습니다.

아울러《짐을 끄는 짐승들》에 자신의 생각과 이야기를 인용하는 데 동의해준 모든 사람들에게도 빚을 졌습니다. 마이클 베루베, 수전 슈바이크, 돈 프린스-휴스, 제니 브라운, 해럴드 브래스웰 그리고 대니얼 살로먼에게 진심 어린 감사를 표합니다. 상냥하게 인터뷰에 응해준 피터 싱어에게도 특별한 감사를 전합니다.《짐을 끄는 짐승들》프로젝트 초창기에 10여 명의 친구들과 낯선 이들이 제 질문지에 답해주었고 또 장애에 대한 권리와 동물의 권리를 주제로 이야기하는 자리에 참석해주었는데요. 비록 이들 모두가 이 책의 최종 판본까지 함께하지는 못했지만, 이들 한 사람 한 사람이 이 프로젝트는 물론 제 사고에도 깊은 영향을 주었습니다. 인터뷰를 위해 뉴욕주 북부로 갈 때마다

운전을 맡아준 이브 래리스에게도 감사를 표합니다. 또 이 책에 다양한 이미지를 사용할 수 있도록 끝까지 세심하게 챙겨준 데 니스 월턴, 마이크 어빈, 이선 퍼소프에게 감사하며, 참고문헌 작성에 도움을 준 마리사 헤르난데스에게도 감사를 표합니다.

《짐을 끄는 짐승들》초기 작업에 지원을 해준 '문화와 동 물 기금'에도 감사합니다. 여기서 받은 연구비가 큰 힘이 되었 어요. 또한 지난 수년간 학회와 교실에서 이 책을 발표할 기회를 많이 가질 수 있었던 것에도 고맙게 생각합니다. 질의응답 과정 에서 제가 받은 영향을 이 책 곳곳에서 확인할 수 있을 거예요.

《짐을 끄는 짐승들》일부 챕터의 다른 버전이 여러 매 체에 실린 것을 영광으로 생각합니다. 우선 클레어 진 킴과 칼 라 프레체로에게 감사를 표합니다. 이들 덕분에 2013년《아메 리칸 쿼털리》의 특별호 '종Species/인종Race/성Sex'에 13장을 실 을 수 있었습니다.《에코 페미니즘: 동물 및 지구와의 페미니즘 적 교차Ecofeminism: Feminist Intersections with Other Animals and the Earth》 에 17장의 일부를 게재해준 것에 대해 캐럴 J. 애덤스와 로리 그 루엔에게 감사를 드립니다. 또《비판적 동물 연구Journal of Critical Animal Studies》의 특별호 '에코-어빌리티, 동물과 장애의 교차점 Eco-Ability the Intersection of Earth Animal and Disability'에 3장의 일부를 게 재해준 것에 대해 주디 K. C. 벤틀리, 킴 소차 그리고 J. L. 샤츠에 게 감사를 표합니다. 또한 2011년 발간된 특별호 '에코비평의 교 차로에서At the Intersections of Ecocriticism'에 제 원고를 게재할 수 있 게 해준 것에 대해《퀴 파를레Qui Parle》와 카트리나 도드슨에게도 감사를 표합니다. 거기에 9장과 17장의 일부가 게재되었고, 허락을 받아 이 책에 다시 실었습니다.

　《짐을 끄는 짐승들》이 여기 이렇게 있는 것은 제가 집이라고 부르는 아름다운 불구 공동체를 비롯한, 대단한 가족들 덕분입니다. 이 영예로운 사람들은 이 책의 아이디어를 구상하는 데 뿌리깊은 영향을 주었습니다. 제가 급진적인 불구가 된 것은 주로 베타니 스티븐스와 앨리슨 케이퍼 덕분입니다. 이들이 없었다면 저는 정말이지 최악으로 재미도 없고 재치도 없는 인간이 되었을 겁니다. 제 책 역시 형편없는 책이 되었을 거고요. 리로이 무어는 장애인 작가 그룹을 만들었는데, 이들은 종종 고독감이 밀려드는 저술 작업 도중에, 아주 멀리서도 제게 연대감을 선사해주었습니다. 진 스튜어트는 제 글쓰기가 막힐 때마다 항상 저를 베란다로 불러 와인과 피타 빵 그리고 맹렬한 정의감과 함께 맞아주었습니다. 글쓰기라는 것이 지루하고 변변치 않은 일이라는 것을 알고 있던 마거릿 프라이스는 격려의 말과 함께 팝콘 제조기를 선물해주었고요. 덕분에 글과 씨름하면서도 배고프지 않을 수 있었습니다. 그리고 고인이 된, 너무나 그리운 폴 롱모어는 제게 글쓰기에 관해 이런 조언을 해주었습니다. 매일같이 글을 쓰다보면, 어느 순간 자신이 책을 썼다는 걸 알아차릴 수 있을 거라고요. 제가 신세를 진 사람들 모두를 거명하려면 아마 더 많은 지면이 필요할 겁니다. 미안해요, 그래도 최선을 다했어요. 하지만 저와 함께 춤추고 함께 구속되고 함께 시위를 벌인, 그리고 함께 예술 작업을 하고 함께 공부하고 함께 싸우고 함께 웃은 당신들 모두에게 고맙다는 말을 전합니다. 또한 지난 12년간 많은 가르침을 준 장애 조직과 운동가 그룹에게 큰 빚을

졌음을 밝힙니다. ADAPT, CUIDO⁺, 신스 인발리드Sins Invalid⁺⁺
에 감사하고 특히 장애학회Society for Disability Studies에 감사합니다.

월리스 가족은 제게 많은 사랑과 우정을 보여주었고 제
책이 어떻게 돼가는지 언제나 궁금해하며 도움을 주려고 했습
니다. 줄리아, 로라, 에반, 레이첼 그리고 크리스, 제러미, 프랜
시. 모두 고마워요. 당신들의 모험을 함께하는 일원이 된 것에
정말 감사합니다.

그리고 테일러 일가에게. 나는 이 책이 모피 회사에 장난
전화를 걸고 맥도날드 제품을 먹지 않겠다는 노래를 불렀던 장
난꾸러기 히피들이 자랑스러워할 만한 책이면 좋겠다는 생각을
했어요. 어쩌면 우리 중 누군가는 K. A. R. E.⁺⁺⁺에 서평을 썼을
지도 모르겠네요. 사랑하는 알렉스, 나이, 애스트라. 우리가 달
빛 아래서 동물이나 그 밖의 주제들을 가지고 토론하던 그 많은
날들에 감사해요. 그리고 부모님. 당신들께 한없는 감사를 드립
니다. 이 책은 정말로, 틀림없이, 우리 가족에게서 태어난 거예
요! 좀 특이하다는 점에서도 그렇고, 동물해방에 대한 열정적 메
시지를 담고 있다는 점에서도 그렇지만 무엇보다 제 가슴에서
그리고 정의감에서 나온 프로젝트라는 점에서 그렇습니다. 이
프로젝트가 어디에 근거해야 하는지 당신들이 제게 가르쳐주었

⁺ 'Communities United In Defense of Olmstead'의 약칭으로, 미국 켄터키주 올름스
테드에 기반을 두고 있는 장애인권 활동 조직.
⁺⁺ 장애를 가진 유색인종·퀴어 예술가들이 모여 있는 퍼포먼스 그룹.
⁺⁺⁺ 수나우라 테일러의 언니 애스트라 테일러가 창간한 잡지 《동물의 권리와 환경
을 생각하는 아이들Kids for Animal Rights and the Environment》의 약칭.

어요.

《짐을 끄는 짐승들》에 가장 중요한 기여를 한 둘은 책을 읽지 않았습니다. 저의 개 베일리. 제 삶과 동물에 관한 사유에서 베일리가 얼마나 중요한 존재인지는 이 책 전체에 명백히 드러나 있습니다. 우리에게 너무 많은 것을 주고 우리를 진심으로 사랑해준 베일리에게 감사를 표합니다.

이 책을 최종 편집하는 동안 리어노라 페닉스가 태어났습니다. 아직 글을 읽지는 못하지만 리어노라는 최종 편집에 실질적 기여를 했어요. 수면 부족 때문이었는지, 새내기 엄마의 호르몬 때문이었는지, 아니면 리어노라가 매일 선사해준 기쁨 덕분이었는지 모르겠지만, 제 책의 많은 부분들이 더 명료해졌거든요. 항상 저를 괴롭히던 부분들을 잘라내고, 다른 부분들을 덧붙였습니다. 저를 골치 아프게 했던 미완성 부분들이 그렇지 않게 보이게 됐어요. 저는 그녀가 우리 삶의 일부가 된 것이 너무너무 기쁘고 그녀의 엄마가 된 것에 이루 말할 수 없을 만큼 감사합니다. 그리고 책의 편집을 마무리할 수 있도록 여러 차례 집에 와서 아이를 돌봐준 저의 어머니 마리아와 프랜시에게도 깊이 감사드립니다.

끝으로. 데이비드 월리스 만큼 《짐을 끄는 짐승들》을 철저히, 사려 깊게 그리고 수도 없이 읽은 사람은 없습니다. 이 책을 여러 번 읽은 것으로 따지면 데이비드는 틀림없이 금메달을 받을 자격이 있습니다. 그는 때때로 제게 소리 내어서까지 읽어주었어요. 그렇게 읽어달라고 제가 계속 요청한 건, 그만큼 그가 이 책을 쓰는 데 중요했기 때문입니다. 아이디어를 쏟아내는 그의 진심 어린 열정과 제가 책을 마무리할 수 있을 거라는 그의 확고한 믿음에는 흔들림이 없었습니다. 그 열정과 믿음이 수년에 걸친 이 작업을 지속할 활력과 자신감을 제게 선물해주었습니다. 그의 생각과 마음이 없었다면 이 책은 지금 여기 존재하지 않을 거예요. 고마워요, 데이비드. 이 프로젝트에 당신은 너무 많은 것을 선물해주었어요.

프롤로그

1 United Poultry Concerns, "Chickens", http://www.upc-online.org/chickens/chickensbro.html.
2 United Poultry Concerns, "Chickens".

1부. 몇 가지의 깨달음

1 Fiona Campbell, *Contours of Ableism*, Palgrave Macmillan, 2009, p.17.
2 World Health Organization, "Summary: World Report on Disability", 2011, http://whqlibdoc.who.int/hq/2011/WHO_NMH_VIP_11.01_eng.pdf.
3 United Nations, "Some Facts About Persons with Disabilities", fact sheet, 2006, 2013, http://www.un.org/disabilities/convention/facts.shtml.
4 Fiona Campbell, *Contours of Ableism*, Palgrave Macmillan, 2009, p.22를 보라.
5 Ellen Samuels, *Fantasies of Identification: Disability, Gender, Race*, New York University Press, 2014.
6 Samuels, *Fantasies of Identification*, p.2.
7 Kim Nielsen, *A Disability History of the United States*, Beacon Press, 2012를 보라.
8 "Differently Abled—Disability Language on My Mind", *Cripwheels* (blog),

http://cripwheels.blogspot.com/2011/01/differently-abled-disability-language.html.

9 마이클 베루베가 Claiming Disability: *Knowledge and Identity*(by Simi Linton, New York University Press, 1998)에 쓴 서문, p.viii.

10 Alison Kafer, "Compulsory Bodies: Reflections on Heterosexuality and Able-bodiedness", *Journal of Women's History* 15, no. 3, 2003, p.78.

11 ADAPT에 대해 더 알고자 한다면 다음의 웹사이트를 참조하라. http://www.adapt.org.

12 Centers for Medicare Services, *CMS 2012 Nursing Home Action Plan* (Baltimore, Centers for Medicare Services, 2012), p.ii, http://www.cms.gov/Medicare/Provider-EnrollmentandCertification /CertificationandComplianc/downloads/nursinghomedatacompendium_508.pdf; and North Carolina Department of Health and Human Services, ICF / MR Branch Newsletter, October 2002, http://www.ncdhhs.gov/dhsr/mhlcs/pdf /icfnewsletter/icfmroctnewsltr.pdf.

13 Toshio Meronek, "Disability Advocates, Nursing Home Industry Battle for Health Care Dollars for Aging, Disabled", *Truthout*, April 28, 2013, http://www.truth-out.org/news/item/15985-disability-advocates-nursing-home-industry-battle-for-health-care-dollars-for-aging-disabled.

14 Centers for Disease Control and Prevention, "Nursing Home Care", http://www.cdc.gov/nchs/fastats/nursingh.htm; Centers for Medicare Services, *Nursing Home Compendium 2012 Edition* (Centers for Medicare Services, 2012), p.153, http://www.cms.gov/Medicare /ProviderEnr ollmentandCertification/CertificationandComplianc/downloads/nursinghomedatacompendium_508.pdf.

15 Genworth, "Genworth 2013 Cost of Care Survey", p.5, https://www.genworth.com/dam /Americas/US/PDFs/Consumer/corporate/130568_032213_Cost%20of%20Care_Final_nonsecure.pdf.

16 National Center on Elder Abuse, "Abuse of Residents of Long Term Care Facilities", fact sheet, 2010, http://www.ncea.aoa.gov/Resources/Publication/docs/NCEA_LTCF_ ResearchBrief_2013.pdf.

17 SCAN Foundation, "Fact Sheet: Summary of the California 2011–2012 Enacted Budget: Impact on Older Adults and People with Disabilities", July 2011, http://www.udwa.org/pdf docs/2011/Scan_Foundation_Budget_TSF -FactSheet-21.pdf.

18 Rosemarie Garland-Thomson, "From Wonder to Error—A Genealogy of

Freak Discourse in Modernity", introduction to *Freakery: Cultural Spectacles of the Extraordinary Body*, ed. Rosemarie Garland Thomson , New York University Press, 1996, p.4.

19 Michael Oliver, *The Politics of Disablement: A Sociological Approach*, St. Martin's Press, 1990을 보라.

20 Margaret Price, *Mad at School*, University of Michigan Press, 2014, p.134.

21 Mia Mingus, "Changing the Framework: Disability Justice: How Our Communities Can Move Beyond Access to Wholeness", *Resist*, December 2010, http://www.resistinc.org/newsletters/articles/changing-framework-disability-justice(이 웹 주소는 더 이상 유효하지 않다. 대신 다음 주소에서 열람이 가능하다. https://leavingevidence.wordpress.com/2011/02/12/changing-the-framework-disability-justice).

22 World Health Organization, "Disabilities and Rehabilitation", http://www.who.int/disabilities/media/events/idpdinfo031209/en

23 United Nations Enable, "Convention of the Rights of Persons with Disabilities", http://www.un.org/disabilities/convention/facts.shtml.

24 Shaun Heasley, "More Than 1 in 4 With Disabilities Living in Poverty", *Disability Scoop*, September 14, 2011, http://www.disabilityscoop.com/2011/09 /14/more-1-in-4-poverty/13952.

25 World Bank, "Poverty and Disability", http://web.worldbank.org/WBSITE/EXTERNAL/TOPICS/EXTSOCIALPROTECTION /EXTDISABILITY/0,,contentMDK:20193783~menuPK:419389~pagePK:148956~piPK:216618~theSitePK:282699,00.html.

26 United Nations Enable, "Disability and Employment Fact Sheet 1: Employment of Persons with Disabilities: Fact Sheet 1", http://www.un.org / disabilities/default.asp?id=255.

27 U.S. Department of Labor, Bureau of Labor Statistics, "Persons with a Disability: Labor Force Characteristics—2009", U.S. Department of Labor, August 25, 2010, http://www.bls.gov/news.release/archives/disabl_08252010.pdf.

28 Tom Harkin, "Disability Employment: Are We at the Tipping Point?", *Huffington Post*, July 16, 2012, http://www.huffingtonpost.com/sen-tom-harkin/disability-employment-are_b_1677380.html.

29 Marta Russell and Jean Stewart, "Disablement, Prison, and Historical Segregation", *Monthly Review* 53, no. 3 (2009), http://monthlyreview.org/2001/07/01/disablement-prison-and-historical-segregation.

30 Mark Sherry, *Disability Hate Crimes: Does Anyone Really Hate Disabled People?*,

Ashgate Publishing Limited, 2010, p.15.

31 Paul K. Longmore and Lauri Umansky, introduction to *The New Disability History: American Perspectives*, New York University Press, 2001, p.7.

32 Douglas C. Baynton, "Disability and the Justification of Inequality in American History", in Longmore and Umansky, *New Disability History*, p.52.

33 Deborah Stone, *The Disabled State: Health, Society Policy*, Temple University Press, 1984. 또한 Ravi Malhotra and Marta Russell, "Capitalism and Disability", *Socialist Registrare* 38, 2002, pp.211–228; 그리고 Nirmala Erevelles, *Disability and Difference in Global Contexts: Enabling a Transformative Body Politic*, Palgrave Macmillan, 2011.

34 Susan M. Schweik, *The Ugly Laws: Disability in Public*, New York University Press, 2009를 보라.

35 Samuels, *Fantasies of Identification*를 보라.

36 Erevelles, *Disability and Difference in Global Contexts*, pp.68–71.

37 Samuels, *Fantasies of Identification*, p.178

38 Steven A. Gelb "Darwin's Use of Intellectual Disability in *The Descent of Man*", *Disability Studies Quarterly* 28, no. 2, December 5, 2008, http://dsq-sds.org/article/view/96.

39 Londa L. Schiebinger, *Nature's Body: Gender in the Making of Modern Science*, Rutgers University Press, 1993를 보라.

40 Michelle Jarman, "Coming Up from Underground: Uneasy Dialogues at the Intersections of Race, Mental Illness, and Disability Studies", in *Blackness and Disability: Critical Examinations and Cultural Interventions*, ed. Christopher M. Bell, Michigan State University Press, 2011, p.10.

41 Mingus, "Changing the Framework".

42 Scott McBurney, "Congenital Limb Deformity in a Red Fox", Canadian Cooperative Wildlife Health Centre 6, no. 1, 1999, pp.9–10.

43 "My Bionic Pet: Nature (VIDEO)", *Nature*, April 9, 2014, http://www.pbs.org/wnet/nature/my-bionic-pet-my-bionic-pet/8696.

44 Frans De Waal, *Good Natured: On the Origins of Right and Wrong in Humans and Other Animals*, Harvard University Press, 1996, p.44.

45 "Chris P. Bacon, Disabled Pig, Charms with Tiny Wheelchair After Escaping Death (VIDEO)", *Huffington Post*, February 5, 2013, http://www.huffingtonpost.com/2013/02/05/chris-p-bacon-disabled-pig-wheelchair_n_2626078.html.

46 "Mozu the Snow Monkey: Nature", directed by Nigel Cole, E1 Entertainment, 1989, DVD.

47 Jeffrey Moussaieff Masson, *The Pig Who Sang to the Moon: The Emotional World of Farm Animals*, Ballantine Books, 2003, p.82.

48 Marc Bekoff, *The Emotional Lives of Animals: A Leading Scientist Explores Animal Joy, Sorrow, and Empathy and Why They Matter*, New World Library, 2008, p.3〔마크 베코프, 《동물의 감정: 동물의 마음과 생각 엿보기》, 김미옥 옮김, 시그마북스, 2008, 28쪽, 번역 일부 수정〕.

49 "Cute Alert: Goose Looks After Blind Dog", *Metro*, April 21, 2011, http://metro.co.uk/2011/04/21/buttons-the-goose-looks-after-baks-the-blind-dog-652701.

50 De Waal, *Good Natured*, p.48.

51 Ibid.

52 Ibid., p.52.

53 Ibid., p.48.

54 Ibid.

55 PETA, "Factory Farming: Cruelty to Animals", http://www.peta.org/issues/animals-used-for-food/factory-farming.aspx.

56 United Poultry Concerns, "Debeaking", fact sheet, http://www.upc-online.org/merchandise/debeak_factsheet.html.

57 Masson, *Pig Who Sang to the Moon*, p.67.

58 Karen Davis, "The Battery Hen: Her Life Is Not for the Birds", United Poultry Concerns, http://www.upc-online.org/batthen.html.

59 Masson, *Pig Who Sang to the Moon*, pp.67–68. "이런 상황을 폭로한 브리스톨대학 수의학과 교수 존 웹스터John Webster 같은 과학자들은 사변적이라는, 더 나쁘게는 동물들을 의인화한다는 비난을 받아왔다." 하지만 최근 연구들은 이 과학자들의 발견을 지지한다. 일반 사료와 항염증제 및 진통제가 포함된 사료 중 선택할 수 있는 경우, "다리를 저는" 암탉은 강화된 사료를 고른다. 이것은 연구자들이 다음과 같은 사실을 확신하도록 했다. "다리를 저는 육계broiler chicken들은 통증을 느끼며, 이 통증이 유발하는 고통에서 벗어나고자 한다." C. A. Weeks, et al. "The Behaviour of Broiler Chickens and Its Modification by Lameness", *Applied Animal Behaviour Science* 67, 2000, pp.111–125.

60 Humane Society of the United States, *An HSUS Report: The Welfare of Cows in the Dairy Industry* (Humane Society of the United States, 2009), http://www.humanesociety.org/assets/pdfs/farm/hsus-the-welfare-of-cows-in-the-dairy-industry.pdf.

61 Vegetarian Society, "Cattle: Fact Sheet", https://www.vegsoc.org /sslpage.aspx?pid=561.

62 Armelle Casau, "When Pigs Stress Out", *New York Times*, October 7, 2003, http://www.nytimes.com/2003/10/07/science/when-pigs-stress-out.html.

63 Gail Eisnitz, *Slaughterhouse: The Shocking Story of Greed, Neglect, and Inhumane Treatment Inside the U.S. Meat Industry*, Prometheus Books, 2006, p.82(게일 A. 아이스니츠, 《도살장》, 박산호 옮김, 시공사, 2008, 86쪽, 번역 일부 수정).

64 Eisnitz, Slaughterhouse, p.100(《도살장》, 105쪽, 번역 일부 수정).

65 Laura Entis, "Will the Worst Bird Flu Outbreak in US History Finally Make Us Reconsider Factory Farming Chicken?", July 14, 2015, http://www.theguardian.com/vital-signs/2015/jul/14/bird-flu-devastation-highlights-unsustainability-of-commercial-chicken-farming.

66 Robert Uhlig, "10 Million Animals Were Slaughtered in Foot and Mouth Cull", *The Telegraph*, January 23, 2002, http://www.telegraph.co.uk/news/uknews/1382356/10-million-animals-were-slaughtered-in-foot-and-mouth-cull.html.

67 Matthew Scully, *Dominion: The Power of Man, the Suffering of Animals, and the Call to Mercy*, St. Martin's Press, 2003, pp.ix-x.

68 Entis, "Worst Bird Flu Outbreak".

69 Jim Wappes, "Report Finds $1.2 Billion in Iowa Avian Flu Damage", *Center for Infectious Disease Research and Policy*, August 18, 2015, http://www.cidrap.umn.edu/news-perspective/2015/08/report-finds-12-billion-iowa-avian-flu-damage.

70 Swift & Company, *Easy Does It*, reprinted by Ethan Persoff, "Comics with Problems #24—D-Doh-D-Don't Bruise That Pig!", http://www.ep.tc/problems/24.

71 Ibid.

72 Humane Society of the United States, "Rampant Animal Cruelty at California Slaughter Plant", January 30, 2008, http://www.humanesociety.org/news/news/2008/01/undercover_investigation_013008.html.

73 Humane Society of the United States, "Rampant Animal Cruelty at California Slaughter Plant", January 30, 2008, http://www.humanesociety.org/news/news/2008/01/undercover_investigation_013008.html.

74 Vegan Outreach, "How Does Drinking Milk Hurt Cows?", http://www.veganoutreach.org/dairy.

75 "Downer Cow Ban Initially Rejected by USDA Finally Passed", *Examiner.com*, March 15, 2009, http://www.examiner.com/article/downer-cow-ban-intially-rejected-by-usda-finally-passed.

76 Animal Welfare Institute, "Legal Protections for Nonambulatory (or 'Downed') Animals", http://awionline.org/sites/default/files/ uploads/documents/fa-lawsrelatedtononambulatoryanima ls-020612.pdf〔이 주소는 더 이상 유효하지 않다. 다음 주소를 참조하라. https://awionline.org/sites/default/files/uploads/documents/fa-legalprotectionsfordownedanimals-12262013.pdf〕.

77 Animal Welfare Institute, "Legal Protections for Nonambulatory(or 'Downed') Animals".

78 Anna Bassett, "Technical Advice Fact Sheet No. 1: Welfare and Belgian Blue Cattle", Animal Welfare Approved, 2009, http://www. animalwelfareapproved.org/wp-content/uploads/2009/08/TAFS-1-Welfare-and-Belgian-Blue-Cattle-9-22-09.pdf〔해당 웹 주소는 유효하지 않지만 거의 유사한 내용의 글을 아래 주소에서 읽을 수 있다. https:// animalwelfareapproved.us/wp-content/uploads/2013/07/TAFS-1-Welfare-and-Belgian-Blue-Cattle-v1.pdf〕.

79 Kim Severson, "An Unlikely Way to Save a Species: Serve it for Dinner", *New York Times*, April 30, 2008, http://www.nytimes.com/2008/04/30/ dining/30come.html.

80 Humane Society of the United States, "Warning: Anti-Fur Brochure", 2000, https://web.archive.org/web/20081203133831/http://files.hsus.org/web-files/PDF/AntiFurWarningBro_2000.pdf

81 PETA, "Ailing Elephants Forced to Perform", September 22, 2010, http:// www.peta.org/b/thepetafiles/archive/2010/09/22/ailing-elephants-forced-to-perform.aspx〔2015년 3월 링링 브라더스 앤드 바넘 & 베일리 서커스Ringling Bros. And Barnum & Bailey는 동물복지법Animal Welfare Act을 언급하면서 2018년까지 코끼리 공연을 없애겠다고 돌연 발표했다. 이 발표는 미국 농무부가 동물복지법 위반 혐의로 펠드 엔터테인먼트Feld Entertainment(링링 브라더스의 모회사)를 고소한 후 곧바로 행해졌다. 2011년에 27만 달러로 합의(회사가 아무런 잘못을 인정하지 않아도 되는 조건)하기로 결정됐는데, 이는 동물복지법 40년 역사상 가장 큰 규모의 합의였다. 《마더 존스Mother Jones》(미국의 독립 저널리즘 기관)가 1년 동안 지속적으로 조사한 바에 따르면, 링링 브라더스와 공연한 코끼리들은 "불훅bull-hook으로 매질을 당하고, 배설물이 가득한 열차 칸에 가둬졌으며, 삶의 대부분을 한 곳에 사슬로 묶인 채 보냈다". 동물 옹호가들이 끈질기게 노력한 결과 현재는 여러 도시들이 이제 불훅의 사용을 금지할 정도로 여론이 바뀌었다. 하지만 호랑이, 사자, 곰 그리고 기타 동물을 사용한 공연을 없애려는 징후는 아직 없다(링링 브라더스 앤드 바넘 & 베일리 서커스는 코끼리 공연을 없앤 후 관객 감소로 2017년 5월

21일 마지막 공연 후 해산했다). James Gerkin, "Ringling Bros. Circus To Phase Out Elephant Acts", *The Huffington Post*, March 5, 2015, http://www.huffingtonpost.com/2015/03/05/ringling-bros-elephants_n_6807340.html, and Deborah Nelson, "The Cruelest Show on Earth", *Mother Jones*, November / December 2011 issue, http://www.motherjones.com/environment/2011/10/ringling-bros-elephant-abuse를 보라.

82 Dawn Prince-Hughes, *Songs of the Gorilla Nation*, Three Rivers Press, 2005, p.37

83 Laura Smith, "Zoos Drive Animals Crazy", *Slate*, June 2014, http://www.slate.com/blogs/wild_things/2014/06/20/animal_madness_zoochosis_stereotypic_behavior_and_problems_with_zoos.html.

84 Laurel Braitman. *Animal Madness: How Anxious Dogs, Compulsive Parrots, and Elephants in Recovery Help Us Understand Ourselves*, Simon and Schuster, 2014, p.199.

85 Smith, "Zoos Drive Animals Crazy".

86 Jenny Brown, 저자와의 이메일 연락, December 1, 2012.

87 Fernanda Santos, "A Rescued Goat Gets a Chance for a Normal Life", *New York Times*, May 1, 2008, http://www.nytimes.com/2008/05/01/nyregion/01goat.html.

2부. 동물윤리를 불구화하기

1 Roger Fouts, *Next of Kin: What Chimpanzees Have Taught Me About Who We Are*, William Morrow and Company, 1997, p.145〔로저 파우츠·스티븐 투켈 밀스, 《침팬지와의 대화》, 허진 옮김, 열린책들, 2017〕.

2 Fouts, *Next of Kin*, p.133.

3 Ibid.

4 Ibid., pp.134–135, p.142.

5 Ibid., p.355.

6 Ibid., p.133, p.134.

7 Ibid., p.248.

8 Ibid., p.283, p.284.

9 *Project Nim Chimpsky*, directed by. James Marsh, Roadside Attractions, 2011, DVD.

10 Fouts, *Next of Kin*, pp.285–286.

11 Ibid., p.284.

12 Ibid., p.354.

13 Margret A. Winzer, *The History of Special Education: From Isolation to Integration*, Gallaudet University Press, 1993, p.18.

14 Gallaudet University, "The Abbe Charles Michel de l'Epee", http://giving. gallaudet.edu/HOF/pastinductees/the-abbe-charles-michel-de-lepee.

15 Douglas C. Baynton, "'Savages and Deaf-Mutes': Evolutionary Theory and the Campaign Against Sign Language in the Nineteenth Century", *Deaf History Unveiled: Interpretations from the New Scholarship*, ed. John Vickrey Van Cleve, Gallaudet University Press, 1993.

16 Baynton, "'Savages and Deaf-Mutes'", p.93.

17 *American Annals of the Deaf*, ed. Edward Allen Fay, Conference of Superintendents and Principals of American Schools for the Deaf, 1910, p.179; Carol Padden, *Deaf in America: Voices from a Culture*, Harvard University Press, p.52.

18 Baynton, "'Savages and Deaf-Mutes'", p.52.

19 Ibid., p.53. 그리고 구어주의 교육자는 1897년 이런 결론을 내렸다. "이 손짓들signs은 개가 감정을 나타내기 위해 꼬리를 다르게 흔들거나 귀를 달리 움직이는 것을 언어라고 할 수 없는 것처럼 이 역시 언어라고 부를 수 없다."

20 Diane L. Beers, *For the Prevention of Cruelty: The History and Legacy of Animal Rights Activism*, Ohio University Press, 2006, p.29.

21 Henry Childs Merwin, *Dogs and Men*, Houghton Mifflin, 1910, p.42.

22 Baynton, "'Savages and Deaf-Mutes'".

23 Margalit Fox, *Talking Hands: What Sign Language Reveals About the Mind*, Simon & Schuster, 2007, p.36.

24 Nicholas Mirzoeff, "The Silent Mind: Learning from Deafness", *History Today*, July 1992, p.24.

25 Hess, Elizabeth, *Nim Chimpsky: The Chimp Who Would Be Human*, Bantam Books, 2008, p.18.

26 *The Cove*, directed by Louie Psihoyos, Lions Gate Entertainment, 2009, DVD.

27 George Johnson, "Chimp Talk Debate: Is It Really Language?", *New York Times*, June 6, 1995, http://www.nytimes.com/1995/06/06/science/chimp-talk-debate-is-it-really-language.html.

28 Mel Y. Chen, *Animacies: Biopolitics, Racial Mattering, and Queer Affect*, Duke University Press, 2012, p.91.

29 Chen, *Animacies*, p.91.

30 Daniel Salomon, "From Marginal Cases Linked Oppressions: Reframing the

Conflict Between the Autistic Pride and Animal Rights Movements", *Journal for Critical Animal Studies* 8, no. 1, 2010, p.48.

31 Harold Braswell, 저자와의 논의에서, May 5, 2011.

32 Marc Bekoff, *The Animal Manifesto: Six Reasons for Expanding Our Compassion Footprint*, New World Library, 2010, p.27(마크 베코프, 《동물 권리 선언: 우리가 동물의 소리에 귀 기울여야 하는 여섯 가지 이유》, 윤성호 옮김, 미래의창, 2011, 47쪽, 번역 일부 수정).

33 PETA, "Got Autism? Learn About the Link Between Dairy Products and the Disorder", http://www.peta.org/features/got-autism-learn-link-dairy-products-disease.

34 Rory Freedman and Kim Barnouin, *Skinny Bitch*, Running Press, 2005(로리 프리드먼·킴 바누인, 《스키니 비치: 앞서가는 그녀들의 발칙한 라이프스타일!》, 최수희 옮김, 밀리언하우스, 2008).

35 Breeze Harper, "Situating Racialization, Racisms, and Anti-Racisms: Critical Race Feminist and Socio-spatial Spatial Epistemological Analysis of Vegan Consciousness in the USA", PhD diss. in progress, University of California, Davis, p.23.

36 Ella Wheeler Wilcox, "The Voice of the Voiceless", quoted in *For the Prevention of Cruelty: The History and Legacy of Animal Rights Activism* by Diane L. Beers, Ohio University Press, 2006, p.59.

37 The 2004 Sydney Peace Prize lecture delivered by Arundhati Roy at the Seymour Theatre Centre, University of Sydney, November 4, 2004.

38 Stephen Drake, "Connecting Disability Rights and Animal Rights: A Really Bad Idea", Not Dead Yet, October 11, 2010, http://www.notdeadyet.org/2010/10/connecting-disability-rights-and-animal.html.

39 Michael Pollan, *The Omnivore's Dilemma: A Natural History of Four Meals*, Penguin Group, 2009, p.315(마이클 폴란, 《잡식동물의 딜레마》, 조윤정 옮김, 다른세상, 2008).

40 Alexandra Topping, "Yvonne the Cow Is Caught After Three Months on the Run", *The Guardian*, September 2, 2011, http://www.theguardian.com/world/2011/sep/02/yvonne-cow-caught-three-months.

41 Jeffrey St. Clair, "Let Us Now Praise Infamous Animals", foreword to *Fear of the Animal Planet: the Hidden History of Animal Resistance* by Jason Hribal, AK Press, 2010, p.16.

42 Mel Y. Chen, *Animacies: Biopolitics, Racial Mattering, and Queer Affect*, pp.115–121.

43 Eugene Linden, "Can Animals Think?", *Time Magazine*, August 29, 1999,

http://content.time.com/time/magazine/article/0,9171,30198,00.html.

44 Hribal, *Fear of the Animal Planet*, 116.

45 Ibid., p.93.

46 Ibid., p.25.

47 St. Clair, "Let Us Now Praise Infamous Animals", p.16.

48 "I Am Scared and Don't Want to Die", YouTube, uploaded May 29, 2009, https://www.youtube.com/watch?v=LUkHkyy4uqw.

49 Daniel Salomon, "From Marginal Cases Linked Oppressions: Reframing the Conflict Between the Autistic Pride and Animal Rights Movements", p.2.

50 Lori Gruen, *Ethics and Animals an Introduction*, Cambridge University Press, 2011, p.57를 보라.

51 Peter Singer, *Animal Liberation: A New Ethics for Our Treatment of Animals*, 2nd ed., Review of Books, 2009, p.237〔피터 싱어, 《동물 해방》, 김성한 옮김, 연암서가, 2012〕.

52 Salomon, "From Marginal Cases Linked Oppressions", p.52.

53 Licia Carlson and Eva Feder Kittay, *Cognitive Disability and Its Challenge to Moral Philosophy*, John Wiley & Sons, 2010, p.318.

54 Pollan, *Omnivore's Dilemma*, p.312〔《잡식동물의 딜레마》, 394쪽〕.

55 Cathryn Bailey, "On the Backs of Animals: The Valorization of Reason in Contemporary Animal Ethics", *The Feminist Care Tradition in Animal Ethics: A Reader*, ed. Josephine Donovan and Carol J. Adams, Columbia University Press, 2007, p.346.

56 Margaret Price, *Mad at School: Rhetorics of Mental Disability and Academic Life*, University of Michigan Press, 2011, p.9.

57 Price, *Mad at School*, p.26.

58 Bailey, "On the Backs of Animals", p.345.

59 Peter Singer, *Rethinking Life and Death: The Collapse of Our Traditional Values*, St. Martin's Griffin, 1994, p.213〔피터 싱어, 《삶과 죽음》, 장동익 옮김, 철학과현실사, 2003, 266쪽, 번역 일부 수정〕.

60 Michael Bérubé, "Equality, Freedom, and / or Justice for All: A Response to Martha Nussbaum", *Cognitive Disability and Its Challenge to Moral Philosophy*, ed. Eva Feder Kittay, John Wiley & Sons, 2010, p.106.

61 Rachel Adams, "Didn't You Get Tested?", *Salon*, April 28, 2013, http://www.salon.com /2013/04/28/all_the_ways_you_judge_my_son.

62 G.L. Krahn, L. Hammond, and A. Turner, "A Cascade of Disparities: Health and Health Care Access for People with Intellectual Disabilities", *Mental Retardation and Developmental Disabilities Research Reviews* 12, no. 1, 2006,

pp.70–82, http://www.ncbi .nlm.nih.gov/pubmed/16435327.

63 Susan Donaldson James, "Mom Says Mentally Impaired Tot Heartlessly Denied Transplant", *ABC News*, January 17, 2012, http://gma.yahoo.com/mom-says-tot-mental-delays-heartlessly-denied-transplant-160808540--abc -news .html.

64 Charles Camosy, "Amelia Rivera and Medical Morality", *Washington Post*, January 18, 2012, http://www.washingtonpost.com/blogs/guest-voices/post/amelia-rivera-and-medical-morality/2012/01/18/gIQA1ZxE8P_blog.html.

65 Jenna Glatzer, "A Genetic Death Sentence", *Salon*, December 8, 2000, http://www.salon.com /2000/12/08/heart_transplant.

66 Hugh Raffles, "Jews, Lice, and History", *Public Culture* 19, no. 3, October 1, 2007, p.525.

67 Ellie Turner, "Steakin' Claim for Freedom", *NT News*, September 4, 2011, http://www.ntnews.com.au/article/2011/09/04/257941_ntnews.html.

68 Louis Leakey, telegram to Jane Goodall, 1960.

69 Ker Than, "First Pictures: Wild Fish Uses Tools", *National Geographic*, July, 2011, http://news.nationalgeographic.com/news/2011/07/pictures/110713-tool-using-fish-science-tuskfish-australia-use-tools.

70 David Derbyshire, "Magpies Grieve for Their Dead", *Daily Mail*, October 25, 2009, http://www.dailymail.co.uk/sciencetech/article-1221754/Magpies-grieve-dead-turn-funerals.html.

71 "Prairie Dogs' Language Decoded by Scientists", *CBC News*, June 21, 2013, http://www.cbc.ca/news/technology/story/2013/06/21/science-prairie-dog-language-decoded.html(해당 주소는 더 이상 유효하지 않으며, 다음의 사이트에서 글을 읽을 수 있다. http://www.cbc.ca/news/technology/prairie-dogs-language-decoded-by-scientists-1.1322230).

72 Bijal P. Trivedi, "Sheep Are Highly Adept at Recognizing Faces, Study Shows", *National Geographic*, November 7, 2001, http://news.nationalgeographic.com/news/2001/11/1107_TVsheep.html.

73 F. Range et al., "Visual Categorization of Natural Stimuli by Domestic Dogs", *Animal Cognition* 11, no. 2, 2008.

74 Marc Bekoff and Jessica Pierce, *Wild Justice: the Moral Lives of Animals*, University of Chicago Press, 2009.

75 Bekoff and Pierce, *Wild Justice*, p.x.

76 Barry Sanders, *Sudden Glory: Laughter as Subversive History*, Beacon Press, 1995, p.3; Mary Bates, "Tickling Rats for Science," *Wired*, September 9, 2013, http://www.wired.com/wiredscience/2013/09/tickling-rats-for-science.

77 Peter Singer and Jim Mason, *The Ethics of What We Eat: Why Our Food Choices Matter*, Text Publishing Company, 2006, p.131.

78 Michael Hopkin, "Fish 'Personalities' Shaped by Life Experience", *Nature*, November 22, 2006, http://www.nature.com/news/2006/061120/full/news061120-5.html.

79 Fishcount, Humane Slaughter, http://fishcount.org.uk/fish-welfare-in-commercial-fishing/humane-slaughter.

80 Safran Foer, *Eating Animals*, Little Brown, 2009, p.193〔조너선 사프란 포어, 《동물을 먹는다는 것에 대하여》, 송은주 옮김, 민음사, 2011, 246쪽, 번역 일부 수정〕.

81 Radhika Sanghani, "Chickens 'Cleverer Than Toddlers'", *Telegraph*, June 19, 2013, http://www.telegraph.co.uk/science/science-news/10129124/Chickens-cleverer-than-toddlers.html; "The Hidden Lives of Chickens", PETA, http://www.peta.org/issues/animals-used-for-food/hidden-lives-of-chickens.aspx.

82 PETA, "Hidden Lives of Chickens".

83 Fiona Macrae, "Can Chickens REALLY Be Cleverer Than a Toddler?", *Daily Mail Online*, June 18, 2013, http://www.dailymail.co.uk/sciencetech/article-2344198/Chickens-smarter-human-toddlers-Studies-suggest-animals-master-numeracy-basic-engineering.html.

84 Maggie Koerth-Baker, "Kids (and Animals) Who Fail Classic Mirror Tests May Still Have a Sense of Self", *Scientific American*, November 29, 2010, http://www.scientificamerican.com/article.cfm?id=kids-and-animals-who-fail-classic-mirror.

85 Koerth-Baker, "Kids and Animals".

86 Michael Bérubé, in discussion with the author, September 1, 2011.

87 Lori Gruen, "Entangled Empathy: An Alternate Approach to Animal Ethics", *The Politics of Species*, ed. Raymond Corbey, Cambridge University Press, 2013, p.224.

88 Christopher Cox, "Consider the Oyster: Why Even Strict Vegans Should Feel Comfortable Eating Oysters by the Boatload", *Slate*, April 7, 2010, http://www.slate.com/articles/life/food/2010/04/consider_the_oyster.html.

89 Marc Bekoff, "Vegans Shouldn't Eat Oysters, and If You Do You're Not Vegan, So...", *Huffington Post*, 2010, http://www.huffingtonpost.com/marc-bekoff/vegans-shouldnt-eat-oyste_b_605786.html.

90 Michael Pollan, "The Intelligent Plant: Scientists Debate a New Way of Understanding Flora", *New Yorker*, December 23, 2013, http://www.

newyorker.com/magazine/2013/12/23/the-intelligent-plant. 언젠가 우리가 식물 또한 고통을 느끼고 자기 삶을 경험하기 때문에 식물을 사용하고 먹는 것이 도덕적으로 문제가 된다는 것을 알게 될 시점에 이른다고 하더라도 이것이 동물을 죽이고 먹는 것을 지지하는 근거가 되지는 못한다. 절대 다수의 인간은 동물성 제품 없이도 잘 살아가고 건강한 삶을 살 수 있지만, 우리 중 어느 누구도 식물을 먹지 않고는 살아남을 수 없다. 설령 우리 목표가 식물을 덜 해치는 것이라 하더라도, 농장 동물들을 먹는 것은 해결책이 아니다. 왜냐하면 이 동물들은 고기로 변형되기 위해 막대한 양의 식물을 매일 먹어야 하기 때문이다. 식물은 동물의 살과 배설물/분비물보다 훨씬 더 많은 사람들을 먹여 살릴 수 있다.

91 Franz Kafka, "A Report to an Academy", Kafka Project, http://www.kafka. org/index.php?aid=161(프란츠 카프카, 《변신: 단편전집》, 이주동 옮김. 솔출판사, 1997, 266~267쪽, 번역 일부 수정).

92 Ibid.

93 Harriet Ritvo, "On the Animal Turn", *Daedalus* 136, Fall 2007, p.119.

94 Edward Tyson, *Orang-Outang, sive Homo-Sylvestris; or, The Anatomy of a Pygmie, Compared with That of a Monkey, an Ape, and a Man*, n.p., 1699, fig 1.

95 Londa L. Schiebinger, *Nature's Body: Gender in the Making of Modern Science*, Rutgers University Press, 1993, p.5.

96 Schiebinger, *Nature's Body*, p.84.

97 Susan Crane, *Animal Encounters: Contacts and Concepts in Medieval Britain*, University of Pennsylvania Press, 2012, p.49.

98 Edward Long, *History of Jamaica, volume II: Reflections on Its Situation, Settlements, Inhabitants, Climate, Products, Commerce, Laws and Government*, McGill-Queen's University Press, 2003, p.278, 279.

99 Jennifer Morgan, *Laboring Women: Reproduction and Gender in New World Slavery*, University of Pennsylvania Press, 2011, p.168.

100 Steven A Gelb, "Darwin's Use of Intellectual Disability in The Descent of Man", *Disability Studies Quarterly* 28, no. 2, December 5, 2008, http://dsq-sds.org/article/view/96.

101 Matt Cartmill and David Pilbeam. "One Hundred Years of Paleoanthropology".*American Scientist* 74, 1986, pp.410–420를 보라.

102 Jacques Derrida and David Wills. "The Animal That Therefore I Am (More to Follow)", *Critical Inquiry* 28, no. 2, 2002, p.392(자크 데리다, 〈동물, 그러니까 나인 동물(계속)〉, 최성희·문성원 옮김, 《문화과학》 76호, 2013, 324쪽. 데리다의 해당 글의 원제는 "L'animal que donc je suis(à suivre)"이다. 이 글은 1997년의 학술 강연을 위해 마련된 긴 원고의 서론 격인 원고였다.

데리다가 이 학술 강연을 위해 준비한 전체 원고의 제목은 "자전적 동물L'animal autobiographique"이었는데 1999년 동일한 제목으로 출간되었다(*L'animal autobiographique*, ed. Marie-Lousie Mallet, Galilée, 1999). 학술 강연에는 서론 격인 원고만 출간되었기에 괄호 안에 "à suivre"라는 말을 덧붙여 나중에 전체 원고가 출간될 것임을 시사한 듯하다. 원제의 "donc je suis"는 "suis"를 "être" 동사(영어의 "be")의 변형으로 보면 '그러므로 나이다(나는 존재한다)'라고 옮겨지지만, "suis'를 "suivre"(영어의 "follow") 동사의 변형으로 보면 '그러므로 내가 따른다(좇는다)'는 뜻이 된다. 제목에 괄호로 이어 붙인 "à suivre"가 이 후자의 의미를 환기한다. 실제로 데리다는 이 글에서 두 가지 의미를 모두 의식하고 단어를 사용했음을 밝혔다).

103 Schiebinger, *Nature's Body*, p.45.

104 Chen, *Animacies*, p.4.

105 Schienbinger, *Nature's Body*, p.81.

106 Schiebinger, *Nature's Body*, p.78.

107 이를테면 Jennifer Morgan, "'Some Could Suckle over Their Shoulder': Male Travelers, Female Bodies, and the Gendering of Racial Ideology, 1500–1770", *William and Mary Quarterly*: 54, no. 1, January 1997, pp.167–192를 보라.

108 Schiebinger, *Nature's Body*, p.55.

109 Meg Mcsherry Breslin, "Anna Stonum, 40, Activist for Disabled", *Chicago Tribune*, February, 1999, http://articles.chicagotribune.com/1999-02-13/news/9902130089_1_disability-rights-accessible-public-transit-accessible-public-transportation.

110 Liat Ben-Moshe, and Justin J. W. Powell, "Sign of Our Times? Revis(it)ing the International Symbol of Access", *Disability & Society* 22, no. 5, August 2007, p.492.

111 Ben-Moshe and Powell, "Sign of Our Times?", p.501.

112 Roger Fouts, *Next of Kin: What Chimpanzees Have Taught Me About Who We Are*, William Morrow, 1997, p.355.

113 Fouts, *Next of Kin*, p.202.

3부. 나는 동물이다

1 Rosemarie Garland-Thomson, *Extraordinary Bodies: Figuring Physical Disability in American Culture and Literature*, Columbia University Press, 1997, pp.72–74, p.77(로즈메리 갈런드 톰슨, 《보통이 아닌 몸: 미국 문화에서

장애는 어떻게 재현되었는가》, 손홍일 옮김, 그린비, 2015).

2 Garland-Thomson, *Extraordinary Bodies*, p.77.

3 "World's 'Ugliest Woman' Julia Pastrana Buried 153 Years On", BBC News, February 13, 2013, http://www.bbc.co.uk/news/world-latin-america-21440400.

4 Licia Carlson, "Philosophers of Intellectual Disability", *Cognitive Disability and Its Challenge to Moral Philosophy*, ed. Licia Carlson and Eva Feder Kittay, John Wiley & Sons, 2010, p.323.

5 National Council on Disability, "Forty Years After the Willowbrook Consent Decree, NCD Celebrates How Far We've Come", https://www.ncd.gov/newsroom/05042015.

6 Dan Barry, "The 'Boys' in the Bunkhouse," *New York Times*, March 8, 2014, http://www.nytimes.com/interactive/2014/03/09/us/the-boys-in-the-bunkhouse.html.

7 D. L. Adams and Kimberly Socha, "Shocking into Submission: Suppressive Practices and Use of Behavior Modification on Nonhuman Animals, People with Disabilities, and the Environment", *Earth, Animal, and Disability Liberation: Eco-Ability and Inclusive Education*, ed. Anthony J. Nocella II, Judy K.C. Bentley, and Janet M. Duncan, Peter Lang Publishing, 2012, p.1.

8 Susan M. Schweik, *The Ugly Laws: Disability in Public*, New York University Press, 2009, p.97, 99, 100.

9 Mel Y. Chen, *Animacies: Biopolitics, Racial Mattering, and Queer Affect*, Duke University Press, 2012, p.95.

10 Cary Wolfe, *Animal Rites: American Culture, the Discourse of Species, and Posthumanist Theory*, University of Chicago Press, 2003, p.8.

11 Schweik, *The Ugly Laws*, p.314.

12 Diane L. Beers, *For the Prevention of Cruelty: The History and Legacy of Animal Rights Activism*, Ohio University Press, 2006, p.80.

13 Eric Baratay, and Elisabeth Hardouin-Fugier, *Zoo: A History of Zoological Gardens in the West*, Reaktion Books, 2003, p.110.

14 Baratay, *Zoo*, pp.117–118.

15 Licia Carlson, *The Faces of Intellectual Disability: Philosophical Reflections*, Indiana University Press, 2010, p.161.

16 J. Tithonus Pednaud, Percilla-The Monkey Girl, *Human Marvels*, http://www.thehumanmarvels.com/percilla-the-monkey-girl..

17 *Sideshow—Alive on the Inside*, dir Lynn Dougherty, 1999; 2005, DVD.

18 Robert Bogdan, *Freak Show: Presenting Human Oddities for Amusement and*

Profit, University of Chicago Press, 1988, p.1, pp.279–281.

19 Bogdan, *Freak Show*, p.280.

20 Robert Bogdan, 저자와의 논의에서, June 5, 2013.

21 Petra Kuppers, *Disability and Contemporary Performance: Bodies on the Edge*, Routledge, 2004, p.20.

22 Rachel Adams, *Sideshow U.S.A.: Freaks and the American Cultural Imagination*, University of Chicago Press, 2001, p.42.

23 최근 레러가 자신의 개 조라를 표현한 〈조라: 내가 이해하는 법Zora: How I Understand〉 (36" x 50"). 종이와 마일러〔폴리에스테르 필름의 일종〕 위에 그린 혼합 매체 작품으로, 조라가 죽은 지 1년 후인 2010년에 제작됐다. 이 이미지는 당시 나이 들고 죽어가던 조라와 함께 있는 레러의 자화상이다. 레러의 손가락은 개의 털과 뒤엉켜 있다. 그녀의 머리는 붉은 폭포와도 같은 머리카락으로 덮여 있는데, 마치 개의 등에 얼굴을 파묻고 있는 것처럼 보인다. 화폭에서 개는 옆모습을 보여주고 있고, 레러는 그 뒤에서 무릎을 꿇고 있다. 그녀는 개의 배 아래로 팔을 뻗어 힘껏, 하지만 동시에 분명 부드럽게 껴안고 있다. 개는 그림을 보고 있는 관객인 우리를 응시하고 있는데, 한쪽 눈은 시력을 잃어 흐릿하고, 입을 벌리고 있어서 혀와 이빨이 보인다. 이러한 표정은 많은 사람들에게 친숙한 것으로, 개가 만족하는, 심지어 행복해하는 표정이다. 꼬리를 늘어뜨리고 있지만, 금방이라도 흔들 것처럼 보인다. 마치 자신에게 어떤 즐거운 일이 일어나리라는 것을 감지했지만, 자신의 즐거운 기분과 달리 꼬리가 흔들리지 않게 되는 순간에 포착된 이미지 같다. 개의 기쁨은 괴로워하는 사람과 대비를 이룬다.

24 Laura Swanson, *Homemade Bull*, 2011. 황소의 몸은 갤러리 관객들 곧추 올라가 있다. 두 개의 하얀 엄니는 앞으로 튀어나와 있다. 황소의 어깨는 넓고 큰 아치 형태의 곡선을 그린다. 축 늘어진 튤립처럼, 꼬리는 위쪽을 향해 곧바로 섰다가 갑자기 말려 접힌 채 아래로 매달려 있다. 근육질의 황소에는 핀으로 고정되고 바느질된, 움직이는 커다란 가죽으로 만든 회색 담요가 있다. 담요는 군데군데 헝클어져 마치 머리카락이나 털과 같은 인상을 준다. 황소의 이마는 무척 큰데 마치 앞으로 굴러 눈이 있는 곳으로 떨어질 듯하다. 그 대신 황소의 얼굴에 나란히 놓인 두 개의 거대하고 동그란 콧구멍이 꾸준하고 직접적인 응시의 느낌을 준다.

갤러리 관객들은 황소에게 다가가 얼굴을 콧구멍 가까이에 대고 쳐다본다. 멀리서 보면 황소의 코에 얼굴을 깊숙이 들이밀면서 친밀하게 입을 맞추고 있는 것처럼 보인다. 사실 관객들은 녹색의 꽃무늬 벽지로 덮인 방을 들여다보고 있다. 그 안에는 몇 권의 책 더미, 침대, 공작을 수놓은 베개, 벽의 포스터, 화분에 심은 식물, 라디오 그리고 큰 거울이 있다. 벽에는 종이반죽으로 만든 염소의 머리까지 붙어 있다. 황소의 콧구멍은 일종의 돌출된 창이다.

책들 중에는 프란츠 파농의 《대지의 저주받은 자들》이나 어빙 고프먼의 《스티그마》가 있다. 황소는 육중하고 투박하며, 제목에서 나타나듯 집에서 만든 것이다. 또한 이 황소의 존재감은 사람들에게 가까이 다가가야 할 것만 같은 느낌을 자아낸다.

스완손이 반드시 황소의 정체성을 나타냈다고 할 수는 없지만 황소는 피난처이다. 스완손 외에는 누구도 황소 안으로 들어갈 수 없다. 그녀에 따르면 황소는 "비판 이론을 읽기 위한" 장소다. 책 제목들로부터 우리는 스완손이 어떤 이론을 읽고 있는지 감을 잡을 수 있다. 그녀는 정체성과 억압을 풀어헤치고 있는 것이다.

25 Cary Wolfe, *What Is Posthumanism?*, University of Minnesota Press, 2010를 보라.

4부. 자연 그대로

1 Wes Ishmael, "Dealing with Curly Calf", *BEEF*, December 1, 2008, http://beefmagazine.com/genetics/1201-curly-calf-issue.

2 Peter Singer, *Animal Liberation: A New Ethics for Our Treatment of Animals*, 2nd ed., New York Review of Books, 2009.

3 Stephen Drake, "Connecting Disability Rights and Animal Rights: A Really Bad Idea", Not Dead Yet, October 11, 2010, http://www.notdeadyet.org/2010/10/connecting-disability-rights-and-animal.html.

4 Eunjung Kim, "Why Do Dolls Die? The Power of Passivity and the Embodied Interplay Between Disability and Sex Dolls", *Review of Education, Pedagogy, and Cultural Studies* 34, 2012, p.94.

5 Singer, *Animal Liberation*, pp.191–192. 모든 인간 유아는 완전한 인격이 아니라는 싱어의 생각을 유념하는 것이 중요하다. 왜냐하면 유아는 아이와 어른이 가진 자아의 연속성을 아직 갖지 못하기 때문이다. 그럼에도 유아에게는 지각이 있기 때문에 이해관계를 갖는다는 것을 그는 분명히 인정하지만(아픔을 피하는 듯한), 살아가는 것에 대해 아이나 어른이 갖는 종류의 이해관계를 유아는 갖지 않는다고 본다.
싱어는 좀처럼 인용되지는 않지만 중요한 질문을 던졌다. "만약 사회가 중증 손상을 지닌severely impaired 유아를 두고 그 유아가 살아야 한다고 결정할 경우, 사회는 그들에게 충분한 돌봄을 제공하는 과제를 떠맡을 준비가 돼 있을까?" 싱어와 《아이는 살아야 하는가?: 장애아의 문제Should the Baby Live?: The Problem of Handicapped Infants》(Oxford University Press, 1985)를 공동 저술한 헬가

쿠세Helga Kuhse는 과밀하고 직원도 부족하기 일쑤인 시설 그리고 대안적 돌봄을 제공하는 데 따르는 정부의 자금 부족에 대해 쓴다. 이 지점이 중요하다. 만약 우리가 장애가 있는 유아가 계속 살아야 한다는 데 동의한다면, 우리는 그들을 위해 어떻게 이 사회에 더 나은 자리를 마련할 수 있을까? 싱어는 장애인 서비스 개선을 지지하기는 하지만, 그런 돌봄을 어떻게 더 잘 제공할 수 있을지 고민하는 것보다 유아 살해가 궁극적인 해법임을 시사한다.

6 Julia Driver, "The History of Utilitarianism", *The Stanford Encyclopedia of Philosophy*, edited by Edward N. Zalta, winter 2014, http://plato.stanford. edu/archives/win2014/entries/utilitarianism-history.

7 Singer, *Animal Liberation*, p.2(《동물 해방》, 29쪽, 번역 일부 수정).

8 Singer, *Animal Liberation*, pp.4-5(《동물 해방》, 33~34쪽, 번역 일부 수정).

9 Peter Singer, *Writings on an Ethical Life*, Harper Collins, 2001, p.192.

10 Singer, *Animal Liberation*, p.9.

11 Steven Best, "Philosophy Under Fire: The Peter Singer Controversy", Dr. Steven Best's website, http://www.drstevebest.org/PhilosophyUnderFire. htm.

12 인격은 철학자들 사이에서 논쟁적인 주제다. 일반적으로 이 단어는 일상에서 '인간human being'이라는 말과 혼용되지만 철학에서는 구별된다. 철학자 로리 그루엔은 철학적인 전통에서 "'인격' 개념은 누군가의 가치value나 값어치worth를 식별하는 데 쓰이며, 또한 누가 '권리'를 가졌으며, 누가 윤리적 의무와 책무의 주체인지를 식별하는 데 쓰인다." Lori Gruen, "Entangled Empathy: An Alternate Approach to Animal Ethics", *The Politics of Species*, ed. Raymond Corbey, Cambridge University Press, 2013, p.57.

13 Peter Singer, *Practical Ethics*, Cambridge University Press, 2011, p.186(피터 싱어, 《실천윤리학》, 황경식·김성동 옮김, 연암서가, 2013).

14 Michael Pollan, *The Omnivore's Dilemma: A Natural History of Four Meals*, Penguin, 2009, p.327.

15 Singer, *Practical Ethics*, p.102.

16 Licia Carlson, *The Faces of Intellectual Disability: Philosophical Reflections*, Indiana University Press, 2009, pp.10–11.

17 Harriet McBryde Johnson, "Unspeakable Conversations", *New York Times Magazine*, February 16, 2003, http://www.nytimes.com/2003/02/16/ magazine/unspeakable-conversations.html.

18 Kim, "Why Do Dolls Die?", p.95.

19 Gary Francione, *Introduction to Animal Rights: Your Child or the Dog?*, Temple University Press, 2000, p.138.

20 Anne McDonald, "Crip Time", Anne McDonald Centre, http://www.

annemcdonaldcentre.org.au/crip-time.

21 Johnson, "Unspeakable Conversations".

22 Peter Singer, 저자와의 논의에서, April 17, 2012.

23 Alison Kafer, *Feminist, Queer, Crip*, Indiana University Press, 2013, p.43.

24 Neil Marcus, *Storm Reading*, (로드 라심Rod Lathim, 로저 마커스Roger Marcus와의 합동 공연), Access Theater, 1996. Access Theater, 1996. 이 연극은 "Occupying Disability: An Introduction", *Occupying Disability: Critical Approaches to Community, Justice, and Decolonizing Disability*, ed. Pamela Block, Devva Kasnitz, Akemi Nishida, and Nick Pollard, Springer, 2015에서 논의되었다.

25 Robert McRuer, *Crip Theory: Cultural Signs of Queerness and Disability*, NYU Press, 2006, p.207.

26 Biklen, Sari Knopp, and Charles R. Moseley. "'Are You Retarded?' 'No, I'm Catholic' Qualitative Methods in the Study of People with Severe Handicaps", *Journal of the Association for Persons with Severe Handicaps(JASH)* 13, no. 3 (September 1, 1988), p.160. 데이비드 구드에 관한 정보는 "David Goode: World Without Words", Temple Press, http://www.temple.edu/tempress/titles/1022_reg.html. 이 이야기를 알려준 수전 슈바이크에게 감사드린다.

27 Kafer, *Feminist, Queer, Crip*, p.2.

28 Johnson, "Unspeakable Conversations".

29 Peter Singer, *Writings on an Ethical Life*, HarperCollins, 2001, p.xvii.

30 Johnson, "Unspeakable Conversations".

31 Best, "Philosophy Under Fire".

32 Ibid.

33 Fiona Campbell, *Contours of Ableism*, Palgrave Macmillan, 2009, p.166.

34 Kafer, *Feminist, Queer, Crip*, p.27.

35 Ibid., p.3.

36 Eli Claire, *Exile and Pride, South End Press*, 1999, p.7(일라이 클레어, 《망명과 자긍심》, 전혜은·제이 옮김, 현실문화연구, 2020, 52쪽).

37 Susan Schweik, 저자와의 논의에서, June 26, 2012.

38 Paul Longmore, "The Second Phase: From Disability Rights to Disability Culture", *Disability: The Social, Political and Ethical Debate*, ed. Robert M. Baird, Stuart E. Rosenbaum, and S. Kay Toombs, Prometheus Books, 2009, p.147.

39 Gary L. Francione, *Introduction to Animal Rights: Your Child or the Dog?*, Temple University Press, 2010, p.142.

40 Lori Gruen, "Samuel Dubose, Cecil the Lion and the Ethics of Avowal:

Protesting Against One Injustice Doesn't Mean You Privilege It over Another", *Aljazeera America*, July 31, 2015, http://america.aljazeera.com/opinions/2015/7/samuel-dubose-cecil-the-lion-and-the-ethics-of-avowal.html.

41 2015년 갤럽 여론조사에 따르면, 62퍼센트의 미국인이 동물이 일정한 보호를 받을 만하지만 여전히 인간의 이익을 위해 사용될 수 있다고 답한다. 놀랍게도 다른 32퍼센트의 미국인들은 동물이 사람들과 같은 권리를 부여받아야 마땅하다고 믿었다(2008년의 25퍼센트에 비해 상승한 수치). Rebecca Riffkin, "In U.S., More Say Animals Should Have Same Rights as People", Gallup, May 18, 2015, http://www.gallup.com/poll/183275/say-animals-rights-people.aspx.

42 Johnson, "Unspeakable Conversations".

43 The Feral Share art event, Headlands Center for the Arts, Sausalito, CA, September 19, 2010.

44 Michael Pollan, *The Omnivore's Dilemma: A Natural History of Four Meals*, Penguin, 2009, p.313(《잡식동물의 딜레마》, 397쪽).

45 Jonathan Safran Foer, *Eating Animals*, Little Brown, 2009, p.32(《동물을 먹는다는 것에 대하여》, 46쪽, 번역 일부 수정).

46 Alicia Harvie and Timothy A. Wise, "Sweetening the Pot: Implicit Subsidies to Corn Sweeteners and the U.S. Obesity Epidemic", Global Development and Environment Institute Policy Brief No. 9, February 1, 2009, Tufts University, http://grist.files.wordpress.com/2009/02/pb09-01sweeteningpotfeb09.pdf.

47 Bob Torres and Jenna Torres, *Vegan Freak: Being Vegan in a Non-Vegan World*, Tofu Hound Press, 2005.

48 Diane Beers, *For the Prevention of Cruelty: The History and Legacy of Animal Rights Activism in the United States*, Swallow Press, 2006, p.16.

49 Lori Gruen, Breeze Harper, and Carol J. Adams, "What's Wrong with Only White Men Judging a Contest Defending Meat-Eating?", Carol J. Adams's website, March 24, 2012, http://caroljadams.blogspot.com/2012/03/whats-wrong-with-only-white-men-judging.html.

50 Pollan, *The Omnivore's Dilemma*, p.314(《잡식동물의 딜레마》, 397쪽, 번역 일부 수정).

51 Safran Foer, *Eating Animals*, p.55(《동물을 먹는다는 것에 대하여》, 76쪽, 번역 일부 수정).

52 Eva Feder Kittay and Licia Carlson, eds., *Cognitive Disability and Its Challenge to Moral Philosophy*, John Wiley & Sons, 2010, p.318.

53 Temple Grandin and Catherine Johnson, *Animals Make Us Human: Creating*

the *Best Life for Animals*, Houghton Mifflin Harcourt, 2009, p.297.

54 Slow Food USA, "Ark of Taste in the USA", http://www.slowfoodusa.org/ark-of-taste-in-the-usa.

55 Allison Aubrey, "Heritage Turkeys: To Save Them, We Must Eat Them", *The Salt* (blog), NPR, November 23, 2011, http://www.npr.org/blogs/thesalt/2011/11/23/142703528/heritage-turkeys-to-save-them-we-must-eat-them.

56 Slow Food USA, "Ark of Taste in the USA".

57 Jonathan Safran Foer, *Eating Animals*, Little Brown, 2009, p.203(《동물을 먹는다는 것에 대하여》, 263쪽, 번역 일부 수정).

58 Michael Pollan, *Omnivore's Dilemma: A Natural History of Four Meals*, Penguin, 2009, p.322.

59 Hugh Fearnley-Whittingstall, *The River Cottage Meat Book*, Ten Speed Press, 2007, p.18.

60 Madeline Ostrander, "Joel Salatin: How to Eat Animals and Respect Them, Too", *Yes!*, March 27, 2011, http://www.yesmagazine.org/issues/can-animals-save-us/joel-salatin-how-to-eat-meat-and-respect-it-too.

61 Pollan, Omnivore's Dilemma, p.320(《잡식동물의 딜레마》, 405쪽, 번역 일부 수정).

62 Alison Kafer, *Feminist, Queer, Crip*, Indiana University Press, 2013, p.131.

63 Pollan, *Omnivore's Dilemma*, p.310(《잡식동물의 딜레마》, 392쪽).

64 John Stuart Mill, *Three Essays on Religion*, Holt, 1878, p.31(존 스튜어트 밀, 《종교에 대하여》, 서병훈 옮김, 책세상, 2018, 43쪽, 번역 일부 수정).

65 Marc Bekoff and Jessica Pierce, *Wild Justice: the Moral Lives of Animals*, University of Chicago Press, 2009, p.vii.

66 Jenny Brown, *The Lucky Ones: My Passionate Fight for Farm Animals*, Penguin, 2012, pp.208–209.

67 Jess Bidgood, "Oxen's Fate Is Embattled as the Abattoir Awaits", *New York Times*, October 28, 2012, http://www.nytimes.com/2012/10/29/usoxens-possible-slaughter-prompts-fight-in-vermont.html

68 Jess Bidgood, "A Casualty amid Battle to Save College Oxen", *New York Times*, November 12, 2012, http://www.nytimes.com/2012/11/13/us/vermont-college-euthanizes-one-ox-spares-another.html.

69 Marti Kheel, *Nature Ethics: An Ecofeminist Perspective*, Rowman & Littlefield, 2008, p.141.

70 Martha Nussbaum, *Frontiers of Justice: Disability, Nationality, Species Membership*, Harvard University Press, 2006, p.3.

71 Martha Nussbaum, "Justice", *Examined Life: Excursions with Contemporary Thinkers*, ed. Astra Taylor, New Press, 2009, p.118.

72 Stephen Budiansky, *The Covenant of the Wild: Why Animals Chose Domestication*, Yale University Press, 1999를 보라.

73 Pollan, *Omnivore's Dilemma*, p.120(《잡식동물의 딜레마》, 405쪽, 번역 일부 수정).

74 Fearnley-Whittingstall, *River Cottage Meat Book*, p.25.

75 이 저자들은 가축화된 동물 없이는 우리가 지속 가능한 음식을 충분히 생산하지 못할 것이라고 말한다. 흙의 비옥함을 유지하려면 거름이 필요하고, 그래서 우리는 채소 작물을 재배하기 위해 동물 농업에 의존한다. 하지만 이 주장은 분명한 하나의 사실을 놓치고 있다. 동물의 배설물을 얻기 위해 이들을 죽일 필요는 없다는 사실 말이다. 실제로 가축화된 동물이 작물과 흙에 미치는 긍정적인 영향들은 모두 동물들이 살아 있는 동안 일어난다. 동물의 피, 뼈, 털, 기타 버려진 동물의 부위를 퇴비로 쓰는 일반적인 관행조차 도살이 아니라 동물은 죽는다는 단순한 필연성에 의존한 것이다. 그 동물들은 이익을 위해 살해되는 것이 아니라 자연사할 수도 있었다. 도살은 결코 식물 기반 농업의 필수 요소가 아니다. 동물성 제품에서 비롯되는 이익 때문에 많은 농부들이 축산에 투자하고는 있지만, 동물을 죽이는 일은 우리의 농업 방식 그리고 더 중요하게는 우리와 가축과의 관계에 전혀 필연적이지 않다.
또한 비건식 유기 농업(혹은 '비거닉veganic')도 하나의 선택지가 될 수 있다. 영국에서는 '가축 없는stock-free' 농업을 인증하는 과정이 있는데, 화학 비료, 가축의 거름, 동물의 사체를 배제한 경작 시스템이 바로 그것이다. 미국의 많은 농가들은 윤작하고 '녹색 비료'(땅을 기름지게 할 목적으로 기르는 간작間作 식물로 이것을 뽑아 비료로 사용한다)를 사용함으로써 이미 그런 농업을 실천하고 있다. 지속 가능한 농업에 대한 관심이 이미 지대하고, 증가하고 있는데도 이런 방식의 농업을 대규모로 실현할 수 있는지에 관한 연구는 왜 잘 이뤄지지 않는 걸까?
너무나 많은 사람들이 지속 가능한 비건 농업의 가능성을 상상하지 못하고 있기 때문이다. 사람들은 제한된 상황에서도 수많은 방식을 통해 어떻게든 식량을 재배해왔다. 하지만 동물이 생산하는 것(피나 거름 같은)에 의존하지 않는, 그리고 농장 동물에게 최소한의 해만 입히는(그들은 흔히 농사 과정에서 죽는다) 농업법을 개발하는 것이 인간에게 우선 사항이 된 적은 없었다. 이 사실은 지속 가능한 비건 농업의 실현 가능성보다 인간의 동물 지배라는 패러다임에 대해 더 많은 것을 시사한다.

76 Fearnley-Whittingstall, *River Cottage Meat Book*, p.16.

77 Budiansky, *The Covenant of the Wild*, pp.122–123.

78 Kafer, *Feminist, Queer, Crip*, p.130.

79 James McWilliams, "Patriarchal Plots of Power", James McWilliams's website, October 29, 2012, http://james-mcwilliams.com/?p=2549.

80 Emily Matchar, "Is Michael Pollan a Sexist Pig?", *Salon*, April 27, 2013, http://www.salon.com/2013/04/28/is_ michael_pollan_a_sexist_pig.

81 Kim Q. Hall, "Talk: Toward a Queer Crip Feminist Politics of Food", April 22, 2012, Interdisciplinary Humanities Center, University of California, Santa Barbara, CA.

82 Michael Pollan, *Food Rules: An Eater's Manual*, Penguin, 2009, p.20〔마이클 폴란, 《푸드룰》, 서민아 옮김, 21세기북스, 2010, 81쪽〕.

83 Nikki Henderson, "Food, Justice and Sustainability", panel discussion, Oakland, CA, January 26, 2012.

84 음식을 통한 역량 증진 프로젝트는 2006년 로렌 오넬라스Lauren Ornelas에 의해 설립된 비영리 단체이다; "About F.E.P.", http://www.foodispower.org/about-fe-p를 보라.

85 Pollan, *Omnivore's Dilemma*, p.331〔《잡식동물의 딜레마》, 419쪽, 번역 일부 수정〕.

86 TempleGrandin.com, "About Temple Grandin", http://www.templegrandin.com.

87 Temple Grandin, *Thinking in Pictures: My Life with Autism*, Vintage Books, 2006, p.24〔템플 그랜딘, 《나는 그림으로 생각한다: 자폐인의 내면 세계에 관한 모든 것》, 홍한별 옮김, 양철북, 2005〕.

88 Jim Sinclair, "If You Love Something, You Don't Kill It", response to Temple Grandin, AR-News Google group, February 7, 2010, https://groups.google.com/forum/#!msg /ar-news/EawJhTvbGck/acJC81KPSAJ.

89 Nicolette Hahn Niman, *Righteous Porkchop: Finding a Life and Good Food Beyond Factory Farms*, Collins Living, 2009, pp.168–169〔니콜렛 한 니먼, 《돼지가 사는 공장: 공장식 축산업 너머의 삶과 좋은 먹거리를 찾아서》, 황미영 옮김, 수이북스, 2012〕.

90 Henning Steinfeld et al., *Livestock's Long Shadow: Environmental Issues and Options*, Food and Agriculture Organization of the United Nations, 2006, http://www.fao.org/docrep/010/a0701e /a0701e00.HTM.

91 Robert Goodland and Jeff Anhang, "Livestock and Climate Change", World Watch Institute report, November– December 2009, 11, http://www.worldwatch.org/files/pdf/Livestock%20and%20Climate%20Change.pdf.

92 Drew T. Shindell, Greg Faluvegi, Dorothy M. Koch, Gavin A. Schmidt, Nadine Unger, and Susanne E. Bauer, "Improved Attribution of Climate Forcing to Emissions", *Science* 326, no. 5953, October 30, 2009, pp.716–718,

doi:10.1126 / science.1174760.

93 Goodland and Anhang, "Livestock and Climate Change", p.13.

94 Christopher L. Weber and H. Scott Matthews, "Food-Miles and the Relative Climate Impacts of Food Choices in the United States", *Environmental Science and Technology* 42, 2008, pp.3512–3513.

95 U.S. Department of Agriculture, *2002 Census of Agriculture*, June 2004.

96 In Vitro Meat Consortium, "In Vitro Meat Consortium Preliminary Economics Study Project 2907", March 2008, http://invitromeat.org/ images/Papers/invitro%20meat%20economics%20study%20v5%20%20 march%2008.pdf

97 Steinfeld et al., *Livestock's Long Shadow*, p.xx.

98 Vaclav Smil, "Harvesting the Biosphere: The Human Impact", *Population and Development Review* 37(4), pp.613–636. The proportions are of mass measures in dry weight.

99 Jonathan Safran Foer, *Eating Animals*, Little Brown, 2009, p.32.

100 Sergio Margulis, "Causes of Deforestation of the Brazilian Amazon", World Bank, 2004, https://openknowledge.worldbank.org/handle/10986/15060.

101 Mario Herrero, Petr Havlík, Hugo Valin, An Notenbaert, Mariana C. Rufino, Philip K. Thornton, Michael Blümmel, Franz Weiss, Delia Grace, and Michael Obersteiner, "Biomass Use, Production, Feed Efficiencies, and Greenhouse Gas Emissions from Global Livestock Systems", *PNAS* 110 no.52, 2013: 20888–93, doi:10.1073 / pnas.1308149110.

102 Goodland and Ahang, "Livestock and Climate Change", p.12.

103 Boris Worm et al., "Impacts of Biodiversity Loss on the Ocean Ecosystem Services", *Science* 314, 2006, p.790.

104 R. Sansoucy, "Livestock— A Driving Force for Food Security and Sustainable Development", World Animal Review 88, no. 1 (1997), http://www.fao.org/ docrep/v8180t /v8180t07.htm; Anup Shah, "Beef", Global Issues, http:// www.globalissues.org/article/240/beef.

105 Nirmala Erevelles, "The Color of Violence: Reflecting on Gender, Race, and Disability in Wartime", *Feminist Disability Studies*, ed. Kim Q. Hall, Indiana University Press, 2011, pp.119–120.

106 David Wallinga, "Concentrated Animal Feeding Operations: Health Risks from Air Pollution", Institute for Agriculture and Trade Policy, November 2, 2004, http://www.iatp.org/files/421_2_37388.pdf, quoted in Food Empowerment Project, "Environmental Justice," http://www.foodispower. org/environmental-racism.

107 Food Empowerment Project, "Environmental Justice", Food Empowerment Project, http://www.foodispower.org/environmental-racism.

108 Safran Foer, *Eating Animals*, p.4(《동물을 먹는다는 것에 대하여》, 324~325쪽, 번역 일부 수정).

109 Stacy Finz, "Niman Ranch Founder Challenges New Owners", *San Francisco Chronicle*, February 22, 2009, http://www.sfgate.com/news/article/Niman-Ranch-founder-challenges-new-owners -3249982.php.

110 Lindsey Wilkes-Edrington, "Farm Worker Conditions Likened to Modern Slavery", *Huffington Post* video, February 1, 2013, http://www.huffingtonpost. com/2013/02/01/farm-worker-conditions-modern-slavery-video_ n_2593772.html.

111 Centers for Disease Control and Preventions, "Agriculture", http://www.cdc. gov/niosh/topics/agriculture; Centers   for Disease Control and Prevention, "Pesticide Illness & Injury Surveillance", http://www.cdc.gov/niosh/topics/ pesticides.

112 "About F.E.P.", http://www.foodispower.org/about-f-e-p; Food Empowerment Project, "Produce Workers", http://www.foodispower.org/produce-workers를 보라.

113 Michele Ver Ploeg, "Access to Affordable and Nutritious Food: Measuring and Understanding Food Deserts and Their Consequences", U.S. Department of Agriculture report to Congress, 2009, p.35.

114 Kimberly Morland et al., "Neighborhood Characteristics Associated with the Location of Food Stores and Food Service Places", *American Journal of Preventative Medicine* 22, no. 1, 2002, p.23, 26. 정확히 무엇이 누구에게 건강하다고 간주되느냐는 음식 정의 단체가 당면한 또 하나의 과제다. 미국 농무부는 수십 년 동안 모든 사람이 하루에 두세 차례 정도 유제품을 섭취해야 한다고 선언하면서 우유와 유제품 소비를 촉진했다. 하지만 음식을 통한 역량 증진 프로젝트는 이렇게 보고한다. "95퍼센트의 아시아인, 60~80퍼센트의 아프리카계 미국인과 아슈케나지Ashkenazi 유대인, 80~100퍼센트의 아메리카 원주민, 50~80퍼센트의 라티노가 유당 불내lactose intolerant 증상을 보이며, 북유럽에 조상을 둔 이들의 경우 극히 일부만이 유당이 가득 포함된 유제품을 먹고 난 뒤 고통을 느낀다."(U.S. Department of Health and Human Services, "Lactose Intolerance: Information for Health Care Providers", NIH no. 05-5305B, http://www.nichd.nih.gov/publications/pubs/Documents/ NICHD_MM_Lactose_FS_rev.pdf.) A. 브리즈 하퍼나 존 로빈스John Robbins가 밝혔듯, 유제품을 선호하는 이런 편향은 일종의 제도화된 영양상의 인종주의이며, 이것은 많은 사람들에게 구역질, 복부 통증, 경련, 설사,

복부팽만과 헛배부름으로 인한 고통을 유발한다. 유제품이 아닌 대안 식품에 대한 접근권이 제한된 커뮤니티에서는 더욱 그렇다. 음식을 통한 역량 증진 프로젝트의 보고서에 따르면, "유제품을 대체할 대안 식품은 저소득 지역, 즉 소수 민족들이 많이 거주하는 지역에 있는 시장들 중 약 3퍼센트에서만 구입 가능하다. 이와 비교해 고소득층이 사는 지역에서는 23퍼센트의 장소에서 유제품을 대체할 수 있는 대안 식품 구입이 가능하다". Food Empowerment Project, "Food Deserts", http://www.foodispower.org/food-deserts.

115 Food Empowerment Project, "Dietary Diseases", http://www.foodispower. org/dietary-diseases.

116 World Health Organization, "Q&A on the Carcinogenicity of the Consumption of Red Neat and Processed Meat", October 2015, http://www. who.int/features/qa/cancer-red-meat/en.

117 U.S. Government Accountability Office (hereafter GAO), Workplace Safety and Health: Safety in the Meat and Poultry Industry, while Improving, Could Be Further Strengthened, U.S. GAO 2005, p.3, 9, http://www.gao.gov/ new.items/d0596.pdf, cited in Food Empowerment Project, "Slaughterhouse Workers", http://www.foodispower.org/slaughterhouse-workers.

118 Ryan J. Foley, "Jury Awards $240 Million to 32 Mentally Disabled Iowa Turkey Plant Workers for Years of Abuse", Huffington Post, May 1, 2013, http://www.huffingtonpost.ca/2013/05/01/jury-awards-240-million-_ n_3194042 .html.

119 Dan Barry, "The 'Boys' in the Bunkhouse: Toil, Abuse and Endurance in the Heartland", New York Times, March 2014, http://www.nytimes.com/ interactive/2014/03/09/us/the-boys-in-the-bunkhouse.html.

120 Eric Schlosser, "The Chain Never Stops: Thousands of Meatpacking Workers Suffer Crippling Injuries Each Year. A Special Report from Inside the Nation's Slaughterhouses", Mother Jones, July 2001, http://www.motherjones. com/politics/2001/07/dangerous-meatpacking-jobs-eric-schlosser.

121 GAO, Workplace Safety and Health, p.7.

122 Schlosser, "Chain Never Stops".

123 Gail Eisnitz, Slaughterhouse: The Shocking Story of Greed, Neglect, and Inhumane Treatment Inside the U.S. Meat Industry, Prometheus Books, 2006, pp.271–272(《도살장》, 292쪽, 번역 일부 수정).

124 Eisnitz, Slaughterhouse, p.273.

125 Schlosser, "The Chain Never Stops".

126 Lance Compa, Blood, Sweat, and Fear: Workers' Rights in U.S. Meat and Poultry Plants, Human Rights Watch, 2005, p.6, http://www.hrw.org/node/11869/

section/5, quoted in Food Empowerment Project, "Slaughterhouse Workers".

127 Compa, *Blood, Sweat, and Fear*, p.6; Eisnitz, *Slaughterhouse*, p.274.

128 Toxics Steering Group, "Concentrated Animal Feedlot Operations (CAFOs) Chemicals Associated with Air Emissions", Michigan Department of Environmental Quality, May 10, 2006, http://www. michigan.gov/documents/CAFOs-Chemicals_Associated_with_Air_ Emissions_5-10-06_158862_7.pdf, cited in Food Empowerment Project, "Factory Farm Workers", http://www.foodispower.org/factory-farm-workers.

129 "Livestock Confinement Dusts and Gases", Iowa State University report, 1992, 4, http://nasdonline.org/static_content/documents/1627/d001501.pdf, cited in Food Empowerment Project, "Factory Farm Workers."

130 "Whistleblower on the Kill Floor: Interview with Virgil Butler and Laura Alexander", *SATYA*, February 2006, http://www.satyamag.com/feb06/ butler.html"http://www.satyamag.com/feb06/butler.html.

131 Jennifer Dillard, "A Slaughterhouse Nightmare: Psychological Harm Suffered by Slaughterhouse Employees and the Possibility of Redress Through Legal Reform", *Georgetown Journal on Poverty Law & Policy*, September 24, 2007, http://papers.ssrn.com/sol3/papers.cfm?abstract_ id=1016401, cited in Food Empowerment Project, "Slaughterhouse Workers."

132 "Whistleblower on the Kill Floor".

133 Compa, *Blood, Sweat, and Fear*, p.6.

134 "No Relief: Denial of Bathroom Breaks in the Poultry Industry", https:// www.oxfamamerica.org/static/media/files/No_Relief_Embargo.pdf.

135 Schlosser, "Chain Never Stops".

136 Eisnitz, *Slaughterhouse*, pp274–275(《도살장》, 296쪽, 번역 일부 수정).

137 Peter Singer, *Writings on an Ethical Life*, Harper Collins, 2001, p.192.

138 Erevelles, *Disability and Difference*, p.29.

139 Eli Clare, *Brilliant Imperfection: Grappling with Cure*, unpublished manuscript, Duke University Press, 2017.

5부. 상호의존

1 Dennis Walton, personal communication with author, October 16, 2013; *Courage in Life and Politics: The Dona Spring Story*, directed by Lindsay Vurick

and Valerie Trost, YouTube, uploaded January 17, 2009, https://www.youtube.com/watch?v=XwNthNhXDtA.

2 Walton, *Courage in Life and Politics*.

3 John Selawsky, "The Party Loses One of Its Finest Members, Dona Spring, 1953–2008", *Green Pages* 12, no. 2, Fall 2008, p.2, http://gp.org/greenpages-blog/pdf/GreenPages-Fall-08.pdf.

4 Joan Clair, "Dona Spring: An Act of Kindness", http://www.donaspring.com/JoanClairArticleDonaS.htm.

5 "AMA Animal Research Action Plan", June 1989, p.5, http://issuu.com/conflictgypsy/docs/amaactionplan?e=3660395 /3662139.

6 Richard Kurti, *The Monkey Wars*, Oxford University Press, 1994, p.145.

7 "AMA Animal Research Action Plan", p.2.

8 F. Barbara Orlans, *In the Name of Science: Issues in Responsible Animal Experimentation*, Oxford University Press, 1993, p.47.

9 Ibid.

10 Ibid., pp.47–48.

11 Ibid., p.49.

12 "AMA Animal Research Action Plan", p.6.

13 Orlans, *In the Name of Science*, p.48.

14 Ibid. 또한 PETA, "Pound Seizure: The Shame of Shelters", http://www.peta.org/issues/Companion-Animals/pound-seizure-the-shame-of-shelters.aspx도 보라.

15 "Jerry's Orphans Protest the MDA Telethon", Kids Are All Right website, http://www.thekidsareallright.org/story.html.

16 Joseph Shapiro, *No Pity: People with Disabilities Forging a New Civil Rights Movement*, Three Rivers Press, 1994〔조지프 P. 샤피로, 《동정은 싫다: 미국 장애운동의 역사》, 윤삼호 옮김, 한국DPI출판부, 2010〕를 보라.

17 U.S. Department of Agriculture, Animal and Plant Health Inspection Service, "Annual Report Animal Usage by Fiscal Year", November 28, 2014, http://swemgovdocs.blogs.wm.edu/2011/11/09/annual-report-animal-usage-by-fiscal-year.

18 Gary Francione, *Introduction to Animal Rights: Your Child or the Dog?*, Temple University Press, 2000, p.34.

19 Ibid., pp56–58. 또한 "Questions and Answers About Biomedical Research"; and National Agriculture Library, "Animal Welfare Act", U.S. Department of Agriculture, http://awic.nal.usda.gov/government-and-professional-resources/federal-laws/animal-welfare-act도 보라.

20 Francione, *Introduction to Animal Rights*, pp.36–49.

21 Daniel G. Hackam, and Donald A. Redelmeier, "Translation of Research Evidence from Animals to Human", *Journal of the American Medical Association* 296, 2006, pp.1731–1732.

22 Jarrod Bailey, "An Assessment of the Role of Chimpanzees in AIDS Vaccine Research", *Alternatives to Laboratory Animals* 36, 2008, pp.381–428. 또한 C. Ray Greek, *Sacred Cows and Golden Geese : The Human Cost of Experiments on Animals*, Continuum, 2000도 보라.

23 Junhee Seok et al., "Genomic Responses in Mouse Models Poorly Mimic Human Inflammatory Diseases", *Proceedings of the National Academy of Sciences* 110, 2013, pp.3507-3512. 또한 Johns Hopkins Center for Alternatives to Animal Testing, "About Us: Center for Alternatives to Animal Testing", http://caat.jhsph.edu/about/index.html도 보라.

24 Vurick, *Courage in Life and Politics*

25 Clair, "Dona Spring".

26 Carol J. Adams, *The Sexual Politics of Meat: A Feminist-Vegetarian Critical Theory*, Bloomsbury Publishing USA, 2015, pp.21-24〔캐럴 J. 아담스, 《육식의 성정치: 페미니즘과 채식주의 역사의 재구성》, 이현 옮김, 미토, 2006〕.

27 Food and Agricultural Organization of the United Nations and World Health Organization, "Chapter 2. Food-Based Approaches to Meeting Vitamin and Mineral Needs", *Human Vitamin and Mineral Requirements*, FAO Food and Nutrition Division, 2001, http://www.fao.org/docrep/004/Y2809E/y2809e08.htm#bm08; "Position of the American Dietetic Association: Vegetarian Diets", *Journal of the American Dietetic Association* 109, no. 7, 2009, p.1266; Physicians Committee for Responsible Medicine, "Vegetarian Foods: Powerful for Health", http://www.pcrm.org/health/diets/vegdiets/vegetarian-foods-powerful-for-health; British Medical Association, "Diet, Nutrition & Health", report, 1986, p.49; Paul N. Appleby et al., "The Oxford Vegetarian Study: An Overview", supplement, *American Journal of Clinical Nutrition* 70, 1999, pp.525S–531S, http://ajcn.nutrition.org/content/70/3/525s.full.pdf; T. Colin Campbell, *The China Study: The Most Comprehensive Study of Nutrition Ever Conducted and the Startling Implications for Diet, Weight Loss and Long-Term Health*, BenBella Books, 2006〔콜린 캠벨·토마스 캠벨, 《무엇을 먹을 것인가》, 유자화 옮김, 열린과학, 2012〕.

28 Winston J. Craig, Ann Reed Mangels, and American Dietetic Association, "Position of the American Dietetic Association: Vegetarian Diets", *Journal of the American Dietetic Association* 109, no. 7, July 2009, pp.1266–1282.

29 Vurick, *Courage in Life and Politics*.

30 Christine Kelly, "Building Bridges with Accessible Care: Disability Studies, Feminist Care, Scholarship, and Beyond", *Hypatia* 28, no. 4, 2012, p.3, doi:10.1111 / j.1527-2001.2012.01310.x.

31 Carol Adams and Josephine Donovan, *The Feminist Care Tradition in Animal Ethics, Columbia University Press*, 2007, p.3.

32 Ibid., p.3.

33 Ibid., p.6.

34 Ibid., p.4.

35 Lori Gruen, "Entangled Empathy: An Alternate Approach to Animal Ethics", *The Politics of Species*, ed. Raymond Corbey, Cambridge University Press, 2013, p.224.

36 Eva Feder Kittay, "The Personal Is Philosophical Is Political", *Cognitive Disability and Its Challenge to Moral Philosophy*, ed. Eva Feder Kittay, John Wiley & Sons, 2010, pp.405–407.

37 Michael Oliver, *The Politics of Disablement: A Sociological Approach*, St. Martin's Press, 1990, p.91.

38 Michael Bérubé, "Equality, Freedom, and/or Justice for All: A Response to Martha Nussbaum", *Cognitive Disability and Its Challenge to Moral Philosophy*, ed. Eva Feder Kittay, John Wiley & Sons, 2010, p.102.

39 Aldo Leopold, *A Sand County Almanac*, Oxford University Press, 1949, p.ix〔알도 레오폴드,《모래 군의 열두 달: 그리고 이곳 저곳의 스케치》, 송명규 옮김, 따님, 2000, 19쪽, 번역 일부 수정〕.

40 Marti Kheel, *Nature Ethics: An Ecofeminist Perspective, Rowman & Littlefield*, 2008, p.5; John Muir, "The Wild Sheep of California", *Overland Monthly* 12, 1874, p.359.

41 Jerry Lewis, "What if I Had Muscular Dystrophy?", *Parade*, September 2, 1990.

42 J. Baird Callicott, *In Defense of the Land Ethic: Essays in Environmental Philosophy*, State University of New York Press, 1989, p.30.

43 Callicott, *In Defense of the Land Ethic*, p.30.

44 Ibid.

45 Alison Kafer, *Feminist, Queer, Crip*, Indiana University Press, 2013, p.132.

46 Sue Donaldson and Will Kymlicka, *Zoopolis: A Political Theory of Animal Rights*, Oxford University Press, 2011, p.83.

47 Tom Regan, *Empty Cages: Facing the Challenge of Animal Rights*, Rowman & Littlefield Publishers, 2004, p.10.

48 Gary L. Francione, " 'Pets': The Inherent Problems of Domestication", *Animal Rights: The Abolitionist Approach* (blog), 2012, http://www. abolitionistapproach.com/pets-the-inherent-problems-of-domestication.

49 Donaldson and Kymlicka, *Zoopolis*, p.83.

50 Charles Patterson, *Eternal Treblinka: Our Treatment of Animals and the Holocaust*, Lantern Books, 2002, p.83〔찰스 패터슨, 《동물 홀로코스트: 동물과 약자를 다루는 '나치'식 방식에 대하여》, 정의길 옮김, 휴, 2014, 122쪽, 번역 일부 수정〕.

51 Donaldson and Kymlicka, *Zoopolis*, p.75.

52 Ibid., p.84.

53 Josephine Donovan, "Feminism and the Treatment of Animals: From Care to Dialogue", *Signs* 31, no. 2, 2006, p.305.

이 책은 수나우라 테일러의 *Beasts of Burden: Animal and Disability Liberation*을 옮긴 것이다. 부제가 말해주듯 이 책은 동물해방과 장애해방을 동시에 달성하는 것을 목표로 한다. 장애해방을 동물해방과 따로 떼어 생각할 수 없다는 것이다. 하지만 작가이자 화가로 활동하고 있는 테일러는 해방의 근거를 이론적으로 밝히는 방식으로 접근하지 않는다. 장애인 당사자인 테일러는 '장애'와 '동물'이라는 문제를 우선 자신의 개인적 체험이나 일화에 바탕을 두고 쓴다. 나아가 피터 싱어 등 다양한 사람들을 만나 인터뷰를 하기도 하고, 역사 연구나 논픽션, 인문사회학적 이론이나 동물행동학에 관한 과학적 연구를 종횡무진으로 연결하면서, 마치 표지에 있는 그림을 그리듯 정성껏 글을 써내려간다. 그는 어떤 물음에 답을 제시하기보다는 사람들 가슴에 오랜 시간 뒤얽혀 있던 감각들을 깨워 그 물음을 증폭시키고 싶어 하는 것 같다. 테일러는 망설임 없이 말한다. "이 책에서 '동물'에 대해 논할 때, 여기서 말하는 동물이란 무엇이고 누구를 말하는 것이냐는, 언뜻 보기에는 매우 단순한 질문에조차 나는 제대로 답할 수 없다고 생각한다." 목차에서 드러나듯, '장애'와 '동물' 혹은 그 두 주제의 교차점에 접근하는 테일러의 방식은 매우 다양하고 독특하다. '장애' 혹은 '동물'에 관심이 있는 독자는 물론 이 두 주제에 딱히 끌리지 않는 독자라 하더라도, 그의 이야기에 귀기울이다보면 자기 자신의 어떤 경험을 소환하지 않을 수 없을 것이다.

1.

테일러는 동물 옹호의 입장에서 장애운동에 말을 거는 동시에, 장애 옹호의 입장에서 동물운동에 말을 건다. 그는 장애운동의 관점에서 기존 동물운동의 윤리와 비장애중심주의를 비판하는데, 이는 동물 윤리와 운동을 '불구화'함으로써 장애운동의 가능성을 더 확장하기 위함이다.

　　예를 들어 테일러는 미국 주류 동물운동이 편의를 위해 장애 메타포를 너무나 손쉽게 이용한다고 비판한다. "우유 마셨나요?"라는 낙농산업의 광고 문구를 본떠 "[혹시 당신의 아이가] 자폐증인가요?"라는 캠페인을 만든 동물운동 단체 PETA가 대표적이다. PETA는 '우유를 마시면 자폐증을 앓게 된다'는 확증되지 않은 사실을 내세워 사람들에게 장애에 대한 공포를 주입한다. 동물의 권리와 비건이라는 의제를 띄우기 위해 대중들이 자폐증에 대해 가지고 있는 공포와 오해를 활용하는 전형적인 사례다. 또한 그는 동물을 단순한 희생자로 제시하면서 '목소리 없는 자들의 목소리'가 되려고 하는 동물운동의 온정주의적 서사 역시 문제가 많다고 지적한다. 이는 장애운동이 지속적으로 거부해온 것이다. 그런 서사는 동물들의 행위 능력을 부인한다는 점에서 문제적이다. 그러면서도 테일러는 장애운동이 동물 문제에 대해 종종 무지와 무관심, 더 나아가 반감을 드러낸다는 점도 간과하지 않는다. 장애운동가이자 장애에 대한 권리를 변호하는 변호사 해리엇 맥브라이드 존슨이 피터 싱어와 대담할 때 활동보조인에게 자신의 휠체어에 걸쳐 있는 양가죽이 잘 보이게 해달라고 요청하는 장면을 떠올려보라. 이처럼 장애운동과 동물운동의 연대를 잘못된 방식으로 나타내는 운동가들이 결코 적지 않다.

동물운동과 장애운동은 이토록 어긋나 있는 경우가 많다. 테일러가 보기에 장애운동은 신체적·정신적 능력을 기준으로 가치의 위계를 만들어내는 비장애중심주의ableism에 저항하면서도, 정작 비장애중심주의가 '인간 동물'은 물론 '비인간 동물'도 억압한다는 점을 고려하지 않는다. 동물운동 역시 마찬가지다. 동물운동이 비장애중심주의, 특히 인간의 전유물로 여겨지는 이성에 절대 가치를 부여하는 신경전형주의neurotypicalism를 견지하는 한, 종차별주의speciesism가 더 공고해진다는 것이 테일러의 생각이다. 결국 동물이라는 범주 안에 또 다른 위계를 만드는 일인 것이다. 이렇듯 그는 장애운동의 관점에서 동물을 둘러싼 기존 담론을 비판하면서, 장애 이론을 비인간 동물의 신체까지 포함하는 방향으로 확장하고자 한다.

테일러는 이런 비판을 좁은 의미의 동물운동을 넘어 '지속 가능한' 고기 생산 운동과 환경운동으로까지 확장한다. 이제 '동물복지'는 너무도 흔한 말이 되었으며, 공장식 축산이 기후 변화(사실상 '기후 위기')의 최대 원인 중 하나라는 사실을 인지하는 사람들도 늘어나는 추세다. 하지만 테일러는 '동물복지'나 '환경 보호' 같은 '윤리적 라벨' 뒤에 숨겨진 비장애중심주의를 직시한다. 이른바 '인도적' 축산 농가를 운영하는 피언리-휘팅스톨은 가축화된 동물이 인간에게 의존할 수밖에 없는 상황을 근거로 동물 살해를 정당화한다. 저명한 환경주의자 베어드 캘리콧은 독립적인 야생동물의 아름다움을 찬미하면서 인간에게 의존하는 가축화된 동물들을 조롱하고 그들을 사물(식탁이나 의자!)에 비유하기까지 한다. 많은 이들이 한결같이 '의존'을 부정적인 것으로 바라보며, 의존이 필요한 신체를 억압하는 것을 당연시한다.

또한 동물 착취 폐지론의 중심적인 인물이기도 한 급진적 동물 옹호가 게리 프랜시언은 '사물'이라는 동물의 법적 지위 자체를 없애고 동물에 대한 모든 착취를 폐지해야 한다고 주장하면서도, 가축화된 동물의 의존적 신체를 부정적으로 바라본다. 이러한 관점은 동물복지론자나 환경주의자들의 그것과 일맥상통한다. 결국 문제는 '자연'이라는 담론, 즉 우리가 자연을 상상하는 방식 자체다. 의존적 신체를 '당연히/자연스럽게naturally' 부정해야 할 무엇으로 상정하는 사고방식이야말로 우리가 저항해야 하는 대상이라고 테일러는 말한다.

2.

테일러는 장애운동의 눈으로 동물운동을 비판할 때와는 또 다른 리듬으로 장애와 장애운동의 역사를 발굴하기도 한다. 이 역시 장애 문제와 동물 문제가 근본적으로 연결되어 있음을 사유하기 위해서다. 예를 들어 테일러는 기형을 하나의 스펙터클로 만든 사이드 쇼 출연자나 프릭freak이라고 불리는 공연가에게 주목한다. 끊임없이 착취당하고 동물과 비교당한 이들의 역사는 잔혹하지만, 그렇다고 이들의 삶 전체가 비극인 것은 아니다. 이들이 불가피하게 동물성이 새겨진 프릭의 역사를 스스로 긍정할 때 '동물'을 긍정적으로 전유할 수 있는 가능성이 생긴다. 또한 동물실험에 반대하는 장애인과 불치병 환자들로 구성된 단체 DIIAAR 이야기는 또 어떤가? 장애인 당사자와 불치병 환자는 그 누구보다 동물실험에 가장 큰 이해관계가 걸린 이들이다. 역사상 장애인은 언제나 동물화의 대상이었기에, 장애운동은 언제나 동물과 거리를 두는 방식, 즉 장애인의 인간성을 강력하게 주장하는 방식으로 전개되곤 했다. 하지만 그것이 장애운동의 유일한 길일까? 테일러가 말했듯, "갈등과 모순이 들끓는" 어려운 지대에 들어서는 것이야말로 운동의 역량을 심화하는 둘도 없는 기회일지 모른다.

　서로 겹치고 상호작용하는 이런 사유와 이야기들은 상호

의존interdependence의 윤리 혹은 인간의 삶 자체를 근본적으로 다시 검토하는 철학으로 수렴된다. 지금까지 페미니스트들은 기존의 윤리학이 제대로 성찰하지 못했던 돌봄이라는 행위에 주목하고 돌봄 윤리를 주장했다. 공평성이나 보편성을 중시하는 규범 윤리학이 '무엇이 올바른가'를 물었다면, 약자에 대한 책임을 중시하는 돌봄 윤리는 그런 존재에 대한 응답과 공감에 집중했다. 여기서 테일러는 한 가지를 더 강조한다. 페미니즘의 돌봄 윤리가 돌봄받는 쪽의 관점도 조명할 필요가 있다는 것이다. 지금껏 페미니즘은 주로 돌보는 쪽의 입장에 초점을 맞춰왔다. 여기서 더 나아가 돌봄받는 이들의 목소리에 귀 기울일 때 비로소 우리는 '무능한' 존재들이 서로 돌보는 윤리적·정치적 가능성을 발견할 수 있다. 테일러는 이것을 '아름답다'고 이야기한다. 반려견이자 보조견 베일리를 만나 함께 일상을 꾸리는 이야기를 담은 마지막 장은 그 윤리가 어떤 모습을 취할 수 있을지 보여주는 하나의 일화라고 할 수 있다.

3.

이 책에서 얻은 배움을 일상의 삶으로 이어가고자 하는 사람들이 분명 있을 거라고 생각한다. '비거니즘'은 그런 실천의 한 가지 이름일 수 있다. 그러나 이 말에서 떠올리는 바는 제각기 매우 다를 것이다. 과연 우리는 비거니즘을 어떤 모습으로 그려볼 수 있을까? 비거니즘을 상상하는 방식에서 중요한 것은 무엇일까? 비거니즘에 대한 더 나은 상상을 위해 꼭 필요한 요소들을 이 책을 읽는 독자들과 나눠보고 싶다.

우선 가장 먼저 언급하고 싶은 것은 '탈착취'라는 지점이다. 탈착취는 일본의 동물 권리 관련 책 번역가 이노우에 타이치 #上太一가 비거니즘을 이야기할 때 제안한 개념이다. 아마 적지 않은 사람들이 비거니즘이라는 말에서 건강식, 다이어트, 미용 따위의 이미지를 떠올릴 것이다. 하지만 이런 식으로 비거니즘을 단순히 라이프 스타일로 환원하는 것은 곤란하다. 그 대신 동물을 착취하는 행위에서 벗어나는 다양한 실천 전체로서 비거니즘을 그려본다면 어떨까. '소비자'로 호명되는 개인의 선택이 아니라 축산업과 동물실험을 비롯한 구조적이고 체계적인 동물 착취를 토대에 깔고 번창하는 이 사회에 대한 근본적인 비판으로 말이다.

이러한 관점은 비거니즘의 기본 정의가 되기에 충분하며, 매우 큰 가치가 있다. 하지만 만약 비거니즘을 '탈착취'로만 이해한다면, 어떤 곤란함이 발생할 수 있다. 다시 말해 착취를 철저히 개인의 차원에서 이뤄지는 행위에 국한시키고 따라서 그런 행위에 가담할지 말지를 선택하는 개인에게 초점을 맞추게 되면, 빈곤이나 장애 등의 문제로 비거니즘을 실천하기 어려운 이들의 상황을 제대로 살필 수 없기 때문이다.

이런 한계를 보완할 수 있는 시각으로 우리가 고려해볼 수 있는 것이 바로 비건 실천의 '사회성'이며, 이 책에서 테일러가 말하는 "비거니즘의 사회적 모델"이다. 착취에서 벗어나 비거니즘을 실천하기 위해서는 적지 않은 자원과 조건이 요구된다. 즉 우리는 "비건이 되는 데 따르는 가장 큰 어려움이 단지 개인적인 층위가 아니라 구조적인 층위, 즉 사회적이고 정치적이고 경제적인 것에서 비롯된다는 점"을 인정할 필요가 있다. 여기서 중요한 건 비거니즘을 실천하는 방법이 음식과 식생활에 국한되지 않는다는 점이다. 물론 이것이 음식을 통한 실천의 후퇴를 정당화하는 이유가 되어선 안 되는데, 이때 필요한 것은 예를 들어 '동물성 식품에 대한 애착을 자신의 신체적 한계와 떨어뜨려놓고 보는' 진지하고도 섬세한 작업일 것이다.

　　마지막으로 중요한 요소는 '교차성intersectionality'으로, 이 역시 테일러의 비거니즘 논의의 핵심을 이룬다. 그에게 비거니즘은 "먹고 입고 쓰는 것을 통해 비장애중심주의에 저항하는 체화된 실천이자, 동물을 위한 정의가 장애인을 위한 정의에 반드시 필요하다고 믿는 정치적인 입장"이다. 달리 말해 비거니즘이란 동물과 장애인이 겪는 억압이 긴밀히 연결되어 있다는 사상을 몸으로 표현하고, 그리하여 동물 억압과 비장애중심주의의 억압에 저항하는 교차적 실천이다. 겉보기에 무관한 다양한 억압들이 사실은 서로 얽혀 있으며 따라서 해방의 길 역시 이어져 있다는 교차성 정치가 비거니즘을 통해 구현되는 것이다.

　　이러한 지점들을 이해함으로써 우리는 비거니즘의 범위를 더욱더 확장하면서도 그에 대한 더 급진적인 관점을 얻을 수 있을 것이다. 비거니즘은 동물이나 환경, 소수자에 대한 착취에서 벗어나고자 끊임없이 실패하면서도 끈기 있게 노력하고 포기하지 않는 시도다. 비거니즘을 통할 때 비로소 우리는 모든 존재가 겪는 억압 그리고 그들의 해방의 길이 서로 연루되어 있음을 알게 된다.

그러나 무엇보다 21세기 한국에서 이런 실천을 반드시 '비거니즘'이라는 명칭으로 상기할 필요는 없다는 것을 기억할 필요가 있다. 이 말은 본래 영국의 시스젠더 남성에 의해 고안된 것이다. 제2차 세계대전이 벌어지던 시기 노골적인 인종주의가 만연했고 대다수의 나라에서 동성애가 불법이었던 그런 시대에 말이다.✦ 하지만 우리에게는 다른 가능성이 있지 않을까? 다른 이름을 만들어낼 가능성 말이다. 지금 여기에서 이 운동과 실천을 더욱 풍요롭게 할 어떤 말을 만들어낼 수 있지 않을까? 이 질문에 대한 답은 독자 여러분에게 달려 있다.

4.

내가 이 책과 처음 만난 지도 벌써 3년이 지났다. 사실 나와 이 책의 역사는 그보다 더 오래전에 시작됐다. 수나우라 테일러의 언니 애스트라 테일러가 여덟 명의 철학자들과의 인터뷰를 바탕으로 제작한 다큐멘터리 〈성찰하는 삶Examined Life〉✦✦에서 처음으로 '수나우라 테일러'라는 이름을 알게 되었다. 이 영화에서

✦ Julia Feliz Brueck & Zoie Zane McNeill, *Queer and Trans Voices: Achieving Liberation Through Consistent Anti-Oppression*, Sanctuary Publishers, 2020
✦✦ 이 다큐멘터리는 책으로도 출간되었다. 책에는 다큐멘터리에 미처 다 포함되지 못한 인터뷰가 실려 있다. 애스트라 테일러, 《불온한 산책자: 8인의 철학자, 철학이 사라진 시대를 성찰하다》, 한성석 옮김, 이후, 2012.

테일러는 주디스 버틀러와 대화를 하며 샌프란시스코의 길을 '산책'한다(이 장면은 휠체어에 탄 존재가 '산책한다'는 것에 대해 두 사람이 사색을 주고받으며 시작한다).《짐을 끄는 짐승들》에서 다시 그의 이름을 보았을 때는 내가 '동물'이라는 문제에 막 관심을 가지고 공부를 시작했을 때였다. 딱 이 책이 비판하는 그런 동물 담론들에 답답함을 느끼던 그때, 수나우라 테일러가 비건이며 머지않아 동물과 장애의 해방에 관한 책을 출간한다는 것을 알게 된 것이다. 출간되자마자 책을 구해 단숨에 읽고서는 이 책을 읽는 기쁨을 다른 누군가와도 공유하고 싶다는 마음을 품었던 것을 생생히 기억한다. 당시 노들장애학궁리소에서 열린 세미나를 통해 만난 임세현 편집자님께서 먼저 번역을 제안해주셨고, 조금 망설였지만 수락했다. 그 후 나는 이 책을 일본어로도 번역하게 되었고, 일본어판이 먼저 출간됐다. 긴 시간이 걸렸지만, 두 언어로 이 선물 같은 책을 세상에 내보낼 수 있게 되어 진심으로 기쁘다.

한국어를 모어로 하지 않는 내가 혼자 이 책을 번역하는 일은 말 그대로 불가능했다. 이 책 자체가 전적으로 많은 이들의 도움 속에서 완성된 합작이라고 할 수 있을 것이다. 우선 초역본을 근본적인 수준에서 고쳐주시고 세련되게 다듬어주신 고병권 님께 깊은 감사를 드린다. 또한 공역자 장한길 씨는 판단하기 까다로운 영어 표현을 상세히 알려주셨고, 내가 1차 번역한 모든 문장을 마지막까지 꼼꼼하게 검토해주셨다. 처음에는 개인적으로 도움을 받다가 작업 후반에 본격적으로 합류하게 되었고, 그 덕분에 보다 풍성한 번역이 만들어졌다. 그리고 번역문의 한국어 수정과 문장에 대한 적극적인 조언과 제안으로 작업을 지탱해주신 임세현 편집자님께 더할 수 없는 감사를 드린다. 편집자님의 성실함과 진지함이 없었다면 이 번역 작업을 결코 마무리할 수 없었을 것이다.

　　마지막으로 내가 이 한도 끝도 없이 비효율적인, 말하자면 '불구화된' 번역 작업을 버틸 수 있도록 함께해준, 같이 사는 친구와 일본에 계신 부모님 그리고 둘의 반려견 란짱에게 끝없는 감사를 보낸다. 무엇보다, '반려동물'이라는 말의 깊은 뜻을 나에게 알려준 존재는 바로 이 동물들이다. 테일러가 말했듯, 우리는 "서툴고 불완전하게 서로를 돌본다". 그 평범한 일상에 둘도 없는 힘이 깃들고 있음을 생각하면서, 이 후기를 마무리한다.

짐을 끄는 짐승들

초판 1쇄 펴낸날   2020년 11월 20일
초판 6쇄 펴낸날   2023년 7월 14일
지은이   수나우라 테일러
옮긴이   이마즈 유리·장한길
펴낸이   박재영
편집   이정신·임세현·한의영
마케팅   신연경
디자인   조하늘
제작   제이오
펴낸곳   도서출판 오월의봄
주소   경기도 파주시 회동길 363-15 201호
등록   제406-2010-000111호
전화   070-7704-2131
팩스   0505-300-0518
이메일   maybook05@naver.com
트위터   @oohbom
블로그   blog.naver.com/maybook05
페이스북   facebook.com/maybook05
인스타그램   instagram.com/maybooks_05

ISBN   979-11-90422-52-9 03300

만든 사람들
책임편집   임세현
디자인   조하늘